Varda Hasselmann · Frank Schmolke
Archetypen der Seele

Inhalt

III Das Entwicklungsziel

IV Der Modus

V Die Mentalität

VI Das Zentrum und das Reaktionsmuster

So mußt du sein,
Dir kannst du nicht entfliehen,
Und keine Zeit und keine Macht zerstückelt
Geprägte Form, die lebend sich entwickelt.

Goethe

Vorwort

Wenn wir im Titel die Begriffe *Archetyp* und *Seele* verwenden, tun wir das in dem Bewußtsein, jahrtausendealte Vorstellungen wieder aufzugreifen und mit neuem Sinn füllen zu wollen.

Archetyp meint in der ursprünglichen griechischen Wortbedeutung etwa so viel wie »das von Anfang geprägte«, und genau davon ist in diesem Buch die Rede. Nach den Informationen unserer kausalen Quelle* wählt die Seele mit Bedacht vor ihrer jeweiligen erneuten Inkarnation aus einem begrenzten Inventar von Archetypen diejenigen aus, die ihr für den nächsten Lernschritt in der körperlichen Welt die besten Entwicklungsvoraussetzungen bieten können. Jede Seele wählt sich aus dem Gesamtinventar sieben solche Grundenergien für das jeweilige Leben, und sie sind wirksam, gleichgültig, ob sie uns bewußt sind oder nicht. Man kann sie in gewisser Weise mit den durch den Geburtszeitpunkt festgelegten Grundenergien des Horoskops vergleichen, die ja auch unabhängig davon wirksam sind, ob wir sie kennen oder nicht. Allerdings geht die Wahl des Seelenmusters der Geburt, oder genauer gesagt der Zeugung, voraus.

Dieses Buch beschreibt nun die der Seele zur Verfügung stehenden Archetypen, und die Texte bestehen ausschließlich aus Trancedurchsagen, die wir im Laufe von drei Jahren vermittelt bekommen haben. Wir möchten betonen, daß es sich hier nicht um eine Art Glaubenssystem handelt. Vielmehr kann uns unsere eigene Arbeit nur dann befriedigen, wenn uns Informationen übermittelt werden, die überprüfbar sind und ganz konkrete Nutzen für den einzelnen haben können, wenn er sich

---

* Vgl. dazu unser Buch *Welten der Seele*, Goldmann TB 12196. Es erläutert die Grundlagen unserer Seelenforschung und enthält eine ausführliche Selbstbeschreibung unserer Lehrer aus der kausalen Welt.

auf sie einlassen mag. Es ist uns aber auch klar, daß die äußerst präzise Siebenerstruktur dieses Systems Einblicke in die Ordnung der seelischen Welt ermöglicht, deren Bedeutung noch gar nicht abzusehen ist.

Sie werden bei der Lektüre dieser Texte feststellen, daß Sie vieles vorfinden, was Sie bereits an sich oder anderen beobachtet haben. Fast wie von selbst wird Ihre Wahrnehmung menschlichen Verhaltens vertieft, strukturiert und einleuchtend verständlich. In einem ersten Schritt werden Sie wahrscheinlich Ihre ganz persönlichen Elemente von den anderen abgrenzen wollen. Dazu müssen Sie sich aber auch mit ähnlichen Archetypen beschäftigen, die allerdings nicht die Ihren sind, und allein das kann viel Verstehen freisetzen.

Wenn man seine Archetypen gefunden und des längeren zur Überprüfung an sich beobachtet hat, kann man sie zu den Elementen anderer Menschen langsam in Beziehung setzen, und Sie werden erleben, daß die Anwendung dieses Systems auch den Kontakt zum anderen sehr vertiefen kann, da sich ein verständnisvolleres und liebevolleres Wahrnehmen herausbildet. Das jedenfalls ist unsere Erfahrung mit uns selbst und hunderten von Menschen, die unsere Seminare besucht haben.

Unsere Quelle behauptet, daß sich in verschiedenen Kulturen mit dem ansteigenden Seelenalter der jeweiligen Bevölkerung eine Unterscheidung im seelischen Bereich herausbildet, die der Realität dieser Dimension offensichtlich genauer entspricht – die Unterscheidung, die unsere Quelle zwischen den Begriffen *Seele* und *Psyche* trifft.

Mit *Seele* wird der unsterbliche, überdauernde Aspekt und mit *Psyche* ein nicht-materielles Organ des Körpers bezeichnet, das sich erst in Kindheit und Jugend herausbildet. Die Psyche wird einem Verdauungsorgan gleichgesetzt, und ihre Aufgabe ist die Verarbeitung von Ängsten, die in dieser Form in der astralen Zwischenwelt nicht vorkommen und deswegen dort auch nicht verarbeitet werden müssen.

Wenn ich nun als Erwachsener anfange, mich selbst tiefer verstehen zu wollen und deshalb den Blick auf meine eigene Vergangenheit richte, ist der Unterschied zwischen dem, was sich erst im Körper und dem, was sich bereits vorher gebildet hat, nicht leicht zu erkennen. Die Wirklichkeit der Seele wird zwar seit Jahrtausenden behauptet, aber wie ist sie denn eigentlich genau zu beschreiben? Hier nun kann eine kausale Quelle, die diese Bereiche überschaut, ihre besondere Hilfestellung geben.

Psyche und Seele wirken zwar bei jedem von uns zusammen, sind aber doch ganz verschieden zu verstehen. Die Psyche kann ihre festgehaltene und unverdaute Angst zunehmend abbauen, die Seelenstruktur aber beschreibt ein dem Menschen immer zur Verfügung stehendes Potential, dessen Wirkung auf unsere Existenz im Körper möglichst zu verstärken ist.

Viele Menschen arbeiten am Verständnis dieser Bereiche. Wir beobachten jedoch, daß auch die genaue, ehrliche und an Erfahrung orientierte Analyse an Grenzen stößt, einfach, weil diese Unterscheidung und ihre Konsequenzen nicht genügend deutlich sind. Wir meinen also, daß viele sich in ihrer Arbeit bestätigt, unterstützt und bereichert fühlen können, wenn sie das von uns vorgelegte Modell in ihre Überlegungen miteinbeziehen.

Das Inventar der Archetypen hat eine sehr präzise Struktur, bei der die Zahl Sieben eine zentrale Rolle spielt. Es gibt sieben Grundbereiche, und jeder Bereich enthält wieder sieben Elemente, aus denen die Seele eines wählen muß. Die Archetypen verstehen wir als eine begrenzte Anzahl *objektiv* vorgegebener und beobachtbarer Energiephänomene; das individuelle Seelenmuster hingegen, das wir Matrix nennen, und das durch Kombination der Archetypen gewählt werden kann und also eine sehr große Zahl von etwa fünfzehn Millionen Varianten zuläßt, ermöglicht eine genau geplante, *subjektive* und fast einmalige Struktur für das jeweilige Leben.

Wir beobachten, daß die Teilnehmer an unseren Seminaren, die ihre Matrix kennengelernt haben, anschließend ihre Betrachtungsschwerpunkte verschieden setzen: Der eine beschäftigt sich mehr mit seiner Grundangst, der andere mehr mit seinem Entwicklungsziel oder seiner Seelenrolle. Wir hören auch immer wieder, daß die Matrix in Therapien gut als Verstehenshilfe verwendet werden kann, und zwar sowohl vom Therapeuten als auch vom Klienten. Sie ist ein Instrument der Selbst- und der Fremdwahrnehmung und kann im Grunde in allen Situationen sinnvoll eingesetzt werden, wo es um das bessere Verstehen und Gestalten zwischenmenschlicher Kontakte geht.

Die Quelle eröffnet uns im Moment eine neue »Homöopathie« der Seele. Es geht dabei nicht um die Heilung körperlicher Beschwerden, sondern um die Unterstützung seelischen Wachstums. Die Mittelgabe orientiert sich also nicht an Symptomen, sondern an den Matrix-Elementen des jeweiligen Menschen. Dabei wird ein bestimmtes Element in seiner Energie verstärkt oder eine Grundangst reduziert und leichter dem Bewußtsein zugänglich. Überhaupt legen manche Durchsagen nahe, daß die Matrix für viele Heil- und Wachstumsmethoden einen Verständnishintergrund liefern kann.

Alle Aussagen in diesem Buch sind wortgetreue Wiedergaben von Botschaften, die uns in etwa 150 Trance-Sitzungen übermittelt wurden. In den letzten dreißig Jahren rückte die Möglichkeit, Informationen mittels medialer Methoden einzuholen, zunehmend ins Bewußtsein. So konnte man auch damit beginnen, die Individualität der Seele auf diesem Wege zu erforschen. Hier sind besonders einige amerikanische Medien mit ihren Publikationen hervorgetreten: Die Wesenheiten Seth, Lazaris, Michael und andere sind inzwischen mit ihren Übermittlungen bekanntgeworden und prägen auf besondere Weise das Realitätsverständnis ihrer Leser.

Vor zehn Jahren fiel uns das Buch *Messages from Michael*[*] in die Hände. Es enthielt, wenn auch nur auf wenigen Seiten, die Grundlagen einer Archetypen-Lehre. Zunächst jedoch konnten wir damit kaum etwas anfangen, da wir noch nicht über die Informationen verfügten, die uns die Termini erläutern und ihren Aussagewert zugänglich machen konnten. Allerdings ließ uns das darin erahnte ungeheure Potential keine Ruhe, und so begannen wir mit unseren eigenen medialen Nachforschungen. Wir hatten ja bereits Kontakt mit einer Wesenheit, die »Michael« eng verwandt ist. Wir nennen sie die »Quelle«.

Jahre später regte ein Freund die Gründung einer Matrix-Projektgruppe an. Sie bestand aus zwölf Teilnehmern, die über ein Jahr lang zusammenkamen, um Fragen an unsere Lehrer aus der kausalen Welt zu stellen, den Antworten zu lauschen, in sich hineinzuhorchen, zu überprüfen und zu integrieren. Persönliche Wißbegier und der Wunsch, einen neuen Zugang zu den Geheimnissen der eigenen Seele zu finden, prägten also den Beginn dieser Arbeit. Sechs weitere Abendgruppen folgten. So ist ein Teil der Durchgaben, die dieses

[*] Chelsea Quinn Yarbro, *Messages from Michael*, New York 1983

Buch enthält, im Rahmen von Zusammenkünften entstanden, die von den inneren Wachstums-Sehnsüchten aller Teilnehmer getragen wurden. Nach und nach wurden ihre einzelnen Elemente und Variablen in Trance-Sitzungen ermittelt und mit erläuternden Kommentaren unserer Quelle versehen. Selbstbeobachtung und gegenseitiges Verstehen versorgte uns alle mit überraschenden, stimmigen Einsichten. Deshalb danken wir allen, die an diesen sieben Abendgruppen teilgenommen haben, für ihre aktive, freundschaftliche Unterstützung beim Entstehen unseres Buches.

Als wir nun über Texte zu allen Variablen des Seelenmusters und über genügend Erfahrung mit ihrer Vermittlung verfügten, begannen wir, Seminare anzubieten und stellten dieses noch kaum bekannte, medial ermittelte System zur Beschreibung der persönlichen Seelenstruktur auch in zahlreichen öffentlichen Vorträgen vor. Im Kontakt mit den vielen Menschen erfahren wir dabei immer wieder Neues über das faszinierende Zusammenspiel von Seelenmustern und ihrer aktuellen, lebendigen Verwirklichung und empfinden viel Freude, wenn sich die Teilnehmer in ihrem innersten Kern angerührt fühlen.

Bei der Bezeichnung von Archetypen benutzen wir grammatikalisch die maskuline Form. Es schien uns zu künstlich, jeweils die feminine Entsprechung hinzuzufügen. Wir beobachten jedoch, daß Frauen sie gerne in die weibliche Sprachform umprägen – Kriegerin, Priesterin etc. Es mag jedem Menschen überlassen bleiben, welche sprachliche Ausdrucksform als angemessen empfunden wird. Die Quelle jedenfalls versichert uns, daß die Seele kein Geschlecht hat, auch wenn wir in der körperlichen Welt dem Gesetz der Dualität unterliegen und zwischen einem weiblichen oder männlichen Körper wählen müssen, um uns zu verwirklichen.

Die Matrix-Struktur will nicht in erster Linie einen bestimmten Typus herausarbeiten und verallgemeinern. Darin unterscheidet sie sich, bei aller Ähnlichkeit, auch von den »Sieben Strahlen« und dem »Enneagramm«. Sie möchte die absolute Einmaligkeit, Unverwechselbarkeit und Einzigartigkeit eines jeden Menschen beschreiben – eben seine seelische Identität. Die sieben mal sieben Elemente bieten mit ihren millionenfachen Kombinationsmöglichkeiten ein hochdifferenziertes Beschreibungsmodell. Trotz aller Vielfalt wirkt die Matrix jedoch nicht vereinzelnd, sondern sie schafft ungeahnte neue Verbindungsmöglichkeiten.

Die Kenntnis des eigenen Seelenmusters fördert Verständnis, Liebe und Bewußtheit. Der Blick in die Tiefen der eigenen Seele erzeugt Dankbarkeit der Schöpfung gegenüber und eine selbstverständliche Toleranz für die Mitmenschen. Er gibt eine Antwort auf die Fragen: Wer bin ich? Wozu bin ich? Wer sich auf sein Seelenmuster einläßt, erblickt sich in einem klaren Spiegel. Er findet nicht nur Zugang zu seinen Schattenseiten, um sie zu benennen und zu betrachten. Die Matrix schenkt Lebensfreude und Zuversicht. Sie macht Mut, so zu sein, wie man ist.

In dieser Eigenschaft läßt sich die Matrix ohne weiteres mit den bekannten Persönlichkeits-Typologien in Beziehung setzen. Sie bietet kein Gegenmodell, sondern eine Ergänzung, da sie die Bezugsebene des Seelisch-Überzeitlichen wieder einführt, die die biologischen, psychischen und sozialen Faktoren ergänzt. Das Entfaltungsmodell des »Seelenalters« schafft überdies eine Verbindung zur historischen Vergangenheit, die die Verantwortlichkeit des Menschen für den Planeten Erde deutlich macht. Er selbst ist es ja, der die Erde in vielen Inkarnationen mitgestaltet hat, und seine eigene Seele wird sie in neuen Körpern zukünftig bevölkern.

Die Suche nach zeitlich übergreifenden Aspekten ihrer Wirklichkeit beschäftigt jetzt, gegen Ende des 20. Jahrhunderts, immer mehr Menschen. Und immer mehr reife und alte Seelen suchen nach neuen Dimensionen ihres Weltverständnisses. Wir wünschen uns, daß die Matrix einen Beitrag dazu leisten kann.

München, im Sommer 1993   Varda Hasselmann und Frank Schmolke

Unser aktuelles Seminarprogramm senden wir Ihnen gerne zu.
Bitte schreiben Sie an:
Dr. Varda Hasselmann/Frank Schmolke
Postfach 70 08 11
81308 München

Zur Einführung

Jeder Mensch trägt seine Matrix in sich wie sein Erbgut und richtet sich in jedem Augenblick nach ihr aus. Dies geschieht in aller Regel durch die treibenden Kräfte des Unbewußten und erfüllt so ganz von selbst seine Funktionen. Wenn ihr jedoch bewußten Zugang zu eurem Seelenmuster, der Matrix, finden könnt, eröffnen sich euch Pforten zu eurem Inneren, die sonst verschlossen bleiben müssen. Ein solch bewußter Zugang schenkt eine überwältigende Fülle von Antworten auf die eine große Frage, die jeden Menschen bewegt, der sich aufmacht, einen spirituellen Weg zu gehen. Es ist die Frage nach der Selbsterkenntnis, die Frage: »Wer bin ich?« Wichtig ist zu begreifen, daß das Seelenmuster sich grundsätzlich von psychischen Mustern unterscheidet, obgleich eine Reihe von Berührungspunkten gegeben sind, denn solange ihr im Körper seid, kann sich Seele nur über Psyche manifestieren.

Die Matrix beschreibt euren Kern, das Wesentliche, das Eigentliche, das, was ihr mitbringt, das, was euch ausmacht. Sie ist das Ergebnis einer Entscheidung der Seele, und deshalb birgt sie in sich eine Sinnhaftigkeit, die sich von der Bedeutung psychischer Muster grundlegend unterscheidet. Die Matrix enthält euer gesamtes, gereinigtes Potential und die Möglichkeiten eurer seelischen Entfaltung in einem einzelnen Leben, in einem bestimmten existentiellen Kontext. Sie ist auch ein Abbild eurer Grundenergie. Das psychische Muster hingegen ist bereits Resultat von Erlebtem und Gelebtem. Es setzt sich zusammen aus den Ereignissen und ihrer Verarbeitung, aus den Traumata und Prägungen. Es produziert Reaktionen und Verhaltensweisen. Es grenzt euch ein, anstatt euch die Möglichkeiten eures weitesten Radius aufzuzeigen.

Obgleich das Seelenmuster sich, solange eure Seele sich in einem

Körper befindet, auch psychisch manifestieren muß, so soll doch darauf hingewiesen werden, daß es nicht in gleicher Weise wie die beschreibbaren Reaktionen der Psyche eine Zwanghaftigkeit und Geschichte aufweisen muß, sondern einen Freiraum beschreibt, innerhalb dessen ihr euch entfalten könnt und der euch eine Dimension zur Verfügung stellt, in der ihr wirklich ihr selbst sein könnt, anstatt euch als Produkt der Verhältnisse zu empfinden.

Alle Konstanten und Variablen der Matrix gestalten diesen Freiraum durch eine Polarisierung, die jedoch nicht linear, sondern vieldimensional vorzustellen ist. Diese Pole, mit + und − gekennzeichnet, beschreiben die fließenden Bereiche von Liebe und Angst, von mehr Liebe und weniger Angst, von mehr Angst oder weniger Liebe. Und eure Freiheit besteht darin, euch zwischen diesen Polen zu bewegen, eure Bewußtheit und Erkenntnisfähigkeit einzusetzen, um eure Position in diesem Raum jeweils zu lokalisieren, zu werten und zu verstehen.

Die Gewißheit, daß euch unbedingt und unablässig der gesamte riesenhafte und hochdifferenzierte vieldimensionale Raum zwischen den Polen von Liebe und Angst zur Verfügung steht, sei euch Trost und Richtlinie zugleich. Euer Wunsch zu wachsen, euer Wille, euch zu entwickeln, eure Sehnsucht, auf dem Pfad voranzuschreiten, entwirft eine Orientierungskarte, mit Hilfe derer ihr euch in diesem Raum zurechtfinden könnt.

Matrix ist ein Modell eurer inneren Welt. Diese Welt ist eine andere als die psychischen und physischen Welten, und doch ist sie keine Gegenwelt.

Alle drei Dimensionen stehen miteinander in Verbindung. Sie arbeiten zusammen und können in Einklang gebracht werden. Der Unterschied besteht darin, daß die seelische Dimension gestaltet wurde, als ihr körperlos wart in den Zeiten und Räumen zwischen den Leben, und die psychische Dimension sich auf das Werden eurer Persönlichkeit innerhalb der eingekörperten Existenz bezieht. Deshalb ist das Seelenmuster von mehr Liebe und tieferer Sinnhaftigkeit geprägt als das psychische Muster.

Selbst wenn ihr alle Aspekte eures physischen und psychischen Daseins beschrieben hättet, würde euch doch die dritte Dimension eurer Existenz verhüllt bleiben: die Bedingungen und Voraussetzungen eurer seelischen Identität, einer Identität, die alle Leben im Körper umspannt und jenseits aller Körperlichkeit ihre Gültigkeit hat. Unser Anliegen ist es, euch diese dritte Dimension, die unerläßliche, unabweisbare Realität eures Seelenmusters, näherzubringen und euch damit die Möglichkeit einer tieferen, intimeren Beziehung zu eurer Seele zu eröffnen. Jedes Wort, das wir zu den einzelnen Bausteinen der Matrix übermittelt haben, dient diesem Anliegen.

Wenn ihr nun das, was wir euch zur Verfügung gestellt haben, für euch nutzen möchtet, bieten sich drei grundsätzliche Perspektiven auf die Matrix an. Die erste, schnellste Möglichkeit, euer Seelenmuster zu erkennen, besteht darin, nach der Lektüre ein kompetentes, mit dieser Struktur vertrautes Medium danach zu befragen und sich anschließend mit den entsprechenden Durchsagen zu befassen. Dieser Vorgang bewirkt ein plötzliches Freisetzen neuer Erkenntnisse, eine Nachdenklichkeit, oft auch einen Widerwillen und eine Abwehr, die allesamt fruchtbar sind und sich mit den alten Gewohnheiten der Psyche verbinden, die ihrerseits Rückwirkungen auf die bewußte Verankerung im Seelenmuster zeitigen. Wenn ihr also euer Seelenmuster auf diese Weise erfahrt, könnt ihr einerseits sicher sein, daß kein Irrtum vorliegt. Andererseits seid ihr sehr auf euch selbst gestellt in der Verarbeitung, in der Betrachtung eures seelischen Wachstumsprogramms.

Die zweite Empfehlung, die wir aussprechen können, besteht darin, die Berührung mit dem eigenen Seelenmuster als Angebot für einen aufrichtigen, innigen Kontakt mit den Schichten des eigenen Selbst zu betrachten. Und wie ihr wißt, enthüllt sich dieses Selbst leichter, schneller und deutlicher, wenn ihr mit anderen Menschen, die sich selbst ebenso neugierig und ehrlich erfahren wollen wie ihr, in Verbindung steht.

Unsere Empfehlung richtet sich darauf, daß ihr dieses Buch nicht allein, sondern gemeinsam mit anderen lest oder durcharbeitet, mit Menschen, die euch nahestehen oder ein vergleichbares Interesse an ihrer seelischen Struktur zeigen, so daß ihr nicht nur auf eigene Vermutungen, auf hilflose Spekulationen und Wunschprojektionen angewiesen seid. Dieser Vorgang der gründlichen Erforschung eurer seelischen Identität wird einige Zeit in Anspruch nehmen, doch wird diese Zeit zu den fruchtbarsten Perioden eures Lebens gehören. Vieles werdet ihr zuerst an anderen erkennen können, und andere werden bestimmte Merkmale an euch identifizieren. Sodann reift auch in euch die Erkenntnis. Die intensive Kommunikation, die aufmerksame Beobachtung, die neuartige Offenheit, die sich aus einer gemeinsamen Erforschung der einzelnen Matrixelemente entwickelt, die die Angehörigen einer Familie, die Mitglieder eines Freundeskreises oder die Teilnehmer an einer Matrixforschungsgruppe miteinander in Kontakt bringen, sind von unschätzbarem Wert und geeignet, das Leben mit einem neuen Leuchten zu erfüllen.

Der dritte Ansatz zur Nutzung unserer Informationen ist geeignet für all jene, die geneigt sind, sich auf ein Abenteuer einzulassen in der Hoffnung, für die Unwägsamkeiten gut gerüstet zu sein. Wer mit einigen Methoden und Techniken symbolischer Wahrheitsfindung vertraut ist oder sich in der Deutung orakelhafter Zeichen geübt hat und zugleich über eine gefestigte Kenntnis des eigenen Selbst verfügt, kann sich seiner Möglichkeiten bedienen, um Auskunft zu erhalten über Seelenrolle, Hauptmerkmal, Entwicklungsziel und andere Aspekte der Matrix. Wir meinen damit Befragungen an Tarot, I Ging, Astrologie oder Pendel. Ebenso können jedoch die Kräfte des Höheren Selbst oder einer geistigen Führung befragt und gebeten werden, die entsprechenden Aspekte des Seelenmusters zu übermitteln. Doch muß dabei sehr sorgfältig darauf geachtet werden, daß nicht der Wunsch nach Selbstidealisierung, die Sehnsucht nach einer letztgültigen Bestätigung sehnlichster Wünsche des Ego, die Wahrnehmung färbt.

Wir möchten diese drei Möglichkeiten, die Matrix zu ermitteln, vergleichen mit drei Zugängen zum Hochgebirge. Der erste Weg ist breit und bequem, er breitet sich vor euch aus wie eine Autostraße, und ihr geht ihn nicht aus eigener Kraft, kommt aber ohne weiteres zum Ziel, indem ihr euch von geeigneten Zugkräften unterstützen laßt. Die breite Straße wird von vielen befahren, es herrscht reger Verkehr, doch werden die Schönheiten der Landschaft und die Besteigung des Berges euch weniger intensiv berühren. Oben angekommen ist es an euch zu entscheiden, ob ihr sogleich wieder abreisen wollt, nachdem ihr einen kurzen Blick auf das Panorama geworfen und ein paar Züge aus der Zigarette genossen habt. Wenn ihr jedoch auf dem Gipfel Rast macht und euch mit dem Dortsein einlaßt, könnt ihr auf überraschende, beglückende, überwältigende Erlebnisse mit euch selbst gefaßt sein. Und der Aufenthalt wird euch zu einem unvergeßlichen Erlebnis werden. Ihr werdet diesen Ort liebgewinnen und versuchen, sooft wie es euch in diesem Leben möglich ist, zu ihm zurückzukehren.

Der zweite Zugang gleicht einem Wanderweg, der gut erkennbar, seit Jahrhunderten begangen und bewährt ist und von vielen darum bemühten Menschen markiert wurde. Ihr werdet diesen Weg selten allein gehen, doch ist euer Fortschreiten das Ergebnis eigener Bemühungen. Niemand fährt euch, niemand trägt euch. Ihr werdet ins Schwitzen kommen, ihr werdet rasten müssen und euch auch längere Verschnaufpausen gestatten wollen. Und wenn ihr einmal auf dem Wege anhaltet, wird es immer etwas Wichtiges und Schönes zu sehen geben. Ihr werdet bei jedem Schritt und bei jeder Rast eine gewachsene, innige Beziehung zu dem Boden der Landschaft entwickeln, auf dem ihr steht, und zu der Landschaft, die euch umgibt. Einmal auf dem Gipfel angekommen, wird euch eine Befriedigung erfüllen, eine Freude über das Erreichte, eine Lust am Schauen, die sich nicht vergleichen läßt mit der Überraschung, die der Mensch empfindet, der im Wagen herauffuhr. Das Erleben des Wanderers ist verankert in seinem geduldigen, langfristigen Bemühen, das die körperliche Erfahrung und Veränderung mit einbezogen hat.

Der dritte Weg gleicht einer Kletterpartie. Ihr müßt euch sichern mit Seil und Haken. Es gibt Gefahren und Notsituationen, Anstrengungen und Erregungen, Absturzmöglichkeiten und die Notwendigkeit vollkommener Konzentration. Ihr befindet euch an einer Steilwand und werdet euren Blick auf den nächsten Halt richten. Es bleibt kaum Muße für eine Betrachtung der Landschaft und ihrer Schönheiten, doch die Herausforderung, der ihr euch stellt, indem ihr den steilsten Weg wählt und immer nach Halt suchend eure Lust am Klettern findet und nicht im Sitzen auf dem Gipfel, ist unvergleichbar und besitzt ihre eigene Schönheit. Ihr richtet euren Ehrgeiz auf einen gefahrvollen Alleingang, und auch wenn andere mit euch angeseilt sein sollten, so muß doch jeder mit höchster Verantwortlichkeit auf sich selbst achten.

Wenn ihr nun heil angekommen seid, werdet ihr über Erfahrungen mit euch selbst verfügen, die euch von den Reisenden auf anderen Wegen unterscheiden. Ihr wißt von Gefahren und den Möglichkeiten ihrer Bewältigung, die den anderen fremd sind, ihr könnt berichten von Abenteuern, die sie erstaunen werden, doch wird euch auch deutlich sein, daß eure Neigung, die Erstürmung des Gipfels der Selbsterkenntnis mit großen Anstrengungen zu verbinden, nicht jedermanns Sache ist.

Stellt euch also euer ureigenes Seelenmuster wie ein Gelände vor, das ihr gemäß eurer Eigenart, gemäß eurer Bedürfnisse und Wünsche und Möglichkeiten, in unterschiedlicher Weise erkunden und erfahren könnt: Allein, mit einem Führer oder gemeinsam mit einer Gruppe von Gleichgesinnten, getragen, geleitet oder aus eigener Kraft, schneller oder langsamer, oberflächlicher oder gründlicher. Vergeßt jedoch nicht über allem eigenen Bemühen, daß ihr euch in einem Energiefeld bewegt und daß dieses Energiefeld in dem Maße, wie ihr euch ihm aussetzt, seine eigentümliche Wirkung im Wechselspiel mit euch entfaltet. So wie ihr, je höher ihr im Gebirge steigt, veränderten klimatischen Bedingungen unterworfen seid, frischerer Luft, unterschiedlichen Druckverhältnissen, den Wirkungen eurer Bewegungen, so entfaltet auch das Energiegefüge der Matrix seine eigenen Kräfte. Und die Tatsache an sich, daß ihr dieses Gelände erforscht, wird euch darin unterstützen, die Erfahrung zu vervollständigen. Verlaßt euch darauf, daß verwandte, liebevolle Seelen, die sich nicht im Körper befinden, auf eure Schritte achten und euch behüten wie eine Bergwacht, die für alle Notfälle mit Kundigkeit und Erfahrung euch zur Seite steht und gegebenenfalls eine Rettungsaktion in die Wege leiten wird.

Nun wollen wir euch noch einige Hinweise geben, die euch helfen sollen, die rechte Verbindung zu einzelnen Elementen der Matrix zu finden. Wenn ihr die sieben *Seelenrollen* und ihre Prinzipien betrachtet, erinnert euch daran, daß sie nicht das Vergängliche, sondern das Essentielle beschreiben. Und wenn ihr erfahren möchtet, welche Rolle die eure ist, richtet euren Blick auf das, was in Gegenwart und Vergangenheit die größte Authentizität, die innigste Befriedigung, die positivste Ausstrahlung, die wärmsten Liebesgefühle in euch erzeugt hat. Nicht das, was ihr gern wäret, um euer Ideal von euch selbst zu erfüllen, ist eure Essenz, sondern das, was ihr seid, was euch erfüllt, was euch glücklich macht. Falls es euch möglich ist, betrachtet auch die Bruchstücke und Informationen, die Erinnerungen und Vermutungen, die ihr mit anderen Existenzen, mit früheren Leben verknüpft, und leitet aus den unterschiedlichen Erlebnisformen und Lehren, die ihr daraus bezogen habt, Hinweise für eure Seelenrolle ab.

Wenn es nun aber darum geht, die *Grundangst* mit ihrem *Hauptmerkmal* zu identifizieren, das heißt die größten Barrieren, die unbewußten Hemmnisse, die heimlichsten Schwierigkeiten, dann müßt ihr genau umgekehrt vorgehen. Betrachtet die sieben Ängste, und diejenige Angst unter diesen sieben, die in euch am meisten Widerwillen, am meisten Verachtung, am meisten Ärger erzeugt, diejenige, die ihr unbedingt vermeiden möchtet, die euch peinlich ist, für die ihr die schärfste Strafe erwartet, ist mit größter Wahrscheinlichkeit die eure. Und vergeßt nicht: Das Hauptmerkmal ist eine Maske für die darunter verborgene Basisangst. Diese Maske ist wie ein Schutz, der benötigt wird, um die Beklemmung, die Furcht, den Abgrund nicht wahrnehmen zu müssen.

Auch die Frage, welche von den scheinbaren Pluspolen des Hauptmerkmals ihr für die schönste Tugend haltet, ist eine Richtlinie, an der ihr euch orientieren könnt. Denn die größte Tugend wird, wenn sie in der Angst wurzelt, zu einer falschen Tugend, zu einer Untugend, die euch und andere unglücklich macht, obgleich sie verspricht, euch vor Unheil zu bewahren.

Das *Ziel* wiederum enthält die entscheidenden Aspekte eurer Lebensthematik. Alles, was ihr lernen wollt und werdet, was ihr in den Mittelpunkt eurer Bemühungen, eurer Entwicklung und eurer Spiritualität stellt, wenn ihr ein wenig ehrlich mit euch seid, ist mit dem Ziel fest umrissen. Und wenn ihr die sieben Ziele daraufhin befragt, welches Thema sich am häufigsten, am deutlichsten, am lustvollsten und am schmerzhaftesten in euch einen Widerhall sucht, werdet ihr in vielen Fällen schon das rechte gefunden haben. Erneut ist zu beachten, daß es nicht und niemals um die Erfüllung eines idealen Anspruchs oder fremder Normen geht, sondern einzig und allein um das, was eure Seele sich vorgenommen hat zu lernen. Und da der Wille zu lernen aus den Urkräften der Göttlichkeit gespeist wird, ist die Thematik, die euch die jeweilige körperliche Existenz entgegenbringt, eindeutig, unverwechselbar und in ihren unbegrenzten, mannigfaltigen Aspekten leicht zu erkennen.

Der *Modus* nun ist die Quelle eurer Kraft. Überprüft, mit welchem

Modus ihr euch gesund, geerdet, geeint fühlt, welcher Modus euch Natürlichkeit, Spontaneität und ein aufrichtiges Gefühl euch selbst gegenüber vermittelt. Ihr seid, wie ihr seid. Und jeder Versuch, die Quellen eurer eigenen Kraft zu verstopfen und euren Durst an anderen, fremden Wassern zu stillen, wird euch schwächen oder euch eurer Möglichkeiten berauben, aus der Fülle zu leben. Wenn ihr hingegen euren ureigensten Modus verstärkt, wird euer Leben bereichert durch unsichtbare Ströme, die dazu beitragen, daß alles leichter, schneller und glückhafter gedeiht.

Die *Mentalitäten* beschreiben die sieben geistigen Grundhaltungen. Sie stehen für eine unverwechselbare und unveränderbare Fähigkeit, die Welt und ihre Erscheinungsformen zu betrachten und einzuordnen. Wenn ihr euch mit den sieben Mentalitäten befassen wollt, überlegt, was ihr anstrebt, welche Ideen ihr über die richtige Art zu leben entwickelt habt. Denkt aber auch nach, mit welchen Menschen ihr euch am schnellsten streitet, weil sie eine ganz andere Grundeinstellung zum Leben zeigen. Sodann erinnert euch der Begegnungen, die ein unmittelbares harmonisches Verstehen mit einem Gesprächspartner ermöglichten, und fragt euch aus eurer Menschenkenntnis heraus, welche dieser Einstellungen, welche Mentalität euer Gesprächspartner wohl am deutlichsten vertreten hat. So könnt ihr euch eurer eigenen Mentalität am besten nähern.

Mentalität spiegelt nicht das Anerzogene, spiegelt nicht die Sichtweisen einer Zeit oder Gesellschaft, sondern eure eigene Betrachtungsweise dessen, was in euch und um euch geschieht, eure Auffassung von Wahrheit und eure Auffassung von Wirklichkeit. Deshalb ist es bei der Suche nach eurer mentalen Grundeinstellung von Wert, die Leitfragen zu stellen: »Wenn ich die Welt verändern könnte und wenn ich die Einstellungen, die Denkungsart, die Perspektive der Menschen beeinflussen könnte – wie würde ich wirken wollen? Was würde ich bewirken wollen?«

Das *Reaktionsmuster*, bestehend aus dem Zusammenspiel der beiden primär aktiven Energiezentren in eurem Körper, zeigt die Anbindung eurer seelischen Kräfte an die Kräfte der Physis. Mit Leichtigkeit könnt ihr euer Reaktionsmuster ausmachen, wenn ihr überlegt, welche Chakras am schnellsten oder am häufigsten geöffnet werden können, aus welcher Dimension ihr am unmittelbarsten reagiert; aber auch, welche Zonen und Regionen eures Körpers am empfindsamsten sind, wo Verspannungen und Schmerzen am deutlichsten werden, welche Situationen euch verletzlich machen und wo ihr euch bedroht fühlt. Seid ihr schnell im geistigen Einordnen von Geschehnissen, oder braucht ihr lange Zeit, um das Geschehene zu überfühlen? Müßt ihr euch bewegen, wenn etwas Aufregendes geschieht, oder erstarrt ihr? Ist es wichtig zu reden, damit eure Gefühle gelöst werden? Seid ihr oft einfach sprachlos? Kommen euch spontane Einfälle und kreative Lösungen im Zusammenhang mit erotischen Phantasien oder sexueller Betätigung? Werden Gefühle gelöst oder blockiert, wenn ihr euch heftig bewegt? Es lohnt sich, diese Fragen zu stellen und auch die Menschen eurer näheren Umgebung daraufhin zu befragen, wie sie euch empfinden und wie ihre Chakras auf die Aktivität eurer eigenen Energiezentren reagieren.

Das körperliche Reaktionsmuster ist unmittelbar erfahrbar und leicht zu beobachten. Bei der Suche ist es fürs erste nicht wichtig, ob Zentrierung und Orientierung in der korrekten Reihenfolge das Reaktionsmuster bilden. Viel wichtiger ist es, die zwei Komponenten ausfindig zu machen und im Alltag zu beobachten. Dann wird sich die Priorität des einen über das andere bald herausstellen.

Die Frage nach dem *Seelenalter* stellt sich zuletzt, und doch ist das Seelenalter der entscheidende Ausgangspunkt eurer Reise. Das Seelenalter, das ihr erreicht habt, ist nicht Ergebnis einer freien Wahl, sondern Ergebnis eines über Jahrtausende gewachsenen Erkenntnisprozesses. Es ist allerdings zu erwarten, daß eine Säugling-Seele, Kind-Seele oder Junge Seele sich mit ihrer eigenen Struktur, ihrer Entscheidungsfreiheit und unbedingten Verantwortlichkeit weder auseinandersetzen mag noch kann. Deshalb ist es wahrscheinlich, daß die allermeisten, die sich für unsere Lehre von den Konstanten und Variablen der seelischen Entfaltung interessieren und öffnen können, sich bereits im Zyklus der Reifen und Alten Seele befinden.

Wir möchten auf unser Bild vom Zugang zum Hochgebirge zurückkommen und es ergänzen um die Fragen: Liegt dieses Gebirge in Afrika oder Asien, nahe an eurem Heimatort oder fern von ihm? Erhebt es sich mit seinem Gipfel direkt über dem Meeresspiegel, oder müßt ihr erst durch Wüsten und Vorgebirge, durch fremde Länder und unbekannte Zonen hindurchdringen, um es zu erreichen? Liegt auf den

Spitzen der Berge ewiger Schnee, oder sind die Gipfel noch grün? Seid ihr für die Besteigung gerüstet?

All diese Überlegungen betreffen den Ausgangspunkt, das Seelenalter. Eine Betrachtung der fünf Seelenalter, die in menschlichen Körpern durchlebt werden können, wird euch zeigen, daß die Herausforderungen mit fortschreitender Reife immer komplexer, subtiler, kunstvoller werden, daß sie mehr Vorbereitung erfordern und mehr Erfahrung. Es muß davon ausgegangen werden, daß viele sich bei ihrem Wunsch, die höchsten Gipfel zu erklimmen, in ihren Möglichkeiten überschätzen. Damit meinen wir, daß die allermeisten, die Interesse haben, unsere Lehre von den Mustern der Seele zu überprüfen, sich auch zunächst für sehr weit fortgeschrittene Seelen halten werden. Aber nur wenige stehen kurz vor dem Abschluß ihrer Inkarnationen. Eure Seele hingegen weiß sehr wohl, was hinter ihr liegt und was sie noch vor sich hat. Sie weiß, was sie weiß, und sie erspürt die Bereiche, in die sie eindringen möchte. Ihr könnt keinem Irrtum unterliegen, der euch zum Nachteil gereicht und eure Entwicklung behindert. Wenn es euch hilft, euch ein wenig jünger oder euch ein wenig älter zu machen, als eure Seele in Wirklichkeit ist, laßt es geschehen. Es ist keine Schande, eine Junge oder Reife Seele zu sein. Eine Alte Seele zu besitzen ist kein Verdienst.

Hier nun wird die Betrachtung der Stufen von besonderer Bedeutung sein. Erst die Verbindung von Zyklus und Stufe wird in euch die wahre Resonanz erzeugen, die Schwingung von Wahrhaftigkeit und Spiegelung, von Verstandenwerden und Selbstverständnis. Die Leitfragen können lauten: »Wie groß sind meine Empfindungen von Fremdheit, meine Sehnsucht nach kosmischer Verbundenheit? Wie gestalten sich meine Probleme und Konflikte? Welche Wünsche habe ich an Beziehungen und Alleinsein? Welche Krankheiten plagen mich? Was brauche ich am meisten?«

Wir legen es euch ans Herz – wieder und wieder: Ihr seid, wie ihr seid! Und wenn ihr euch mit Hilfe der Matrix besser erkennen könnt, ändert es nichts an eurer wahren Identität. Aber einen Blick in den Spiegel zu werfen, dann und wann, ist nicht eine Frage der Eitelkeit, sondern entspringt dem Wunsch, die Selbstwahrnehmung zu überprüfen und zu objektivieren. Doch wenn ihr in den Spiegel schaut, seid nicht allzu kritisch mit euch. Der Blick in den Spiegel eurer Seele ist ein besonderer Anlaß, euch mit allem, was ihr jetzt darstellt, zu lieben und zu schätzen. Und vor allem: Nehmt euch Zeit, und laßt euch Zeit. Und gestattet, daß Zeit für euch wirkt, solange ihr ihrem Gesetz unterworfen seid. Als Menschen habt ihr Zeit, und als Menschen bewegt ihr euch im Raum. Das sind die Achsen eurer Matrix. Was ihr Leben für Leben darin einzeichnet, bleibt euch überlassen.

Die Matrix der Seele und
ihre sieben Elemente

Mit dem Begriff der Seelenmatrix bezeichnen wir das ganz persönliche, individuelle Muster oder Netzwerk von Grundelementen, das eine Seele sich vor einer jeweilig geplanten Inkarnation zusammenstellt, um sich ihren Zielen, ihren Aufgaben und ihren Entwicklungswünschen adäquat nähern zu können.

Unterschiedliche Ziele erfordern unterschiedliche Vorbereitungen. Die Seelenmatrix ist die Ausrüstung der Seele, die sie sich verschafft, um eine bestimmte Inkarnation sinnvoll zu bewältigen, und sinnvoll heißt: wachstumsfördernd, erkenntnisfördernd, liebesfördernd.

Das seelische Muster wird jeweils neu gewebt. Dennoch bleiben der Webstuhl und die gespannten Fäden der Kette erhalten. Damit meinen wir das Seelenalter, das sich mit dem Webstuhl vergleichen läßt. Es ist ein altes und altgedientes, verläßliches Instrument, das allerdings einem Entwicklungsprozeß unterworfen ist, und die Bespannung ist die Seelenrolle, die sich nicht verändert, ganz gleich, welches Muster der für ein bestimmtes Leben benötigte Teppich erhalten soll. Farben und Materialien werden immer neu zusammengestellt. Sie sind abhängig von der Phantasie, der Liebesfähigkeit und den Bedürfnissen der einzelnen Seele und können frei gewählt werden.

Jeder Mensch, der einen Körper besitzt, hat ein solches Seelenmuster. Es ist wie ein Gewand, das er für die Dauer einer Lebensspanne anlegt und dann ablegt, wenn er seinen Körper wieder verläßt. Erhalten bleiben jedoch zwei Faktoren: die konstante Seelenrolle und das sich nach und nach aufbauende Seelenalter, das weder rückgängig gemacht noch willkürlich beschleunigt werden kann. Die Matrix ist zugleich ein Entfaltungsplan der sich inkarnierenden Seele.

Eine Seelenmatrix besteht aus sieben Einzelelementen, von denen fünf nach Belieben mit den zwei genannten Fixpunkten kombiniert werden können. Diese sieben Elemente sind zu bezeichnen als essentielle Seelenrolle, Hauptmerkmal der Angst, Entwicklungsziel, Modus, Mentalität, körperliches Reaktionsmuster und Seelenalter (s. S. 44, 88, 140, 178, 222, 252, 298).

Jeder von euch also verfügt über eine seelische Matrix, ob er es weiß oder nicht. Jeder von euch nimmt von Anfang bis Ende seiner Entwicklungsphasen in verschiedenen menschlichen Körpern ein und dieselbe *essentielle Seelenrolle* ein. Sie entspricht einer der sieben archetypischen Grundenergien (s. S. 42). Die sieben Seelenrollen Helfer, Künstler, Krieger, Gelehrter, Weiser, Priester und König sind Archetypen, die zusammengenommen alle Möglichkeiten seelischer, geistiger und materieller Entfaltung und das gesamte Potential des Menschseins umfassen. Auch die konstante essentielle Seelenrolle ist frei und selbständig gewählt, doch unterliegt diese Wahl anderen Kriterien als die Wahl der einzelnen variablen Matrixelemente, die eine Seele mit einer bestimmten Essenz sich von Leben zu Leben neu zusammenstellt.

Die Kriterien für die Wahl einer der sieben archetypischen Essenzen sind so eingebunden in die Zielsetzung der gesamten kosmischen Gesetzmäßigkeiten, daß sie übergeordnete Funktionen erfüllen. Wenn ihr euch vorstellt, daß von den Milliarden Menschen, die jetzt eure Erde bevölkern, und den unendlichen Milliarden, die sich zu eurer Zeitrechnung nicht auf dem Planeten befinden, sondern in der astralen Welt neuerlicher Inkarnationen harren oder ihre Inkarnationen bereits abgeschlossen haben, alle eine der sieben Seelenessenzen besitzen, daß auch darüber hinaus andere Welten, andere Planeten ebenso von Seelen in euch fremder Gestalt bevölkert sind, die ihrerseits ihre seelische Entfaltung innerhalb einer dieser archetypischen Seelenrollen betreiben, wird euch klar werden, daß die Essenzen einem unendlich breiten Fächer von Funktionen und Bedürfnissen gerecht werden müssen.

Dennoch sind es nur sieben, die für alle gleichermaßen gültig sind, und wenn ein jeder von euch eine dieser sieben Essenzen verkörpert, bedeutet es, daß er sie mit Milliarden und Abermilliarden von beseelten Wesen im ganzen Kosmos teilt. Die essentielle Seelenrolle ist somit einerseits euer ureigenstes Merkmal, das euch ermöglicht, Leben aus einer bestimmten individuellen Perspektive zu erfahren, und andererseits bildet sie archetypische Verwandtschaftsverhältnisse mit all jenen auf der Erde und im Kosmos, die dieselbe Essenz vertreten wie ihr.

Essenz nun wird jeweils kombiniert mit der Stufe des Seelenalters, auf dem sich eure Entwicklung bewegt, und den fünf weiteren Variablen, die sich nunmehr zu einem persönlichen, unverwechselbaren Muster herausbilden. Deshalb ist ein jeder von euch sowohl in ein Allgemeines und Ganzes eingebunden als auch absolut einmalig, unverwechselbar, einzigartig, nicht nur was sein Gesicht, seine Gestalt und seine Fingerabdrücke angeht, sondern auch wenn seine seelische Struktur als Vergleichsmaßstab herangezogen wird.

Daß die Matrix eines Menschen zu einem bestimmten Zeitpunkt seiner Entwicklung, in einem bestimmten Körper, zu einer fest definierten Zeit im Rahmen menschlicher Zeitmessung eine unverwechselbare Identität aufweist, ist erwünscht und sinnvoll als Beitrag zum unendlich Vielfältigen in der unendlichen Einheit.

Sowohl Existenz als solche als auch menschliches Leben im besonderen sind nur sinnvoll und erfahrbar, wenn jede Einzelseele sich von anderen Seelen als unterscheidbar begreifen und definieren kann. Abgrenzung, Unterscheidung und Definition sind jedoch ihrerseits nur dann möglich, wenn eine breite gemeinsame Basis vorhanden ist.

Um euch dieses Prinzip mit Hilfe einer Analogie nahezubringen, weisen wir euch darauf hin, daß ihr euch mit eurem Mitmenschen nur deshalb in Beziehung setzen könnt, um euch mit ihm zu vergleichen und euch von ihm zu unterscheiden auf der Basis, daß ihr beide Menschen seid, mit einem menschlichen Körper, mit einem menschlichen Geist, menschlichen Verhaltensweisen und Bedürfnissen.

Je weiter entfernt von euch ein Phänomen von Existenz und Leben im Evolutionsprozeß angesiedelt ist, um so weniger könnt ihr euch mit ihm in Beziehung setzen. Die Vergleichsmöglichkeiten werden geringer. Es fällt euch unendlich schwer – und das zu Recht –, Verbindung zu einer Seeschnecke oder einer niederen Pflanze aufzunehmen. So ist es auch in bezug auf seelische Verwandtschaften. Die Essenz und das Seelenalter bilden den Hintergrund, den soliden Vergleichsmaßstab, an dem ihr selbst euch messen und begreifen könnt im Verhältnis zu anderen.

Wenn die Essenz einmal gewählt wurde, bleibt sie gültig über alle Dimensionen von Zeit und Raum hinweg. Sie setzt sich fort, auch wenn ihr längst eure menschlichen, irdischen Körper hinter euch gelassen habt. Sie bleibt erhalten sowohl in der astralen Welt als auch in der kausalen Welt der seelischen Entfaltung. Sie prägt die Struktur der Seelenfamilie, sie bestimmt euren Beitrag zum großen Ganzen, sie wird euch nie verlassen bis zum Ende des Kosmos; da dieses Ende aber einer Verschmelzung gleichkommt, die weder für euch noch für uns vorstellbar ist, wollen wir darauf nicht weiter eingehen.

Jede Einzelseele, die sich auf eine neuerliche Inkarnation vorbereitet, bestimmt zuerst das *Entwicklungsziel* und anschließend die Auswahl der Matrix-Elemente, die sie miteinander verbinden möchte, um dieses Entwicklungsziel zu erreichen. Auf der Astralebene wählt also eine Seele, nachdem sie sich von der letzten Einkörperung erholt, Bilanz gezogen und Absprachen mit anderen ins Auge gefaßt hat, aus den sieben möglichen Zielen ihren Wachstumsschwerpunkt und knüpft anschließend ein höchst komplexes Muster von körperlichen, geistigen und seelischen Merkmalen hinzu.

Das Fortschreiten im *Seelenalter* ist gebunden an das Ergebnis positiv gelebter Seelenstrukturen. Das Seelenalter steigt an in dem Maße, wie ein Mensch bereit ist, seine Matrix in den positiven Polen zu erfüllen und sich dem Potential an Liebe, das darin beschlossen ist, anzunähern. Das soll jedoch nicht heißen, daß ein Mensch, der sich der Liebe verweigert, steckenbleibt und in seiner Entwicklung nicht weiterkommt. Er wird sie zwar langsamer vollziehen, doch steht auch ihm bei der Erreichung der letztendlichen Erfüllung nichts im Wege, was als Strafe oder Sühne von höherer Warte bezeichnet werden könnte.

Es gibt keinen Menschen, keine Seele, die Lust daran hätte, immer nur negativ oder »böse« zu sein. Deshalb ergibt es sich, daß die Unterschiede zwischen einer Seele, die euch im Körper begegnet und die ihr für unbewußt oder negativ haltet, und einer anderen, die euch hingegen beeindruckt als abgeklärt und bewußt, nicht über die Zeiten hinaus gravierend sind; denn für die Entfaltung, die eine Seele anstrebt, spielt Zeit nicht dieselbe Rolle wie für euch, die ihr im Körper an Zeit- und Raumstrukturen gebunden seid.

Ganz gleich also, ob eine Seele sechzig, achtzig oder hundert Leben braucht, um ihre Erfüllung und Rückbindung an ihre Seelenfamilie zu erlangen, geht sie ihre eigenen Wege und folgt ihrem eigenen Rhythmus, ihren persönlichen Bedürfnissen und individuellen Wünschen. Diese Tatsache enthebt euch der scheinbaren Notwendigkeit, euch selbst und eure Mitmenschen zu verurteilen für angebliche Blindheit, für mangelnde Wachsamkeit oder für Lieblosigkeit, die euch zwar im Moment der Begegnung äußerst unangenehm und störend erscheinen mögen, aber für den fortlaufenden Entwicklungsweg einer Seele nicht von so entscheidendem Belang sind, wie ihr fälschlich annehmen könntet.

Die Matrix ist erst komplett, wenn alle sieben Elemente vereinigt sind. Auf keines kann verzichtet werden, aber die Matrix allein reicht nicht aus, um ein Leben sinnvoll und zielgerichtet gestalten zu können. Zusätzlich zu der Matrix, die unverzichtbar ist, gehören nun noch weitere Elemente der Wahl, zum Beispiel der kulturelle Hintergrund, die Eltern, die Bereitschaft, bestimmten karmischen Verpflichtungen nachzukommen oder Begegnungen mit anderen alten Seelengefährten zu vereinbaren, die sich gegenseitig – auf beglückende oder schmerzvolle Weise – bei der Erreichung des Entwicklungsziels unterstützen.

Da sich das Seelenmuster von einer körperlichen Existenz zur anderen ändert und jeweils in der astralen Welt aus den fünf mal sieben einzelnen Elementen und den vielen möglichen Stufen des Seelenalters neu zusammengestellt wird, ist jede Einzelseele in der Lage, im Laufe ihrer Verkörperungen alle variablen Matrixelemente zu erforschen, sich mit ihnen anzufreunden und die gesamte Bandbreite ihrer positiven oder negativen Ausformungen zu erfahren. Denn daraus ergibt sich, daß jeder von euch zurückgreifen kann auf reichhaltige Kenntnisse aller vorhandenen Matrixvariablen, außer der essentiellen Seelenrolle und des Seelenalters. Diese komplexe individuelle Erfahrung bindet euch zusätzlich ein in das Kollektiv. Sie ermöglicht Verständnis, Toleranz und Kontakt. Denn wer vom anderen gar nichts weiß, kann den anderen nicht verstehen. Und wer nichts versteht, kann keine Verbindung aufnehmen.

Da ihr in früheren Inkarnationen also allesamt schon Bekanntschaft geschlossen habt mit allen sieben *Modi*, mit allen sieben *Mentalitäten*, mit allen *Körperzentren* und ihren *Reaktionsmustern*, allen *Ängsten* und *Entwicklungszielen*, verfügt ihr im Reich eurer kollektiv-psychischen und auch seelischen Erinnerungen über ausführliche Vergleichsmöglichkeiten, über eine Bereitschaft zum Verzeihen, über eine Fähigkeit zu begreifen, warum euer Mitmensch bestimmte Handlungs- oder Reaktionsweisen zeigt; ihr könnt euch euren menschlichen Gefährten vorstellen, euch in ihn einfühlen, seine Entscheidungen und Handlungsweisen nachvollziehen, wenn ihr es wollt.

Denn diese Erfahrungen, die er gerade macht, stehen euch aus anderen Leben bereits fast alle zur Verfügung. Und ebenso dürft ihr an euren Mitmenschen den Anspruch stellen, daß er euch annehmen und verstehen möge, wenn auch nicht im einzelnen, so doch im großen und ganzen, denn auch er hat vieles von dem schon getan, was ihr jetzt tut. Wir weisen euch auf diese Tatsache hin, um euch erneut darauf aufmerksam zu machen, daß ihr keineswegs so allein und isoliert seid, wie eure Ängste es euch weismachen möchten.

Doch nicht nur aus vergangenen existentiell-physischen Erfahrungen, aus früheren Leben, wißt ihr vieles – wenn auch nicht alles – über die fünf variablen Elemente der Matrix; auch in jedem aktuellen Einzelleben schöpft ihr reale Erfahrung aus der Vielfalt der Matrixelemente. Dennoch gilt für das individuelle Seelenmuster, daß jeder von euch aus den sieben Möglichkeiten eine Variable insbesondere auswählt und betont, so wie man aus einer Vielzahl von Bildern in einem Museum eines mit einem Scheinwerfer ausleuchtet, um es besser betrachten zu können.

Zum Beispiel sind euch alle sieben *Grundängste mit ihren Hauptmerkmalen* bestens vertraut. Jeder von euch wird in jedem Einzelleben sich bisweilen verleugnen, er wird hochmütig sein oder ungeduldig, starrsinnig, gierig, selbstzerstörerisch oder märtyrerhaft. Doch die Hauptangst, das Hauptmerkmal, das sein Leben stärker prägt als alle anderen und das sich auch besser versteckt hält als die übrigen sechs und daher stärker das Unbewußte beherrscht, bestimmt seine angstbesetzten Handlungsweisen und die negativen Polarisierungen seiner Matrixelemente.

Jedes Einzelelement der individuellen Seelenmatrix verfügt über einen Plus- und einen Minuspol. Plus- und Minuspol repräsentieren die Extreme von Liebe und Angst. Sie sind Endpunkte auf einer großen Bandbreite von möglichen Aktionen und Reaktionen. Das sollte keineswegs so verstanden werden, als hättet ihr lediglich die Wahl zwischen entweder dem positiven oder dem negativen Pol. Ganz im Gegenteil: Fast immer werdet ihr euch im Laufe eurer Tage und Nächte in einem relativ begrenzten Mittelfeld aufhalten, und nur selten werdet ihr extrem lieblos oder überaus liebevoll sein.

Macht euch vor allem keine Vorwürfe, wenn ihr registriert, daß ihr euch in einer bestimmten Situation ein wenig mehr zum negativen Pol hingeneigt habt, denn die Erfahrungen mit den Auswirkungen einer lieblosen, angsterfüllten Reaktion sind ein wertvolles Hilfsmittel und ein Hinweis darauf, daß ihr euch von der Liebe entfernt habt, die euch aber jederzeit genauso zur Verfügung steht wie die Angst. Es bleibt euch überlassen, welchen Weg ihr wählt, und es gibt niemanden, der euch straft für angebliche Fehler und Verirrungen oder für Erfolge belohnt. Ihr allein macht die Erfahrung, wie sich die Konsequenzen manifestieren. Ihr wollt ja daraus lernen. Es gibt keinen Grund, sich vorzunehmen, immer nur liebevoll zu sein, sich immer nur auf den Höhen des Pluspols zu bewegen. Denn das ist keinem Menschen möglich, und es wäre auch nicht sinnvoll, da es ein Lernen nachhaltig unterbinden würde.

Da sich im Laufe der vielen aufeinanderfolgenden Einkörperungen ganz von selbst eine wachsende Bewußtheit einstellt und eine natürliche, unaufhaltsame Bewegung hin zu mehr Liebe entsteht, eine Ursehnsucht, die euch leitet und führt, kann es nicht ausbleiben, daß ihr euch in fortgeschrittenem Seelenalter eurer Möglichkeiten und Fähigkeiten stärker bewußt werdet. Es ist gewiß wünschenswert, sich zu bemühen um mehr Klarheit, um mehr Einsicht; doch sind Introspektion, Selbstanalyse und intellektuelle Wachheit nicht jedem gegeben und nicht jedes Menschen Ziel. Für die optimale Nutzung eurer persönlichen Seelenmatrix möge folgendes Wort gelten, das euch entlasten und vor Überforderung schützen soll: Alles hat seine Zeit, und Zeit steht überreichlich zur Verfügung.

Die Pole in der Matrix

Die Matrix mit ihrem Seelenmuster ist, solange sie lediglich entworfen und nicht gelebt wird, nur ein Plan, eine Blaupause. Sowie aber eine Seele einen Körper gewählt hat und beginnt, sich in ihm einzurichten, tritt dieser Plan in Kraft und beginnt, sich materiell zu verwirklichen. Mit dem Akt der Inkarnation treten neue Gesetzmäßigkeiten in Kraft, die wir als die Prinzipien von Dualität und Polarität beschrieben haben.* Und zugleich entsteht eine neue Spannung dadurch, daß die Pole der einzelnen Matrixelemente ihr Energiefeld aufbauen.

Solange die Seele in einem Körper weilt und auf diese Weise ihre Entfaltung vorantreibt, spielt sich die gesamte Bandbreite von Möglichkeiten in dem Feld ab, das sich zwischen den Polen bildet. Wir sprechen von einer Spannung zwischen dem jeweiligen Pluspol und dem Minuspol. Wenn wir nun von plus und minus sprechen, wissen wir sehr wohl, daß ihr damit wie selbstverständlich eine Vorstellung von gut und schlecht verbindet. Deshalb möchten wir euch zum besseren Verständnis darauf hinweisen, daß der Pluspol eines Matrixelements keineswegs an sich gut ist und der Minuspol nicht an sich schlecht und daß es nicht darum geht, stets die Berührung mit dem Minuspol zu vermeiden, um sich dadurch fast ausschließlich dem Pluspol zuwenden zu können.

Die Spannung, die entstanden ist, bleibt notwendig. Wer also den Minuspol nachhaltig zu vermeiden sucht, reduziert die Spannung, die ihm ermöglicht, den Pluspol zu erreichen. Nur solange Energie zwischen diesen beiden Polen hin- und herfließt, ist Lernen möglich, kann sich das Schwingungsfeld eines Individuums erhöhen und bleibt Lebendigkeit erhalten. Erst mit dem Tod des Leibes erlischt die Span-

---

* Siehe *Welten der Seele*, S. 21.

33

nung, und das bedeutet: Solange ihr lebt, werdet ihr immer und immer wieder mit dem jeweiligen Minuspol in Berührung kommen, und daraus erst kann die Pendelbewegung zum Pluspol hin entstehen. Wir ermahnen bisweilen den einen oder anderen von euch eben aus diesem Grund: Versuche nicht, immer nur gut zu sein! Und ihr dürft auch ganz natürlich und selbstverständlich davon ausgehen, daß es einem Menschen selbst unter ungünstigen Umständen keinesfalls möglich ist, immer nur schlecht zu sein, das heißt ausschließlich aus den Minuspolen seiner Matrix heraus zu agieren und zu reagieren.

Deshalb fürchtet nicht steckenzubleiben, sondern laßt die Energie zwischen den Polen frei schwingen. Durch das Hin- und Herschwingen erhöht sich die Frequenz. Die Auseinandersetzung mit dem Hin und Her zwischen den Polen fördert eure Bewußtheit. Und das, was wir Liebe nennen, wird erreicht durch den natürlichen Wechsel zwischen den Polen, nicht aber, indem ihr krampfhaft bemüht seid, den Minuspol zu ächten und auszugrenzen, um ganz aus dem Pluspol heraus zu existieren.

Die Wörter »positiv« und »negativ«, auf die Pole bezogen, sind also aus unserer Sicht weder ein Qualitätsmerkmal noch ein Werturteil. Wir sind uns jedoch gewahr geworden, daß ihr euch nicht ohne Schwierigkeiten von den Vorstellungen eurer Erfahrung und eurer Sprache lösen könnt. Deshalb bitten wir euch noch einmal, unsere Hinweise zu beherzigen. Gewiß ist es notwendig zu verstehen, daß der jeweilige Pluspol aller Matrixelemente, abgesehen von dem Pluspol des Haupt- und Nebenmerkmals der Angst, von liebevoller, entspannter Energie geprägt ist. Die jeweiligen Minuspole, eingeschlossen den Pluspol und den Minuspol des Haupt- und Nebenmerkmals, beziehen ihre Energie hingegen aus der Angst.

Liebe und Angst können neutral als Manifestationen bestimmter energetischer Frequenzen beschrieben werden. Expansion und Kontraktion, Entspannung und Verspannung kennzeichnen diese Phänomene und sind ebenso normal wie die Muskelbewegungen eurer Herzen. Das Zusammenziehen des Herzmuskels ist nicht »schlecht«, seine Entspannung in der Pumpbewegung ist nicht »gut«. So wie hiermit eine notwendige Funktion erfüllt wird, ist auch das Zusammenziehen und Entspannen des Energiefeldes durch die Wechselbewegungen zwischen den Polen eine notwendige Funktion von Lebendigkeit und

Wachstum. Und wir sagen noch einmal: Liebe ist nicht »gut«, und Angst ist nicht »schlecht«. Angst gehört zum Leben ebenso wie Liebe.

Wollt ihr beginnen, euren Blick zu schärfen für die Charakteristika dieser Polarität und für die unendlich differenzierten Möglichkeiten des Verhaltens und der Reaktion, die in dem dazwischen entstehenden Energiefeld enthalten sind, dann werdet ihr auch erkennen, daß ihr euch höchst selten in den potentiellen Extremen direkt an den Polen aufhaltet. Vielmehr bewegt ihr euch in der Regel in einer mittleren Zone dieses Spannungsfeldes. Wenn ihr nun im Rahmen eurer Selbsterforschung feststellt, daß ihr euch aus Anspannung und Not häufiger auf den Minuspol zubewegt, als euch lieb ist, und zugleich der Ausschlag zum Pluspol hin durch eine Energieblockade gebremst wird und ihr diese Blockade lösen möchtet, ist zunächst eines von großer Wichtigkeit: Macht euch klar, daß euch jene Hälfte des Spannungsfeldes, die sich zum Pluspol hinwendet, stets zugänglich bleibt. Sie ist vorhanden, sie gehört euch, sie liegt nicht außerhalb eurer Reichweite. Die Blockade entsteht nicht selten dadurch, daß ihr euch nicht zutraut, diese Hälfte des Spannungsfeldes auszukundschaften.

Eure Psyche fürchtet sich vor dem Unbekannten und will äußerst behutsam in neue Bereiche des Erlebens hineingeführt werden. Sowie ihr spürt, daß die Bekanntschaft mit neuen Möglichkeiten euch zu überwältigen droht, nehmt Rücksicht auf die aktuellen Gegebenheiten eurer Psyche, und überfordert sie nicht, sonst wird sie sich automatisch mit neuer Angst füllen, und die negative Spannung muß sich zwangsläufig erhöhen. Dann beruhigt sie, geleitet sie zurück in vertrautere Zonen, zeigt ihr aber mental, durch inneren Dialog oder durch ein Gespräch mit anderen Menschen, wie durch ein großes Panoramafenster die schöne Landschaft von Entspannung und Liebe, die ihr gehört, um in ihr eine Sehnsucht zu erwecken, sie zu erwandern. Oft genügt es schon, wenn ihr mit eurer Angst sprecht und zu ihr sagt: »Wir wissen doch, daß uns der Zugang zu Güte, Barmherzigkeit, Einfallsreichtum, Dienst am Menschen, Gewißheit, Führungs- oder Überzeugungskraft zugänglich ist. Laßt es uns einmal versuchen.«

Wenn ihr euch aber für vermeintliche Fehltritte, Unvermögen oder Mißverhalten kritisiert, beschimpft und abwertet, treibt ihr eure Ängste allesamt im Feldanteil des Minuspols zusammen wie ein Schäferhund seine Schafherde, und es wird sehr schwierig, auch nur ein einziges Schäfchen durch die Barriere zum Feld der Liebe hin entkommen zu lassen.

Auch im Hinblick auf die innere Auseinandersetzung mit den Polen raten wir euch grundsätzlich zu nichts anderem als zu einer liebevollen, aufmerksamen Selbstbeobachtung. Und zuweilen kann es recht hilfreich sein, wenn ihr einmal alle Minuspole, die in ihrer Gesamtheit euren Schatten bilden, aufschreibt, um zu erkennen, daß euer Schatten zwar zu euch gehört, ihr aber nicht dieser Schatten allein seid. Und wenn ihr sodann alle eure Pluspole miteinander notiert und euch ebenso klarmacht, daß damit der andere Aspekt eures Seins, euer Potential, beschrieben ist, daß aber die Energie der Pluspole dichter und wärmer ist und symbolisch euren Körper in Fleisch und Blut abbildet, werdet ihr ganz neuartige, hilfreiche Erkenntnisse ernten können. Solange ihr einen Leib habt, werdet ihr auch einen Schatten haben. Ein Mensch ohne Schatten ist nicht lebendig. Darum nehmt es freudig hin, daß die Plus- und Minuspole des Seelenmusters zu euch gehören wie das Einatmen und das Ausatmen.

Die Energiestruktur der 7

Zu den beschriebenen Wirkungsweisen und Funktionen der Pole, die die einzelnen Matrixelemente kennzeichnen, tritt innerhalb der physischen Welt ein weiterer Aspekt hinzu, der die Matrix erst so recht verständlich macht. Es handelt sich hier nicht um Polaritäten im Sinne eines Plus- und eines Minuspols, die ein unauflösbares Spannungsfeld zwischen sich erzeugen, sondern um einen anderen Aspekt der Physis: die Dualität.

Diese Dualität drückt sich im Bereich der Matrix durch eine innere Ordnung aus, die die sieben Einzelaspekte eines Elements untereinander in verschiedene Kategorien teilt. Dieses Dualitätsprinzip bindet jeweils zwei Aspekte eines Matrixelements in einer besonderen energetischen Weise miteinander, so daß drei Paare entstehen. Der vierte Aspekt bildet den ruhenden Punkt, von dem aus die zwei Gruppen mit den Ordnungszahlen 7, 6 und 5 sowie 3, 1 und 2 sich wie Flügel entfalten. Die 4 also ist aus der Dualität herausgelöst, sie entspricht dem Prinzip der Assimilation und bleibt neutral.

7 und 3 vertreten das Prinzip der Aktion, 6 und 1 das der Inspiration, 5 und 2 das der Expression. Mit Expression, Inspiration, Aktion und Assimilation sind vier grundsätzliche Entfaltungs- und Wachstumsmöglichkeiten beschrieben. Und wenn ein Seelenplan von einer Seele in der astralen Welt für eine neue Inkarnation zusammengestellt wird, werden aus den verschiedenen Bereichen einzelne Elemente gewählt, die in der Regel eine Schwerpunktbildung zulassen. Es ist nicht notwendig, daß alle vier Möglichkeiten des Wachstums in jedem Leben in Anspruch genommen werden, doch sind es mindestens zwei. Hinzu kommt, daß ein Mensch, der ja dem Prinzip der Dualität unterliegt, von allen anderen Menschen, die jeweils das zu dem seinen duale Prinzip vertreten, in besonderem Maße lernen kann.

So wird ein Künstler von einem Weisen, ein Krieger von einem König, ein Priester von einem Helfer lernen und umgekehrt. Ein Leidenschaftlicher lernt vom Zurückhaltenden, der Zurückhaltende vom Leidenschaftlichen. Die jeweils ruhenden Aspekte mit der Ordnungszahl 4 haben die Aufgabe zu betrachten, zu beobachten, zu beruhigen und zu assimilieren. Die Neutralität der 4, die keinen Gegenpart besitzt, erlaubt die jeweilige Integration der großen Bewegungen, die durch die Reibung innerhalb der dualen Auseinandersetzung entstehen.

Jedes Matrixelement besteht aus sieben einzelnen Variablen. Die Dimension seelischer Realität, die mit der Matrix beschrieben wird, ist durch das Prinzip der 7 gekennzeichnet, das die Ganzheit repräsentiert. Auch wenn es euch auf den ersten Blick undenkbar scheint: Die Gesamtheit aller sieben Matrixvariablen enthält jeweils beim näheren Hinsehen alle nur irgend möglichen Aspekte menschlicher Verwirklichung. Die 7 als Zahlensymbol einer Ganzheit, die weit über alles Irdische und Menschliche hinausreicht, ist in diesem Sinne eine spirituelle Zahl und zugleich Ausdruck einer eindeutig definierten Energie.

Wir ihr ahnt, gibt es außer eurer materiell erfahrbaren Wirklichkeit noch andere Dimensionen von Wahrheit und Realität. Wir möchten deshalb terminologisch unterscheiden zwischen Wirklichkeit und Realität. Mit Wirklichkeit meinen wir die Phänomene, die ihr über eure Physis erfahren könnt. Mit Realität hingegen bezeichnen wir alle anderen Dimensionen, die euch nur über den Geist und zeitweilig entgrenzte Sinneswahrnehmungen erfahrbar sind.

Ihr macht nun die Augen auf und strengt euer Gehirn an, um die Sieben in eurem Alltag zu entdecken. Und ihr seid verwirrt, wenn ihr sie nicht finden könnt. Die Zahlen eurer irdischen Erfahrungswelt sind aber die Drei und die Vier. Erst im Bereich des Symbolischen, des Religiösen, Mystischen, Magischen und Märchenhaften begegnet euch die Sieben. Die Sieben sucht ihr vergeblich dort, wo Drei und Vier regieren. Sieben könnt ihr nur außerhalb des Stofflichen, außerhalb des Physischen finden. Es ist die nichtirdische, die nicht-planetare und unstoffliche Realität, die dem Prinzip der Sieben unterstellt ist, von ihr regiert wird und auf sie reagiert. Diese Realität, die auch, aber nicht ausschließlich, eine seelische ist, zerspringt in sieben Teilbereiche. Doch ist die Sieben ein Ganzes, das sich jederzeit seiner Ganzheit bewußt ist. Wenn sie nun den Bereich der Physis auf der Erde oder an einem anderen Ort im Raum berührt, kann die Sieben sich nur in Gestalt der Drei und der Vier manifestieren. Deshalb gibt es drei Paare, aber vier Bereiche der Verwirklichung. Das einzelne Seelenfragment kann jedoch für sich selbst nur jeweils einen der Aspekte aus einem Matrixelement wählen (Akzeptieren oder Ablehnen oder Beschleunigen usw.), wenn der Seelenplan den Erfordernissen der kommenden Inkarnation gemäß zusammengestellt wird.

Jede der Ordnungszahlen innerhalb eines Matrixelements trägt ihre eigene unverwechselbare Energie. Die Energie 2 ist vollkommen verschieden von der Energie 1, 3, 5, 6, 7 oder 4, und alle Variablen der Matrix, die die Ordnungszahl 2 besitzen, sind wiederum Ausdruck ein und derselben Grundenergie. Das Prinzip der Ordnungszahlen als Allegorie energetischer Archetypen prägt nicht nur das Seelenmuster, sondern weite Bereiche der kosmischen, universellen Ordnung. Während also eine Ordnungszahl wie zum Beispiel die 4 der Essenz des Gelehrten zugeordnet wird, kann sie ergänzt werden durch alle anderen Elemente mit der Ordnungszahl 4 – Starrsinn, Stillstand, Beobachtung, Pragmatiker, instinktives Zentrum – und ergibt somit den energetischen Archetypus des Gelehrten beziehungsweise die archetypische Energie 4. Ebenso kann mit der Grundenergie 6 oder der Grundenergie 2 verfahren werden sowie mit allen anderen, die ebenfalls ihre Archetypen bilden.

Jedoch wird ein geplantes Seelenmuster niemals einen reinen Archetypus abbilden, denn das wäre nicht sinnvoll. Zum Wachsen braucht die Seele die Bekanntschaft und Berührung mit Energien, die von der ihrer Essenz verschieden sind. Und zugleich bietet die Vielfalt jedes einzelnen Seelenmusters in jedem einzelnen Leben die Gelegenheit, unter Beibehaltung ein und derselben Essenz alle notwendigen wichtigen und lehrreichen Erfahrungen zu machen, die mit den Energien anderer Essenzen und Archetypen verbunden sind.

Ein Seelenmuster einer Seele mit der Essenz des Weisen kann sich also in einem Erdenleben eine Matrix bilden mit der Angst des Königs, dem Ziel des Priesters, dem Modus des Weisen, der Mentalität des Priesters, dem Reaktionsmuster von Helfer und Krieger, oder anders ausgedrückt, der Zentrierung emotional-sexuell. Ebenso kann dieselbe

Matrix beschrieben werden als entsprechendes Zahlensymbol: 5 7 6 5 6 1 / 3. Hinzu kommen Seelenalter und Entfaltungsstufe, also zum Beispiel Jung 3, Reif 7 oder Alt 2. Eine weitere Möglichkeit, die Matrix in Kurzform zu beschreiben, besteht über die Kennworte: »Ein ungeduldiger Weiser mit dem Ziel der Beschleunigung, dem Modus der Macht, einer spiritualistischen Mentalität, eine emotional zentrierte, sexuell orientierte Junge Seele auf der dritten Stufe.« Oder: »Eine Junge Seele Stufe 3, ein machtvoller Weiser und ungeduldiger Spiritualist mit dem Ziel beschleunigter Entwicklung und einem emotional-sexuellen Reaktionsmuster.« Eine Häufung bestimmter Ordnungszahlen, wie hier der 5 und der 6, führt zu einer Betonung und Intensivierung einer bestimmten archetypischen Grundenergie, die von der essentiellen Energie abweichen kann.

Durch diese in Verbindung mit anderen Kennzeichen der Individualität schier unbegrenzte Vielfalt und Flexibilität gestattet das Seelenmuster es jedem einzelnen, im Laufe seiner zahlreichen Inkarnationen alle Erfahrungen zu machen und alle Begegnungen zu leben, die seiner Essenz notwendig erscheinen und seiner Entfaltung zuträglich sind. Die gelebte Vielfalt aber ist es auch, die jeder Einzelseele ermöglicht, andere Seelen trotz des fragmentierten und damit abgetrennten Zustands zu verstehen, sich zu verzeihen, was sie an Schmerzen sich selbst und anderen zufügt, und einen Kontakt zu schließen, der auf authentischer Erfahrung beruht.

Wir haben gesagt, daß der Weise vom Künstler und der Künstler vom Weisen lernen kann, der Priester vom Helfer, der Helfer vom Priester, der König vom Krieger, der Krieger vom König. Grundsätzlich jedoch gilt, daß alle archetypischen Energien, die den einen Flügel bilden, nämlich 1, 2 und 3, von den archetypischen Energien 5, 6 und 7 verschieden sind und daher besondere Impulse von ihnen erhalten können.

Die archetypischen Energien von Künstler, Helfer und Krieger sind, gemäß ihrer Dualitätsebene, nach innen gewandt, empfangend, zurückgezogen, passiv bewirkend, nicht per se, sondern nur im Verhältnis zu den Energien ihrer dualen Archetypen Weiser, Priester und König. Die letzteren sind nach außen gewandt, gebend, aktiv bewirkend, ausgreifend. Sie verhalten sich zueinander wie das männliche und weibliche Prinzip, wie Yang und Yin, sie sind Wille und Willenlosigkeit, Geschehenmachen und Geschehenlassen, Drängen und Widerstreben.

Doch sind diese Begriffe lediglich Hilfsgrößen, um euch begreiflich zu machen, wie sich die zwei Flügel, die sich an die neutrale Energie der 4 anfügen, zueinander verhalten. Gewiß ist, daß niemand mit einem Flügel fliegen kann. Beide Flügel sind unverzichtbar in ihrem Zusammenspiel. Eine Matrix wird deshalb aus gutem Grund stets Elemente aus beiden Positionen zusammenstellen, wenn auch nicht in jedem Einzelleben in symmetrischer Weise.

Die neutrale Position vereint und leitet aus der Bewegung die Ruhe ab. Die Position 4 dient der Integration all dessen, was die anderen Energien zuwege bringen. In diesem Sinne ist das Neutrale keine Position, denn es bezieht nicht Stellung. Es lebt aus der Dualität und ist doch nicht dual. Das Dritte, das Neutrale, vereinigt das Ich mit dem Du, das Aktive mit dem Passiven, das Introvertierte mit dem Extravertierten. Grundsätzlich geht es nur darum, das Prinzip der 7 in seiner manifesten Dualität zu begreifen. Die 7 als ein Ganzes findet in eurer Vorstellungswelt nur symbolischen Ausdruck. Sie zerfällt stets in die 3 und die 4, wenn sie sich euch real begreifbar machen will.

Die sieben archetypischen Grundmuster der Seele

Energie	Seelenrolle	Hauptmerkmal	Ziel	Modus	Mentalität	Zentrum
1	Heiler	Selbstverleugnung	Verzögern	Zurückhaltung	Stoiker	emotional
2	Künstler	Selbstsabotage	Ablehnen	Vorsicht	Skeptiker	intellektuell
3	Krieger	Märtyrertum	Unterordnen	Ausdauer	Zyniker	sexuell
4	Gelehrter	Starrsinn	Stillstehen	Beobachtung	Pragmatiker	instinktiv
5	Weiser	Gier	Akzeptieren	Macht	Idealist	spirituell
6	Priester	Hochmut	Beschleunigen	Leidenschaftlichkeit	Spiritualist	ekstatisch
7	König	Ungeduld	Herrschen	Aggressivität	Realist	motorisch

I
Die essentielle
Seelenrolle

Übersicht
Die essentiellen Seelenrollen

Expression

⑤
Weiser
Prinzip: Mitteilen
– redselig   ausdrucksvoll +

②
Künstler
Prinzip: Gestalten
– gekünstelt   einfallsreich +

Inspiration

⑥
Priester
Prinzip: Trösten
– übereifrig   barmherzig +

①
Heiler*
Prinzip: Dienen
– servil   hilfreich +

Aktion

⑦
König
Prinzip: Führen
– selbstherrlich   hoheitsvoll +

③
Krieger
Prinzip: Kämpfen
– überwältigend   überzeugend +

Assimilation
④
Gelehrter
Prinzip: Lernen/Lehren
– theoretisierend   wissend +

---

* Die Seelenrolle, die die Ur-Energie 1 repräsentiert, wurde von Varda ursprünglich mit dem Wort »Sklave« oder »Helfer« wiedergegeben. »Sklave« ist zwar in seinen Konnotationen archaisch und zeitlos zugleich, wird aber vom Menschen des 20. Jhs. emotional abgelehnt. »Helfer« ist ein farbloses Kunstwort. Als die Quelle uns nach der Drucklegung empfahl, das Wort »Heiler« an die Stelle zu setzen, waren wir zunächst verblüfft. Jedoch erkannten wir schnell, daß dieser Begriff das korrekte archetypische Gegenstück zum »Priester« bildet. Die Betonung liegt auf der einenden, ganzmachenden, heilmachenden Urqualität. »Heiler« bezeichnet inkarnierte Seelen, dier spüren, was dem Mitmenschen »fehlt«, nicht in erster Linie den Arzt. Jesus war »Heiler«, und wir finden es sehr anrührend, daß die germanischen Missionare das Wort »Heiland« für ihn prägten, um lat. salvator zu übersetzen. Leider war es aus verlagstechnischen Gründen nicht möglich, im gesamten Buch das Wort »Heiler« neu zu setzen. Wir bitten, dies bei der Lektüre zu bedenken.

Über die essentielle Seelenrolle

Die Essenzen oder essentiellen Seelenrollen sind der innerste Kern eurer seelischen Identität. Sie stellen das Wesentliche in einen Zusammenhang, der euch als Menschen verknüpft mit den Gesetzmäßigkeiten seelischer Entfaltung und seelischen Lernens, die im gesamten Universum ihre Gültigkeit besitzen.

Wenn ein Verbund von sieben Seelenfamilien, wie es sie zu Myriaden in den gesamten Reichen des Kosmos gibt, bereit ist, eine besondere Form des Lernens zu erstreben, und beschließt, sich in irgendeiner Form zu manifestieren, auf irgendeinem Planeten oder irgendeiner Ebene von Energie, zerfällt er in einzelne Seelenfamilien. Diese wiederum enthalten eine jeweils unterschiedliche Anzahl von Essenzen: zwei, drei, oder selten vier. Alle sieben Seelenrollen vereinen ihre Kraft in dem Verbund von sieben Seelenfamilien. Aber wenn sie sich einmal in ihrer Fragmentierung zu erfahren beginnen, in einer der individuellen Seelenrollen, beginnt auch ein völlig neuartiger Weg der Entfaltung und Erfahrung.

So wunderbar nun der Vorgang der Fragmentierung ist, so wunderbar wirkt auch auf der Ebene der verbindenden gemeinsamen Energie die Ganzheit aller sieben Essenzen innerhalb eines Verbundes von sieben Seelenfamilien weiter. Und das gemeinsame Wollen, das am Anfang und am Ende dieses Weges steht, bleibt auch gültig während der Fragmentierung. Alle sieben Essenzen also ergänzen einander. Keine ist wichtiger als die andere, keine besser oder schlechter. Jede einzelne trägt das Ihre zum Gelingen des Ganzen bei, und nichts kann sie davon abhalten, diesen Beitrag zu leisten in der ihr gemäßen, ureigensten Funktion. Alle Seelenrollen repräsentieren universelle Prinzipien, die nicht nur auf eurem Planeten Erde gültig sind. Alle Wesen in fragmentiertem Zustand, jedoch auch die nicht mehr oder noch nicht fragmentierten Wesenheiten, brauchen Unterstützung, Trost, Führung, Kommunikation, Gestaltung, Auseinandersetzung, Belehrung. Und wenn wir sagen, eure Essenz ist eure seelische Kernindividualität, die euch zugleich mehr als alle anderen Aspekte der Matrix in das große Ganze einbindet, meinen wir damit, daß die Essenz eines jeden von euch denselben universellen Wert hat wie das kleinste von euch im Universum identifizierbare Teilchen von universeller Präsenz.

Diese Essenz ist Träger universeller Energie. Sie kann nicht vergehen, und so ist auch eure Essenz gültig, um nicht zu sagen: ewig, solange die Phänomene von Seelenfamilie, Ausstreuung und Fragmentierung sowie die Sehnsucht nach der Wiedervereinigung der Einzelseelen und ihrer erneuten Einbindung in die größeren Verbunde mit ihren Seelenvölkern gültig bleiben. Solange die Erscheinungsform der Einzelseele in den Welten der Seele für das Lernen entscheidend ist, gilt auch das Prinzip der essentiellen Seelenrollen.

Eure Seele kleidet sich in die Rolle des Helfers oder Künstlers, Kriegers oder Gelehrten, Weisen, Priesters oder Königs während all ihrer Manifestationen und Inkarnationen, ganz gleich auf welchem Planeten oder in welcher kosmischen Erscheinungsform. Sie ist eure Rolle von Anfang bis Ende eurer Erfahrungen in einem menschlichen Körper. Sie gibt euch Identität und Stabilität und ist keineswegs in irgendeiner Weise beengend, wie es euch zunächst erscheinen mag. Denn die jeweilige Matrix, die ihr für ein Einzelleben vorbereitend wählt und zusammenstellt, sowie das unaufhaltsam fortschreitende Seelenalter mit seinen Stufen verleihen euch eine so unermeßliche, ungeahnte Bandbreite, ein so vielfältiges Potential, daß ihr alle Erfahrungsbereiche, die in menschlichen Körpern nur irgend möglich sind, in ihr oder mit ihr ausschöpfen könnt.

Tiefe und Breite der essentiellen Rolle gestatten euch, die Identität eurer individuellen Seele, die euch durch die Individuation im Laufe eines Inkarnationszyklus durch vollkommen eigenständige Erfahrungen von allen anderen Seelen im Universum unterscheidet, zu spüren, zu ahnen, wahrzunehmen. Denn wenn dort nicht etwas existierte, was immer gleich bleibt, könntet ihr es nicht wiedererkennen. Wenn ihr also vom ewigen Leben und der ewigen Existenz, der Unvergänglichkeit eurer Seele sprecht, meint ihr eigentlich, ohne euch dessen bewußt zu sein, die Unvergänglichkeit eurer stets gleichbleibenden Seelenessenz.

Die Essenz, die Seelenrolle, verknüpft die Einzelseele mit dem Allganzen. Solange ihr euch in der Welt der Physis inkarniert und hin- und herwechselt zwischen der astralen Welt und eurer Erde, seid ihr den Bedingungen von Zeit und Raum unterstellt. Ihr verliert zu den Dimensionen der Zeit- und Raumlosigkeit niemals ganz den Kontakt, da eure Essenz die Verbindung aufrechterhält. Sie löst sich als einziges Matrixelement von den Einschränkungen und Bedingungen der Physis und ist in der Lage, zu bewahren, was ihr vergessen habt.

Ihr habt es vergessen, und ihr müßt es vergessen, ohne alle Ahnung und Hoffnung daran aufzugeben. Religion bedeutet, einen Weg zu finden, um Ahnungen und Hoffnungen von der ewigen, universellen Gültigkeit eurer Existenz zu einer Gewißheit werden zu lassen.

① Der Helfer

Prinzip: Unterstützen

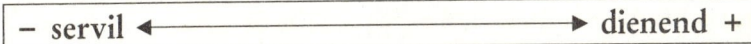

$-$ servil ⬅━━━━━━━━━━━━➡ dienend $+$

Die Seelenrolle des Helfers wird ganz zu Unrecht von vielen verkannt. Viele verkennen, daß die Rolle des Helfers sowohl die am weitesten verbreitete als auch besonders diejenige ist, die das Leben auf eurem Planeten so gestaltet, organisierbar und praktikabel macht, daß euer Zusammenleben, das ohnehin schwierig genug ist, funktioniert.

Wenn also andere die Rolle des Helfers in eurer menschlichen Gemeinschaft und in eurer aktuellen Gesellschaft verkennen, so tun sie sich selbst damit keinen Gefallen: erstens, weil Verachtung niemals etwas Positives hervorbringt, und zweitens, weil die wichtige Funktion dieser Seelenessenz erst dann richtig zum Tragen kommt, wenn die anderen Seelenessenzen die Aufgaben des Helfers bewußt wahrnehmen und dankbar annehmen.

Aber auch der Helfer selbst hat die Tendenz – von seinem Archetyp her gesehen –, sich selbst herabzusetzen, sich nicht für wert zu finden, von anderen beachtet, von anderen wahrgenommen zu werden in den wichtigen Aufgaben, die er erfüllt. Und darüber hinaus fehlt es ihm manchmal daran, daß er sich selbst und seine Rolle in der Weise einschätzt, wie sie es verdient. Denn ein Mißverständnis beherrscht die Helfer häufig: Sie glauben nämlich, daß sie, um ihre Rolle gut auszufüllen und angemessen zu vertreten, sich selbst möglichst klein machen müssen, sich selbst in den Hintergrund stellen und entwerten sollen. Das ist nicht der Fall. Ganz im Gegenteil: Ein Helfer, der sein Dienen als etwas Wertvolles empfindet und die Rolle, die dieses Dienen innerhalb der Gesellschaft und innerhalb der Gemeinschaft einnimmt, als etwas begreift, das unabdingbar und unerläßlich ist – erst solch ein Helfer kann mit Freude und essenznah sein Leben gestalten. Als Reflex der mangelnden Achtung, die andere ihm entgegenbringen, verkennt also der Helfer sich selbst und neigt zur Selbstverachtung, weil er häufig nicht begreift, wie wichtig seine Selbstachtung, die Achtung für sein Dienen, für seine seelische Fortentwicklung ist.

Der Helfer unterstützt, was andere wünschen und wollen. Sei die Aufgabe gut oder schlecht, der Herr »gerecht« oder »ungerecht« – der Helfer dient. Und er findet darin seine Würde. Wenn er nun sein Dienen auch noch in Liebe erleben kann, wird ihm aufgehen, daß er seinen Dienst nicht als Bürde, sondern als Freude und Bereicherung seines Lebens empfinden kann.

Wir halten es für nötig, mit Nachdruck darauf hinzuweisen, daß es sich beim Helfer um eine archetypische Rolle handelt und nicht um das Schreckensbild eines Menschen, der zu allem ja sagen muß, der sich zu Tode schuften muß ohne Brot und Lohn, der unfrei ist, weil er keine Rechte hat. Er hat vor allem das Recht, den Dienst zu verweigern, wenn er es für nötig hält, um seine Würde zu bewahren.

Mit dem Begriff »Helfer« ist lediglich beschrieben, daß sich diese Seelenessenz im Unterstützen erfüllt und daß sie sich zur Verfügung stellt für Aufgaben, die andere oft verschmähen, für Aufgaben, die nichtsdestoweniger notwendig sind und für den Fortschritt des Ganzen globale Bedeutung haben.

Der Helfer ist erst dann wirklich glücklich, wenn er sich bei einem anderen Menschen oder in einer Gemeinschaft, einer Institution oder einem Amt dienend verwirklichen kann. Dienen bedeutet, die eigenen Belange ein wenig hintanzustellen, ein größeres Ganzes in den Vordergrund zu rücken, dieses größere Ganze zu einem Ideal zu vervollkommnen und diesem Ideal Züge zu verleihen, die dennoch nahe und begreifbar sind, begreifbar sogar in dem Sinne von betastbar. Deshalb dient die Essenz des Helfers mit Vorliebe einer Person oder doch einer Gruppe von Menschen, die noch in der Lage ist, eine Beziehung zu ihm aufrechtzuerhalten, die nicht unpersönlich und nicht abstrakt ist wie zum Beispiel eine Idee. Abstraktion liebt der Helfer nicht. Er möchte eine individuelle und persönliche Beziehung zu dem aufbauen, was er zum Zentrum seines Unterstützens gemacht hat.

Wenn der Helfer sich im Unterstützen verliert, wenn er sich selbst nicht mehr finden kann vor lauter Bezugnahme auf andere Menschen, Gruppen oder Institutionen, die sich einem Dienst oder einem sozialen Werk verschrieben haben, er also sich nicht mehr wahrnehmen kann, ist er in Gefahr, zu einer farblosen und unscheinbaren Persönlichkeit zu verkümmern. Und wenn er das tut, erfüllt er seine Aufgaben nicht mehr in dem Maße, wie es für die Entwicklung seiner Seele wünschenswert wäre.

Nicht das unterwürfige, untertänige, servile Dienen ist es, das den Helfer weiterbringt, nicht das Verblassen in der Anonymität, nicht das vollkommene Zurücknehmen in falscher Selbstlosigkeit, sondern ein Dienen in Demut und wirklicher Liebe in Akzeptanz der Umstände ohne Unterwerfung.

·Und wenn ein Mensch, der sich in seiner Essenz als Helfer dem Dienen verschrieben hat, nicht beizeiten lernt, sich denen zu entziehen, die ihn in eine durch und durch abhängige Position hineinzwingen möchten, wird er sich, ohne es wahrzunehmen, von seiner Essenz entfernen und die Notwendigkeiten nicht erfüllen, die er sich für ein bestimmtes Leben gesetzt hat. Deshalb ist es für einen Helfer von entscheidender Bedeutung, dem Objekt seines Dienens, sei es ein Mensch oder eine Institution, Grenzen zu setzen, die dort beginnen müssen, wo der Helfer in Gefahr ist, seine Freude, seine Bejahung und seine positive Akzeptanz des von ihm Geforderten zu verlieren.

Wer glaubt, durch übermäßig serviles und schattenhaftes Dienen einen Platz an der Sonne erringen zu können, sei es in seinem persönlichen Glaubenssystem oder in einem übergeordneten Glaubenssystem, ist schlecht beraten. Denn dieser Platz an der Sonne, der jeder Seele gebührt, wird von den Helferessenzen, die in Freude ihre Arbeit bejahen, am schnellsten erreicht. Die Schatten walten aber um so länger, je mehr ein Helfer sich in Unterwürfigkeit zurückzieht und sich verbirgt, versucht, sich unsichtbar zu machen, und damit auch seine Liebesfähigkeit in einen unausgesprochenen Selbsthaß oder in einen Haß auf diejenigen, denen er dient, umwandelt. In Liebe zu dienen wird jeden Helfer voranbringen in seiner Entfaltung. Und in Liebe zu verweigern, was nicht mehr erträglich ist, was zu Abneigung und Negativität führt, wird ihn noch schneller weiterbringen.

Helfer haben es in einer Hinsicht leichter als alle anderen Seelenrollen: Sie werden überall und in jeder Hinsicht genügend Gelegenheit finden zu dienen, um die Bedürfnisse ihrer Seelenessenz abzudecken, sie zu erfüllen und sie zu finden. Das bedeutet auch, daß sie in ihrem gesellschaftlichen Umfeld ohne Schwierigkeiten Möglichkeiten der Verwirklichung finden können, die ihnen gestatten, in Würde zu dienen, ohne sich zu verausgaben und zu verlieren.

Die Seelenessenz, die am häufigsten Möglichkeiten der essenznahen Verwirklichung findet, und das ist bei der Rolle des Helfers der Fall, wird mit einer gewissen Beschleunigung die vielen Leben durchschreiten, die ein jeder von euch zu seiner Entfaltung braucht. Und deshalb sind innerhalb der Seelenfamilien die Helfer diejenigen, die am frühesten ihre Entwicklungszyklen abgeschlossen haben und dann in der Entkörperung und auf der astralen Ebene dienend den Geschwistern ihrer Seelenfamilie zur Verfügung stehen, um sie zu geleiten, um sie zu schützen und ihnen alle erdenkliche Hilfestellung zuteil werden zu lassen, um die man sie bittet.

Wenn also die Seelen, die den Helfer zu ihrer Essenz gewählt haben, in ihren vielen Inkarnationen – häufiger als andere – gesellschaftlich schwierige und manchmal demütigende Umstände in Kauf nehmen müssen, da ihre Rolle von anderen nicht so geachtet wird, wie es angemessen wäre, werden sie doch in gewisser Hinsicht dafür entschädigt dadurch, daß sie früher als andere den Zyklus der Inkarnationen abschließen und weitere Stufen der Entwicklung aus der entkörperten Sphäre anstreben können, für die andere Essenzen wesentlich länger brauchen.

Erfolg im äußeren Sinne bedeutet dem Helfer wenig. Die innere Befriedigung, die er verspürt, wenn sein Dienen positiv aufgenommen wird und sich positiv auswirkt, ist ihm in der Regel Lohn genug. Dennoch wird auch eine Seelenessenz, die in sich selbst ruht und häufig sehr genügsam ist, eines gewissen Lohnes nicht verlustig gehen. Und diesen Lohn sehen wir in der beschleunigten Bewältigung der Existenzen im physischen Körper.

Denn – wie ihr alle wißt – sind viele der Leben, die ihr euch vorgenommen habt zu bewältigen, nicht angenehm, sondern häufig von großer Anstrengung und erheblichen Qualen geprägt. Und eine Essenz, die sich aufgrund ihrer steten Bemühung um essenznahes Handeln und Streben früher aus dem Rad der Inkarnationen forthebt, hat einen gewissen Bonus, denn es wird ihr gewährt, daß sie weniger lange als andere ihre Erfahrungen durch Leid und Aufopferung machen muß.

Beispiele

Ignaz Semmelweis war ein Arzt, der sich der Frauen, die in seiner Klinik an Kindbettfieber starben, ohne daß ein medizinisch akzeptierter Grund vorlag, in so großer Liebe annahm, daß ihm inspirativ einleuchtete, es müsse eine bestimmte Form von Infektion vorliegen, die aufgrund verbesserter hygienischer Vorschriften beseitigt werden könnte. Semmelweis war ein Helfer, der sich dem Dienst an den Patientinnen, die ihm anvertraut waren, nicht nur professionell verschrieben hatte, sondern mit ganzem Herzen. Henri Dunant hingegen war kein Helfer, sondern ein Priester, der sich der Idee der internationalen Rettungsaktionen im Kriegsfall verschrieben hatte, die jenseits von Nationalhaß und politischen Wirren den leidenden Menschen eine Möglichkeit der Hilfe gewährten. Die Kontrastierung von Priester und Helfer auf derselben Ebene der Inspiration wird hier besonders deutlich, denn Henry Dunant war nicht in erster Linie daran interessiert, dem Individuum oder einer bestimmten, fest umrissenen Gruppe von Menschen seinen Dienst anzubieten, wie es Semmelweis getan hat. Vielmehr war es ihm wichtig, die Idee, das hohe Ideal von Hilfsbereitschaft und Brüderlichkeit, denjenigen nahezubringen, die es auf politischer Ebene und auf der Ebene der Organisation verwirklichen konnten.

Birgit Breuel ist ein Helfer. Sie stellt ihre gesamte Arbeitskraft und auch ihre private Sphäre einer Aufgabe zur Verfügung, die unmittelbar und pragmatisch ihre Dienste fordert und allzusehr an hohen Idealen und Ideen krankt. Sie versteht es, unter Hintanstellung ihrer eigenen

Bedürfnisse eine Sache dienend voranzutreiben, die sie für unabdingbar notwendig hält, und verliert doch dabei ihre persönliche Würde
nicht. Sie ist nicht unterwürfig, sondern sie weiß um den Wert ihres
Dienens. Sie vergißt sich dabei nicht selbst, sondern ist sich bewußt,
daß nur dann, wenn sie ihre Kräfte gezielt einsetzt und mit ihren
Energien haushält, sie ihre Möglichkeit zu dienen sinnvoll einsetzen
kann, ohne von denen, die sie kritisieren, mit Verachtung oder Nicht-
achtung bestraft zu werden.

② Der Künstler

Prinzip: Gestalten

| – gekünstelt ◄——————————► einfallsreich + |

Der Künstler ist eine Seelenrolle, die ein wie auch immer gelebtes
Leben nicht hinter sich lassen möchte, ohne etwas geschaffen zu haben,
in dem sie sich, ihr Wesen, ihre Individualität so rein wie möglich
ausgedrückt und der Welt mitgeteilt hat. Der Künstler ist mehr als
andere darauf angewiesen, daß er etwas Sichtbares, Beweisbares, Originelles aus sich heraus schafft, etwas, das ihm selbst plausibel macht,
daß er existiert und daß er ein Recht hat zu existieren.

Der Künstler also möchte der Welt ein Werk präsentieren und der
Nachwelt ein Werk hinterlassen, das originell ist. Und er möchte etwas
kreieren, was noch keiner vor ihm in dieser Form und mit diesem
Inhalt verwirklicht hat. Das Neue, das Unerforschte, dasjenige, was
erstaunt oder überrascht, ist seine Domäne.

Und dabei spielt es keine Rolle, ob die Seele des Künstlers in einem
Steinzeitmenschen wohnt, der einen Stein in einer Weise behaut, daß
man ihn zu neuen Arbeiten einsetzen kann, ob es der Erfinder des
Rades ist, der Konstrukteur einer Maschine, der Komponist, der Ton-
folgen aneinanderreiht, die einen ganz neuen Klang ergeben, oder der
Dichter, der ein Versmaß entwickelt, das seinen Worten eine neue und
nicht gekannte Ausdruckskraft verleiht. Das Neue also ist es, das er
anstrebt – nicht dasjenige, das wiederholt, vertieft und verbessert, was
andere geschaffen haben. Die Seele des Weisen hingegen ist in höherem
Maße darauf spezialisiert und auch daran interessiert, Neuerungen zu

verbessern, sich mit der Reproduktion zu befassen, das Neue zu vermitteln – als Schauspieler zum Beispiel Texte des Dichters zu sprechen, als Musiker die Werke des Komponisten zu spielen – und sich dadurch auszudrücken und darzustellen.

Wenn ein Künstler von der Angst gepeinigt wird, nichts Neues bieten zu können, wenn er sich durch andere Variablen seines Seelenmusters darin behindert oder gehemmt fühlt, etwas Unerhörtes und kreativ Belebendes zu erschaffen, so wird er dennoch versuchen, irgend etwas zu erfinden. Doch werden alle außer ihm bemerken, daß seine Erfindung überflüssig ist, daß sie verkrampft erscheint, daß sie wenig Erfolg hat, daß sie andere in einer Weise erreicht, die falsche Notwendigkeiten vorspiegelt und keine wirkliche Freude bereitet, sondern lediglich die Ängste und Illusionen der Umwelt bestärkt. Viele Künstleressenzen werdet ihr in der Werbeindustrie oder auf Erfindermessen, Patentämtern und auch im Musiksektor, im Show- und Schlagerbusineß finden sowie unter den Stimm-Imitatoren und Pflastermalern. Sie sind diejenigen, die an ihrer eigenen Ausdruckskraft verzweifeln, die nicht einfallsreich oder originell genug sind, um etwas wirklich Eigenes zu schaffen, und dann auch wiederum nicht angstfrei genug, um aus diesem Mangel an echter Kreativität Konsequenzen zu ziehen.

Wenn der Künstler in Künstlichkeit, in artifizielle Äußerungen verfällt, ganz gleich, ob es sich hier um einen Ingenieur, einen Forscher, einen Handwerker oder einen Lehrer handelt, so ist er sich selbst und seiner kreativen Schaffenskraft entfremdet. Er tut dann vor sich und anderen so, als würde er Originelles leisten, doch ist seine Leistung unecht, weil sie verkrampft ist und mehr Spannung als Freude bereitet.

Dem Künstler ist es unwichtig, auf welchem Gebiet er etwas Neues gebiert. Eine Künstleressenz kann sich im Erfinden eines neuen Kochrezepts ebenso manifestieren wie in der Entwicklung eines Weltraumprojekts. Im wesentlichen sind es nicht der Inhalt oder die Resonanz, die den Künstler beflügeln, etwas zu kreieren, sondern eher die Lust und die Befriedigung, die er selbst empfindet, wenn er spürt, daß er Elemente miteinander kombiniert und Fakten miteinander verbunden hat, die bislang unverbunden und kontaktlos koexistiert haben. Dadurch verleiht er ihnen einen neuen Sinn.

Viele Forscher und viele Handwerker haben seelische Künstlerrollen. Sie sind nicht die braven Ausüber, sondern viel eher diejenigen, deren Geist aktiv ist in dem Wunsch, Veränderungen und Neuerungen in ihre Arbeit einzubringen. Viele Menschen auch sind einfallsreiche Künstleressenzen, deren Geist keine Ruhe gibt, bevor er nicht etwas Ungewöhnliches zutage gefördert hat, deren Wunsch zeitlebens bestehen bleibt, bei den Menschen ihrer Umwelt, und womöglich auch einer größeren Gruppe, einen unauslöschlichen Eindruck zu hinterlassen. Für einen Künstler ist also zweierlei wichtig: die kindliche Freude und Befriedigung, die er selbst bei seinen Einfällen empfindet, und auch die Wertschätzung seiner Originalität durch die Mitmenschen. Während der Weise verstanden werden will, strebt der Künstler nach Anerkennung.

Diese Essenz ist niemals erfüllt und sich selbst nahe, wenn sie etwas tut, ganz ohne auf die Ästhetik ihres Tuns Rücksicht zu nehmen. Sie gestaltet und formt aus dem Bedürfnis heraus, dem Geformten eine Schönheit und eine Harmonie zu verleihen, die individueller Ausdruck ihrer eigenen inneren Schönheit und Harmonie sind. Die Objekte, die eine Künstleressenz gestaltet, sind dabei vollkommen beliebig. Sie können der materiellen Welt oder der Welt des Geistes entstammen. Die Seele mit der künstlerischen Rolle kann sich in der Gestaltung ihres Wohnraums genauso glücklich verwirklichen wie in der Auswahl ihrer Kleider, in einem gelungenen chirurgischen Eingriff, im Bau einer Straße oder Brücke, in der Anlage eines Gartens, der Erziehung von Kindern, der Abfassung einer Predigt, der Aufstellung einer Schlachtordnung oder als Lebenskünstler durch einen harmonischen, ästhetischen Aufbau der eigenen Persönlichkeit und der Umstände, in der sie sich bewegt.

So kann die Essenz des Künstlers alle Bereiche ihrer Existenz in allen Leben zum Ausdruck ihrer Kunst werden lassen. Das ist ihr Bestreben, aber darin liegt auch ein Grund für eine häufig zu beobachtende Verzweiflung, denn diese Essenz ist anspruchsvoll und selten befriedigt mit dem, was sie sich geschaffen hat. Sie ängstigt sich oft mit der Vorstellung, daß ihre Gestaltung der verfügbaren Wirklichkeit nicht gut genug ist, daß alles ganz anders und viel besser sein müßte. Sie freut sich nur kurze Zeit an dem von ihr Gestalteten, dann wird sie von Unruhe ergriffen, möchte alles zerstören, was sie aufgebaut hat, und etwas Neues hervorbringen. Und sie leidet auch unter dem inneren

Druck, immer etwas Besonderes, etwas Originelles sein oder tun zu müssen. Gerade dann jedoch, wenn sie diesem Druck nachgibt, gleitet sie leicht in die Bereiche des Artifiziellen ab. Wenn ihr beobachtet, welche persönlichen Ausdrucksformen Künstleressenzen an den Tag legen, seht ihr in diesem Zustand Männer und Frauen, die sich in ihrer Kleidung stark stilisieren, um etwas von sich auszudrücken. Dieser Ausdruck jedoch wird zuweilen so stark, daß er etwas Krampfhaftes und Befremdliches erhält.

Die Selbststilisierung kann sich in zwei Richtungen entwickeln. Die eine ist die überbetonte Perfektion, die zu einer auffälligen Erscheinung führt und wie das Produkt eines Studenten der Hochschule für Design wirkt. Die andere Richtung sucht die Originalität gerade im Nichtkonformen dadurch, daß sie Kleidung und Äußerlichkeit vernachlässigt. Das Besondere, der Wunsch nach Einmaligkeit, äußert sich in zerrissenen Kleidern, ungekämmten Haaren, der Verweigerung von Sauberkeit oder einem allgegenwärtigen Protest gegenüber den Normen und Gewohnheiten der umgebenden Gemeinschaft. Nicht immer müssen diese angstvollen Nöte um den gelungenen Selbstausdruck extreme Formen annehmen. Doch gerät eine Künstleressenz aus ihrer Mitte, wenn sie entweder auffällig überelegant oder auffällig vernachlässigt wirkt.

Die Unzufriedenheit, die auf eine Nichtverwirklichung des Essentiellen zurückzuführen ist, quält viele Seelen mit der Essenz des Künstlers deshalb, weil sie nicht erkennen können, worin ihre expressiven Möglichkeiten liegen. Das, was sie leisten, das, was sie tun, um ihrer Essenz Ausdruck zu verleihen, nehmen sie nicht wahr. Sie verachten die kleinen, unauffälligen Möglichkeiten oder ignorieren sie. Dafür bewundern sie alle anderen, die sich in irgendeiner Weise künstlerisch betätigen oder ausdrücken, und es erfüllt sie nicht nur eine Sehnsucht, sondern auch eine Resignation, die mit den Worten beschrieben werden kann: »Ich möchte ja so gerne, aber ich weiß nicht wie.«

Um die Verzweiflung an der eigenen scheinbaren Unfähigkeit, sich über die anerkannten Formen der Kunst zu manifestieren, nicht überhand nehmen zu lassen, ist es von großer Wichtigkeit, daß die Menschen, deren Seele die Essenz des Künstlers birgt, sich klarmachen, daß kunstvoller Ausdruck ebenso in Gedanken, im Schreiben eines

Briefes oder in handwerklichen Beschäftigungen verwirklicht wird wie in den Bereichen, die als Kunst im engeren Sinne gelten. Auch wenn der Mensch weder malt noch komponiert, noch kunstvoll gestaltete Objekte herstellt, bedeutet das keineswegs, daß er darauf verzichten muß, sich im Sinne dieser Essenz zu manifestieren.

Und eine Reihe dieser Seelen verwirklichen sich auch darin, daß sie die Kunst anderer bewundern, zu verstehen suchen, fördern oder verkaufen. Das ist eine durchaus gültige Form für die Künstleressenz, sich zu verwirklichen, aber es stellt nicht die endgültige Form dar. Doch kann es von großem Wert sein, wenn ein essentieller Künstler sich einige Leben lang mit den kunstvollen Produkten anderer Seelen und anderer Essenzen beschäftigt, sie kennen und lieben lernt, um dann eines Tages zu seinem eigenen Schaffens- und Gestaltungsdrang vorzustoßen, so wie ein Kind aus der schützenden Hülle des Mutterleibs unaufhaltsam hervordringen muß, um sein eigenes Leben mit selbständig originellem Ausdruck beginnen zu können.

In der Beziehung zu anderen Menschen und besonders auch in seiner Sexualität braucht der Künstler eine erhebliche Vielfalt und Abwechslung. Sein Einfallsreichtum kann sich nur dann entfalten, wenn er den Bedrohungen der Routine entflieht. Er muß vermeiden, sich auf allzu Unbewegliches zu reduzieren. Sein Geist, seine Phantasie brauchen stets neue Anregung, und dazu benötigt er Freunde und Partner, die ebenso große Freude am Neuen, am Ungewohnten und Ungewöhnlichen besitzen.

Die Religiosität dieser Essenz zeigt sich in einer durchweg originellen Beziehungsgestaltung zwischen ihr selbst und dem göttlichen Prinzip, je nachdem, auf welcher seelischen Entwicklungsstufe der Mensch sich aufhält. Stets ist er bestrebt, sich vom Göttlichen ein eigenes, seiner aktuellen Perspektive entsprechendes Bild zu machen. Da dieses Bild jedoch von der Sehweise der Allgemeinheit notwendigerweise abweichen muß, behält ein Mensch mit der Essenz des Künstlers seine Imago der Gottheit, die ihm das Höchste bedeutet, für sich. Er schützt sie vor der Preisgabe und hütet sie wie ein Kleinod, das nur der Betrachtung durch seine eigenen Augen geweiht ist.

Der Künstler gestaltet Wirklichkeit und Leben. Der Beitrag, den diese Essenz zum Gelingen des großen Ganzen und zur Entfaltung seiner Sinnhaftigkeit leistet, besteht darin, sich mit dem Vorhandenen nicht zufriedenzugeben, bisher ungenutzte und unbeachtete Möglichkeiten des Selbstausdrucks zu finden und über diesen Selbstausdruck der Gesamtheit menschlicher, irdischer und kosmischer Erscheinungen einen neuen Ausdruck zu verleihen.

Beispiele

Vincent van Gogh: Obgleich er aus seiner Vision heraus unerhört Neues schaffen und mit seiner Malerei tief in die Herzen all jener dringen konnte, die seine Perspektive auf die Dinge der Welt und ihre Erscheinungsformen teilten, war er mit sich und seinem Schaffen so wenig zufrieden, so unglücklich darüber, daß er nicht noch mehr und noch wahrhaftiger das auszudrücken vermochte, was er sah und wie er es sah, daß er an sich verzweifelte. Er konnte wenig von dem erkennen, was er den Menschen schenkte. Sein Blick war allzu häufig auf das gerichtet, was er als die Unmöglichkeit des Seins empfand.

Joachim Kaiser: Seine Kunstkritik ist eigenständig und originell bis zum Überoriginellen. Jeder Satz will ein Kunstwerk sein, das mit der Kunst, die er würdigt, in Konkurrenz tritt. Doch der Gestaltungswille, der Wunsch, sich präzise und vollkommen auszudrücken, alles zu sagen, auch das Unsagbare, die Musikkritik auf ein Niveau zu heben, das den kurzlebigen journalistischen Kommentar überdauert, kennzeichnet ihn als Seele in der Rolle des Künstlers. Seine Wertschätzungen sind immer artistisch, doch nicht selten auch artifiziell. Er ist ein synästhetisch empfindender Künstler des Lautes. Er hört die Sprache der Musik und setzt sie in Worte um, die das mit der Musik Gesagte auf mentaler Ebene verständlich machen.

Adolf Hitler: Er verzweifelte schon früh an seiner Ausdrucksunfähigkeit als Kunstmaler, und die Wertschätzung, die ihm auf diesem Gebiet versagt wurde, löste in ihm einen überwältigenden Wunsch aus, der Welt zu zeigen, wie er sie umzugestalten vermag. Viel von seinem umstürzenden und bestürzenden, ja geradezu gewalttätigen Ausdrucksvermögen zeigt sich in seiner Vorstellung, daß nicht nur einer Nation, sondern dem ganzen Erdball ein neues, von ihm konzipiertes Gesicht gegeben werden müsse. Die kalte Ästhetik seines Plans und die Unerbittlichkeit seiner Vision ähneln dem Ausdruckswillen eines monumentalen Bildhauers, der alles wegschlägt, was nicht in sein Konzept paßt, und am Ende nicht nur feststellen muß, daß sein Bildwerk von anderen als häßlich verabscheut wird, sondern auch unter den letzten Schlägen von Hammer und Meißel zerbricht.

Antonio Canal, genannt Canaletto: Seine Veduten sind Abbilder der Wirklichkeit, doch sind sie erfaßt aus einer Perspektive, die diese Wirklichkeit erst in das rechte Licht rückt, sie erfaßbar macht, sie so komponiert, daß ihre Schönheit und ihre Harmonie zutage treten, und er bereichert sie mit Figuren, mit Gestalten des Lebens, die die erstarrte Schönheit von Architektur erst lebendig machen. Er vermochte stets seine unendliche Freude am rechten Blickwinkel auch auf sein Leben und auf die Betrachtung seiner Mitmenschen zu übertragen. Sein Talent, die Erscheinungen des Lebens ins rechte Licht zu rücken, ermöglichte es auch ihm selbst, sich so zu zeigen, daß er weder überbeleuchtet noch unterbeleuchtet erschien. Er hatte – von wenigen Phasen seines Lebens abgesehen – die rechte Mitte gefunden. Weder sich noch seine Bilder mußte er überstilisieren. Er war beliebt und begehrt nicht nur als Maler von Ansichten schöner Städte und Orte, sondern auch als ein Mensch, der seine eigenen, besonderen, originellen Ansichten vertreten konnte, ohne die Ansichten der anderen zu verachten.

③ Der Krieger

Prinzip: Kämpfen

| – überwältigend ◄——————► überzeugend + |

Gäbe es die Krieger nicht, würde eurer Welt der Wunsch nach Fortschritt und Veränderung fehlen. Der Krieger in seiner Essenz ist derjenige, der sich nicht zufriedengibt. Er will die Dinge anders haben, als sie sind. Er möchte seine ganze Energie einsetzen und ist bereit, mit allem, was er ist, und allem, was er hat, um das zu kämpfen, was er sich als Ziel gesetzt hat oder setzen läßt.

Der Krieger ist aktiv und passiv zugleich. Aktiv ist er, weil er nicht ruht, weil er bereit ist zu handeln, weil er im Handeln seine Erfüllung findet. Passiv ist er, weil er sich gerne von anderen einspannen läßt zum Erreichen ihrer Ziele. Der Krieger ist häufig darauf angewiesen, daß andere – zum Beispiel Könige, aber auch Künstler, Priester und Helfer – ihn dafür einsetzen, das zu erreichen und zu erstreiten, was ihnen selbst erstrebenswert erscheint. Er sucht und findet seinen Stolz in der vorzüglichen Ausführung seiner Handlungen. Er braucht nicht den Beifall wie der Weise. Er benötigt als Lohn die Ehre, den Nachruhm und die Achtung seiner Würde. Wenn einem Krieger angedroht wird, seine Ehre zu beschmutzen oder seine Würde zu nehmen, kränkt man ihn tiefer als jede andere Essenz.

Diese Seelenessenz wird immer darauf achten, vor sich selbst ehrenhaft und stolz dastehen zu können. Dennoch sind dem Krieger Gehorsam und Loyalität einem Herrn gegenüber ein hohes Gut. Er setzt sich aktiv für die Belange anderer ein. Er kämpft gerne »für die Witwen und Waisen«, also für die Gerechtigkeit und gegen die Ungerechtigkeit. Er kämpft für mehr Ordnung, mehr Wissen, mehr Treue, mehr Überblick. Aber er muß sich hüten, *gegen* etwas zu kämpfen. Wenn er für etwas kämpft, kommt er aus seiner tiefsten Kraft. Und wenn er gegen etwas kämpft, wird ihm diese Kraft genommen. Der Krieger ist die energischste aller sieben Seelenrollen. Mit »energisch« meinen wir nicht nur »tatkräftig« und »willensstark«, sondern auch »energetisch gespannt« und »aufgeladen«.

Häufig wird er von einem inneren Krieg beherrscht. Denn wenn er das Für und Wider nicht in der äußeren Welt vorfindet, entfacht er einen Kampf in sich selbst und bringt sich in innere Konflikte, nur um etwas zu haben, an dem er seine Kraft erproben kann, nur um das Gefühl nicht zu verlieren, daß es etwas geben muß, worum er kämpfen kann.

Ein Krieger resigniert nicht schnell. Ein Krieger wird bis zur Selbstaufgabe seinen Einsatz leisten, sei es im Kampf um eine Arbeit, sei es im Kampf um eine Beziehung, um seine Gesundheit, um seinen Glauben, um seine Freiheit. Nichts ist ihm zuviel. Er wird seinen letzten Blutstropfen geben wollen, um das zu erreichen, was er sich zum Lohn erkoren hat für seinen Sieg.

Siegen zu müssen, siegen zu wollen – das sind wichtige Themen für den Krieger. Er fühlt sich schnell unnütz, er fühlt sich schnell überflüssig, wenn man ihm bedeutet, daß es nicht darum geht zu siegen, daß nicht alle seinen Kampfesmut und seinen Streitgeist teilen. Er versteht selten, warum ein anderer sich kontemplativ, passiv oder abwartend verhält. Er kann nicht begreifen, wie jemand sich fügen kann, ohne aufzubegehren. Es fällt ihm schwer zu verstehen, daß es Untreue,

Verrat, Resignation in der Welt gibt. Denn er selbst kennt nur selten das, was man Ergebenheit nennt. Die Ergebenheit, die er kennt, bezieht sich immer nur auf die Unterordnung unter einen Befehl oder einen Befehlshaber. Seine Loyalität bewegt ihn, seinem Herrn – wen immer er dazu macht – treu ergeben zu sein. Aber gern ist er auch Herr seiner selbst, ein selbstverantwortlicher Kämpfer im Dschungel des Lebens.

Der Krieger hat es sehr schwer, sich auszuruhen. Denn immer, wenn er ruht, kommen ihm neue Wünsche nach Siegen und neue Phantasien, die ihm Ziele vor Augen führen, um die es sich zu kämpfen lohnt. Nimm einem Krieger seine Lust am Siegen, und du wirst ihm seine Lebenslust beschneiden. Ein Krieger muß kämpfen, er muß siegen, um seine Energie in die richtigen Kanäle zu lenken. Andere Seelenessenzen haben dafür nicht immer Verständnis. Sie fragen sich oft, warum ein Krieger sich soviel Mühe gibt und soviel Einsatz leistet für etwas, das sie auf ganz anderen Wegen erobern würden.

Aber ein Krieger möchte aktiv erobern. Ein Sieg, der ihm zufällt, ohne daß er sich darum bemüht und seine persönlichen Opfer dargebracht hat, ist ihm nichts wert. Dennoch braucht auch der Krieger Ruhe. Ein Krieger muß – mehr als andere – darauf achten, daß er die Zeiten des Waffenstillstands und der Waffenruhe einhält und daß er nicht das Gefühl entwickelt, überflüssig zu sein, wenn die Kanonen schweigen.

Und wenn ein Krieger ruht, muß er darauf achten, nicht in seinen Träumen den Kampf weiterzuführen. Eine Waffenruhe wird ihm, wenn er sie einhält, neue Kräfte geben und ihm auch vor Augen führen, worum es sich lohnt zu kämpfen und worum nicht. Denn das, was den Krieger zu voller Blüte bringt, ist das rechte Ziel. Er hat die Tendenz, sich für unnötige und überflüssige Belange zu verausgaben. Wenn er erkennt, daß es nicht darum geht, um des Kampfes willen zu kämpfen, sondern daß es für ihn Ziele gibt, die wirklich sinnvoll sind, und andere, die es nicht sind, ist viel gewonnen.

Ein Krieger kann auch lernen, daß er kein Einzelkämpfer sein muß. Er sieht sich gerne als einsamen Guerilla, denn damit unterstützt er seine Vorstellung von Ehre und ehrenvollem Sieg. Wenn er sich aber in eine Armee einreiht, hat er sowohl die Ehre als auch den Schutz. Die Kriegerseele fürchtet und wünscht, allein zu sein. Doch wenn sie bejaht, daß auch andere an ihrer Seite kämpfen, kann sie sich häufiger ausruhen. Oder sie kann ihren Kampfesmut zusammen mit anderen in einer Weise erproben, wie es ihr allein niemals gelingen würde. Erst im Vergleich zu der Realität seiner Mitseelen, im Messen der Kräfte, erfährt sich der Krieger als real.

Da der Krieger so stark auf seine eigene Aktivität pocht, fällt es ihm leicht, diejenigen unter sein Joch zu zwingen, die weniger aktiv sind. Der Krieger ist gehalten, seine Machtwünsche zu beobachten und sich zu fragen, ob ein erzwungener Sieg wirklich ein so großer Gewinn ist und ob es nicht besser ist, und von weittragenderer Bedeutung, einen Sieg durch Politik und Überzeugung herbeizuführen. Denn der Krieger läuft Gefahr, von seinem eigenen Kampfesgeist davongetragen zu werden und um des Sieges willen zu vergessen, daß Gewalt und alle Siege, die mit den Mitteln des Drucks und der Angst erzwungen wurden, keine Dauersiege sind, sondern zu Aufstand und Revolution führen. Er kann lernen, andere von seinen Zielen zu überzeugen und einen echten Sieg davonzutragen. Das sei sein Ziel. Er möge nicht vergessen, daß auch im Krieg und im Kampf die Liebe zum Nächsten den größeren Ruhm und die höhere Ehre einbringt.

Beispiele

Konrad Adenauer war ein Krieger, der im Laufe seines Lebens gelernt hat, zu überzeugen statt zu bezwingen. Er begriff, daß er große Siege erringen konnte im Kampf um die Erneuerung des Staates, wenn er auf Loyalität pochte anstatt auf seinen Ruhm. Seine Einstellung war die eines Kriegers, der die Mittel der Diplomatie und auch seines persönlichen Starrsinns einsetzte, um die Widrigkeiten zu überwinden, die sich ihm in den Weg stellten. Seine Überzeugungskraft wurde mit den Jahren immer größer, da seine Liebe zu der Nation, die ihm anvertraut war und um deren Vertrauen er kämpfte, immer weiter zunahm. Er war unbeirrbar, stets bereit, alle Kräfte einzusetzen, fürchtete weder Tod noch Teufel und verfügte außerdem über eine Beharrlichkeit, die ihm als Krieger sehr zugute kam. Wäre er ein ungeduldiger Krieger gewesen, hätte er niemals das erreicht, was er wollte. Aber sein Modus war Ausdauer. Und er konnte sich immer darauf berufen, daß er Zeit habe, obwohl niemand es so eilig hatte wie er. Doch das ließ er seine Gegner nicht merken. Er führte sie als kluger Kämpe an der Nase herum und zeigte seine Waffen erst, wenn die anderen die Waffen schon gestreckt hatten.

Mohandas Karamchand Gandhi, genannt *Mahatma*, war auf einer Stufe seiner seelischen Entfaltung angelangt, auf der er als Alter Krieger eine neue Form seiner seelisch-essentiellen Forderung, für statt gegen etwas zu kämpfen, lernen, erfüllen und verbreiten wollte. Gewaltlosigkeit, passiver Widerstand, der Kampf mit den Kräften des Geistes und der vereinten Macht des Willens anstatt mit der Waffe waren auch für ihn neuartige Möglichkeiten, die in ihrer aktiven Wirkung die Welt überraschten und in gewisser Weise sogar überrumpelten. Die Klugheit und Zähigkeit, mit der er seine Auseinandersetzung mit dem Empire führte, der Respekt, den er sich bei den Briten und bei seinen Landsleuten verschaffte, überschritten die Grenzen der Religionsgemeinschaften und Nationalitäten und waren in einer Weise überzeugend, wie nur ein altgedienter, in allen Formen der kämpferischen Auseinandersetzung erfahrener Krieger zu überzeugen in der Lage ist. Die Liebe zu den Menschen verlieh ihm Kräfte, die er niemals entwickelt hätte, wenn er allein aus Haß gegen die fremden Unterdrücker seine Handlungsimpulse und Motivationen bezogen hätte.

④ Der Gelehrte

Prinzip: Lernen/Lehren

– theoretisierend ◄───────────► wissend +

Der Gelehrte zeichnet sich dadurch aus, daß er vom ersten bis zum letzten Tag aller seiner Leben, und auch zwischen den Leben, in ganz besonderem Maße daran interessiert ist, zu lernen, sich Wissen anzueignen und dadurch zu einem Wissenden zu werden. Er will sein Wissen – das nicht zu verwechseln ist mit Weisheit – weitergeben und andere lehren, wie sie sich ebenfalls zum Heile ihrer Seele Wissen aneignen und Gewißheit erwerben können.

Wenn wir den Weisen mit dem Gelehrten vergleichen und betonen, daß der Weise stets ein Publikum oder einen Resonanzboden braucht, so heißt das nicht, daß der Gelehrte nicht ebenfalls seinen Stolz besäße. Auch er möchte für das, was er weiß, gepriesen werden. Zwar ist er auf die Bewunderung seiner Mitmenschen und Zeitgenossen nicht so sehr angewiesen wie der Weise, wohl aber möchte der Gelehrte angehört und geachtet werden. Der Weise möchte eine eigene Synthese herstellen. Der Gelehrte hingegen ist einer, der mehr Freude daran findet, die Einzelheiten seines Wissens deutlich separiert voneinander zu halten und jederzeit abrufen zu können. Ihm ist die Fragmentierung und die Betrachtung des Einzelelements wichtiger als die Schlußfolgerung.

Der Gelehrte ist konzentriert auf das Lernen. Und wenn er genug gelernt hat, findet er idealerweise den Mut, das Gelernte zu lehren. Er ist für sein Lernen zunächst einmal darauf angewiesen, Wissenden zu begegnen. Er muß sich zu ihnen hinbegeben, um etwas zu lernen. Das kann sich im großen Bereich der eigentlichen Wissenschaften ausdrükken. Es ist aber auch möglich, daß der Gelehrte einen Menschen trifft, der ihm auf ganz anderen, inneren Gebieten etwas beizubringen hat. Der Gelehrte als Seelenessenz ist allerdings nicht nur darauf aus, etwas zu lernen, immer mehr und immer weiter zu lernen. Eines Tages entdeckt er seine Erfüllung darin, das Gelernte, sein echtes Wissen, weiterzugeben und mit anderen zu teilen. Es gilt, zunächst Autorität anzuerkennen, um dann selbst Autorität zu entwickeln.

Ein essentieller Gelehrter braucht immer wieder Zeiten des Rückzugs, Zeiten der Distanz und der Selbstbesinnung. Erst dann können seine Theorien zu wirklichem Wissen werden. Der Rückzug, die Distanz sind das alchimistische Mittel, um leere Theorie in das Gold authentischen Wissens zu verwandeln.

Für einen Gelehrten ist es wichtig und sinnvoll, sich ein bestimmtes Wissensgebiet, Lern- oder Lehrfach zu wählen und sich zu spezialisieren. Er möchte auf irgendeinem Gebiet, was immer es auch sei, soviel Wissen wie nur möglich erwerben. Dabei kann er sich sehr gut auf einen bestimmten Ausschnitt des Lebens konzentrieren und dort in die Tiefe gehen. Es ist ganz gleich, auf welches Gebiet er seine Aufmerksamkeit richtet. Er möchte über das, was ihn interessiert, möglichst alles wissen. Erst wenn er sicher ist, daß er sich ein – wenn auch noch so kleines – Gebiet wirklich erobert und erarbeitet hat – und dafür ist er bereit, viele Opfer zu bringen –, wird er die Selbstsicherheit entwikkeln, sich auch weitere Bereiche von Wissen anzueignen. Da er sich aber bei seiner Suche nach Wissen viel mit den Denkergebnissen anderer beschäftigen muß, gerät er leicht in Gefahr, die Ideen anderer zu übernehmen, anstatt sie selbst zu überprüfen. Dann bleibt sein Wissen im Theoretischen verhaftet. Er muß forschen und experimentieren, anwenden und ausprobieren, sonst wird seine Lehre schal und leblos.

Diese Seelenrolle wird sich keineswegs immer auf Gebiete spezialisieren, die im allgemeinen Verständnis der Gelehrsamkeit zugeordnet sind. Ein Gelehrter kann ebenso ein Mensch sein, der sich für den Schwimmsport interessiert. Er wird dann versuchen, sich alles, was es praktisch und theoretisch über das Schwimmen zu wissen gibt – über das Wasser, die physikalischen Bedingungen des Schwimmens, die Techniken und ihre Geschichte und so weiter –, anzueignen. Ebenso könnte es sich bei einem Gelehrten um eine Handarbeitslehrerin handeln, die sich für das Stricken begeistert und nun versucht, so viele Strickmuster und -techniken wie möglich zu kennen, zu lernen und zu erproben, um dann in der Lage zu sein, dieses praktische Wissen auch weiterzugeben. Der Gelehrte setzt auf Vollständigkeit. Ein Weiser, der dieselbe Arbeit täte, würde sich sehr bald aus allen Strickmustern, die es gibt, ein Lieblingsstrickmuster heraussuchen und sich daran freuen, diese eine besondere Technik zur Perfektion zu bringen. Dann böte er sie seinem Publikum, den Schülern, so dar, als sei es der Inbegriff des Strickens überhaupt.

Der Gelehrte hingegen möchte ein möglichst breites, fundiertes Wissen beherrschen und ist stolz darauf, dieses Wissen stets auf Abruf zur Verfügung zu haben. Autorität zu sein, gleich auf welchem Gebiet, ist die Erfüllung des Gelehrten. Leere Theorie in Gewißheit umzuwandeln ist sein Ziel. Wir sagten, daß er bereit ist, für dieses Ziel manches Opfer zu bringen. Es fällt ihm weniger schwer als anderen, sich für den Erwerb seines Wissens in vieler Hinsicht zu beschränken, sich auch zurückzuziehen, Dinge aus der Distanz zu betrachten; und er wünscht sich bei dem, was er vorhat, möglichst wenig gestört zu werden. Deshalb sind andere Menschen für ihn bisweilen wirklich Störfaktoren. Ein Gelehrter wird aber erst dann zum eigenbrötlerischen Kauz, wenn er zu seiner Gelehrsamkeit, seinem Gelehrtendasein noch ein stark intellektuelles Reaktionsmuster hinzuwählt und vorwiegend aus den negativen Polen heraus lebt.

In der Regel muß ein Gelehrter diese Befürchtung nicht haben. Die Gefahr ist dann gebannt, wenn er erkennt, daß Gewißheit und Theorie zweierlei sind, wenn ihm klar wird, daß seine Lehre immer dann mit

Freude aufgenommen wird, wenn er sie selbst mit Freude und Liebe erfüllt. Wenn er sich an seiner eigenen Lehre begeistern kann, wird er diese Begeisterung weitergeben können, ohne sich anzustrengen. Dennoch wird ihn stets eine gewisse Kühle umgeben, die notwendig ist und diese Seelenrolle kennzeichnet.

»Kühl« bedeutet nicht »unberührtbar« oder gar »abweisend«, sondern »nicht leidenschaftlich«. Der Gelehrte kennt bei aller Begeisterung keine Selbstaufgabe. Es gibt zwar auch leidenschaftliche Gelehrte, doch bleibt die Leidenschaft eines Gelehrten trotzdem kühl, weil er dazu nur sich selbst und ein Objekt braucht. Er ist nicht – wie der Weise – auf einen Mitmenschen angewiesen, der seine Leidenschaft teilt, ganz gleich, ob er nun Briefmarken sammelt oder sich für die geologischen Schichten der Erde interessiert. Er wird seine Leidenschaft wie ein stilles Feuer hüten und neigt nicht dazu, sie in großen Stichflammen oder gar vulkanischen Eruptionen der Umwelt sichtbar zu machen.

Und Kühle heißt nicht, daß ein essentieller Gelehrter kein Temperament haben kann. Es bedeutet auch nicht, daß er sich anderen Menschen nicht liebevoll oder gar erotisch-temperamentvoll nähern kann, ganz im Gegenteil. Es verhält sich nur so, daß der Gelehrte ein wenig länger braucht, um Zutrauen zu fassen, und daß man ihn am besten in seiner Liebe erreicht, wenn man seine Neigung, etwas zu wissen, zu erforschen, zu erkennen oder zu sammeln, entweder unterstützt oder zumindest nicht lächerlich macht. Wenn der Gelehrte sich verstanden und angenommen fühlt, ist er ein hingebungsvoller Liebender, sei es im partnerschaftlichen oder im freundschaftlichen Bereich.

Es gibt den überaus ordentlichen, peniblen, etwas zwanghaften Gelehrten, der unruhig wird, wenn nicht alles an seinem Platz ist, wenn er nicht alles im Griff oder unter Kontrolle hat, wenn er nicht mit geschlossenen Augen jeden Zettel in seiner Kartei findet. Und dann gibt es den Gelehrten, der eine furchtbare Unordnung in seinen Papieren und seinem Leben hat, die ihn jedoch nicht stört, sondern Voraussetzung für die Ordnung ist, die sich in seinem Inneren erst angesichts des Chaos einstellt. Der erste Typus ist ein Gelehrter, der sich isoliert, der jeden Menschen mit seinen Anliegen und Wünschen als lästig empfindet, als eine Energie, die ihn ablenkt und durcheinanderbringt. Dazu zählen oft auch seine Familienangehörigen, die er eher erduldet als liebt und die er nur dann ertragen kann, wenn sie sich in seine Dinge möglichst nicht einmischen. Der chaotische Gelehrte hingegen sucht Kontakt. Er lebt aus dem Gespräch, aus der Diskussion. Und je vielfältiger, je bunter oder abwechslungsreicher seine Berührungsmöglichkeiten mit der Welt sind, um so klarer werden seine Gedanken.

Beide sind jedoch geeint und einig darin, daß sie sich als Glied einer unendlich langen, in die Vergangenheit zurückreichenden und in die Zukunft hinausreichenden Kette empfinden, die von allen Menschen gebildet wird, die jemals irgend etwas Wissenswertes in Erfahrung gebracht haben.

Jeder essentielle Gelehrte steht somit in einer Reihe von Vorläufern und Erben, die ihn auf einer vertikalen Ebene aus seiner Distanziertheit und manchmal auch Isolation erlösen. Er schaut gerne zurück in die Geschichte und entdeckt dort Freunde und Verwandte im Geiste. Seine Sehnsucht ist häufig darauf gerichtet, das frühere, das alte Wissen, sogar das Urwissen, die geheimen, vergessenen Lehren seiner Vorfahren im Geiste zu enthüllen und neu zu verstehen. Und dadurch wird er auch zu einem Vermittler von Traditionen und Kenntnissen, die sonst allzuleicht verlorengehen könnten.

Die Seelenrolle des Gelehrten also stellt durch seine Interessen – worauf immer sie auch gerichtet sein mögen – eine Kontinuität zwischen dem Alten und dem Neuen her. Das Neue ist jeweils das, was er selbst durch seine Fähigkeit zu sammeln, zu forschen, zu überprüfen und zu erfahren, beitragen kann. Er tradiert das Wertvolle, aber auch das scheinbar Unwichtige. Die Heilweisen, Weltanschauungen, Künste, die Philosophien und Märchen, die Musik und die Architektur vergangener Zeiten oder fremder Kulturen werden ihn stets in irgendeiner Weise faszinieren. Er inspiriert sich dort, wo es etwas zu erkunden und zu wissen gibt. Alte Bücher und Zeugnisse der Vergangenheit werden ihm zu Anregungen, die ihn bereichern und die er integrieren kann in das Wissen, das er sich selbst in der Zeit und an dem Ort seiner jetzigen Inkarnation erworben hat.

Die Spiritualität des Gelehrten ist darauf gerichtet, Gewißheit zu erwerben. Abhängig vom Seelenalter richtet sich sein Wunsch nach Gewißheit zunächst auf die Ausübung von Einfluß und Autorität – entweder seitens der Gottheit oder seitens der Priesterschaft oder auch durch seine eigenen magischen Praktiken. Später sucht er die Gewißheit darüber, daß sein Gott existiert und ihm wohlgesonnen ist. In noch höherem Seelenalter sehnt er sich nach der Gewißheit, im Kosmos, im Allganzen wohlgeborgen und aufgehoben zu sein. Und zuletzt gibt es für ihn nichts Wichtigeres, als eine innere Gewißheit davon zu entwickeln, daß er selbst unvergänglich bleibt, wenn er seinen letzten Körper verläßt. Dieses Unvergängliche bekundet sich darin, daß er einen Menschen oder viele an seiner Gewißheit von der Unsterblichkeit seiner Seele hat teilhaben lassen können.

Ein Gelehrter wird sich immer gerne für die religiösen Traditionen der Alten begeistern und sich sowohl Anregung als auch Gewißheit aus den heiligen Büchern der Vergangenheit und fremder Völker verschaffen. Die Gelehrten sind es, die das Erbe der geistigen Entwicklung pflegen. Sie hüten, edieren und übersetzen, sie sammeln die Beweisstücke für alles, was ihnen wichtig erscheint, und sie haben auch oft mehr als die anderen Essenzen – selbst die Priester – ein Gespür für die verborgenen, schwer zu entschlüsselnden Botschaften, die sich in alten Texten nicht nur religiöser Prägung finden lassen. Und immer braucht der Gelehrte die Zeit sowie eine Möglichkeit zum Rückzug, um all das zu assimilieren und zu integrieren, was er an Informationen durch seinen Geist, seinen Körper und seine Psyche aufgenommen hat. Deshalb sollte er grundsätzlich und systematisch dafür sorgen, daß er sich genügend Zeit zum Nachsinnen reserviert, um sich nicht überreizt oder überfüttert zu fühlen. Weitergegeben werden kann nur das, was zuvor verinnerlicht wurde. Unverdaute oder unangewandte Theorien zu vermitteln wird den Gelehrten niemals befriedigen. Wenn er jedoch die Bedeutung seiner Seelenrolle für den Fortbestand der Menschheit als kulturstiftende, geistige Instanz erkennt, wird er sich weniger scheuen, sein Wissen, das ihm zur Gewißheit geworden ist, zu verbreiten und damit in den Köpfen und in den Herzen seiner menschlichen Gefährten zu verankern.

Beispiele
Federico Fellini ist einer der kontaktsuchenden, chaotischen Gelehrten. Er sammelte reiches, umfassendes Wissen über die unendliche Vielfalt menschlicher Gesichter und der in ihnen ausgedrückten Bedürfnisse, ohne moralisierend zu sortieren und zu werten. Sein Blick ist stets zugleich auf die Gegenwart und die Vergangenheit gerichtet,

und er versteht es aus dieser unbestechlichen, forschenden Haltung heraus, in seinen Filmen einen Ausschnitt von Wirklichkeit zu zeigen, der von ungewöhnlichen, oftmals tabuisierten und nicht selten dunklen Gestalten bevölkert wird und der ihm nur aufgrund seiner unermüdlichen inneren Sammeltätigkeit zugänglich ist. Fellini setzt sich über die Ängstlichkeit seiner Kollegen hinweg, weil er aus der Gewißheit lebt, daß er etwas zu sagen, zu zeigen und zu lehren hat, was kein anderer so wie er sichtbar machen kann.

Edward Bach entwickelte seine Theorie der Blütenessenzen erst, nachdem er sich – geleitet von einer unerschütterlichen Gewißheit – von ihrer heilenden Wirksamkeit und der Anwendbarkeit seiner medial empfangenen Informationen experimentell überzeugt hatte. Der Drang, Blütenenergien und andere geeignete Nicht-Stoffe zu finden, zu sammeln und zu untersuchen, wurde in ihm übermächtig, als er sich vor die Wahl gestellt sah, entweder seine bürgerlich-etablierte Karriere fortzusetzen oder seiner Inspiration zu folgen. Hätte er sich nicht weitgehend zurückgezogen, um auf seine inneren Stimmen zu horchen und sich von ihnen führen zu lassen, hätte sich sein essentielles Gelehrtentum nur schwerlich entfalten können. Um die feinstofflichen Eigenschaften seiner Substanzen und Essenzen zu erkennen, bedurfte es einerseits der naturwissenschaftlichen Kenntnisse, die er sich im Rahmen seiner ärztlichen Ausbildung angeeignet hatte, und andererseits seiner Fähigkeit, sich von allen überkommenen Theorien zu lösen und ein neues inneres Wissen auf den bekannten Erkenntnissen aufzubauen. Das unermüdliche Experimentieren, getragen von dem Wunsch, das einmal Erkannte auch anzuwenden und zu verbreiten, hat ihn zu einem Forscher gemacht, der vielen Menschen des zwanzigsten Jahrhunderts und ihren Nachkommen eine neuartige Behandlungsweise zur Verfügung stellt, die auch den Bedürfnissen ihres seelischen Entwicklungsstands gerecht wird.

⑤ Der Weise

Prinzip: Mitteilen

| − redselig ◄─────────────────► ausdrucksvoll + |

Der Weise ist weise, weil er weiß, daß Wissen nicht alles ist. Der Weise ist weise, weil er vieles, was der Gelehrte ernst nehmen muß, nicht ernst nehmen kann. Der Weise ist weise, weil er auf Wissen allein nicht angewiesen ist. Er sucht nach Erkenntnis auf eine Art, die anderen Seelenrollen nicht leicht zugänglich ist. Er möchte stets ganz eng in Kontakt mit seinen Mitmenschen sein, weil andere, wie immer auch sie sich geben mögen, ihm das Leben begreifbar machen. Der Weise erfährt sich im Austausch. Sein Wesen blüht in der Kommunikation.

Der Weise hat den Blick für das Ganze, während der Gelehrte sich am Detail ergötzt. Der Weise blickt über die Einzelheit hinaus. Er kann sehr gut zusammenfassen. Er ist von dem Drang besessen, zu verstehen und hinter die Dinge zu blicken. Er möchte aus den vielen Einzelelementen seiner Erfahrung und des Lebens allgemein ein verstehbares und überschaubares Ganzes erschaffen. Sein Wissen entspringt nicht einer Theorie, sondern direkt den Quellen seiner Erfahrung, und er wird sich deshalb häufig von den Institutionen, die Wissen als Gelehrsamkeit vermitteln, ein wenig abgestoßen oder betrogen fühlen.

Der Weise ist interessiert daran, zu überprüfen und zu erkunden, wie die Welt, die Menschheit, der andere, der Nächste, auf seine Existenz reagieren. Er braucht den Widerhall. Der Weise mag nicht ignoriert werden, auch wenn er noch so bescheiden ist. Er sorgt immer dafür, daß er beachtet wird, sei es durch Reden, sei es durch Schweigen. Ein seelisch weitentwickelter Weiser wird eher durch Schweigen oder durch sehr wenige ausgewählte Worte auf sich aufmerksam machen als durch allzu viele Worte. Aber das Ziel bleibt dasselbe. Er möchte zur Kenntnis genommen werden. Er möchte eine unnachahmliche persönliche Wirkung haben auf die, die seine Welt ausmachen. Den Ausdruck seines Seins, den Ausdruck seiner Persönlichkeit auf tausendfach verschiedene Art zu pflegen ist also sein Anliegen. Er möchte sich selbst zum Ausdruck bringen, und dieser Ausdruck soll auch von anderen gewürdigt werden.

Der Weise ist weise genug, um zu wissen, daß er nicht alles von neuem erschaffen kann. Er übernimmt daher gerne und dankbar die Teilergebnisse der anderen, um sie zu einer Ganzheit zusammenzufügen. Er ist – ohne sich dabei unzulänglich vorzukommen – ein Ausübender, ein Anwendender. Er wird sich freuen, wenn ein Dichter ein Poem geschrieben hat, das er, der Weise, rezitieren darf. Er wird sich glücklich schätzen, die Komposition eines Meisters auf seinem Instrument zum Leben zu bringen. Und jeder einst gedachte Gedanke, an dem er sich orientieren kann, den er verwenden kann als kleines Mosaiksteinchen im Bild seiner inneren Beweisführung, wird von ihm weitergedacht und einer Bestimmung zugeführt, die häufig einem ganz anderen als dem ursprünglichen Zweck dient.

Diese Seelenessenz möchte von den Erfahrungen anderer lernen und profitieren. Wie sie sich die Erfahrungen anderer aneignet – das bleibt ihr überlassen. Das Gespräch steht hierbei an erster Stelle. Sie kann sie sich aber genauso durch Beobachtung, durch Lektüre oder durch Fragen erwerben. Solange er nicht versteht, nicht begreift, nicht durchdringt, wird der Weise immer unzufrieden bleiben. So erarbeitet er sich Stück für Stück das, was ihn herausfordert und interessiert. Er will die Welt erfassen und wird nicht eher ruhen, als bis er sie begriffen hat. Auch kann ein Weiser in fortgeschrittenem Entwicklungsstadium sehr viel von sich selbst lernen, wenn er durch Introspektion auf seine eigenen Erfahrungen zurückgreift, wenn er beobachtet, was er in diesem Leben und in anderen Leben gelernt hat, indem er seine Schlüsse zieht und eine Synthese herstellt, die nur für ihn und nicht für alle gültig ist.

Das Begreifen nun wird ihm leichter, wenn er nicht nur auf seine eigenen Erfahrungen, sondern auch auf die anderer zurückgreifen kann. Deshalb braucht er den Austausch, deshalb sucht er den Kontakt mit jenen, die ähnliche oder ganz andere Erfahrungen gemacht haben, sei es nun über die Person oder das Buch, über die Geschichte oder die Gegenwart. Er möchte, so gut es geht, alle Facetten dessen, was es für ihn zu erkunden gibt, zusammentragen.

Nicht die einmalige Leistung, nicht die Originalität um jeden Preis sind es, die den Weisen befriedigen, nicht darin sucht er sein Heil. Der Weise hat durch seine Erfahrung einen großen Überblick. Er sieht die Dinge nicht von weitem, wohl aber von oben. Er sieht mehr als andere durch seine besondere Synthesefähigkeit – er ist kein Analytiker. Die Bruchstücke seiner Sammlung möchte er zu einem eigenen Neuen zusammenstellen, und seine Fähigkeit zur Überschau gibt ihm die Möglichkeit, aus vielen vorhandenen Einzelelementen ein Ganzes zu schaffen, das er als stimmig empfindet; und dieses Ganze kann er dann weitergeben als ein überzeugendes Produkt seiner Wahrnehmung.

Wir sagten bereits, daß der Weise erst dann wirklich zu runder Zufriedenheit gelangt, wenn das, was er mit seiner Synthesefähigkeit zur Erkenntnis bringt, auch von anderen beachtet und gewürdigt wird. Wenn ein Weiser von der Angst besessen ist, nicht genügend Beachtung zu finden, wird er um diese Beachtung kämpfen, indem er versucht, diejenigen, die ihm Beachtung versagen, ganz besonders zu beeindrucken. Er wird alles tun, um auf sich aufmerksam zu machen, und da er dabei von der Angst, ignoriert zu werden, geleitet wird, schießt er gerne über das Ziel hinaus und sorgt dafür, daß er zwar auffällt, aber unangenehm auffällt. Das kümmert ihn oft recht wenig, denn sein Ziel hat er auf jeden Fall erreicht.

Ihr wundert euch manchmal, wenn ihr durch die Straßen geht, daß es Menschen gibt, die laut reden, die sich produzieren, die Selbstgespräche führen, an denen sie jeden teilhaben lassen wollen, ohne wirklich Kontakt zu finden. Ihr wundert euch, wenn Menschen, die sich mit Alkohol berauscht haben, plötzlich anfangen zu reden, als sei ein Staudamm gebrochen. Ihr wundert euch, wenn bei einem Menschen, den ihr gar nicht kennt, plötzlich ein Schwall von Worten losbricht, der so übermächtig ist, daß man ihn kaum stoppen kann. Ihr wißt auch, wie schnell ihr dann anfangt, euch zu langweilen, obwohl die Geschichten, die ihr hört, manchmal äußerst dramatisch sind und keineswegs der Elemente entbehren, die sie interessant machen könnten, wenn nur genügend Energie hinter der Erzählung stünde. Ihr spürt sehr deutlich, daß da jemand ist, der auf sich aufmerksam machen will, aber den Kontakt mit sich selbst verloren hat. Das sind Weise, die aus lauter Furcht, übersehen zu werden, nicht in der Lage sind, wirklich das auszudrücken, was sie an Erkenntnis gewonnen haben. Sie leben aus zweiter Hand und verhalten sich so, daß sie anderen auf die Nerven gehen, weil ihr Mitteilungsbedürfnis hohl und unerschöpflich ist.

Ein Weiser, der sich nicht von seiner Angst dazu verleiten läßt, redselig zu werden und um Aufmerksamkeit zu buhlen, kommt in seine Mitte. Er ist zugewandt und akzeptierend. Er ist in der Lage, seine Kontaktfähigkeit bewußt einzusetzen, damit eine echte Kommunikation zwischen ihm und seinen Mitmenschen zustande kommt. Dann kann er gut zuhören, gut zusammenfassen und gut ausdrücken, was er tief innen verstanden hat. Sein bevorzugtes Ausdrucksmittel sind zwar die Worte, und er benutzt sie, um Verbindungen zwischen sich und der Welt herzustellen. Seine Ausdrucksfähigkeit jedoch kommt auch auf anderen Gebieten zum Tragen. Er kann seine Fähigkeit, sich konzentriert und eindringlich auszudrücken und eine Synthese seiner Erkenntnisse mitzuteilen, genausogut über die Malerei, die Heilkunst, die Architektur, die Psychotherapie, die Musik oder Schauspielkunst oder über eine Tätigkeit in der Verwaltung befriedigend ausleben. Zumeist wird er Berufe oder Tätigkeiten bevorzugen, die ihm eine unmittelbar kontaktstiftende Ausdrucksmöglichkeit gestatten. Auf jeder Bühne, auf vielen Kanzeln und in allen politischen Parteien werdet ihr Weise finden. Und da der Weise es liebt, Menschen zusammenzubringen, gilt er auch als angenehmer, beliebter Gesprächspartner, Gast oder Gastgeber. Sein Bedürfnis nach Beachtung und Anerkennung wird unmittelbar erfüllt, wenn er seinem Drang folgt, Verbindungen zwischen Menschen – gleich welcher Art – herzustellen. Er ist oft ein guter Redner und ein Ästhet der Formulierung. Er weiß, daß es auf jedes Wort ankommt. Er strahlt eine vertrauenerweckende Verbindlichkeit aus, sofern er sich davor hütet, allzu viele Worte zu machen.

Seine Spiritualität ist auf unmittelbare, persönliche Erfahrung des Göttlichen gerichtet und auf eine direkte Kommunikation mit dem Höheren. Es ist ihm stets ein Herzenswunsch, Kontakt mit seinen inneren Stimmen herzustellen oder mit den Ausdrucksformen von inspirierter Liebe, die er in der Kommunikation mit anderen Seelen spürt. Doch immer macht er etwas ganz eigenes daraus. Dogmen, Traditionen oder schriftlich niedergelegte Regeln bedeuten ihm wenig, eigene Erfahrung ist alles.

Die Seelenrolle des Weisen leistet ihren Beitrag zum großen Ganzen, indem sie das zum unmittelbar gelebten Ausdruck bringt, was andere erforschen, erfühlen, postulieren, erkämpfen oder für wahr bestimmen. Vom Künstler unterscheidet er sich dadurch, daß er seine Ausdrucksfähigkeit erst im engen Kontakt mit anderen Seelen und der

Welt entwickelt. Seine Kommunikationsfähigkeit schafft auch Verbindungen zwischen den Repräsentanten der anderen Essenzen. Er ist ein Brückenbauer. Die Einsichten, die er im Austausch aus unmittelbarer Erfahrung gewinnt und vermitteln kann, sind eine Bereicherung für alle.

Beispiele

Papst Johannes XXIII., Papa Giovanni, vereinigte in seinem Wesen die essentiellen Qualitäten der Energie 5, denn als Weiser war er dem Menschen zugewandt, gütig und weitblickend. Er hatte den Wunsch, seine persönlichen Erkenntnisse, den Glauben betreffend, zusammenzuführen mit den ihm bewußten energetischen Veränderungen innerhalb der Weltgemeinde und ihrer Exponenten. Das Zweite Vatikanische Konzil wurde somit Ausdruck einer großangelegten Synthese von Tradition und Aktualität, von Persönlichem und Allgemeinem. Der Weise in Papst Johannes verlor niemals vollständig den Humor und die überschäumende Lebenslust oder die Bereitschaft, trotz aller Verantwortung und der vielen belastenden Funktionen sein Herz sprechen zu lassen. Seine Fähigkeit, das, was ist, zu akzeptieren, erwies sich zum einen in der weiten und breiten Akzeptanz, die er als Mensch und Kirchenfürst erfuhr, und zum anderen darin, daß er stets dann eine feste Position einnahm oder bezog, wenn er erkannte, daß bestimmte Phänomene innerhalb der Kirche veränderbar und in diesem Sinne inakzeptabel waren. Dann setzte er seine ganze Kraft ein, um zu verhindern, daß seine innere Wahrnehmung allzusehr in Konflikt mit unnötigen, schädlichen Entgleisungen geriet. Deutlich ist an diesem Menschen zu erkennen, wie wahre Autorität ohne demütigende, entzweiende Machtausübung auskommen kann.

Claude Monet verstand sich aufs Reden und aufs Schweigen. Seine Kunst ist auf eine ruhige, stille Art äußerst beredt. Er folgte unbeirrt seinem Weg und wurde sich selbst mit den Jahren zu einer Autorität. Das gestattete ihm, ohne Angst und ohne auf seiner Sichtweise zu beharren, immer einfacher zu werden, um die komplexesten Lichtverhältnisse und Farbzusammenhänge ausdrücken zu können. Je häufiger er sich Stille zugestand, um so ausdrucksvoller arbeitete sein Pinsel. Darüber versäumte er nicht zu feiern – sowohl mit Menschen als auch mit der Sonne, den Sternen, den Pflanzen und mit sich selbst. Die

Heiterkeit, die seine Bilder erfüllt, ist Ausdruck einer Freude über das Allganze der Schöpfung, und diese Heiterkeit ist es, die sich auch in den Blicken der Betrachter seiner Bilder spiegelt.

Michail Gorbatschow brachte sein Lebenswerk, die Auflösung von Grenzen, durch seine essentiellen Qualitäten als Weiser zustande. Denn im Vergleich zu seinen Vorgängern ging es ihm stets um Kontakt und Kommunikation, und wenn er redet, ist es ihm nie darum zu tun oder überhaupt möglich, leere Worte zu sprechen. Selbst über den Fernsehschirm ist es ihm ein Anliegen, die Menschen mit seinem Blick zu erreichen, und sie fühlen sich davon berührt. Seine Autorität bezieht er im privaten wie im öffentlichen Bereich aus seiner Fähigkeit, im Dialog zu bleiben. Obgleich er seine Macht durchaus einzusetzen versteht und sie benutzt hat, um sich innerhalb eines widrigen Systems an die Spitze zu kämpfen, sind doch seine Bereitschaft zu akzeptieren und seine menschliche Güte in all seinen Handlungen und in seinem Selbstausdruck erkennbar. Der Weise in ihm befähigte ihn zu akzeptieren, daß seine Zeit fürs erste vorbei war. Sein Geschick im Zusammenführen von Gedankengut, Menschen und Ideologien macht ihn zu einem begehrten Vermittler, einem guten Redner und einem beliebten Gast.

⑥ Der Priester

Prinzip: Trösten

– übereifrig ◄─────────────► barmherzig +

Der Priester ist eine Seelenessenz, die aus dem heraus lebt, was nicht präsent ist, nicht greifbar, nicht real im bildlichen Sinne. Wohl aber ist es präsent in seinem Empfinden, in seinen Idealen. Er fühlt sich als Vermittler der göttlichen Gnade, der übermenschlichen Anteilnahme, der kosmischen Barmherzigkeit. Der Priester möchte immer dorthin, wo er nicht ist, ins Höhere, ins Bessere, ins Reinere. Und er möchte auch anderen dazu verhelfen, daß sie erkennen, daß es dort draußen, dort oben das Reine, das Bessere, das Höhere gibt.

Der Priester möchte einem höheren Ideal dienen, aber er hat auch ein großes Anliegen, das sich darin zeigt, daß er das, was er als Ideal empfindet, anderen mitteilen möchte, indem er sie tröstet, aufrichtet, bemitleidet, ihnen Rat erteilt. Er möchte helfen, indem er berät. Er möchte helfen, indem er Klarheit vermittelt, indem er aufklärt. Es wäre irrig anzunehmen, daß es sich dabei stets um spirituelle oder religiöse Themen handeln muß. Ganz im Gegenteil: Eine Priesteressenz kann auch aktiv werden bei der Vermittlung eines aufklärerischen Gedankens, bei politischen Themen, im Rahmen der Umweltbewegung, als Vorkämpfer einer bestimmten Lebensweise, als Vertreter einer bestimmten Ernährungsform.

Ganz gleich, worin der Priester sein Ideal sieht, er versucht es tröstend einzusetzen und ist nur allzu häufig davon überzeugt, daß seine Vorstellung die einzig richtige sei. Das ist das Problem der Priesteressenz. Der Priester begegnet all jenen, die seine Ideale nicht teilen, mit einer gewissen Verachtung.

Toleranz ist nicht seine Stärke, obwohl sie es sein könnte. In der Regel – gerade bei Priestern des Jungen oder Reifen Seelenzyklus – findet sich eine gewisse Intoleranz anderen Vorstellungen und anderen Idealen gegenüber. Mit dem Wunsch, seinen Mitmenschen seine Sehnsüchte und Wahrheiten nahezubringen, scheitert der Priester oft. Und dann fühlt er sich hilflos und allein. Hilflosigkeit und Einsamkeit schlagen sehr häufig in Angst um, und wenn der Priester Angst verspürt, wird er alles daransetzen, seine Mitmenschen von seinen Vorstellungen zu überzeugen – zuweilen gar mit Gewalt. Er wird eifern und missionieren, und dabei ist es nicht wichtig, welches Thema er sich wählt. Aber es wird immer ein Ideal sein, eine Vorstellung von dem, was schöner, größer und besser wäre.

Eine Seele in der Rolle des Priesters ist keineswegs immer Priester im religiösen Sinne. Aber häufiger als andere Essenzen wählt er sich einen Beruf, der priesterliche Funktionen beinhaltet. Der Priester möchte trösten. Das kann er besonders gut, wenn er sich denen nähert, die den Kontakt zum Glauben oder zu Gott verloren haben und die dennoch auf der Suche sind nach einer höheren Wahrheit, die sie in sich spüren, aber nicht greifen können. Deshalb findet man in eurer Zeit viele Priester im Bereich der Esoterik, der Lebensberatung, der Psychologie, der Psychotherapie, aber auch unter denen, die sich dafür stark machen, daß Menschen auf gesunden Matratzen oder in störungsfreien Räumen schlafen. Auch die meisten Weltverbesserer und übereifrigen

Glücklichmacher sind essentielle Priester. Ihr erkennt, daß die Ideale der Priesterrolle nicht unbedingt in religiösen oder in göttlichen, kosmischen Bereichen lokalisiert werden müssen, sondern auch ganz kleine und historisch austauschbare Dinge betreffen können.

Ein Priester muß nicht Sozialarbeiter oder Pfarrer sein. Er fühlt sich gar nicht immer wohl in Tätigkeiten, die mit den kirchlichen Institutionen und ihren Dogmen zu tun haben. Ganz im Gegenteil hat der Priester eine so selbstverständliche Bindung an eine persönliche, übergeordnete Wahrheit, daß er sehr häufig in großer Enttäuschung feststellt, daß die etablierten Religionen nicht die Wahrheit vertreten, die ihm innerlich offenbart wird. Er wendet sich dann leichter ab als andere Essenzen und versucht, den Kontakt zum Höheren in sich zu finden. Der Priester hat in der Regel viele Leben hinter sich, in denen er verschiedenste priesterliche Funktionen ausgeübt hat. Das kann sein im Bereich des Schamanismus, es kann sein in einem buddhistischen Kloster, es kann sein als Nonne oder Mönch im christlichen Glauben oder auch als jemand, der sich nur am Rande getraut hat, sich diesen Bereichen zu nähern, zum Beispiel als Tempeldiener, als Glöckner, als Tempelbaumeister oder als jemand, der nach dem Gottesdienst die Kirche fegt und aufräumt. Nirgends fühlt sich der Priester so wohl wie in magischen oder geheiligten Räumen. Er wird sich auch auf Reisen immer hingezogen fühlen zu alten Tempeln, Kultstätten oder Orten, die eine magische Ausstrahlung haben. Er ist besonders empfindsam für Vibrationen des Göttlichen, und es ist ihm fast selbstverständlich, sich zwei Dimensionen zugehörig zu fühlen, so wie er zwei Beine hat, von denen eines auf der Erde steht und das andere einen Schritt in die höheren Dimensionen wagt.

Das Verhältnis des Priesters zur Religion ist immer ein wenig ungewöhnlich. Mehr als alle anderen Essenzen wählt er sich in seinen vielen Leben zwar wiederholt auch berufliche Positionen, die ihn mit den Glaubenssystemen, in denen er sich bewegt, in Berührung bringen. Aber auch Ärzte, Künstler, mancherlei tröstliche Mutterfiguren, viele also, die mit ihrer Tätigkeit wirklich seelsorgerisch in den Ablauf der Welt eingreifen, trösten und aufrichten, finden sich unter den Priesteressenzen. Von der Seelenrolle des Helfers unterscheidet sich ein Priester dadurch, daß er nicht in erster Linie handelt, arbeitet und tätig ist, um zu helfen, sondern sich bereit hält, zuhört, mitfühlt und berät.

Der Priester leidet nicht ungern. Darin liegt eine Gefahr, die ihn von der Erfüllung seiner positiven Entwicklung abhalten kann. Der Priester leidet nicht wie ein Märtyrer, sondern wie einer, der sich bereit erklärt, das Leid anderer mitzutragen. Er verwechselt leicht Mitleid mit Mitgefühl. Mitgefühl ist eine Form der Liebe, die mit einem Mitleiden sehr wenig gemein hat. Wenn ein Mensch leidet und der Priester sich genötigt fühlt, dieses Leid zu teilen, passiert nichts anderes, als daß nun zwei Menschen leiden. Wenn er aber entdeckt, wie heilsam wirkliche Barmherzigkeit sein kann, ist es viel wahrscheinlicher, daß bald nicht zwei Menschen leiden, sondern keiner mehr. Der Priester muß sich also hüten, sich mit dem Leid derer, denen er helfen will, allzusehr zu identifizieren. Er ist nicht aufgerufen, ihr Leid zu dem seinen zu machen oder, was mehr ist, das Leid der Welt auf seine Schultern zu nehmen. Der Priester ist aber stets in Versuchung, das zu tun. Das macht er häufig dann, wenn er befürchtet, daß er vor seinem Gott nicht bestehen kann, wenn er sich nicht selbst zum Opfer macht.

Wenn der Priester seinen positiven Pol, die Barmherzigkeit, in ganzer Liebe leben will, muß er sich hüten, jenen, denen er helfen will, so nahezukommen, daß er sich nicht mehr von den Menschen, die in Not sind, unterscheiden kann. Liebe erfordert eine Distanz, die es erlaubt, den anderen noch zu sehen.

Der Priester hat Schwierigkeiten, sich in der materiellen Welt wohl und geborgen zu fühlen. Geld verachtet er als notwendiges Übel. Er befürchtet ein Absinken ins Banale, ins Unspirituelle, wenn er sich genötigt fühlt, seinen Lebensunterhalt zu verdienen, ohne daß er helfen und trösten oder ein Ideal vertreten kann. Wenn er also eine Fließbandarbeit ausüben muß oder eine andere Tätigkeit, die den mitmenschlichen Bereich ausklammert, wird er unglücklich sein, wenn er nicht wenigstens in seiner Freizeit von Menschen aufgesucht wird, von Kollegen oder von Verwandten, die in Not sind und denen er liebevoll Rat erteilen kann, um sie zu trösten.

Menschen mit einer Priesteressenz sind oft sehr streng mit sich selbst. Sie orientieren sich stets an höchsten Idealen. Unerbittlich überprüfen sie ihre Moralität in ihrer Wirkung nach innen und nach außen. Weil es ihnen wichtig ist, stets recht zu behalten, werden sie rechthaberisch. Die Bereitschaft, den eigenen Fehlern mit Nachsicht zu begegnen, will entwickelt werden. Deshalb ist es für jede Priesteressenz von besonderem Wert, zuallererst sich selbst und ihrer eigenen Menschlichkeit gegenüber Barmherzigkeit zu zeigen. Erst dadurch kann eine Barmherzigkeit auch anderen gegenüber entstehen.

Die Verwirrtheit, die den Priester oft in Hinblick auf seine Wirkung und sein Wirken erfaßt, versucht er mit Übereifer zu überdecken. Es ist ihm peinlich, dabei ertappt zu werden, daß seine Vorstellungen und seine Ziele nicht so hieb- und stichfest darzustellen sind, wie er es sich wünscht. Er fühlt sich leicht angegriffen und fürchtet sich vor jeglicher Art von Überführtwerden, denn Irrtümer und Fehler scheinen seine Gotteskindschaft fundamental in Frage zu stellen. Um das zu vermeiden, zieht er es vor, andere in Frage zu stellen und ihnen seine eigene – wenn auch noch so unvollkommene – Wahrheit aufzudrängen. Je größer seine Angst wird, sich kein Gehör verschaffen zu können, um so übereifriger missioniert er für seine Erkenntnisse und seine Ziele. Darin kann es ihm gleich sein, ob er irgend jemanden von der großartigen Idee des Atheismus oder des Kommunismus, des Fundamentalismus oder eines rigorosen Reduktionismus überzeugen möchte.

Barmherzigkeit zu empfinden kann die Priesteressenz lernen, indem sie beginnt, sich in die Bedürfnisse anderer Menschen und ihres eigenen Selbst wirklich einzufühlen, sich vorzustellen, wie einem Menschen zumute ist, wenn er von seinen Überzeugungen abgebracht und mit neuen Wahrheiten bedrängt oder missioniert werden soll, die nicht seine eigenen sind.

Barmherzigkeit ist jedoch auch vonnöten, wenn es um sehr irdische, rein körperliche Bedürfnisse geht, die aus der Ideologiefreudigkeit der Priesteressenz heraus gerne geleugnet werden. Dazu gehören die Grundbedürfnisse an Nahrung, Schutz und Sexualität, an Kontakt, Bequemlichkeit und materiellem Auskommen. Besonders die Sexualität ist der Priesteressenz stets ein wenig suspekt, da sie zu den scheinbar niederen Trieben gerechnet wird. Dabei ist es im Gegenteil für jede Priesteressenz, Mann oder Frau, von großer Bedeutung und von spirituellem Wert, den Körper zu achten, zu pflegen und zu befriedigen. Sexualität ebenso wie lustvolle Nahrungsaufnahme binden die Priesterenergie im Körper, und obgleich Priesteressenzen diese Bindung gerne ablehnen oder sie als unspirituell empfinden, tut sie ihm doch wohl. Wenn Priester versuchen, aus idealem Anspruch ihre Sexualität und andere lustspendende Bereiche ihrer irdischen Existenz zu unterdrücken oder auszugrenzen, entfernen sie sich von ihrer Menschlichkeit und damit von dem Pluspol der Barmherzigkeit.

Der Priester ist eine Seelenrolle, die immer zugleich nach oben und nach unten orientiert ist. Problematisch ist für sie während einer Inkarnation, sagten wir, die Verbindung zur materiellen Welt. Aber der Priester sollte besonders gut auf seine Erdung achten, denn er wird sonst leicht zum religiösen Fanatiker, zum Fanatiker auf allen Gebieten. Denn Fanatismus gehört zu seiner Angstmanifestation. Er kann auch leicht arrogant werden, denn er ist immer davon überzeugt, daß er und kein anderer die Wahrheit erkannt hat.

Wenn ihr beobachtet, wie jemand mit großem Eifer eine Sache vertritt und oft nicht geneigt ist, Toleranz anstelle von Arroganz walten zu lassen, könnt ihr sicher sein, daß es sich um einen Priester handelt, der alles daransetzen wird, seine Belange durchzupeitschen, und wenig barmherzige Rücksicht nimmt auf Menschen, die andere Ziele vertreten. Ihr könnt ihn immer dann zu seiner Liebe zurückführen, wenn ihr an sein Mitgefühl, seine Barmherzigkeit appelliert und ihm auf sanfte Weise klarzumachen versucht, daß er keine Angst zu haben braucht, mit seiner subjektiven Wahrheit nicht gehört zu werden, wenn auch nicht jeder sein Anliegen ohne weiteres übernehmen wird. Und ihr werdet einen Priester auch daran erkennen können, daß ihr euch in seiner Umgebung entspannt, vertrauensvoll, aufgerichtet, verstanden und akzeptiert fühlt. Der Priester kann, wenn er in seiner Liebe ist, gut zuhören; er spendet gern guten Rat und Trost und besitzt eine wohltuende, mitfühlende, heilsame Ausstrahlung.

Beispiele

Napoleon Bonaparte war Priester. Sein persönliches Ideal war erfüllt von einem neuen Gedankengut. Gerechtigkeit, die Reform gesellschaftlicher Strukturen und eine globale Verbreitung der Ziele, die die Französische Revolution entwickelt hatte, waren seine Anliegen. Nicht Machthunger allein, sondern ein missionarischer Eifer in seinen Wünschen, Europa mit diesem Gedankengut in Berührung zu bringen, beflügelte ihn. Dabei scheute er weder Kosten, noch schonte er Menschenleben. Als Priesteressenz war ihm die Säkularisation ein besonderes Anliegen, denn er empfand die verkrusteten Strukturen der Kirche und des Papsttums als hinderlich für die Entfaltung seiner persönlichen

Wahrheit. Seine Kriege und seine Allgegenwart auf den vielen Feldzügen waren dazu angetan, den Funken der Idee, die ihn selbst beseelte, immer wieder auf seine Generäle und Soldaten überspringen zu lassen. Aus diesem Grunde waren sie bereit, ihr Leben zu geben, um seinen Idealen Geltung zu verschaffen. Von den alten europäischen Herrscherhäusern wurde er als Emporkömmling betrachtet. Er spürte die Verachtung, und zugleich war er als Priester davon überzeugt, daß nicht nur alle Menschen vor Gott gleich seien, sondern daß er als »Sendbote« noch weitaus mehr Beachtung und Anerkennung verdiente, als ihm zugestanden wurde. Da er aus vielerlei Gründen von seiner eigenen Größe absolut überzeugt war, drängte ihn die Herablassung, mit der ihm die alteingesessenen Fürstengeschlechter begegneten, dazu, sich selbst unablässig zu erhöhen und seinen fanatischen Übereifer hervorzukehren.

Albert Schweitzer war ein Alter Priester, der seine Verbindung zum Höheren und zu seinen Idealen auf drei Ebenen lebte: Zum einen widmete er sein Leben dem Trost und der medizinischen Betreuung von Menschen, mit denen er großes Mitgefühl hatte. Zum anderen richtete er seine Mitmenschen in Europa durch sein Orgelspiel auf, das in hohem Maße von seinen Idealen inspiriert wurde. Und außerdem war er als Theologe und Jesusforscher auf der Suche nach einer historischen Wahrheit, die einer persönlich tief empfundenen religiösen Gewißheit entsprach.

Alice Schwarzer ist ein Junger Priester mit starken kriegerischen Matrixelementen. Sie will die Frauen ihrer Gesellschaft aufrichten. Sie hat sich deshalb so stark für ein feministisches Ideal engagiert, weil sie von der Berechtigung ihres Anliegens mit einer religiösen Inbrunst überzeugt ist. Ihre Ziele sind ihrer Zeit durchaus angemessen, doch der priesterliche Übereifer, mit denen sie verfolgt wurden, hat der Sache zuweilen mehr geschadet als genützt.

⑦ Der König

Prinzip: Führen

| − selbstherrlich ◄─────────────► hoheitsvoll + |

Es gibt nicht viele, die die Seelenessenz des Königs erfüllen. Und deshalb werdet ihr nicht häufig einem Menschen begegnen, den ihr als König identifizieren könnt. Aber wenn ihr einen solchen trefft, werdet ihr schneller als bei anderen Essenzen ein Gefühl von Erkennen haben, und ihr werdet klarer als bei anderen Essenzen eure Zuordnung treffen können.

Das liegt daran, daß ein König eine ruhige und imposante herrscherliche Ausstrahlung hat, die ganz unabhängig ist von dem Temperament, das er sich für ein bestimmtes Leben gewählt hat. Ein König füllt den Raum, ob er es will oder nicht. Er wird nichts dazu tun müssen, um Aufmerksamkeit auf sich zu ziehen; er wird das auch nicht gernhaben, und dennoch ist er eine Figur, die man nicht so leicht übersieht. Von der äußeren Statur her schon ist der König dazu geneigt, sich in den meisten oder gar allen Inkarnationen einen Körper zu wählen, der nicht klein und unscheinbar ist, sondern innerhalb seiner Geschlechtsrolle etwa den Obergrenzen der Norm entspricht. Nur selten gibt es kleinwüchsige Könige, aber auch bei ihnen wundert sich alle Welt darüber, wie seltsam eindrucksvoll und imposant sie wirken.

Ein König muß nicht reden und nicht handeln, um beachtet zu werden. Wenn er aber redet und handelt, wird er den Respekt und die Aufmerksamkeit derjenigen leicht gewinnen, die um ihn sind. Ganz natürlich bildet sich um ihn herum ein Hofstaat. Dazu muß er seine Stimme nicht erheben. Ein König, der schreit, um sich bemerkbar zu machen, ist sicher kein König in seiner Essenz. Könige sind in der Regel, wenn sie nicht zum Tyrannen werden, allgemein beliebt. Sie werden bewundert und können sich in einer Zuneigung sonnen, die anderen Essenzen nicht in derselben Weise ungebrochen zuteil wird. Das ist der Lohn für die Verantwortung, die sie stets zu übernehmen bereit sind. Ihre Autorität wird anerkannt, ohne daß sie in besonderer Weise darum ringen müssen.

Es gibt auch deswegen so wenige Könige, weil von den übrigen

Seelenessenzen sonst keine bereit ist, in jedem Leben so viel Verantwortung zu übernehmen, wie es die Königseele für selbstverständlich hält. Verantwortung ist das Schlüsselwort für die Essenz des Königs. Wie ihr wißt, trägt jeder Mensch Verantwortung für sich und auch für andere. Jede der Essenzen hat ihre eigenen Aufgaben in puncto Verantwortung. Aber der König macht Verantwortung zum Thema nicht nur im grundsätzlich Menschlichen, sondern als eine Aufgabe, die er zwar über alle Leben hinweg mit einer großen Selbstverständlichkeit erfüllt, die ihm aber auch eine gewisse Last aufbürdet.

Ein König herrscht dann am besten, wenn er nicht herrschsüchtig ist, sondern sich kluger Ratgeber bedient, um sein Reich zu regieren. Deshalb ist ein König in der Essenz ebenso wie im praktischen Leben eine Figur, die selten ganz vereinsamt ist. Er ist sogar eher jemand, der es schwer hat, sich überhaupt ein Minimum an Alleinsein zu erobern. Immer werden Menschen um ihn herum sein, die um seine Aufmerksamkeit buhlen, und auch die Ratgeber, auf deren Rat er angewiesen ist, sind ihm so ergeben, daß sie es als unangenehm empfinden, sich von ihm zu entfernen.

Ein König braucht gute Freunde und wird sie deshalb auch in jedem Leben finden. Ein König aber ist auch jemand, der wahre Feindschaft mit Würde zu tragen weiß. Er ist sich seiner Rolle, seiner Funktion und seiner Aufgaben auf eine Art bewußt, die nichts mit einer erworbenen Selbstsicherheit zu tun hat. Wenn der König in seiner Liebe ist, führt er gerecht und klug und ohne seinen Untertanen, seinem Seelenvolk, seinen Willen aufzuzwingen, aber er wird auch seine Aufgaben als König in einer Weise wahrnehmen, daß er nicht seinem Volk Entscheidungen überläßt, die zu treffen es nicht in der Lage ist. Ein König ist wie ein guter Vater, der seinen Söhnen und Töchtern eine große Freiheit in der Entwicklung läßt, ohne sie orientierungs- und führungslos ins Leben zu schicken. Er setzt Maßstäbe, die aus seiner eigenen Erfahrung stammen und wendet Gesetze und Regeln nicht an, als seien sie von Gott gegeben.

Nun wird ein König in den seltensten Fällen tatsächlich im Leben auf eurem Planeten einen realen Thron besteigen. Das ist die Ausnahme, und die wenigen Könige, die es unter euch gibt, haben dennoch kaum die Chance, in mehr als einer Handvoll von Leben eine politische Machtposition einzunehmen, die ihren essentiellen Bedürfnissen entspräche. Das bedeutet auch, daß Königseelen genötigt und gewillt sind, sich in allen Tätigkeiten und Berufen und Funktionen zu manifestieren, die nur irgendwie einen Hauch von Verantwortung, Macht oder Herrschaft, Einfluß oder Vorbild erforderlich machen.

Ein König wird häufig das Bedürfnis verspüren, sich ein Leben zu wählen, in dem er sozusagen inkognito oder in Verkleidung die Erfahrungen machen kann, die ihm eine gerechte und kluge Herrschaft ermöglichen. Denn ein König, der nichts vom Leben seines Volkes weiß, kann niemals eine Herrschaft ausüben, die den Bedürfnissen des Volkes gerecht wird. Wenn sich ein König nun in andere Kleider wirft, um zum Beispiel das Leben eines Kriegers, dessen Oberbefehlshaber er von Natur aus wäre, zu erproben oder im Leben eines Helfers zu erforschen, wie jemand sich fühlt, der aus seiner Stellung heraus eher zum Dienen da ist als zum Herrschen, wie jemand empfindet, der keinerlei eigene Entscheidungsbefugnis hat, oder wenn er sich in die Reihen seiner Priesterschaft stellt, um zu erkennen, daß es höhere Mächte gibt als seine eigene Herrschaft, dann wird er immer mit großer Hingabe und Verantwortung seine selbstgewählte Rolle ausfüllen. Und ihr werdet dann spüren, daß der König, ganz gleich welchen Beruf er ausübt oder welche Stellung im Leben er innehat, stets eine unnachahmliche Würde ausstrahlt und selbst als halbverhungerter Bettler noch eine imposante herrscherliche Gestalt ist, deren Erscheinungsbild man nicht vergißt.

Wenn die Seelenrolle des Königs Angst bekommt um ihre Herrschaft oder ihren Führungsanspruch, gerät sie leicht in Versuchung, Autorität in Tyrannei umzuwandeln. Wenn ein König also befürchten muß, daß sein Wort nicht gehört und seine Macht nicht anerkannt wird, dann wird er darauf bestehen, beachtet zu werden, und er wird alles versuchen, um seinen Willen durchzusetzen.

Seine Angst gaukelt ihm vor, daß er auf jeden Fall im Recht ist, und sie verbietet ihm, die Argumente anderer anzuhören oder ihre Bedürfnisse in Betracht zu ziehen. Er ist so überzeugt von seinem grundsätzlichen, angestammten Recht, so zu sein, wie er gerade ist, und das zu tun, was er gerade will, daß er sich von dieser Position nicht mehr fortbewegen kann. Wenn er von anderen nicht ununterbrochen anerkannt wird, muß er sich alle Bestätigung, alle Bewunderung selbst schenken. Weil er daran gewöhnt ist, von seinen Mitmenschen selbstverständlich erhöht zu werden, kann er auf diese Erhöhung schlecht verzichten. Wenn er aber befürchtet, nicht so wahrgenommen zu werden, wie er es braucht, verändert sich seine herrscherliche Ausstrahlung zu einer Selbstherrlichkeit, die ihm all das zu geben verspricht, was ihm in seinen Augen zusteht. Er brüstet sich dann und paradiert vor seinem abtrünnigen Hofstaat, ohne zu bemerken, daß er den inneren Kontakt zu ihm verloren hat. In seiner Isolation plustert er sich auf wie der Sonnenkönig, fällt seine Entscheidungen, ohne seine Ratgeber zu befragen, meidet alle Kommunikation, die ihn in Frage stellen könnte, um nicht vom Thron seiner Selbstherrlichkeit zu stürzen. Eine solche Haltung bereitet den Mitmenschen Schwierigkeiten im Umgang mit dieser Seelenrolle. Sie spüren, daß sie den König kaum mehr erreichen können, wenn er sich in seiner Angst isoliert. Sie müssen ihm Zeit lassen, bis er von selbst den Wunsch verspürt, wieder einen Kontakt herzustellen, um anstelle seiner Selbstherrlichkeit die Herrlichkeit einer echten, liebevoll bereichernden Verbindung zu suchen.

Es ist offensichtlich, daß ein König, der sich von der Entthronung bedroht fühlt, um seinen Thron kämpfen wird. Und falls er sich aus Gründen seiner individuellen seelischen Geschichte veranlaßt fühlt abzudanken, ist er eine Gestalt von besonderer Größe. Er verzichtet damit freiwillig auf die Möglichkeit von Herrschaft und Tyrannei und wird sich vorübergehend in Sphären bewegen, die ihm einen freiwilligen Verzicht als lohnend erscheinen lassen. Ein König im Exil sammelt seine Kräfte und seine Freunde, um anschließend wieder seinen eigentlichen Aufgaben gerecht werden zu können.

Und wenn ein König das Seelenalter der Reife erreicht oder überschritten hat, wird er ein Mensch sein, dessen Licht weithin leuchtet über Zeit und Raum. Er wird einen tiefen Eindruck in der Geschichte der Menschheit hinterlassen, da nunmehr so viele zu seinem inneren Hofstaat gehören, daß sie kaum noch zu zählen sind. Und er wird große Gruppen führen, starke Bewegungen veranlassen oder auch mit Vorliebe zum Philosophenkönig werden, um anderen, die sich von ihm und seiner Größe angezogen fühlen, alle die Dinge beizubringen, die er aufgrund seiner vielen Reisen in viele Schichten der Existenz und des Lebens erworben hat.

Beispiele

John F. Kennedy war ein Junger König, der einen großen Teil seines politischen Erfolgs und seiner weltweiten Resonanz einer herrscherlichen, siegesgewissen Ausstrahlung verdankte, die ihm nicht nur eine bestimmte Imposanz der Erscheinung, sondern auch kaum zu erschütterndes Selbstvertrauen verlieh. Er hatte sich wohlweislich in einer Familie inkarniert, die die Strukturen eines Fürstengeschlechts aufwies und in diesem Rahmen eine »Thronfolge« zuließ. Menschen in aller Welt bejubelten ihn und verehrten ihn wie den mythischen König der amerikanischen Nation. Sein herrscherliches Wesen machte ihn, solange er sich in weitgehend angstfreien Bereichen bewegte, zu einem Helden der Völker. Selbstherrlichkeit wurde ihm jedoch von vielen vorgeworfen, die eng mit ihm zusammenarbeiteten oder einen Platz in seinem Privatleben beanspruchten. Er war es gewohnt, sich alles zu erlauben und duldete wenig Widerspruch. Seine Überzeugung, stets allen überlegen und im Recht zu sein, verhinderte manchen zwischenmenschlichen Akt der Rücksichtnahme. Er war auch von seiner mythischen Unverwundbarkeit überzeugt. Deshalb vernachlässigte er oft notwendige Sicherheitsvorkehrungen, bis ihn die Kugel des Attentäters traf.

Theodor Heuss war ein Reifer König, der sein Leben auf einige Jahre dem Staat zur Verfügung stellte, um dessen schwer geschädigtes Ansehen wieder zu heilen und der internationalen politischen Welt nach besten Kräften zu zeigen, daß sie ihre Vorurteile und auch ihre gerechten Urteile gegenüber der deutschen Nation ein wenig modifizieren kann.

Anne Frank war ein Alter König. Sie hatte sich zur Aufgabe gemacht, alles, was ihr widerfuhr, in Würde und Bewußtsein zu erleben und eine Breitenwirkung anzustreben, die ihr selbst kaum möglich erschien und dennoch erreicht wurde. Denn obwohl es sich bei den Tagebüchern um durchaus private Dokumente handelt, haben sie ein Publikum erreicht, das sich in allen Ländern der Erde von dem, was Anne Frank zu sagen hatte – und nicht nur durch ihre Erlebnisse –, anrühren ließ.

II
Das Hauptmerkmal
der Angst

Übersicht
Die Hauptmerkmale der Angst

Expression

⑤
Gier
Angst vor Mangel

– unersättlich   selbstzufrieden +

②
Selbstsabotage
Angst vor Lebendigkeit

– selbstzerstörend   aufopfernd +

Inspiration

⑥
Hochmut
Angst vor Verletztwerden

– selbstgefällig   stolz +

①
Selbstverleugnung
Angst vor Unzulänglichkeit

– unterwürfig   bescheiden +

Aktion

⑦
Ungeduld
Angst vor Versäumnis

– unduldsam   waghalsig +

③
Märtyrertum
Angst vor Wertlosigkeit

– selbstbestrafend   selbstlos +

Assimilation

④
Starrsinn
Angst vor Unberechenbarkeit

– verbissen   entschlossen +

Wichtig: Am Hauptmerkmal der Angst ist nichts Positives. Die Pluspole können als »falsche Tugenden« verstanden werden, denn sie sind von Angst bestimmt und nicht von Liebe wie bei den anderen Matrixelementen. Die hinter dem Hauptmerkmal verborgene Grundangst beeinflußt die Minuspole aller anderen Matrixelemente.

Über das Hauptmerkmal
der Angst

Jeder von euch hat Ängste. Ihr lebt mit Ihnen, ihr richtet euch nach ihnen und laßt euch von ihnen leiten. Ein Leben ohne diese Ängste ist Gegenstand eurer Sehnsucht und scheint euch gleichbedeutend mit einem paradiesischen Zustand zu sein. Wenn wir von dem Hauptmerkmal der Angst sprechen, meinen wir diese Ängste nicht. Das Hauptmerkmal der Angst ist Bestandteil des Seelenmusters und somit ein wichtiger, notwendiger Faktor eurer seelischen Entfaltung.*

Die sieben Hauptmerkmale heißen: Selbstverleugnung, Selbstsabotage, Märtyrertum, Starrsinn, Gier, Hochmut und Ungeduld. Sie verbergen die sieben Grundängste: Angst vor Unzulänglichkeit, Lebendigkeit, Wertlosigkeit, Unberechenbarkeit, Mangel, Verletzung und Versäumnis. Diese Grundängste kennt jeder von euch in einer abgemilderten und weitgehend bewußten Gestalt. Doch wer eine von ihnen zu seinem Hauptmerkmal – als Bestandteil seines Seelenmusters – gewählt hat, erfährt diese Grundangst als eine Dominante. Das bedeutet, daß er von ihr beherrscht wird, daß sein Unbewußtes mit seinen zahllosen Verzweigungen in ihr wurzelt.

Die Hauptmerkmale besitzen zwei Pole. Auch hier handelt es sich um einen Minuspol und einen Pluspol, doch unterscheiden sich die Pole des Hauptmerkmals von den anderen Polarisierungen der Matrix dadurch, daß *beide* Pole von Angst bestimmt sind. Der Pluspol jedes Hauptmerkmals ist gekennzeichnet durch eine Maske von Stärke und Freundlichkeit. Er gibt sich in der Regel als Tugend und wird auch von

---

* Vergleiche hierzu auch die Kapitel »Die Funktion von Angst« und »Das Böse ist ein Mangelzustand« in *Welten der Seele*.

vielen als eine Tugend betrachtet. Wir jedoch weisen mit allem Nachdruck darauf hin, daß es sich hier – als Ausdruck des Hauptmerkmals – um eine falsche Tugend handelt, denn wahre Tugend kann niemals in Angst wurzeln. Tugend im eigentlichen Sinne ist Ausdruck von Liebe. Der Minuspol hingegen ist dem Betrachter des Hauptmerkmals leicht ersichtlich. Jeder von euch kann die mit den Minuspolen umschriebenen Ausdrucksformen der Angst bei anderen unschwer erkennen. Nur bei euch selbst wird es schwerfallen, die Eigenschaften, die euch als Ausdruck eurer Grundangst so vertraut und selbstverständlich sind, als Manifestationen des Hauptmerkmals zu identifizieren. Doch wenn euer Augenmerk einmal auf euer eigenes Hauptmerkmal gelenkt ist, wird es euch weniger schwerfallen.

Die Seele wählt das Hauptmerkmal, um sich durch Reibung mit den Hauptmerkmalen der Mitmenschen zu erspüren. Angst ist nicht überflüssig, sie gehört unverzichtbar zu Physis und Menschsein. Und jeder Blick auf sie und ihre Manifestationen fördert eure Menschlichkeit. Nur wenn ihr erlaubt, daß sie sich vollständig im Dunkel der Unbewußtheit umtut, wird sie euch nicht helfen können zu wachsen.

Wenn eine Seele ihre kommende Inkarnation vorbereitet, entscheidet sie sich auch im Rahmen ihres neuen Seelenmusters für die Auseinandersetzung mit einem der Hauptmerkmale. Und sie wählt sich ihre Eltern sowie die Umstände ihrer leiblichen Existenz soweit als möglich auch unter dem Gesichtspunkt, wie diese Angst und die Reibung an ihr – mit der entsprechenden Erzeugung von wachstumsfördernder Wärme – zuwege gebracht werden kann. Wenn ein Kind gezeugt wird, beginnt das Hauptmerkmal mit der in ihm verborgenen Grundangst bereits sich herauszubilden. Die Geburt stellt einen ersten Anlaß zu ihrer Verstärkung dar. Und im Laufe der ersten Lebensjahre wird die Seele des Kindes wie von selbst eine Reihe von Umständen kreieren und erleiden, die zu einer traumatischen Fixierung der Grundangst führen.

Die gewählte Grundangst ist wie das Wurzelwerk eines großen Baumes. Alle anderen Ängste oder Befürchtungen bilden seine Äste und Zweige. Und so wie die Wurzeln eines Baumes im allgemeinen eurem Blick nicht offen zutage liegen, ist auch die Grundangst eurem Bewußtsein weitgehend entzogen. Und dennoch sind die Grundängste mit ihren Hauptmerkmalen die entscheidenden Motoren eurer Handlungen und Reaktionen, ohne daß es euch bewußt ist. Unsere Hinweise auf die tiefsten Wurzeln eurer Angststruktur sollen euch helfen, Zugang zu euren geheimsten Beweggründen zu finden und die Angst vor der Angst zu verlieren.

Wann immer ihr euch mit den Manifestationen und Wirkungen eures Hauptmerkmals auseinandersetzt, geht ihr einen Schritt weit voran auf dem Weg zu eurer Befreiung. Das Hauptmerkmal ist wie eine Signalflagge und dient dazu, euch einen Hinweis zu geben auf die darunter verborgene Grundangst. Oder anders ausgedrückt: Ihr könnt die Eigenschaften eurer Grundangst am Hauptmerkmal erkennen. Ihr werdet bald sehen, daß eine Auseinandersetzung mit den Hauptmerkmalen und den dahinter verborgen liegenden Grundängsten euch in einer Weise unterstützt, die nicht nur der Selbsterkenntnis und inneren Klarheit förderlich ist, sondern auch eure Selbstliebe stärkt und euch zu einem erweiterten Verständnis für eure Mitmenschen führt. Wir sagen nicht: Liebt euer Hauptmerkmal der Angst! Wir sagen nicht: Unterstützt und fördert seine Arbeit. Unsere Empfehlung lautet lediglich: Achtet seine Existenz, nehmt es zur Kenntnis und beobachtet seine Auswirkungen.

Wenn ihr nun beginnen wollt, euch mit dieser Angst, die eine Hülle um eure Liebesfähigkeit und Bewußtheit bildet, zu befassen, um die Hülle nach und nach zu durchdringen, ist es gut, wenn ihr die Wurzeln behutsam freilegt, um zu erkennen, worum es sich handelt. Wir deuteten an, daß die Lebensumstände und die Eltern einen Anteil an der Herausbildung des Hauptmerkmals tragen. Das bedeutet jedoch keinesfalls, daß Eltern oder Umstände an dem Hauptmerkmal schuld sind. Weder ist das Kind schuldig dafür, daß seine Seele für ihre Entfaltung die Herausforderung durch das Hauptmerkmal benötigt, noch ist das Leben schuld daran, daß es die notwendige Reibung und die unabdingbaren Herausforderungen dafür zur Verfügung stellt.

Wir enthalten uns jeder Wertung, und ihr solltet es auch tun. Kein Hauptmerkmal ist schlimmer als das andere, keines ist besser oder leichter zu ertragen. Jeder von euch trägt an seinem eigenen Hauptmerkmal schwer. Man kann zwar die Tatsache, daß andere auch Hauptmerkmale haben, verhältnismäßig leicht ertragen, doch die Ängste anderer Menschen stören euch sehr in ihren Auswirkungen. Und deshalb verlangt ihr von ihnen etwas, das euch selbst nicht möglich ist, nämlich daß sie ihr Hauptmerkmal euch zuliebe ablegen oder auf seine Manifestationen verzichten mögen. Die Tragweite der Basisangst für eure Mitmenschen ist euch ebensowenig bewußt wie die tiefe Verwurzelung eurer eigenen falschen Tugenden. Viele von ihnen werden durch die geistigen oder religiösen Traditionen eurer Gesellschaften und durch die von euch entwickelten Selbstbilder akzeptabel gemacht, denn keiner von euch betrachtet seine Angst gern in einem grellen Licht.

Doch ist es kein Zufall, daß eine Reihe der von uns beschriebenen Hauptmerkmale mit den sieben Lastern oder Hauptsünden der christlichen Überlieferung in Berührung stehen. Auch andere Religionen haben vergleichbare Listen aufgestellt. Doch selten wird von den Priestern darauf hingewiesen, daß Sünden und Laster Ausdrucksformen von Angst darstellen. Sie verurteilen die Sünden und ahnen nicht, daß sie damit die Angst verstärken und somit gerade das, was sie zu vermeiden suchen. Sie strafen den Sünder und verstärken dadurch seine Not. Erkennen, Verstehen, Betrachten und Akzeptieren wird allen erheblich weiterhelfen, sich von Angst nicht mehr beherrschen zu lassen, als es für die Entfaltung der Seele von Wert ist.

Besteht nicht darauf, daß die Grundangst sich auflösen muß. Die Sehnsucht nach einem angstfreien Leben ist verständlich, doch solange eure Seele in einem Leib wohnt, werdet ihr nicht vollkommen ohne Angst existieren können. Und einige angstvolle Erinnerungen werden auch von einem Leben ins andere übertragen. Sie bewahren ihre Energie sogar in der astralen Welt. Angst verliert ihre Funktionen erst nach der energetischen Vereinigung der Seelenfamilie und dem Überwechseln in die kausale Bewußtseinswelt.

Wir empfehlen euch für den Umgang mit eurem Hauptmerkmal, es nicht zu bekämpfen, denn auf Angriffe reagiert es mit verstärkter Kraft oder mit einem wenig heilsamen Rückzug in den psychischen Untergrund. Aber es ist eine alte Erfahrung, daß sich das Hauptmerkmal nicht ungern betrachten und beobachten läßt. Je interessierter ihr euch ihm zuwendet und je weniger ihr die Ausdrucksformen eurer Angst verurteilt, je weniger ihr euch für euer Hauptmerkmal und die dahinter verborgene Angst verachtet und bestraft, um so auffälliger wird euch werden, daß die Angst sanft dahinschmilzt wie ein Gletscher in der Sommersonne.

Das Nebenmerkmal

Wir sagten: Das Hauptmerkmal ist Wurzelwerk und Stamm eures Angstbaums. Die Minuspole der verschiedenen Matrix-Elemente bilden die Zweige und das Blattwerk. Die Hauptäste aber bestehen aus dem Nebenmerkmal und seinen Polen. Auch das Nebenmerkmal wählt ihr aus der Gruppe der sieben Grundängste. Dieses zweite Merkmal eurer Angst, das sich zum Hauptmerkmal gesellt, hat ebenso wie das erste bedeutsame Funktionen. Die erste und wichtigste Funktion des sekundären Merkmals ist es, jene Bereiche zu erfassen und abzudecken, die in eurem Wesen noch nicht von Angst bestimmt waren. Das sind die Bereiche von Partnerschaft, Kollegialität, Auseinandersetzung mit den Familienmitgliedern, Bereiche also, die erst im Erwachsenenalter so recht zum Tragen kommen und die euch in fortgeschrittenen Jahren um so mehr beschäftigen, als ihr euch mit ihnen auseinandersetzt.

Die erste Funktion des Nebenmerkmals läßt sich also beschreiben als die psychische Notwendigkeit, punktuell angstfreie Bereiche in die Herrschaft der Angst mit einzubeziehen. Das klingt wie ein Widersinn, das klingt geradezu zynisch, und dennoch ist es so, daß ihr euch in der Regel nicht wohl fühlt, wenn ihr nicht ein wenig Angst haben dürft.

Diese Struktur hat sich in vielen Jahrtausenden herausgebildet. Wir geben euch ein Beispiel: Die meisten von euch sind in einer familiären Umgebung aufgewachsen, wo die Sorge der Eltern um ein Kind wichtiger war als die Liebe zu diesem Kind. Anstatt zu lieben, haben sich viele Eltern geflüchtet in eine Haltung der Besorgtheit. Sie glauben, um so mehr zu lieben, je mehr sie sich Sorgen machen. Und »Sorgen machen« bedeutet »Angst haben« um ein Kind. Sowie ihr erwachsen seid, übernehmt ihr dieses Schema und macht euch Sorgen um eure

93

eigenen Kinder und um eure alten Eltern. Und das, glaubt ihr, sei Ausdruck eurer Liebe für sie. Wir aber sagen euch: Es ist der Ausdruck eurer Angst.

Wie immer sich diese sekundäre Angst ausdrückt, ob in Starrsinn oder Gier, in Hochmut oder Märtyrertum, ihr werdet erkennen, daß sie insbesondere zum Tragen kommt, wenn es darum geht, eure Einstellung zum Leben zu betrachten, sei sie nun idealistisch, realistisch, spirituell oder zynisch. Alle diese Mentalitäten werden geprägt von eurer Nebenangst, und so könnt ihr zum Beispiel die Sorge um eine alte Mutter zynisch abtun und die Sorge damit in tiefere Regionen verdammen oder euch selbstlos für diese alte Mutter aufopfern, obgleich soviel Selbstlosigkeit weder von ihr noch vom Leben gefragt ist.

Was wir gesagt haben, könnt ihr anwenden auf alle Bereiche der Angst, auf alle sieben Merkmale, die in eurem persönlichen Angstmuster die Zusammensetzung bilden. Das Nebenmerkmal hat darüber hinaus die Funktion, die Führung zu übernehmen, falls ihr euer Hauptmerkmal innerhalb eines Lebens transzendieren solltet. Immer wieder geschieht es, daß ihr mit eurem Hauptmerkmal an einen Punkt kommt, wo die Angst aufbricht wie ein Geschwür, sich ergießt, alles zu vergiften droht und dann abheilt. Wenn das Hauptmerkmal abgeheilt ist – in der Regel im Zusammenhang mit einem deutlich erkennbaren Anlaß –, übernimmt das sekundäre Merkmal die ursprünglichen Funktionen des Hauptmerkmals und erlaubt euch weiterzuleben innerhalb einer Gesellschaft, die Angst zu ihrem inneren Führer gemacht hat. Dennoch wird das Nebenmerkmal niemals die Gewaltherrschaft ausüben, die das Hauptmerkmal über euch hat walten lassen.

Das sekundäre Merkmal ist immer schwächer entwickelt als das Hauptmerkmal. Es zeigt sich dort, wo es Möglichkeiten des Eingreifens findet, besonders im Bereich von Familie, Partnerschaft und Freundschaft, immer dann, wenn menschliche Beziehungen geeignet sind, besondere Nähe und besondere Angst vor Nähe hervorzurufen. Seine zweite Funktion ist also die Regulierung von Nähe und Distanz.

Deshalb ist Nähe der Indikator für die Nebenangst. Wenn sie sich bemerkbar macht, könnt ihr euch fragen: Wer ist mir zu nahe gerückt, oder von wem will ich mehr Nähe? Das Hauptmerkmal ist gültig in vielen Aspekten des Lebens, die mit anderen Menschen nur mittelbar zu tun haben. Die Nebenangst hingegen wird wirksam, wenn euch jemand nahekommt oder – wie ihr es oft empfindet – zu nahe kommt. »Zu nahe« bedeutet, daß ihr euch bedrängt, bedrückt oder verletzbar fühlt, so daß ihr Angst bekommt, die Nähe nicht ertragen zu können, oder mehr von dieser Nähe wollt. Ihr verliert im allgemeinen die euch so wichtige Kontrolle, wenn Nähe überwältigend wird. Euer Verhältnis zur mitmenschlichen Nähe, zu einer Intimität, die wir als Bestandteil wahrer Liebe betrachten, prägt eure Einstellung.

Hauptmerkmal, Nebenmerkmal und die Minuspole aller übrigen Matrixelemente ergeben zusammengenommen die Angststruktur einer jeden Seele. Beide Merkmale werden zwischen den Leben gewählt. Die Umstände der einzelnen Inkarnationen sind so geplant, daß sich die Grundängste im frühen Kindesalter durch traumatische Situationen fixieren können.

① Die Selbstverleugnung
Angst vor Unzulänglichkeit

– unterwürfig ◄————————————► bescheiden +

Ihr seid bereit zu hören, und deshalb wollen wir euch über eine Grundangst und ihr Hauptmerkmal informieren, die vielen von euch vertraut sind, wenn auch nicht jeder von euch diese Grundangst teilt. Aber ihr alle kennt Menschen, die von dieser Angst beherrscht werden. Es ist die Angst vor Unzulänglichkeit. Es ist die Angst, die sich in Selbstverleugnung äußert. Man erkennt sie häufig daran, daß jemand besonders fleißig und ehrgeizig ist, am Arbeitsplatz wesentlich mehr tut als andere und doch bescheiden im Hintergrund bleibt oder aber sein Selbstbewußtsein besonders dick auftragen und ständig unter Beweis stellen muß.

Selbstverleugnung leugnet die eigenen Bedürfnisse und betont die der Mitmenschen. Sie stellt sich im allgemeinen so dar, daß sie leicht von den Menschen der Umgebung akzeptiert werden kann, häufig als sehr angenehm empfunden wird, da sie keine Probleme kreiert und selbst bei demjenigen, der sie spürt, anfangs nicht in den Verdacht gerät, etwas Störendes oder Trennendes zu haben.

Selbstverleugnung, die Angst vor Unzulänglichkeit oder die Angst, nicht zu genügen, unfähig zu sein, äußert sich in vielfältigen und angenehm wirkenden Bescheidenheitsfloskeln. Ihr alle kennt sie: »Ach nein, das traue ich mir nicht zu. Ach, da seid ihr doch viel besser als ich. Das paßt nicht zu mir. Das kann ich doch nicht. Davon lasse ich besser die Finger. Das ist nichts für mich. Das können andere viel klarer sehen. Davon verstehe ich nichts! Darf ich stören? Womit habe ich soviel Schönes verdient?!« Wenn diese Angst vor Unzulänglichkeit hingegen unbewußt stark verleugnet wird, äußert sie sich oft in den folgenden Überzeugungen: »Ich kann alles, wenn ich will. Euch werde ich's schon noch zeigen. Mir unterlaufen keine Fehler. Wenn ich mich um Perfektion bemühe, werde ich mehr geliebt.«

Der Mensch, der seine eigenen Bedürfnisse und Gefühle, besonders aber seine Fähigkeiten vor sich selbst und anderen verbirgt, versteht es in hohem Maße, die Menschen in seiner Umgebung mit einem Gefühl der Kompetenz und Großartigkeit zu erfüllen. Da er sich selbst gerne klein und unscheinbar macht, wirken alle in seiner Umgebung größer und bedeutungsvoller. Das macht ihn, solange man seine Angst nicht als solche erkennt, zu einem Mitmenschen, der auf die Zustimmung derjenigen stößt, die sich in seiner Gesellschaft sofort größer, besser und stärker fühlen.

Der Mensch, der von der Angst, nicht zu genügen, nicht kompetent zu sein, geplagt wird, sorgt dafür, daß er möglichst selten in Situationen kommt, in denen er sich gefordert fühlt. Aber schon die geringste Herausforderung genügt, um ihm ein Gefühl von Unzulänglichkeit zu vermitteln. Dann gibt er sich ganz besonders viel Mühe. Dabei bleibt er stets bescheiden. Es handelt sich jedoch um eine falsche Bescheidenheit, eine angstvolle Demutshaltung, eine Unterwürfigkeit, die die Angst betäuben soll. Alle anderen sind immer besser, mutiger, stärker als er. Sie sind gesünder, sie sind weiter auf ihrem spirituellen Weg, sie sind schöner, sie sind klüger. Und diese Zuschreibung an die anderen wird verpackt in die schon erwähnten Bescheidenheitsfloskeln.

Und diejenigen, die sich im christlichen Glauben verwurzelt fühlen, haben es dabei besonders einfach. Denn Bescheidenheit, die als große Tugend gilt, gibt ihnen einen allgemeinen Rahmen, in dem sie ihre falsche Bescheidenheit gut unterbringen können. Aber auch jene, die sich in esoterischen Kreisen bewegen oder sich auf einen Weg der Spiritualität gemacht haben, mißbrauchen die neuen Erkenntnisse und neuen Techniken gerne, um sich klein und unbedeutend zu fühlen. Da ist der große Kosmos, da sind die Erleuchteten und all die, die schon sehr viel weiter sind als sie selbst. Sie haben dadurch die Möglichkeit, sich angesichts der ungeheuerlichen Weite und Größe der geistigen Dimensionen sehr klein, sehr neu und sehr unwissend zu fühlen.

Die Angst vor Unzulänglichkeit kann sich sehr drohend äußern, wenn ein Mensch, der sich nichts oder wenig zutraut, in eine berufliche Rivalität gestellt ist oder eine Prüfung bestehen muß. Der Mensch mit dem Hauptmerkmal der Selbstverleugnung wird sich selbst so lange peinigen, bis er sich ganz unwissend und unfähig vorkommt und allein schon deshalb leicht den kürzeren zieht, weil er nicht an sich selbst glaubt. Und wenn er eine Prüfung machen muß, überzeugt er sich so gründlich davon, daß er nichts weiß, nichts gelernt hat, alles vergessen hat, den Mund nicht aufkriegt und sowieso nicht wahrgenommen werden wird, daß er die Situation der Prüfung entsprechend beeinflußt. Oder, wenn er sich seiner Angst gar nicht bewußt ist, lernt er aus Unsicherheit so lange und gründlich, daß er am Ende dreimal mehr weiß, als für die Prüfung nötig ist.

Die Bescheidenheit äußert sich in der Regel als Perfektionismus oder Selbstdemütigung. Die vielen Möglichkeiten, die ein Mensch hat, sich mit anderen zu vergleichen, wird er mit Fleiß auskosten, um sich in eine Position hineinzumanövrieren, in der er seinen Wert weitgehend reduzieren oder erhöhen kann. Da aber Bescheidenheit und Demut für hohe Werte gehalten werden, identifiziert er sich gern mit dieser Haltung, ist stolz darauf und sieht sich auch bestätigt dadurch, daß andere sich von seiner Angst nicht belästigt fühlen, sondern – im Gegenteil – scheinbar gehoben und beglückt. Der Mensch mit der Angst vor Unzulänglichkeit wird eine gehörige Portion Mut brauchen, um diese Angst bei sich zu erkennen und sie zu befreien von all den pseudopositiven Beurteilungen, die sie durch die Gesellschaft erfährt.

Der Mensch mit dem Hauptmerkmal der Selbstverleugnung leugnet sein Potential. Er leugnet gerne seine Kraft, seine Talente, seine Liebesfähigkeit, seine Wärme, seine Größe, aber auch seine Wut, auch seinen Haß auf all diejenigen, die größer, besser, schöner und klüger als er selbst sind. Denn selbstverständlich gibt es sie. Es gibt Menschen, die nach gängigen Kriterien mehr zu bieten haben. Aber der Mensch mit der Angst vor seiner eigenen Unzulänglichkeit münzt diesen Realfaktor um in einen Beweis seiner mangelnden Qualität. Er macht Qualitätsunterschiede dort, wo nur Quantitätsunterschiede sichtbar werden.

Wenn er kritisiert wird, fühlt er sich manchmal etwas besser, oft sogar zu weiteren Höchstleistungen angespornt. Er fühlt sich bestätigt in seiner Unzulänglichkeit, wenn ihm gesagt wird, er sei nicht fähig, nicht kompetent, nicht allwissend. Dann ist die Welt für ihn in Ordnung, denn das entspricht seiner heimlichen Selbstwahrnehmung. Wenn man ihn hingegen auf seine Qualitäten hin anspricht und ihm Komplimente macht, fühlt er sich oft unwohl, wird unsicher und glaubt sich verhöhnt. Der Mensch mit dem Hauptmerkmal der Selbstverleugnung wird sich wenig Bestätigung von anderen Menschen holen können. Was er davon bekommt, ist auf geheimnisvolle Weise nie genug. Er wird auch in der Regel harte Arbeit zu leisten haben, um sich selbst zu erhöhen, dort, wo er sich erniedrigt hat. Denn jedes Lob, jeder Zuspruch von anderen wird in ihm in der Regel neue falsche Bescheidenheitsgefühle auslösen. Immer wird er glauben, er habe das Lob, das ihm zuteil wird, nicht verdient. Er muß noch vollkommener werden.

Meistens haben Menschen mit der Angst der Selbstverleugnung sehr viele Qualitäten und erstaunliche Talente. Aber sie fürchten und schämen sich, sich mit diesen Talenten und diesen Qualitäten der Beurteilung der Mitmenschen zu stellen. In der Regel gibt es ein Erlebnis oder mehrere in der frühen Kindheit, wo ein junger Mensch sich auf der Höhe seiner Selbstbestätigung eine grobe Abfuhr seitens der Eltern oder Lehrer einholen mußte und dadurch in eine große Verwirrung geriet zwischen seiner Selbstwahrnehmung und der negativen Fremdwahrnehmung. Da der junge Mensch mit einer bereits latent vorhandenen Unzulänglichkeitsstruktur geneigt ist, nicht auf seine Eigenwahrnehmung zu pochen, sondern den Autoritäten, die ihn kritisieren, das Recht zuzusprechen, über ihn zu befinden, wird er ohne weiteres den negativen Beurteilungen der Respektspersonen Glauben schenken und sich immer mehr bestätigt fühlen in seinem Unwert.

Der Unwert bezieht sich aber – anders als bei den Märtyrern – nicht auf moralische Kategorien und den inneren Wert, sondern auf Fähigkeiten. Deshalb sind die Aussagen wie »Das kann ich nicht. Das weiß ich nicht. Ich muß alles können und wissen oder wenigstens so tun als ob« bei den Menschen mit der Angst der Unzulänglichkeit viel häufiger anzutreffen als bei den Menschen mit Märtyrertum als Hauptmerkmal. Der Märtyrer wird sich immer für alles bereit halten und sich anstrengen, auch noch das Letzte aus sich herauszuholen. Das wird der Mensch mit Selbstverleugnung gar nicht erst probieren. Er wird von vornherein das Gefühl haben, daß er dazu gar nicht in der Lage ist und daß sein Angebot, wenn er es versuchte, auch von niemandem wirklich gewürdigt werden kann.

Er zieht sich gerne zurück, er zieht sich gerne in sich zusammen. Er hat die Tendenz, sich unsichtbar zu machen und seine Stimme wenig zu erheben. Je größer die Talente sind, die in ihm schlummern, desto weniger mag er sie zeigen. Darum ist es für diese Menschen besonders traurig, mit der ewigen Tarnkappe durchs Leben zu gehen und am Ende ihres Lebens feststellen zu müssen, daß sie nicht gesehen wurden, weil sie sich nie gezeigt haben.

Der Mensch mit dem Hauptmerkmal der Selbstverleugnung hat ein reiches, phantasievolles und starkes Innenleben. Aber nach außen dringt davon sehr wenig, da er große Angst hat, für das, was er über sich selbst denkt, verurteilt zu werden. Die Grundangst der Unzulänglichkeit gleitet leicht in heimliche Macht- und Größenphantasien ab: »Eines Tages werde ich es euch schon zeigen!« Er erträumt für sich all das, was er in der Wirklichkeit nicht für möglich hält. Deshalb schläft er gern. Seine Träume handeln oft vom Fliegen. Sie zeigen ihn selbst oft in Gestalt von großen, starken oder mächtigen Personen. Oder er leidet unter Angstträumen, in denen er andere als übermächtig erlebt und sich selbst als den Gelähmten, Unfähigen, Ohnmächtigen, der sich gegen die Übermacht der anderen nicht retten kann. Er mit dem Hauptmerkmal der Selbstverleugnung wartet heimlich immer auf den Tag, wo irgend jemand entdeckt, was er doch eigentlich leisten kann. Er wartet darauf, daß ein anderer ihm den Schleier vom Gesicht reißt und in Staunen und Verwunderung ausbricht über das Große, Schöne und Gute, das Kluge und Reife, das er dort entdeckt.

Es wäre nun hilfreich für Menschen, die von dieser Angst gepeinigt sind, in sehr kleinen und langsamen Schritten die Nebelhüllen abzulegen, die sie von der Realität trennen. Wichtig ist zu beachten, daß er diese Sätze, die wir erwähnt haben und die die Unfähigkeit, die Inkompetenz und das Nichtwissen in das Gewand der Bescheidenheit kleiden, identifizieren kann, die Klassiker unter ihnen aussondern und immer dann, wenn sie ihm bewußt werden, sie zu verbinden mit einem kleinen Nachsatz, der lautet: »Aber das *glaube* ich nur von mir.«

Wir geben euch ein Beispiel. Wenn ein solcher Mensch sagt: »Da fühle ich mich überfordert«, soll er hinzufügen: »Aber das glaube ich nur von mir.« Wenn er sagt »Das kann ich nicht«, fügt er hinzu: »Das glaube ich nur von mir.« Wenn er sagt: »Das kannst du viel besser als ich«, kann er hinzufügen: »Aber das glaube ich nur von dir.« Wenn er meint: »Das kann ich besser als alle anderen«, möge er ebenfalls denken: »Aber das glaube ich nur von mir.« Dieser Nachsatz muß nicht laut geäußert werden. Es genügt, wenn er als Stütze des Bewußtseins angefügt wird an die Standardsätze, die der Mensch verwendet, um sich selbst kleinzumachen oder zu überhöhen.

Und wichtig ist auch zu erkennen, daß eine Bescheidenheit, die nur aus der Angst entsteht, verachtet oder beachtet zu werden, aufzufallen und dafür bestraft zu werden oder aber sich zeigen zu müssen in all der natürlichen Schönheit und Größe, die nun einmal bei jedem Menschen vorhanden ist, keine echte Bescheidenheit ist, sondern nur eine armselige Krücke, eine Hilfsmaßnahme, die die Angst einsetzt, um ihre Herrschaft weiter ausüben zu können. Das Mauerblümchen-Syndrom, das aus der falschen Bescheidenheit entspringt, kann häufig mit einem großen Akt der Selbstbefreiung aufgelöst werden. Diese Selbstbefreiung nimmt oft die Form eines großen Gelächters an. Humor ist deshalb eine wertvolle Hilfe für alle, die unter einem Gefühl von Unzulänglichkeit leiden. Sie können manchmal auch die Menschen, von denen sie sich geachtet und geliebt fühlen, dazu ermuntern, ihnen zu helfen, diese vermeintliche Unzulänglichkeit mit etwas mehr Humor zu sehen. Humor ist das beste Mittel, um Angst aufzulösen.

② Die Selbstsabotage
Angst vor Lebendigkeit

| − **selbstzerstörend** ◄─────────► **aufopfernd** + |

Selbstsabotage ist Ausdruck einer Angst, Kontrolle über das zu verlieren, was diesem Menschen wichtig, notwendig, lebenserhaltend erscheint. Wenn die Kontrolle nicht mehr in einer Weise gewährleistet ist, wie sie der Mensch in seiner Angst verlangt, zieht er es vor, die Gegebenheit zunichte zu machen, sie zu zerstören, auszulöschen. Er versucht damit, seine eigene Lebendigkeit nicht überschäumen zu lassen, denn das wäre allzu bedrohlich.

Dieses zwanghafte Bedürfnis kann inhaltlich so viele Facetten haben, es kann so viele Formen annehmen, wie ein Mensch Lebenstage hat. Wenn also die Angst entsteht, die Kontrolle über eine Liebesbeziehung nicht aufrechterhalten zu können, zerstört der Mensch mit Angst vor Lebendigkeit lieber diese Beziehung, als daß er versucht, auch ohne diese Kontrolle zu leben und zu lieben. Wenn er befürchten muß, nicht mehr alle Fäden seiner Karriere in der Hand zu haben, entschließt er sich unbewußt, etwas zu unternehmen, um diese Karriere zu beenden, indem er Gelder veruntreut oder einen gravierenden Investitionsfehler macht. Er verhindert seinen Erfolg selbst, auch wenn er für diesen Schritt anderen die Schuld in die Schuhe schiebt. Wenn er den Eindruck gewinnt, daß sein Körper ihm nicht mehr gehorcht, zieht er es vor, plötzlich krank zu werden und sich Infektionen zuzuziehen oder sein Immunsystem außer Kraft zu setzen, um seinen Körper zu zerstören, anstatt daß er seine rigide Haltung korrigiert und dem Körper eine unterschiedliche, wechselhafte Befindlichkeit zugesteht. Sollte der Mensch mit der Angst vor Lebendigkeit gepeinigt werden von der Befürchtung eines wirtschaftlichen Zusammenbruchs, ist es ihm lieber, sein letztes Geld zu riskieren und es in der Spielbank zu verlieren, als zuzugeben, daß er nicht alle Bedingungen des Marktes und der Börse beeinflussen kann.

Wie aus diesen Ausführungen bereits ersichtlich ist, gibt es unendlich viele Möglichkeiten für einen Menschen, sich selbst zu sabotieren, das zu vernichten, was er sich aufgebaut hat, das in Frage zu stellen, was ihm wichtig ist. Viele andere Maßnahmen tragen dazu bei, ein wohlgefügtes, intaktes Ganzes zu erschüttern. Das kann Medikamenten- oder Drogenmißbrauch sein, der übermäßige Konsum von Alkohol, die angebliche Freiheit, die Gesundheit des Körpers aufs Spiel zu setzen in sportlicher oder akrobatischer Betätigung, beim Bergsteigen, Tiefseetauchen, durch angeblich intensives Leben, das keine Minute Ruhe vergönnt und dem scheinbaren Vergnügen nachjagt, um dann mit einem Herzinfarkt zusammenzubrechen oder vor lauter Übermüdung einen schweren Unfall zu verursachen.

Die Angst, die Kontrolle über die eigene Existenz in allen oder auch nur wenigen Bereichen nicht fest in der Hand zu halten, verleitet den Menschen mit dem Hauptmerkmal der Selbstsabotage zu allerlei passiven Maßnahmen oder auch Aktivitäten, die keineswegs den äußeren Anschein von Destruktivität haben, in ihrer Anwendung und Häufung jedoch bewirken, daß ein Geist, ein Körper, eine Liebe, eine Sicherheit zerstört werden.

Wenn ein Mensch mit dem Hauptmerkmal der Selbstsabotage seine autoaggressiven Kräfte nicht gegen sich selbst richten will, kann er die Möglichkeit wählen, destruktiv auf andere zu wirken, ihnen die Freude an ihrem Leben zu vergällen, als Spielverderber und ewiger Pessimist das Energieniveau seiner Umgebung zu senken, zu intrigieren, zu zerstören, was anderen teuer und heilig ist. Er glaubt, damit die Kräfte nach außen zu richten; doch erweist sich letzten Endes, daß er alles, was er gegen andere unternimmt, gegen sich selbst richtet und dafür sorgt, daß weder Freundschaften noch geschäftliche Beziehungen, weder befriedigende Elternschaft noch sexuelle Bindungen in seinem Leben eine dauerhafte Rolle spielen können. Er ist unbewußt in stetem Bemühen befangen, in seinem Leben nichts Festes, nichts Solides zu dulden, denn sein ganzes Bestreben ist darauf gerichtet, sich durch Selbstsabotage immer wieder dessen zu berauben, was ihm diese Sicherheit geben könnte.

Wenn er dann sieht, daß nichts in seinem Leben Bestand haben will, die Ehen gescheitert sind, die Arbeit unbefriedigend, erfolglos oder gekündigt, die Gesundheit ruiniert ist, die finanzielle Lage aussichtslos erscheint, entschließt er sich manchmal, seinem Leben ein Ende zu machen. Jedoch ist der Schritt, eine Selbsttötung wirklich zu vollziehen, der allerletzte, der in Betracht gezogen wird. Vielmehr trifft es häufiger zu, daß so viele selbstzerstörerische Maßnahmen die Existenz des Menschen mit der Angst vor Lebendigkeit prägen, daß er sich eher einen Selbstmord auf Raten wählt, der jedoch nicht bewußt wahrgenommen und stets in seinen Konsequenzen der Schuld anderer zugewiesen wird.

Selten kommt es vor, daß ein Mensch mit dieser Angst aktiv sein leibliches Leben beendet. Wenn es geschieht, handelt es sich darum, auch dies letzte, was ihm gehört, noch unter Kontrolle zu bringen, selbst bestimmen zu können, wann und wie das eigene Leben beendet wird, da der Gedanke, nicht einmal mehr das kontrollieren zu können, unerträglich ist.

Aber Selbstzerstörung als Angst vor Lebendigkeit ist in erster Linie täglich zu beobachten als kaum auffällige Selbstsabotage. Nehmen wir ein Beispiel, das sehr prägnant die Banalität täglicher Autodestruktivität vor Augen führt: Eine Frau sehnt sich nach einem wunderschönen Modellkleid, das sie in einem Laden gesehen hat. Nun entschließt sie sich, es zu kaufen, muß aber dafür entweder ihr Konto stark überziehen oder auf etwas sehr Wichtiges, zum Beispiel die Jahresurlaubsreise, verzichten, um die nötigen Mittel aufzubringen. Sie kauft sich das Kleid, zieht es gleich an in voller Freude über die endlich getroffene Entscheidung, geht in die nächste elegante Konditorei, um die Anschaffung zu feiern und gießt sich den Inhalt der Kaffeetasse über das Kleid, so daß es unbrauchbar wird und sie es nie wieder anziehen kann. Das ist ein typisches Beispiel für unbewußte Selbstsabotage. Die Frau, von der wir berichten, ist nicht in der Lage, so viel Freude, so viel Vergnügen und Selbstliebe zu ertragen; sie muß unbewußt und unwillkürlich sofort zunichte machen, was dazu gedacht war, Wohlgefühl zu erzeugen und die Lebensfreude zu steigern.

Ein anderes Beispiel: Ein Mann verabredet sich mit einer Frau, die ihm gut gefällt. Und da er sich nun mit einer Situation konfrontiert sieht, die ihn stark verunsichert, da er nicht weiß, wie sie auf dieses erste Treffen reagieren wird und ob es ihm gelingen wird, sie für sich einzunehmen, sorgt seine Psyche dafür, daß er eine Pseudokontrolle über das Geschehen aufbaut, indem er zum einen das Schlimmste erwartet und sich durch düstere Projektionen und böse Vorahnungen in eine schlechte, dumpfe Laune bringt. Zum anderen entwickelt er durch die unterdrückte Freude und die negative Erregung einen so starken Mundgeruch und auch Flecken und Pickel im Gesicht, daß die Frau bei dem auch von ihr freudig ersehnten Rendezvous betroffen zurückweicht und all ihre inneren Vorbehalte in Kraft treten, die ihre eigenen Unsicherheiten und Ängste aktivieren. So hat die Angst, diese wichtige erste Begegnung und die Reaktion der Partnerin nicht kontrollieren zu können, dazu geführt, daß die Situation dem jungen Mann aus der Hand gleitet, und damit ist genau das eingetreten, was er am meisten befürchtet hat.

All diese Erscheinungen und Faktoren bezeichnen wir als »Selbstsabotage«. Jeder, der dieses Hauptmerkmal aufweist, kennt in seinem Leben eine Häufung ähnlicher oder vergleichbarer Vorkommnisse und unbewußter Maßnahmen, die das zerstören, was er sich wünscht. Selten genug jedoch nimmt er wahr, daß er selbst es ist, der aus seiner Angst, die Situation nicht unter Kontrolle behalten zu können, alles weitere bewirkt.

Selbstsabotage kennt als Pol der falschen Tugend die Aufopferung. Das bedeutet, daß ein Mensch mit dem Hauptmerkmal der Selbstzerstörung sehr geneigt ist, sich selbst für eine Sache oder eine Idee, für einen Menschen oder ein Projekt zu opfern. Sie beschreibt eine Haltung, die eigenen Bedürfnisse, die eigenen Vorstellungen, die eigenen Wünsche und Nöte als unbedeutend zu vernachlässigen und sie so weit in die versteckten Verliese der uneigentlichen Persönlichkeit hineinzunehmen, daß sie für das Gegenüber nicht mehr sichtbar sind.

Der Mensch mit dem Hauptmerkmal der Selbstsabotage opfert sich selbst auf dem Altar seiner Ängste. Anders als der Märtyrer tut er dies stumm und ohne zu klagen. Er wagt nicht, zu fühlen oder zu sagen, was ihm wohltäte und ihn beglücken könnte. Er kommt nicht aus sich heraus, da er entweder von vornherein annimmt, daß keiner ihm seine Wünsche erfüllen, ihn in seiner Not trösten, ihm etwas schenken könnte, oder indem er die Äußerung seiner Bedürfnisse anderen gegenüber verweigert aus dem Vorurteil heraus, daß sie auf die Enthüllung dieser Bedürfnisse nur negativ reagieren, ihn verhöhnen und zerstören könnten. Der Wunsch, die Reaktion der anderen zu kontrollieren, führt dazu, diese Reaktion, die meistens negativ imaginiert wird, vorwegzunehmen, und es geschieht nicht selten, daß der Partner, der Kollege oder der Familienangehörige von den heimlichen Wünschen des Betreffenden nichts erfährt, sich dabei aber ständig wundert, daß er auf eisige Ablehnung und Mißtrauen stößt, obgleich er von sich aus bereit wäre, vieles zu tun, um sein Gegenüber glücklich zu machen.

Der Mensch mit Angst vor seiner eigenen Lebendigkeit aber möchte nicht wirklich glücklich sein. Er glaubt es zwar und stellt es sich immer wieder vor, zieht es aber nicht aufrichtig in Betracht und entschließt sich daher, ohne es zu merken, dem Glück gar nicht erst eine Chance einzuräumen, da es eine Eigendynamik entwickeln könnte, die er nicht mehr unter Kontrolle hat. Er ist daher häufig ein Einsamer, ein Eigenbrötler, jemand, der sich isoliert, weil er keinem anderen zutraut, für seine Belange Interesse aufbringen zu können.

Die falsche Tugend des Selbstopfers zeigt sich auch im Fall eines Menschen, der sich um einen kranken Angehörigen kümmert und das so aufopfernd tut, daß er keine eigenen Grenzen mehr kennt, niemals mehr an sich denkt, Jahre verstreichen läßt ohne einen freien Tag, jedes Medikament persönlich verabreicht, obgleich der Kranke keineswegs vollständig gelähmt und bewegungsunfähig ist, keine Schwester, keinen Arzt direkt an den Kranken heranläßt, sich um alles selbst kümmert und die vom Arzt empfohlene Medikation nicht einhält.

Es wird schnell deutlich, daß ein solches Verhalten zum Ziel hat, die Kontrolle über die Hilflosigkeit des Kranken nicht zu verlieren. Der Kranke wird es sehr schwer haben, wieder gesund zu werden, denn eine Gesundung würde dem Betreuer die Macht nach und nach wieder entziehen und ihn in seine Schranken weisen. Die Betreuung gibt sich den Anschein großer Liebe, hat aber nicht selten eine alte, nicht ausgetragene Abneigung, oder ein Rachebedürfnis, als Hintergrund, die jetzt auf diese Weise verdreht ausgelebt wird als selbstloses Opfer.

Die selbstzerstörerische Haltung, die sich in vielerlei Gestalten zeigt und dafür sorgt, daß alles, was der Mensch beginnt, ein böses Ende nimmt, alle Menschen ihn mißbrauchen, das Schicksal grausam mit ihm umspringt, die Gerichte ihm niemals Recht zusprechen und jeder Partner ihn verläßt, diese krasse Form der Selbstsabotage ist in vielfacher Hinsicht suizidal, denn die Häufung der bestürzenden Ereignisse führt bisweilen dazu, daß der Typus Mensch, von dem wir sprechen, nun ganz die Kontrolle verliert und sich nun auch körperlich aktiv zerstört, um noch einen letzten Rest an Selbstbestimmung und Würde zu wahren. Doch sagten wir, daß der Selbstmord auf Raten – die unbewußte, passive Selbstzerstörung, »sich kaputtmachen« – wesentlich häufiger auftritt, aber entsprechend unauffälligere und mitleiderregendere Züge aufweist. Wer das Wort »Selbstzerstörung« hört, denkt sogleich an eine endgültige und unwiderrufliche Maßnahme, die die Zerstörung des menschlichen Körpers durch die eigene Hand beschreibt. Was wir unter Selbstzerstörung verstehen, ist etwas anderes, das jedoch die Selbsttötung als eine von vielen Möglichkeiten mit einbezieht.

Oft ist zu beobachten, daß ein Mensch mit dem Hauptmerkmal der Selbstsabotage in seiner Kindheit ein häusliches Klima erlebt hat, das darauf angelegt war, ihm seine kleinen Freuden und Vergnügungen zu mißgönnen oder gar zu zerstören. Es kann sich dabei um eines der Geschwister handeln, das die geliebten Spielzeuge kaputtmacht, oder auch um Eltern, die aus eigener Angst die naive, kindliche Freude oder Vorfreude ihres Sprößlings nicht ertragen können. Sie handeln im Glauben, das Kind warnen zu müssen vor allzu bedenkenloser Vorfreude, oder sie wollen es realistisch vorbereiten auf die Widrigkeiten des Lebens, wenn sie ihm sagen: »Freue dich nicht zu früh! Wahrscheinlich wird es nicht klappen! Es wird schiefgehen! Du darfst den Teufel nicht an die Wand malen! Den Vogel, der am Morgen singt, den holt am Abend die Katz« und so weiter.

Die Destruktivität, die in einer solchen Haltung verborgen liegt, ist wenig offensichtlich, aber um so nachhaltiger wirksam. Im faktischen Bereich kann ein traumatisches Verlusterlebnis im frühen Alter zugrunde liegen, der Tod von Vater oder Mutter, das Abgeschobenwerden zu Verwandten, das Erzogenwerden in Heimen und auch Erziehungsmaßnahmen, die sich vorwiegend in Schlägen und Bestrafungen äußern, die den Sinn haben, dem Kind sein Schönstes und Liebstes zu zerstören, woran oder worauf es sich am meisten freut. Um den Schmerz nicht länger ertragen zu müssen, entwickelt das Kind unbewußt den Wunsch, sich an nichts mehr freuen zu müssen, und es zerstört sein eigenes Spielzeug, seine Phantasien und Freuden lieber selbst, als daß es sich diese Möglichkeiten der Befriedigung, der Lebendigkeit von anderen zerstören läßt.

Dadurch entsteht später beim Erwachsenen der unbewußte Eindruck, daß es eigentlich im Leben gar keinen rechten Anlaß geben kann, sich zu freuen. Die Angst vor Lebensfreude und Lebendigkeit ist so groß, daß sie den natürlichen, immer vorhandenen Möglichkeiten gegenüber, Freude zu empfinden und Lebendigkeit zu genießen, blind wird. Wenn nun ein Mensch zu erkennen beginnt, daß er auf mancherlei Weise Selbstsabotage betreibt, ist es ratsam, daß er seine Wahrnehmungsfähigkeit für das Potential an Freude, das auch ihm zur Verfügung steht, wieder zu schulen beginnt.

Das geschieht am nachhaltigsten durch ein Festhalten der kleinen und größeren freudvollen Augenblicke, die bei diesem Hauptmerkmal oft allzu schnell verloren und vergessen sind. Ein Freude-Tagebuch, das zu einem hilfreichen Begleiter auf allen Wegen werden kann und in dem alle – auch die scheinbar geringsten – Vorkommnisse und fröhlich-lebendigen Empfindungen notiert werden, wird binnen kurzer Zeit die Lebenseinstellung zum Positiven verändern und dazu beitragen, daß ein Mensch mit dem Hauptmerkmal der Selbstsabotage sich seiner Lebendigkeit in neuer Weise zuwenden kann.

Lebendigkeit ist Freude. Freude ist gleichbedeutend mit Lebendigkeit. Selbst im Schmerz ist noch ein Anteil an Freude enthalten. Es gilt, diese Dimensionen wiederzuentdecken und sie zuversichtlich in den verletzten Bereich früher Erfahrungen zu integrieren.

③ Das Märtyrertum
Angst vor Wertlosigkeit

– selbstbestrafend ◄——————► selbstlos +

Die Angst, wertlos zu sein, die sich bis zur schmerzvollen Gewißheit steigern kann, läßt einen Menschen zum Märtyrer werden. Zum Märtyrer wird er deshalb, weil er glaubt, daß seine Fähigkeit, sich selbst darzubieten als jemand, der auch dann noch bereit ist, sich verletzen zu lassen, wenn alle anderen schon das Weite gesucht haben, ihm einen Wert verleiht, der seine Angst Lügen straft.

Der Mensch mit dem Hauptmerkmal des Märtyrertums ist so tief von seiner Wertlosigkeit überzeugt, daß er sich mit dieser Überzeugung nicht auseinandersetzen kann. Sie würde seine Existenzberechtigung leugnen. Oft war er ein unerwünschtes oder mißhandeltes Kind.

Und weil er mit dem Gefühl, nicht liebenswert zu sein, nicht leben kann, stellt er sein Leben in den Dienst des Unterfangens, seinen Wert zu beweisen.

Er beweist seinen Wert sich selbst und anderen in jedem Augenblick. Er versucht es des Tags und des Nachts. Er ist in diesem Bestreben unermüdlich gerade deshalb, weil die Gewißheit, die er anstrebt, nie eintritt und weil sich mit den Jahren seine Befürchtungen verdichten und er wie ein Süchtiger immer mehr tun muß, immer selbstloser sich anbieten muß als Zielscheibe von Vorwürfen und Schuld, um sein labiles Gleichgewicht der Werte aufrechterhalten zu können.

Schuld spielt im Leben des Märtyrers eine zentrale Rolle. Und weil er sich selbst alle Schuld für alles, was in ihm, mit ihm und mit anderen geschieht, zuschreibt, um seinen Wert zu erhöhen, kommt er schnell an den Punkt, wo er die Last nicht mehr tragen kann und damit beginnen muß, anderen die Schuld zu geben, um sich zu entlasten. Dann fühlt er sich wiederum schuldig, dann darf er sich wieder schlecht vorkommen, dann bestätigt sich ihm, daß er nichts wert ist, und in einem nächsten Schritt wird er sich noch mehr ent-selbsten, sich noch mehr anbieten zur Verletzung und seine Leidensbereitschaft zur Verfügung stellen, um anderen Leid abzunehmen.

Der Märtyrer ist es sich nicht wert, wertvoll zu sein. Er fürchtet, mit einem gesunden Selbstwertgefühl den Zorn seiner Mitwelt auf sich zu ziehen. Und um das zu vermeiden, weicht er aus in eine moralisch unangreifbare Position, aus der heraus er immer vermitteln kann, daß der, der ihn angreift oder ihm Vorwürfe macht, seinen Wert nicht erkannt hat. Er zieht die größte Befriedigung daraus, sich nicht zu wehren. Er glaubt, daß jeder Versuch, sich zu wehren, unter seiner Würde sei. Er gefällt sich darin, sich kränken zu lassen, um sich auf seine letzte Bastion zurückziehen zu können, in der er sich und seinen Wert überhöht, und um auf die anderen, die Kritik am Mitmenschen nötig haben und ihm ihr Unverständnis offen zeigen, herabblicken zu können.

Er setzt die Menschen seiner Umgebung gern unter einen moralischen Druck in der Hoffnung, daß sie unter diesem Druck seinen Wert anerkennen müssen. Und um diesen Druck ausüben zu können, ohne aktiv werden zu müssen, zieht sich der Märtyrer gerne auf körperliche Krankheiten zurück, die in seinem Wertesystem zweierlei Funktionen erfüllen. Zum einen glaubt er, daß ein Mensch nur krank werden kann, wenn er sich für andere aufgearbeitet hat und nun aus berechtigter Erschöpfung zusammenbricht. Zum anderen ist er davon überzeugt, daß seine Krankheit ihn schuldlos in Schwierigkeiten stürzt und ihm Gelegenheit verschafft, die Aufmerksamkeit und Zuwendung, die er sich selbst versagt, endlich von anderen zu bekommen. Erst wenn er durch eine Krankheit nicht mehr in der Lage ist, sich stumm und vorwurfsvoll zu opfern, glaubt er, daß die Mitmenschen – durch den Wegfall seiner Einsatzkraft zur Einsicht gekommen – nun doch endlich spüren müßten, was er alles getan hat, was alles er bewältigt und bewirkt hat. Und er hofft, daß sie von Reue geplagt werden.

Der Märtyrer ist zufrieden, wenn er durch seine Krankheit endlich einmal bekommt, was er sich durch Selbstlosigkeit zu verschaffen hoffte: Dankbarkeit, Aufmerksamkeit, Bewunderung und Liebe, übersieht aber dabei, daß er seinen Körper als teures Pfand dafür einsetzt. Er neigt zu chronischen Krankheiten, zu langen Leiden, zu Beschwerden, die anderen Mitleid abnötigen. Da er nicht in der Lage und willens ist, sich aktiv zu wehren, und nur Passivität seine Ängste zu besänftigen verspricht, wird er in der Regel stumm und heroisch leiden, seine Schmerzen oder Schwierigkeiten nicht an die große Glocke hängen, um einmal mehr die anderen zu zwingen, sich um ihn zu kümmern und seine Not wahrzunehmen, ohne daß er etwas dafür tun muß. Sie sollen ihn allenfalls für seine Leidensfähigkeit bewundern oder wenigstens Schuldgefühle entwickeln angesichts solcher Klaglosigkeit.

Er fordert Rücksicht nicht mit Worten, sondern durch sein Verhalten und tyrannisiert bisweilen seine Umgebung mit seinem stummen Leid. Alle tun dann, was er will und braucht, ohne daß er es fordern muß und sich damit einer Abweisung oder Verletzung zu stellen braucht.

Der Märtyrer gefällt sich darin, keine Ansprüche für sich selbst zu stellen und immer für andere da zu sein, damit er ihnen den Vorwurf machen kann, daß sie ihn ausnutzen und seine berechtigten Ansprüche nicht anerkennen. Er sorgt nicht gern für sich selbst, erschöpft sich aber dafür in der Sorge um andere. Er ist nicht ohne weiteres in der Lage, für sich selbst Lebensumstände zu schaffen, die ihm Sicherheit und Geborgenheit versprechen könnten. Er verzichtet auf seine Rechte in der Hoffnung, daß andere sie ihm freiwillig gewähren oder zusprechen werden. Seine Hoffnung auf Anerkennung richtet sich letztlich auf die Zeit nach seinem Tod. Dann, so glaubt er, werden alle ihn vermissen und endlich feststellen, was er ihnen bedeutet hat und wert gewesen ist. Und wenn er in einer festen religiösen Bindung steht, glaubt er zu wissen, daß er für seine Leiden und seine Kränkungen, seine Verzichthaltung und seine Selbstlosigkeit im Himmelreich belohnt wird.

Der Märtyrer ist für seine Mitwelt ein wandelnder Vorwurf. In seiner Nähe haben die Menschen mehr Schuldgefühle, als sie ertragen können. Das, was der Märtyrer vermeiden möchte, nämlich verlassen oder verstoßen zu werden und als wertlos ignoriert zu werden, tritt genau dann um so leichter ein und bestätigt seinen vermeintlichen Unwert. Denn von dem moralischen Druck eines Märtyrers kann man sich nur befreien durch Entziehen oder durch heftige Auseinandersetzungen, die jedoch in der Versicherung gipfeln müssen, daß der Wert des Märtyrers unbestritten ist und ein für alle Mal feststeht. Das wird ihn für kurze Zeit beruhigen und bestätigen, doch hält die Zusicherung nicht, was sie verspricht. Der Märtyrer findet neue Gründe, sich zu entwerten und um seinen Wert kämpfen zu dürfen, weil er sie braucht.

Aber ein Mensch mit dem Hauptmerkmal des Märtyrertums, der bereit ist, sein Leben dafür einzusetzen, um seinen Wert zu definieren, ist leicht erpreßbar. Er ist bereit, alles von sich zu geben, um einen endgültigen Beweis seiner Existenzberechtigung, seines Selbstwerts zu erhalten. Er verkauft und verrät sich in der unablässigen Hoffnung, eines Tages von der Wertschätzung seiner Umgebung nicht mehr abhängig zu sein und diesen Wert in sich fest etablieren zu können, weil er genug Beweise gesammelt hat. Er bietet und biedert sich an bei jedem, der ihm auch nur einen Hauch von Wertschätzung vermittelt. Und er ist davon überzeugt, daß eine quantitative Ansammlung von kleinen Wertbestätigungen am Ende ausreichen wird, um seine Qualität zu erweisen.

Der Märtyrer mag nicht bitten, denn das würde seine Bedürftigkeit enthüllen. Er möchte, daß andere seine Bedürfnisse erraten und erspüren. Da der Märtyrer auf eine Art und Weise stolz ist, in der er nicht aktiv aus sich herausgehen kann, sondern passiv darauf wartet, daß ihm sein Wert bestätigt wird, wagt er es nicht, eine positive Geste zu fordern. Denn er hat zu große Angst, daß sie ihm verweigert wird und ihm damit erneut bestätigt ist, daß seine heimlichen Wünsche es niemandem in seiner Umgebung wert sind, erraten zu werden – eine angeblich so kleine Mühe! Wenn der Märtyrer bittet und ihm eine Bitte erfüllt wird, kann er sich an dem Gewährten nicht mehr freuen. Er fühlt lediglich seine Ohnmacht bestätigt und reagiert verbittert darauf, daß er erst fordern mußte, anstatt beschenkt zu werden. Er möchte sich lieber damit abfinden, daß er nicht gesehen und nicht geliebt wird, als dafür zu kämpfen, daß ihm Rechte zugestanden werden, die im übrigen, außer in seiner Phantasie, ihm nie jemand verweigert.

Der Märtyrer pflegt die falsche Tugend der Selbstlosigkeit in besonderem Maße. Er bemüht sich, immer edelmütig und entsagungsvoll zu sein und versucht dadurch, anderen einen Spiegel vorzuhalten, denn nur wenn andere um ihn herum aus seiner Perspektive weniger edel und weniger selbstlos sind als er selbst, sind sie auch weniger wert, und sein eigener Wert steigt. Wenn er spürt, daß seine Selbstlosigkeit nicht angenommen wird, daß niemand seine Opfer wirklich schätzt, würde er am liebsten die Menschen in seiner Umgebung bestrafen. Aber das wäre wieder ein aktives Handeln, ein Akt, mit dem er sich zeigen, sich bekennen müßte, und da das gerade seine größte Schwierigkeit ist, zieht er es vor, sich selbst zu bestrafen, sich selbst alle die Dinge zuzufügen, mit denen er andere für ihre angebliche Lieblosigkeit strafen möchte.

Die Tendenz zur Selbstbestrafung zeigt sich in den schon erwähnten chronischen und psychosomatischen Krankheiten, aber auch in äußeren Vorkommnissen, in Katastrophen und Tragödien, die dem Märtyrer zustoßen, weil er in seinen eigenen Augen die personifizierte Unschuld und Güte ist und deshalb unbewußt dazu beiträgt, daß ihm Dinge zustoßen, die andere aus gelassener Vorsorglichkeit niemals auf sich ziehen würden. Es fällt ihm schwer, seine Katastrophen und Tragödien als energetische Resultate seiner Angst zu betrachten. Er fühlt sich – ganz im Gegenteil – in seiner Überzeugung bestätigt, daß er vom Leben stiefmütterlich behandelt wird und hilflos den Widrigkeiten eines bösen Schicksals ausgeliefert ist: »Mein Leben lang war ich nur für andere da, und jetzt stehe ich allein, keiner kümmert sich um mich. Das Leben ist wirklich ungerecht.«

Seine Sorge gilt immer denen, die er liebt und von denen er sich durch diese Liebe abhängig fühlt. Er versucht, sie seinerseits von sich abhängig zu machen, um die Last der Angst zu mildern, die sich darin ausdrückt, daß er sich in den meisten Bereichen zurücknimmt und zurückstellt und dadurch in seinen Lieben ein schlechtes Gewissen und Schuldgefühle erzeugt. Der Märtyrer verzichtet auf seine Rechte. Er erfüllt gewissenhaft alle Pflichten, ohne zu klagen und bürdet sich zusätzlich alle Verantwortung auf, die er irgendwie noch tragen kann. Wenn er keine nahen Angehörigen hat, die er von sich abhängig machen kann, bürdet er sich das Leid der Welt und die Verantwortlichkeit für alle möglichen politischen, ökologischen oder psychologischen Zusammenhänge auf, die gewährleisten, daß seine angstvolle psychische Ökonomie nicht aus dem Gleichgewicht gerät.

Der Mensch mit dem Hauptmerkmal des Märtyrertums verzichtet auf Liebe. Er verzichtet auf Anerkennung, auf Ansprüche, die andere stellen würden, wie zum Beispiel eine Rente oder einen gesunden Schlafplatz, einen Arbeitsplatz, an dem es nicht zieht. Das Wort »Es geschieht meiner Mutter recht, wenn meine Hände erfrieren. Warum kauft sie mir keine Handschuhe?« ist in vieler Hinsicht die klassische Äußerung des Märtyrers. Er möchte dafür gepriesen werden, daß er seine Gesundheit und sein Leben für eine Überzeugung hingibt. Und er hält diese Überzeugung für sein höchstes Gut. Wie immer er seine Ideale auch definiert, sie lassen sich auf die Vorstellung, auf den Gedanken reduzieren: »Wenn ich auf alles verzichte, werde ich irgendwann reich belohnt.« Und da diese Belohnung eigentlich erst dann in Aussicht steht, wenn der Märtyrer sein Selbst hingegeben hat, fällt es ihm sehr schwer, seine Angst abzulegen und damit zu beginnen, seine natürlichen Rechte auf Luft, Licht und Leben, auf Liebe und Anerkennung zu bejahen.

Ein Märtyrer mag sich nicht gern helfen lassen, denn er empfindet Hilfe als Bestätigung seines Unwerts, daß er es nötig haben könnte, die Hilfe eines anderen Menschen, sei sie praktisch oder therapeutisch, anzunehmen, da er sich mit dem Gedanken nicht abfinden kann, daß er so wenig genügsam und so hilflos zugleich ist. Deshalb ist es besonders schwer für einen Menschen mit dem Hauptmerkmal des Märtyrertums, sich seine Angst und seine Schwäche einzugestehen, denn die Selbstlosigkeit verleitet ihn dazu, niemandem so weit zu vertrauen, daß ihm zugemutet werden kann, sich seiner anzunehmen.

Wenn ein Mensch mit der Angst vor Wertlosigkeit sich helfen läßt, sei es, um die Gardinen aufzuhängen oder um seine Ängste zu bewältigen, fühlt er sich schnell in den Abgrund neuer Ängste gestürzt, allein durch die Tatsache, daß durch diese Hilfe seine Hilflosigkeit offenbar wird. Deshalb gibt es für den Märtyrer erst dann eine Möglichkeit der Linderung, wenn er sich bereitfindet, seine Wertvorstellungen zu hinterfragen. Wenn er sich darauf einlassen kann zu überprüfen, ob es wirklich so erstrebenswert ist, alles allein zu bewältigen, andere dadurch von sich fernzuhalten, immer der Gebende und niemals der Nehmende zu sein und seinen Mitmenschen die Möglichkeit zu versagen, ihm etwas Gutes zu tun, muß er überlegen, ob der Stolz, den er aus der Selbstlosigkeit ableitet, ihm wirklich das gewährt, was er sich davon verspricht.

Der Märtyrer ist auf seine Weise ebenso isoliert durch seine Angst vor Wertlosigkeit wie der Hochmütige, der aus Angst, verletzt zu werden, alle Menschen von sich fernhält. Der Märtyrer braucht die anderen, damit sie ihm seinen Wert oder Unwert unablässig bestätigen, aber er kann ihnen nicht wirklich nahe sein, da er ihnen nicht zugesteht, eigene Wertvorstellungen zu haben und selbst entscheiden zu können, ob sie den Menschen mit dem Hauptmerkmal des Märtyrertums ihrer Liebe für wert halten oder nicht. Er entzieht sich, ohne es zu ahnen, ständig der Liebe, die ihm angeboten wird, weil er sich auf die Position zurückzieht oder, wie er glaubt, »rettet«, daß er diese Liebe nicht nötig habe. Wenn die Menschen, die einen Märtyrer in ihrer Umgebung oder Familie haben, sich um ihn bemühen wollen und ihm helfen wollen, seine Angst abzubauen, ist wiederum große Behutsamkeit notwendig. Man muß ihm – so gut es geht – zu verstehen geben, daß man ihn auch liebt, wenn er selbstisch oder egoistisch ist, und dabei beachten, daß die Definition dieser Begriffe für den Märtyrer eine völlig andere ist als für andere Menschen. Für den Märtyrer ist es bereits egoistisch, vor den anderen Familienmitgliedern ins Bad zu gehen oder sich einen Löffel Pudding mehr zu nehmen.

Er hofft ja immer, für seine Verzichthaltung belohnt und geliebt zu werden. Wenn man nun ein kleines Spiel mit ihm beginnt, indem man versucht, ihm seine Märtyrerrolle innerhalb der Familie oder am Arbeitsplatz streitig zu machen, sie zu überbieten, indem man sie ein wenig übertreibt, ohne ihn zu verletzen, und ihm gleichzeitig versichert, daß man seine Verdienste anerkennt, aber nicht erlauben wird, daß er alle Möglichkeiten für sich beansprucht, selbstlos zu sein, wird man seine ängstliche Isolation durchbrechen können und ihm zu verstehen geben, daß sein Wert ganz unabhängig von seinem Tun ist, daß er sich nicht so unendlich bemühen muß, um gesehen zu werden, wie er glaubt, und daß er – ganz im Gegenteil – mehr Beachtung findet, mehr Zuneigung empfangen wird, wenn er sich zeigt und sich erlaubt, vom Kuchen des Lebens ein schönes Stück herunterzuschneiden und mit Genuß zu verzehren, anstatt edelmütig zu verzichten und damit anderen die Freude zu nehmen, ihn genießen zu sehen.

Ein Mensch mit der Angst vor Wertlosigkeit wird häufig darüber klagen, daß andere ihn ausnutzen. Er besitzt wenig Möglichkeiten zu sehen, wie sehr er sich dafür anbietet und wie stark sein Selbstverständnis davon abhängig ist, daß andere ihn ausbeuten oder leersaugen. Der Schlüssel zu einer Änderung dieser angstvollen Haltung liegt darin, daß diejenigen, die ihn lieben, seine Angebote, sich ausbeuten zu lassen, sanft, aber nachdrücklich und unerbittlich zurückweisen und dem Märtyrer ebenso nachdrücklich und unerbittlich zu verstehen geben, daß sie sich gekränkt fühlen, weil sie keine Gelegenheit finden, selbst zu geben, zu verwöhnen und zu bestätigen.

Der Mensch mit der Grundangst der Wertlosigkeit sehnt sich unendlich danach, ein wertvoller Mensch zu sein. Er glaubt jedoch, daß Wert nur erkauft werden kann durch selbstloses Tun oder erworben wird durch Verzicht. Wenn er erkennen kann, daß derjenige etwas wert ist, der an seinen eigenen Wert glaubt, ohne ihn sich bestätigen zu müssen oder ihn durch andere bestätigt oder geleugnet zu bekommen, ist er gerettet. Es gibt keinen Wert, der durch Arbeit erworben werden kann. Der existentielle Wert eines Menschen ist immer vorhanden, er entspringt seiner seelischen Würde. Es gibt keine Möglichkeiten, ihn zu leugnen. Der Wert eines Menschen besteht in der unvergänglichen Schönheit seiner Seele. Er kann ihm weder gewährt noch genommen werden. Er ist sein Eigentum, sein unveräußerlicher Besitz. Das ist es, was der Märtyrer nicht glauben kann. Er ist überzeugt davon, daß »gute« oder »böse« Taten das spezifische Gewicht seiner Seele verändern können. Deshalb kann sich ein Mensch mit diesem Hauptmerkmal selbst am besten helfen, indem er Vertrauen in den Wert seiner Seele entwickelt, der unvergleichlich und unvergleichbar ist.

④ Der Starrsinn

Angst vor Unberechenbarkeit

− verbissen ◄—————————————► entschlossen +

Keine der Grundängste ist stärker verbreitet als die Angst vor Veränderung. Ihr alle glaubt, daß ihr daran interessiert seid, etwas Neues, etwas anderes zu erleben, eure Situation zu verändern, weiterzukommen, nicht stehenzubleiben. Doch das ist nur ein frommer Wunsch. Die meisten Menschen, die einen Körper bewohnen, würden am liebsten dafür sorgen, daß alles beim alten bleibt, wenn sie nur könnten. In dem, was sie kennen, fühlen sie sich vertraut. Sie möchten, daß das, was ihnen vertraut ist, für immer so bleibt.

Die wenigsten von euch sind bereit, auch nur philosophisch in Betracht zu ziehen, daß Leben und Veränderung untrennbar miteinander verbunden sind, daß Leben Veränderung bedeutet. Mit jedem Atemzug verändert sich euer Körper, mit jeder Mikrosekunde eures Lebens verändert sich der Planet. Existenz ist und bleibt unberechenbar. Das einzige, was konstant bleibt, ist das Prinzip der Veränderung selbst. Und dieses Prinzip zu negieren heißt, Leben zu leugnen. Aber die Menschen, die Angst vor unberechenbaren Veränderungen haben, versuchen es dennoch. Und das macht sie starrsinnig.

Wenn ein Mensch mit dieser Angst eine Weile glücklich war, möchte er mehr als alle anderen dieses Glück festhalten, dieses Glück fixieren, und er würde alles tun, damit es ihm nicht verlorengeht, ohne zu erkennen, daß er gerade damit das in Gefahr bringt, was er bewahren möchte. Und wenn ein Mensch mit der Angst vor dem Unberechenbaren eine Weile unglücklich war, so richtet er sich sehr schnell in den damit verbundenen Verhältnissen ein. Obwohl er immer sagt, er möchte es anders haben, und obwohl er selbst glaubt, daß er die Situation verändern möchte, produziert doch seine Angst eine unglaubliche Reihe von Argumenten, die ihm beweisen können, daß das, was er hat, immer noch besser ist als das Unberechenbare, das sich daraus entwickeln könnte.

Die Angst vor Veränderung ist die Angst vor dem Unbekannten.

Das, was ist, kennt der Mensch. Das, was nicht ist, macht ihm angst. Denn er hat es nicht mehr unter Kontrolle. Er weiß nicht, was auf ihn zukommt. Und er wünscht sich sehr, von einer vertrauten Situation in die nächste zu kommen, weil die Verunsicherung ihn in tiefe Ängste stürzt. Wenn nun Veränderungen unumgänglich sind, wird der Mensch mit dem Hauptmerkmal des Starrsinns sich besonders schnell für das Neue entscheiden und sich wild entschlossen an die veränderte Situation anpassen, um sie sich so rasch wie möglich untertan zu machen. Er wird gern dafür bewundert, daß er aus jeder Lage das Beste macht. Das Unbekannte, das Neue, macht ihm angst – deshalb ist er durch seine Angst veranlaßt, das Neue so rasch wie möglich zu erkunden, sich ihm entschlossen zu stellen, es geradezu zu suchen, es in seinen Facetten auszuloten, sich mit allem Fremden vertraut zu machen, um es sich anzueignen und die Angst wieder abzubauen. Das kann sich beziehen auf neue Menschen, auf Veränderungen im Beruf, auf Veränderungen im sozialen Status, Veränderungen der Gesundheit, auf alles, was die Facetten von Leben ausmacht.

Die Entschlossenheit, die ein Starrsinniger an den Tag legt, wenn eine Veränderung unumgänglich und zugleich unberechenbar ist, gibt ihm ein Gefühl von Stärke. Nach einem Entschluß, der schon lange überfällig war und der eine Situation verändert, die er so lange festgehalten hat, bis sie unerträglich wurde, blüht der Starrsinnige auf. Die Möglichkeit, das Alte loszulassen, und der Verdacht, das Neue noch nicht im Griff zu haben, gibt ihm einen Moment von Klarheit zwischen zwei Phasen der Angst. Seine Augen leuchten, und obwohl die Angst ihn beherrscht, muß er doch vorübergehend den Gedanken aufgeben, die Situation zu beherrschen.

Nicht zu wissen, was passiert, ist schrecklich und schön zugleich. Wieder offen zu sein, vom Starrsinn befreit zu sein, ist wie eine Befreiung aus dem Gefängnis. Aber sehr schnell wird der Starrsinnige – aus Angst, das Neue nicht verkraften zu können – sich neue Gefängnismauern aufbauen. Dann wundert er sich, daß alles wieder so ist, wie es einmal war, nachdem er doch soviel getan hat, um eine Veränderung herbeizuführen. Und wenn ein anderer ihn verändern will, wenn die lästigen Veränderungen durch andere Menschen an ihn herangetragen werden, neigt er dazu, sich starr und stur zu stellen, sich zu verweigern, verbissen auf seiner Meinung zu beharren und das Neue dadurch unmöglich zu machen.

Der Starrsinnige ist sehr schwer von seinem Glück zu überzeugen. Er möchte alles so gestalten, wie es ihm richtig erscheint. Und das, was ihm richtig erscheint, ist meistens das Verkehrte für ihn. Aber das möchte er nicht sehen. Er hat große Schwierigkeiten zu erkennen, was ihn wirklich weiterbringt. Denn weiterkommen, wachsen, sich entwickeln bedeutet immer auch Veränderung. Seelisches Wachstum ist für den Verstand unberechenbar, weil es einer eigenen Gesetzmäßigkeit folgt.

Alle Starrsinnigen leiden – ohne es zu wissen – unter der Vorstellung, daß sie ihr Leben selbst gestalten müssen, und zwar ganz allein. Wer Angst vor Veränderungen, wer Angst vor Neuem hat und vor all den unberechenbaren Aspekten dessen, was er noch nicht kennt, versucht außerdem häufig, dem Leben mit seinen eigendynamischen Kräften die Verantwortung für alles und jedes abzusprechen und seine Existenz soweit als möglich selbst zu gestalten, das heißt, wenig Raum, wenig Zeit, wenig Gelegenheit zu gewähren dafür, daß bei dem Individuum übergeordnete Kräfte mitgestalten und mitwirken können an dem, was gestaltet werden kann.

So ist der Starrsinnige gefangen zwischen seinen Wünschen nach dem Alten und seiner Sehnsucht nach dem Neuen. Denn der Starrsinnige ist beileibe nicht einer, der nie etwas verändern möchte. Er möchte nur unbedingt selbst bestimmen, wann, wie und auf welche Weise die Veränderung eintritt. Alle Menschen, die einen Starrsinnigen verändern wollen, werden sich die Zähne an ihm ausbeißen. Sie können nur dann damit rechnen, daß Bewegung in die Situation hineinkommt, wenn sie dem Starrsinnigen die Gelegenheit bieten, selbst zu entscheiden.

Starrsinn ist ein Ausdruck von Not, ein Weg, ein steiniger Weg, um Verlorenheit und Gefühle von Trauer und Einsamkeit nicht zulassen zu müssen. Starrsinn ist entschlossen, den steilen, harten und schwierigen Weg zu gehen und dabei oft zu stolpern, weil die Notwendigkeit, große Schwierigkeiten zu bewältigen und trotz aller Not zu überleben, zu einer frühen Gewohnheit geworden ist und eine Illusion von Stärke, Durchhaltevermögen und lebensrettender Widerstandskraft erzeugt hat. Der Starrsinnige hat leicht die Befürchtung, daß all die bewährten

Kraftakte, die sein Selbstbild geformt haben, sich als überflüssig herausstellen könnten und ihm damit ein Großteil seiner Identität und seines Lebenssinnes abhanden kommen könnte.

Der Starrsinnige hat oft Schwierigkeiten mit der Hingabe, mit dem Unterordnen, mit dem Zugeben und dem Nachgeben. Häufig liegt das daran, daß er in seiner Kindheit die gesunden Experimente des Trotzes nicht ausreichend machen konnte, daß ihm die Entwicklung des eigenen Willens verwehrt wurde und er nun dadurch zeit seines Lebens innerlich mit dem Fuß aufstampfen muß, um verbohrt darauf zu beharren: »Ich werde es so machen, wie ich will, auch dann, wenn es mir schadet. Das ist mir gleichgültig.«

Die Angst vor Veränderung, die zu dem Wunsch führt, alles möge beim alten bleiben oder doch wieder zu dem vertrauten Zustand zurückkehren, hat sehr häufig ihre Wurzeln in frühkindlichen Erlebnissen, die zu einer großen Verunsicherung geführt haben. In der Regel hat ein Kind, das sich später vor Veränderungen fürchtet, zärtliche und liebevolle Eltern oder zumindest eine zärtliche, warmherzige Mutter. Es erlebt also in den ersten Lebensmonaten eine große Geborgenheit, von der es annimmt, daß sie niemals verlorengehen kann. Dann kommt, zu früh, der Tag oder die Stunde, wo die Mutter oder beide Eltern andere Sorgen haben, abgelenkt sind oder beschließen, das Kind möge jetzt selbständig werden. Vielleicht sind sie überfordert oder krank, vielleicht sind sie an der Grenze ihrer Fähigkeiten und Möglichkeiten angekommen.

Es mag sich oft nur um einen vorübergehenden Zustand handeln, doch für das wenige Monate alte Kind, das zum Beispiel plötzlich einige Tage allein mit fremden Leuten bleibt, dauert dieser Zustand ewig und ist in einer Weise erschreckend, wie es von einem Kind, das von Anfang an wenig umsorgt und umhegt wird, niemals empfunden würde. Der plötzliche Wechsel also von einer seligen Geborgenheit in ein beängstigendes Gefühl von Ausgesetztsein, von Orientierungslosigkeit, das einem Sturz ins Nichts, einer todesähnlichen Erfahrung gleichkommt, legt im Kind einen Samen zu einer panischen Angst vor jeder heftigen, unerwarteten Veränderung. Es sind nicht die graduellen Unterschiede von gestern nach morgen, die einen Menschen mit dem Hauptmerkmal Starrsinn bedrängen. Es sind die unerwarteten, die plötzlichen, die heftigen und überraschenden Ereignisse, die ihn Mühe kosten, sein Gleichgewicht zu bewahren. Es ist die Angst, die einem Menschen mit dem Hauptmerkmal des Starrsinns im Nacken sitzt, irgend etwas könne unberechenbar sein, nicht kalkulierbar, unüberschaubar. Deshalb fürchtet er sich vor allen Situationen, die er nicht gut kontrollieren kann und die er nicht schon ein wenig kennt. Ein unerwartetes Ereignis von einiger Heftigkeit kann ihn in einen Abgrund stürzen und in Depressionen, die lange währen, bevor er sich von ihnen erholt.

Wer Starrsinn als Hauptmerkmal gewählt hat, möge sich zurückerinnern und sich die Zeit nehmen, einige traumatische Erlebnisse aus seinen Kinderjahren neu zu durchleben. Dann wird ihm auffallen, daß im Bereich seines Erinnerungsvermögens einige Ereignisse identifizierbar sind, in denen er sehr plötzliche, heftige Veränderungen bewältigen mußte. Damit kann gemeint sein: eine Enthüllung, eine Enttäuschung, ein Verlust, ein Verlassensein – alles, was nicht berechenbar und nicht kalkulierbar war.

Wie ihr alle wißt, ist das Unberechenbare ein unersetzbarer Teil der Existenz. Doch der Starrsinnige möchte diese Gesetzmäßigkeit am liebsten neutralisieren. Mit dieser seiner Angst, es könnte erneut dieselbe tödliche Panik ausgelöst werden wie bei seinem ersten Verlust von Geborgenheit, projiziert er in die Zukunft eine endlose Reihung von ähnlichen, wenn auch abgemilderten Ereignissen. Und da er sie selbstverständlich, wie jeder andere Mensch auch, im Leben in jedem Augenblick bestätigt findet, gräbt sich ihm mehr und mehr die Vorstellung ein, daß er jemand sei, der sich – so gut er kann, mit aller Kraft und Energie – vor plötzlichen Veränderungen absichern muß. Er wird also alles tun, um dem Unkontrollierbaren und dem Unberechenbaren zuvorzukommen. Oder, wenn dies nicht möglich ist, so tapfer wie möglich, mit wild entschlossenem Todesmut, darüber hinwegzugehen. Da es sich dabei für ihn in der Tat um fundamentale, existentielle Bedrohungen handelt, sind ihm in Fällen neuerlicher unvorhersehbarer Ereignisse auch Kräfte gegeben, die des Einsatzes in einer lebensbedrohlichen Situation würdig wären. Immer wieder mobilisiert er alle seine Fähigkeiten und scheint über sich hinauszuwachsen, wenn eine Bedrohung in dem geschilderten Sinn auf ihn zukommt.

Diese todesmutige Bewältigung von Schwierigkeiten nennt man »Entschlossenheit«. Sie war einst angemessen, als sie sich im Charakter eines Menschen zuerst etablierte. Denn in der Tat ging es bei der ersten traumatischen Verlustsituation um das Überleben. Aber später, und jetzt im Erwachsenenalter, geht es nicht mehr um Leben oder Tod. Dennoch werden die Kräfte eingesetzt, als ob es so wäre.

Trotz, Sturheit, Starrheit, Verbissenheit sind innere Vorgänge. Nach außen hingegen stellt sich der Starrsinnige oft so dar, als ob niemand lieber und häufiger die Veränderung so suchen würde als er. Sein Leben ist stets in Bewegung, er sucht ohne Unterlaß nach neuen Gelegenheiten, sich und der Welt zu beweisen, daß er flexibel und stets erpicht auf Veränderungen ist. Aber das ist nur eine raffinierte Form der Angstbekämpfung. Denn solange der Starrsinnige selbst nach eigenem Befinden die Dinge um sich herum in Bewegung hält, muß er seine Angst nicht spüren. Der Starrsinnige hat – sogar mehr als andere – die Angst, steckenzubleiben und im Gefängnis der Unabänderlichkeit zu verschmachten.

Seine wilde Entschlossenheit hilft ihm über Phasen der Stagnation schnell hinweg. Stagnation, die er bei sich selbst und bei anderen beobachtet, löst Abscheu aus. Der Starrsinnige gibt sich mutig, willensstark und zuversichtlich. Sein Wille ist ihm heilig. Wenn ein anderer es darauf anlegt, seinen Willen zu brechen, wird er damit kein Glück haben. Kommt ein Starrsinniger in seine größte Angst und in den negativen Pol der Verhärtung, der Verbohrtheit, der Verbissenheit und Sturheit, gibt es nichts auf der Welt, das ihn wirklich davon abbringen könnte, auf seinem Standpunkt oder in seiner Situation zu beharren.

Wir sagten, daß Starrsinn das am häufigsten vertretene Hauptmerkmal ist. Wenn es wirklich so wäre, wie ihr glaubt, daß ihr alle euch gerne verändert und das Neue sucht, würde mehr positiver Wandel in eurer Welt zu registrieren sein. Aber sowie eine größere Veränderung eingetreten ist, sorgen die Starrsinnigen unter euch dafür, daß sich schnell alles wieder festschreibt. Und die Konservativen, die Traditionalisten, die häufig die Angst des Starrsinns in Institutionen vertreten, möchten wieder zurück zum Alten, möchten wieder zurück zu dem, was sie kennen, denn dort fühlten sie sich geborgen. Je nach Standpunkt haltet ihr die gute alte Zeit für eine traumhaft schöne Epoche, oder ihr sehnt euch danach, möglichst schnell die Vergangenheit hinter euch zu lassen. Die Ungeduldigen unter euch können den Anbruch des jeweils neuen Zeitalters kaum erwarten, denn sie haben Angst, etwas zu versäumen.

Von unserem Standpunkt aus gesehen ist das Neue nicht besser als das Alte. Aber aus eurer Warte, aus der Perspektive der Physis, unter den Gesetzen der Dualität, müßt ihr zwischen den Polen des Alten und Neuen stets hin- und herpendeln. Das Alte ist wirklich nicht besser als das Neue, das Neue nicht besser als das Alte. Veränderung ist weder gut noch schlecht. Sie ist ein Naturgesetz. Ihr aber fürchtet stets, aus der Geborgenheit des Alten herauszufallen und vollkommen verlassen, verloren und vereinsamt dazustehen. Menschen mit dem Hauptmerkmal des Starrsinns leiden unter der Furcht, verlassen und fallengelassen zu werden. Wann immer diese Furcht sie übermannen will, hilft ihnen körperliche Berührung am besten, um sich ihrer Verbundenheit und geschützten Existenz wieder bewußt zu werden.

Unter Berührung verstehen wir zweierlei. Wenn ein liebender Mensch feststellt, daß ein Starrsinniger sich in die Zwänge seiner Angst verstrickt und ihnen nicht mehr aus eigener Kraft entkommen kann, genügt es oft, ihn an der Hand zu berühren, den Arm um seine Schulter zu legen oder eine Hand auf seine Wange. Sollte die Angst übermächtig werden, gibt es nichts, was sie schneller und nachhaltiger auflösen kann, als den Starrsinnigen in die Arme zu nehmen, ihm Körperwärme zufließen zu lassen oder ihn sogar wie ein kleines Kind auf den Schoß zu nehmen. Denn der Mangel an Geborgenheit und die Angst vor dem Verlassenwerden sind es ja gerade, die sein Hauptmerkmal gefestigt haben.

Wenn nun eine Berührung durch einen anderen Menschen nicht möglich erscheint, kann der Starrsinnige die wunderbare Erfahrung machen, daß seine Angst sich mildert, wenn er beginnt, sich selbst zu berühren, die Hände auf den Leib legt, seine eigenen Wangen oder seine eigenen Arme streichelt. Es wäre schade, wenn er auf diese Möglichkeit, sich selbst ein wenig Geborgenheit zu spenden, verzichten wollte. Berührung und Berührtwerden sind die Arzneien, die die Verspannung, die angstvolle Starre und die trotzige Verbissenheit auflösen und den Starrsinnigen vor seiner angstvollen wilden Entschlossenheit bewahren können, die ihn häufiger, als ihm lieb ist, zu Handlungen überredet, die nicht guttun.

⑤ Die Gier

Angst vor Mangel

| − unersättlich ◄——————————► selbstzufrieden + |

Die Angst vor Mangel führt zu dem Hauptmerkmal der Gier. Es ist die Angst, nicht genug zu bekommen, die Angst, zu kurz zu kommen, es ist die Angst zu verhungern, auf Nahrung, gleich welcher Art, verzichten zu müssen. Für verschiedene Menschen sind verschiedene Phänomene des Lebens nährend und erscheinen ihnen unverzichtbar. Mit dem Hauptmerkmal der Gier behaftet, spürt ein Mensch, daß er mehr und mehr von einem bestimmten Phänomen seiner Existenz haben will, daß er immer weniger darauf verzichten möchte, daß er in Panik gerät, wenn er davon nicht genug bekommt.

Und was kann das sein, wonach er giert? Die Objekte seiner Begierde sind so vielfältig wie das Leben selbst. Der Gierige möchte mehr von dem haben, was ihm seiner Auffassung nach fehlt: mehr Lebendigkeit, mehr Glück, mehr Erfolg, mehr Geld, mehr Aufmerksamkeit, mehr Ruhe, mehr Nachsicht, mehr Liebe, mehr Verzeihen, mehr Rechte, mehr Gesundheit, mehr Klarheit, mehr Wachstum, mehr Schönheit, mehr Substanz. Die Liste ließe sich beliebig verlängern, und je älter eine Seele mit dem Hauptmerkmal der Gier geworden ist, um so stärker werden sich die Objekte ihrer Gier verfeinern. Sie wird sich auf andere Dinge richten als bei einer Jungen Seele. Nicht mehr die Karriere, der Erfolg, die Anerkennung oder die materiellen Güter stehen im Vordergrund; immer mehr wird die Angst darauf gerichtet, nicht genug Kontakt, nicht genug Liebe, nicht genug Erkenntnis erringen zu können.

Die Gier treibt einen Menschen dazu, all seine Energie einzusetzen, um das, was ihm angeblich fehlt, zu erlangen. Er wird vieles scheinbar Unwichtige hintanstellen und gerne darauf verzichten, wenn er nur das eine, was ihm seine Angst als unverzichtbar präsentiert, in ausreichendem Maße erwerben kenn. Und der Gierige wird sich sein Ziel immer so stecken, daß es ihm möglichst fern oder gar unerreichbar bleibt, denn nur dann kann seine Gier sich aufrechterhalten und von der Energie leben, die in sie hineinprojiziert wird. Wenn ein Mensch gierig

122

nach Geld ist, wird ihm das Gefühl der Befriedigung , das andere beim Erwerb einer bestimmten Summe bereits hätten, verwehrt bleiben. Es wird nie genug sein. Seine Angst wird ihm immer sagen: »Erst wenn du soundsoviel erreicht hast, bist du sicher.«

Und wenn ein Mensch gierig nach Erfolg ist, wird ihm dieser Erfolg nie ausreichen. Er wird mehr und mehr und mehr davon haben wollen. Ganz genauso verhält es sich mit der Gier nach Ruhm oder Beachtung, nach spirituellen Erkenntnissen und nach einer bestimmten Intensität des Erlebens. Der Gierige sorgt durch seine Angst dafür, daß er das, was er haben will, nie in für ihn wirklich ausreichendem Maße bekommt. Seine Angst sorgt dafür, daß er niemals richtig zufrieden sein kann mit dem speziellen Ausschnitt seiner Existenz, auf den seine Gier fixiert ist.

Da Gier in eurer Gesellschaft als arges Laster gilt, sieht sich der Gierige genötigt, seine Angst vor Mangel entweder auf Bereiche zu richten, die sozial anerkannt sind – wie Erfolg oder materielle Güter. Oder er beschließt, seine Gier niemandem zu zeigen und sich in eine entsagungsvolle Haltung zu flüchten, die ihm selbst vorgaukelt – wie er es anderen gegenüber auch versucht –, daß er mit wenig oder gar nichts auskommen kann, daß er zum Beispiel auf Liebe, auf Aufmerksamkeit, auf Erfolg und auch auf materielle Güter sehr gut verzichten könnte. Häufig sind es gerade diejenigen, die in freiwilliger Askese leben, die sich mit ihrer Angst vor Mangel nicht auseinandersetzen und darum diesen Mangel lieber selbst herbeiführen, sich ihm freiwillig stellen, als ihre Gier nach »mehr« zu betrachten und sich selbst angesichts ihrer strengen inneren Normen dafür tadeln zu müssen.

Das Hauptmerkmal der Gier unterliegt somit in erheblichem Maße den ideologischen oder ethischen Normen bestimmter Gesellschaften oder Schichten und Gruppen, denn wie ihr wißt, ist es in einigen gesellschaftlichen Kreisen nicht anstößig, eine Gier nach raffinierten Speisen oder ungewöhnlich abenteuerlichen Erlebnissen zu haben, während es in anderen Kreisen akzeptiert ist, daß man Gier nach Erleuchtung oder Selbsterfahrung haben darf, ohne abgelehnt zu werden. In wiederum anderen Gruppen gilt es als selbstverständlich, fleißig nach Geld und Erfolg zu streben. Oft ist das, was im einen Bereich tabuisiert wird, im anderen das Nonplusultra und wird mit hohen Wertvorstellungen belegt.

Und der Gierige wird sich nach diesen Maßstäben richten müssen.

Ein Mensch, der nach Lebendigkeit giert in einem familiären oder sozialen Umfeld, in dem Lebendigkeit als Bedrohung der bestehenden Ordnung empfunden wird, macht sich zu einem beunruhigenden, lästigen Außenseiter und wird leicht erleben, daß man ihn für das tadelt, was er für unverzichtbar hält. Nun hat er entweder die Möglichkeit, sich über die Normen, die nicht zu ihm passen, hinwegzusetzen oder sich einer anderen Gruppe anzuschließen oder auch – was häufig geschieht – seine Gier zu unterdrücken, nach innen zu nehmen und sie in ihr Gegenteil umzukehren, zum Beispiel sich vom Leben stärker zurückzuziehen, sich in Träume zu flüchten und sich noch unlebendiger zu zeigen, als seine Umgebung es verlangt.

Offene Gier ist für den, der sie spürt und ausagiert, aber auch für jene, die sie beobachten, stets peinlich oder gar befremdlich. Die Menschen in der Umgebung eines Gierigen, der seine Gier offen zeigt, fühlen sich schnell bedroht und versuchen, den Gierigen in seine Schranken zu weisen. Denn der Gierige neigt zu Übergriffen. Er ist bedacht darauf, möglichst viel von dem, was er haben möchte, an sich zu reißen, und seine Angst gestattet ihm nicht, die Reaktionen zu berechnen. Sie bestehen in der Abwehr und Abkehr seiner Mitmenschen, in einer trennenden Auswirkung, die seine Gier auf seine Mitmenschen haben muß.

Aber viele Formen der Gier, die den Normen der Gesellschaft nicht extrem widersprechen, wie zum Beispiel die Gier nach Gerechtigkeit oder die Gier nach Essen, machen sich so offensichtlich bemerkbar – in einer Prozessiersucht oder in einem übermäßigen Körpergewicht –, daß der Gierige darunter mehr leidet als seine unmittelbare Umgebung. Er kann sich nicht kontrollieren, er kann sich nicht bremsen. Seine Angst suggeriert ihm, daß er sterben muß, wenn er sich nicht das nimmt, was seine Angst betäuben könnte – sei es nun das Recht im juristischen Sinne oder die übermäßige Nahrungsmenge.

Der Gierige hört manchmal von anderen, daß er zuviel erwartet oder zuviel nimmt. Viel häufiger aber macht er den Menschen seiner Umgebung oder den Exponenten sozialer Gruppierungen klar, daß sie unverschämt sind, daß sie sich unmäßig bereichern, daß sie gegen die religiös oder sozial postulierten Formen der Bescheidenheit und Askese verstoßen. Der Gierige ist für die Gier der anderen viel sensibler als für seine eigene.

Der Gierige hat Angst zu verhungern. Deshalb wird euch verständlich sein, wenn wir euch sagen, daß dieses Hauptmerkmal der Angst, die Angst vor Mangel, in einem Kind vorwiegend dann gefördert wird, wenn es in bezug auf Nahrung, die mit bedingungsloser Zuwendung gewährt wird, allzu kurzgehalten wird. Mütter, die der Ansicht sind, daß sie ihr Kind nur zu ganz bestimmten, festgelegten Uhrzeiten stillen oder füttern dürfen, weil sie es sonst verziehen, Mütter, die über eigenen Interessen vergessen, ihr Kind rechtzeitig zu nähren, erzeugen in ihrem Säugling oder Kleinkind die ständige Furcht, nicht genug zu bekommen. Sie führt dazu, daß das Kind sich sehr früh bemüht, mehr in sich aufzunehmen und zu speichern, als es im Moment verwerten kann. In ihm entwickelt sich bald eine Vorstellung mit dem Inhalt: »Essen ist Liebe. Ich muß vorsorgen, ich muß rechtzeitig darauf achten, daß ich genug bekomme; ich muß nehmen, was ich kriegen kann, denn man kann nie wissen, ob es mir noch einmal geboten wird!«

Und wenn dann ein Kind ein wenig zu pummelig wird, weil es sich zuviel auf einmal zuführt aus Angst, später Mangel erleiden zu müssen, wird es von der Mutter häufig bewußt kurzgehalten, und so verstärkt sich die Angst vor Mangel. In späteren Jahren manifestiert sich diese Angst entweder in einem deutlichen Untergewicht als Magersucht oder Bulimie oder in einem massiven Übergewicht als Speicher und Hort für schlechte Zeiten, als Vorsorgemaßnahme für Wochen oder Monate des Mangels. Und nur wenn die Angst, nicht genug zu bekommen, in ausreichender Weise sublimiert wird, kann sie sich auf weniger konkrete Bereiche fixieren.

Wir sagten bereits, daß auch die Gier nach spirituellen Erkenntnissen und Erfolgen ein Ausdruck von Angst ist, der Angst, nicht rechtzeitig dort anzukommen, wohin man strebt, der Angst, ein Leben zu vergeuden, der Angst, in die Hölle gestoßen oder aus karmischen Gründen bestraft zu werden. All das kann zu Formen der Gier führen, die dem liebevollen Betrachter offensichtlich sind, dem Betroffenen jedoch reichlich Gelegenheit geben, seine Ängste vor Mangel zu rechtfertigen. Ebenso verhält es sich mit der Gier nach einer ununterbrochen guten Gesundheit, nach konfliktlosen Beziehungen, nach sexueller Befriedigung oder nach Vergnügen und Ablenkung.

Gier führt, wie ihr euch leicht vorstellen könnt, unmerklich in eine Suchtstruktur hinein. Deshalb findet ihr unter den Süchtigen, die sich ihrer Gier hilflos ausgeliefert sehen, viele mit der Angst vor Mangel. Die Angst vor einem Mangel an Entspannung führt zu Tablettensüchten, die Angst vor einem Mangel an Intensität zeigt sich häufig in der Sucht nach psychedelischen Drogen, Alkoholsucht ist nicht selten der Ausdruck einer Gier nach Geborgenheit und nach Vergessenkönnen, aber mit den Süchten nach Erfolg, nach Liebe oder nach Reichtum verhält es sich nicht anders. Immer dann, wenn die Angst, Mangel erleiden zu müssen, überhandnimmt, wird sie den Gierigen so beherrschen, daß er sich nicht mehr beherrschen kann.

Wenn der Gierige seine Angst, nicht genug zu bekommen – von was immer es auch sei –, mildern möchte, um sich nach und nach ihrem Joch zu entziehen, wird er gut beraten sein, zunächst einmal die Bereiche zu erkunden, in denen er sich eine freiwillige Askese auferlegt. Denn die Askese ist die verborgene und deshalb gefährlichere Seite der Gier. Sodann kann er mit sich zu Rate gehen und sich überlegen, was ihm im Leben am wichtigsten und am schwersten erreichbar erscheint. Für den Gierigen ist es besonders wichtig, die Objekte seiner Begierde klar zu definieren. Und dann kann er damit beginnen, jene Bereiche, die er identifiziert hat, auf die Frage hin zu überprüfen: »Kann ich davon mehr bekommen? Darf ich es mir gönnen, davon zu nehmen? Und kann ich das auch offen tun?« Denn die Angst vor Strafe bei einer offenen Äußerung von Gier ist bei den Gierigen sehr tief verwurzelt und weit verbreitet. Immer fürchten sie, daß man ihnen das, was sie haben wollen, ganz entzieht und ihnen sozusagen auf die Finger klopft, wenn sie die Hand danach ausstrecken.

Der Gierige kann sich oft sehr viel leichter mit seiner Gier anfreunden, wenn er zu ihr steht. Denn dann wird er sehen, daß er schon viel mehr besitzt und schon viel mehr bekommen hat, als er selbst wahrnehmen konnte. Der Gierige fühlt sich in dem Bereich, in dem er Mangel empfindet, stets arm. Er meint, daß er in diesem Punkt bereits ein elender Bettler sei. Erst beim näheren Betrachten und bei dem Versuch, die Gier als solche vor sich selbst einzugestehen, wird ihm offensichtlich werden, daß er dort, wo er Mangel empfand, kein armer Mensch ist, daß er der Außenwelt nicht so hilflos ausgeliefert ist, wie er es zu sein glaubte, daß nun, da er erwachsen ist, niemand mehr da ist, der ihm die Grundnahrung wirklich verweigert und sein Leben damit bedroht. Er kann erkennen, daß er selbst in der Lage ist, sich mit

Nahrung zu versorgen, daß er nicht mehr darauf angewiesen ist, gefüttert und gehalten zu werden, daß er ohne weiteres die Zuwendung und Liebe, die er seinerzeit im rechten Moment vermißt hat, sich selbst geben kann. Dann wird er sich entspannen, dann wird er plötzlich feststellen, daß er mehr von anderen bekommt als jemals zuvor, da er seine Gier nicht mehr mit dem Glaubenssatz bemäntelt, daß er ohnehin niemals genug von dem bekommen wird, was er braucht.

Je häufiger sich ein Mensch mit dem Hauptmerkmal Gier und der Angst vor Mangel in den kleinen Dingen des Alltags gestattet, seine Gier vollends zu befriedigen, sei es mit zwölf Stück Torte oder mit einer enthemmten Liebesnacht, sei es indem er sich bewußt gestattet, einen Tag lang all das zu kaufen, was er immer schon haben wollte, auch wenn ihn das vorübergehend in die roten Zahlen treibt, wird er mit seiner Angst, nicht genug zu bekommen, leichter umgehen können und sie entkräften. Dadurch wird er ein gelassenerer, freierer und zufriedenerer Mensch sein.

Jede Übung dieser Art wird ihm helfen zu erkennen, daß seine Mangelsituation nicht so bedrohlich ist, wie er befürchtet hat. Und wenn er sich im Zusammenhang mit diesen Übungen einreden muß, daß er bereits erleuchtet sei, um seiner Gier nach Erleuchtung den Wind aus den Segeln zu nehmen, dann ist das für den Menschen mit der Angst vor essentiellem Mangel eine sinnvolle Maßnahme.

⑥ Der Hochmut

Angst vor Verletztwerden

− selbstgefällig ←——————————→ stolz +

Hochmut ist eine Reaktion auf die Angst, übersehen, nicht beachtet und dadurch verletzt zu werden. Hochmut ist das Hauptmerkmal all jener, die fürchten, übergangen und ignoriert zu werden. Gleichzeitig entsteht sie bei jenen, die sich nicht selbst zu zeigen wagen, sondern darauf pochen, daß andere sie entdecken müssen. Und wenn sie das nicht tun, sind sie lieblos und dumm.

Wir sprechen hier stets von einem Hochmut, der aus den Quellen der Angst gespeist wird. Es gibt auch andere Formen, die hier keine

Erwähnung finden sollen, zum Beispiel der Hochmut, der aus gesellschaftlichem Dünkel entsteht, oder der Hochmut, den außerordentliche körperliche Schönheit entstehen läßt, der nicht immer aus Angst entspringt, jedenfalls nicht aus der Angst, übersehen zu werden.

Hochmut ist ein Hauptmerkmal, das mehr noch als andere Hauptmerkmale die Menschen voneinander trennt. Denn das ist es gerade, was der Hochmütige erreichen will: Er möchte sich von den anderen unterscheiden, er möchte sich absetzen, er möchte für seine Andersartigkeit, besonders aber für seine Überlegenheit bewundert werden. Wie so oft ist auch hier ein irriges Vorverständnis von Lieben und Geliebtwerden der Grund für eine Ausdrucksform von Angst, denn der Hochmütige ist mehr als andere isoliert, und er betreibt diese Isolation, ohne es zu merken, ohne Unterlaß, so daß sie zu seinem Lebensgefühl wird. Aber er glaubt, daß er Liebe nur dann erwerben kann, wenn er sich seinen Mitmenschen gegenüber als jemand darstellt, der alles besser weiß, alles besser kann und grundsätzlich Zugang zu Geheimnissen besitzt, die anderen verschlossen bleiben müssen. Eines dieser Geheimnisse ist er selbst. Die Vorstellung, daß er einzig für seine Besonderheit geliebt und bewundert werden sollte, ist tief in ihm verwurzelt. Kein Mißerfolg kann ihn davon abbringen zu glauben, daß die Überlegenheit sein einziges Mittel sei, um Zuneigung zu erwerben.

Wir sagten schon, daß der Mensch mit dem Hauptmerkmal Hochmut stärker als andere mit anderen Hauptmerkmalen von seinen Mitmenschen getrennt ist. Die Trennmauer, die er zwischen sich und denen, von denen er geliebt werden möchte, aufbaut, ist eine Schutzmauer. Der Hochmütige ist so verletzlich, so empfindlich, so verwundbar in seinem Selbstwertgefühl, daß er glaubt, nur überleben zu können, wenn er sich ununterbrochen gegen die Nähe der anderen schützt. Er ist in großer Not, weiß aber nicht, warum, und läßt es sich auch nicht anmerken. Verwundbar ist er vor allem dadurch, daß sein Selbstwertgefühl so labil ist und aufwendige Energiemaßnahmen erfordert, um aufrechterhalten zu werden. Er ist subjektiv aufrichtig von seinem überragenden Wert überzeugt. Das unterscheidet ihn von dem Menschen mit dem Hauptmerkmal der Selbstverleugnung und auch von denen, die das Märtyrertum als Ausdrucksmittel ihrer Angst einsetzen.

Der Hochmütige ist in der Regel noch viel stärker von sich eingenommen, als er nach außen hin zu zeigen wagt. Er empfindet es als unerträglich, seinen Wert zur Diskussion stellen zu müssen. Sein Wert ist seine Trutz- und Fluchtburg. Wenn auch niemand um ihn herum ihn je erkannt hat oder erkennen wird, er weiß darum. Aber es ist offensichtlich, daß er diesen Wert aus lauter Furcht, er könne in Zweifel gezogen werden, ein wenig zu hoch ansetzt.

Der Hochmütige ist wie ein Händler, der eine Ware anzubieten hat, die in einem bestimmten Land nicht häufig zu kaufen ist, zum Beispiel jemand, der Glasperlen dort feilbietet, wo sie sehr begehrt sind. Nun ist er sich bewußt, daß er etwas Seltenes zu verkaufen hat, und setzt aus dem Bewußtsein des Marktwerts einen Preis an, den kaum einer mehr zahlen mag, da er zum Sachwert in keiner rechten Beziehung mehr steht. Sollte ein anderer kommen, der reichlich Glasperlen zu einem niedrigen Preis zu verkaufen hat, wird der allzu hoch angesetzte Preis des ersten Händlers sofort in sich zusammenstürzen.

So wird auch der Mensch mit diesem Hauptmerkmal immer heimlich von der Angst geplagt, daß ein anderer in seiner Nähe erscheinen könnte, der noch größer, noch klüger, noch fähiger, noch wertvoller ist als er und damit seinen hoch angesetzten Wert in Frage stellt. Deshalb muß er, um sich zu schützen, alle um sich herum herabsetzen, die ihm auch nur entfernt gefährlich werden könnten. Um so großzügiger verhält er sich denen gegenüber, die ihm nach seinem Urteil nicht das Wasser reichen können. Für diese hat er großes Mitgefühl, für sie empfindet er Zuneigung und Anteilnahme, während er mit denen, die ihm ebenbürtig sein könnten, aber es selbstverständlich niemals wirklich sind, leicht in Konkurrenz oder Rivalität gerät und versuchen wird, sie zu übertrumpfen oder sie an ihren Platz zu verweisen.

Der Hochmütige versucht seine Angst zu meistern, indem er sich zurückzieht, um die Isolation, die er herbeiführt, nicht spüren zu müssen. Er ist gern allein, weil ihn dann niemand angreifen oder verunsichern kann. Er ist oft ein großer Individualist, denn etwas zu tun, das kein anderer tut, etwas zu denken, das kein anderer denkt, gibt ihm die Sicherheit seiner Größe und Unverwechselbarkeit, die er braucht, um seine Einsamkeit nicht zu spüren. Er hat häufig Schwierigkeiten mit Spannungszuständen, die seinen Körper beherrschen, denn er versetzt sich in ununterbrochene Hochspannung, um die Mauern seiner Verteidigung aufrechterhalten zu können. Er will niemanden an sich heranlassen. Das ist seine Hauptsorge. Gleichzeitig sehnt er sich sehr nach wahrem, tiefem Kontakt, nach einem Kontakt, der ihn umhüllt und ihm in Aussicht stellt, daß er auch angenommen und geliebt würde, wenn er sich aus seiner Trutzburg herauswagte und sich ganz ungeschützt seinen Mitmenschen präsentierte, auch dann, wenn sich herausstellen sollte, daß er sich in einer schwachen Stunde so zeigt, wie er ist: verletzlich, schüchtern, verunsichert und ungeheuer liebebedürftig.

Unter den Menschen mit dem Hauptmerkmal des Hochmuts lassen sich zwei Gruppen unterscheiden. Diejenigen, die ihre Arroganz nach außen projizieren, könnt ihr schnell identifizieren, denn sie geben sich leicht zu erkennen. Sie sind noch mutig und kontaktfähig genug, um einen Mitmenschen offen herabzusetzen, abzukanzeln oder ihm seine Dummheit und Unzulänglichkeit offen vor Augen zu führen. Die andere Gruppe verbirgt ihren Hochmut hinter einer Mauer von Schweigen. Sie umfaßt jene, die so gehemmt, so schüchtern und so verletzbar sind, daß sie ihre Vorstellungen von der eigenen Größe und ihrem unübertroffenen inneren Wert wie ein gefährliches Geheimnis hüten, es niemandem anvertrauen, sich noch stärker in ihrer Isolation gefallen und noch mehr als die anderen bei dem Gedanken zittern, daß irgend jemand ihnen nahe genug kommen könnte, um ihr Geheimnis zu erkunden, denn dann wäre es sofort verloren, hätte keinen Wert mehr und keine Schutzfunktion.

Der Mensch mit dem Hauptmerkmal des Hochmuts ist stets scheu oder schüchtern. Aber die erste Gruppe überspielt diese Scheu, während die zweite keine Möglichkeit mehr sieht, durch große Worte oder herablassende Bemerkungen die trennenden Mauern zu durchbrechen. Die Menschen, die ihre Arroganz nur in ihrem Inneren leben, sind diejenigen, die nie etwas sagen, aber sich ihr Teil denken. Sie sind es, die niemals vermuten lassen würden, daß sie sich besser vorkommen als alle anderen. Ganz im Gegenteil verbergen sie diese Gewißheit, da sie befürchten, sie ihren Mitmenschen nicht zumuten zu können, und sie enthalten ihre vermeintliche Übergröße ihrer Umwelt vor, um die Mitmenschen nicht zu belasten, nicht zu erschrecken und ihnen nicht das Gefühl zu vermitteln, sie seien klein und unbedeutend.

Der Hochmütige ist sensibler als jeder andere, wenn es darum geht, Heuchelei, falsche Töne und allgemeine Unwahrheiten aufzuspüren.

Deshalb wird man ihm nie nahekommen können durch Schmeiche-
leien, durch verfälschte Gefühle oder durch vorgespiegelte Bewunderung und Achtung. Seine Angst vor Verletzung und vor dem Entlarvt-
werden hat seine Empfindungen so geschärft, daß er es vorzieht,
andere zu entlarven und dies auch mit großem Erfolg tut. Er übersieht
dabei, daß er mit seinen Entlarvungsstrategien die Menschen, die sich
auf ihre eigene unbeholfene und ängstliche Art ihm zu nähern versuchen, von sich forttreibt. Deshalb müssen diejenigen, die einen
Arroganten lieben wollen, immer sehr darauf bedacht sein, ihm nur
authentische und aufrichtige Gefühle entgegenzubringen, sei es in
Angeboten der Nähe oder in Angeboten der Distanz. Der Mensch mit
dem Hauptmerkmal des Hochmuts kann es leichter verkraften, wenn
sein Partner oder seine Familienangehörigen sich zurückziehen und
ihm grollen, ihm zu verstehen geben, daß sie mit seinen Handlungen
oder Ausdrucksweisen nicht einverstanden sind. Das empfindet er
deutlicher als Beweis von Liebe, wohingegen er süßliche Versprechen
und Liebesschwüre von vornherein als unwahr abtut.

Da er so unbedingt auf seiner moralischen, geistigen, praktischen
oder theoretischen Überlegenheit besteht und bestehen muß, wünscht
er Menschen um sich herum, die diese Überlegenheit anerkennen,
ohne sich von ihr vertreiben zu lassen, aber ihm auch die Möglichkeit
einräumen, wenigstens im ganz privaten Bereich seine Panzerung vorübergehend abzulegen und der Mensch sein zu dürfen, den er in sich
unterdrückt, aber doch mit zunehmendem Alter wahrnimmt: ein
Mensch, der eine zartere, dünnere, empfindlichere Membran hat als
andere. Sie ist leichter zu verletzen als bei denen, die die Angst vor der
vernichtenden Verwundung nicht so kennen wie er.

Der Mensch mit dem Hauptmerkmal des Hochmuts fürchtet stets,
verletzt zu werden, kann diese Möglichkeit aber nicht leicht zugeste-
hen, denn er wünscht sich, unversehrbar zu sein und zu bleiben. Lieber
trennt er sich und fühlt sich stets unverstanden, lieber wehrt er jedes
Angebot der Nähe von sich ab, anstatt sich auch nur vermutungsweise
der Möglichkeit zu stellen, daß er von einem Kontakt enttäuscht
werden könnte, weil er jemanden an sich herangelassen hat, der durch
seine Mauern dringt und ihn dahinter verwunden könnte.

Deshalb ist es wichtig für diejenigen, die einen Menschen mit dem
Hauptmerkmal des Hochmuts lieben möchten, sehr viel Geduld und

vorsichtige Distanz einzusetzen, um die angstvolle Abwehr des Hochmütigen zu mindern. Jeder allzu heftige Vorstoß wird die Verteidigungswälle verstärken, während eine behutsame, nicht fordernde, geduldige, abwartende Haltung dem Hochmütigen die Möglichkeit einräumt, sich langsam aus seiner unbewußten Isolationsfolter herauszuwagen und zu erkennen, daß die Türen, die er von innen verschlossen hatte, sich leicht öffnen lassen, und daß er sie auch jederzeit wieder versperren kann, wenn seine Angst es ihm gebietet.

Beständigkeit, Loyalität und immer neue, aber unaufdringliche Liebesangebote sind die wirksamste Befreiung aus dem Gefängnis der Angst, das ein Mensch mit dem Hauptmerkmal des Hochmuts um seinen Wesenskern herum errichtet hat. Wenn er die Äußerungen seines Hochmuts und seine hilflose Herablassung erst einmal als Ausdrucksform seiner Angst vor dem Verletztwerden erkannt und akzeptiert hat, wird es ihm nun leichter fallen als den meisten anderen, die von ihren Grundängsten gepeinigt werden, seine Trutzburg zu verlassen; denn er wird sehr schnell die ungeheure Erleichterung und die zunehmende Wärme spüren, die sein Körper und seine Psyche empfinden, wenn er trotz dieser Angst die Nähe anderer und die Liebe seines Partners zulassen kann. Die Unnahbarkeit, die ihn wie eine unsichtbare Hülle umgab, wird sich auflösen. Er wird sich anrühren lassen, wenn er sich der Treue seines Partners und der Loyalität seiner Freunde gewiß ist.

⑦ Die Ungeduld

Angst vor Versäumnis

– unduldsam ◄─────────────► waghalsig +

Ungeduld ist Ausdruck der Angst, eine gute Gelegenheit zu versäumen. Der Ungeduldige kennt viele Wege, um seine Ungeduld zu rechtfertigen, denn sein Eifer, sein Wunsch, alles zu beschleunigen und eilig auf seine Ziele hinzusteuern, werden von ihm im allgemeinen als eine sehr positive Regung verstanden, und seine Eilfertigkeit gilt auch im sozialen Kontext seines Lebens selten als anstößig. Dennoch wird der Ungeduldige im Laufe seines Lebens erkennen können und, wenn er wirklich wachsen will, erkennen müssen, daß sein Bestreben, alles so schnell, so gut und so effizient wie möglich zu machen, ihm als Ausdruck seiner Angst im Wege steht, daß dieses Bedürfnis ihn auf mehr als eine Weise von dem trennt, was er anstrebt, nämlich der richtige Mensch am richtigen Ort zur richtigen Zeit zu sein.

Der Ungeduldige kann den Augenblick nicht wirklich annehmen. Es fällt ihm schwer, das, was jetzt und heute ist, als vollkommen wahrzunehmen. Er wartet immer darauf, daß etwas anderes, etwas Neueres, etwas Besseres passiert, und er hat Angst, in Trägheit zu verfallen, weil er befürchtet, dieses andere, Neuere und Bessere zu versäumen. Und dadurch trennt er sich von dem, was ihn erfüllen könnte: eine Ruhe, die aus dem Bewußtsein entspringt, daß immer all das, was jetzt ist, das Richtige ist. Niemand kann das schlechter erkennen als der Ungeduldige.

Der Mensch mit dem Hauptmerkmal der Ungeduld setzt sich selbst und seine Mitmenschen unter einen starken Druck. Dadurch, daß er immer alles anders haben möchte, als es im Augenblick ist, betrügt er sich um die Möglichkeit seiner persönlichen Zufriedenheit. Er ist immer in Gefahr, Zufriedenheit mit Langeweile zu verwechseln. Zufriedenheit erscheint ihm wie der Ausdruck einer schalen Stagnation. Nur wenn er ein Ziel hat, auf das er unermüdlich hinstreben und das er mit Ungeduld verfolgen kann, fühlt er sich glücklich. Wenn er das Ziel erreicht hat, breitet sich in ihm eine unangenehme Leere aus, die ihm verwehrt, die Früchte seiner Ungeduld zu genießen.

Der Ungeduldige kann im Leben viel erreichen. Doch wird es ihm immer schwerfallen, sich an dem Erreichten zu freuen, denn jede Etappe seiner langen Reise von einer verpaßten Gelegenheit zur anderen wird ihn mit einem Gefühl von Halbheit erfüllen, und immer wird er das Erreichte nur als eine Stufe auf der Leiter zu seinem vermeintlichen Glück akzeptieren können. Ungeduld macht unruhig. Der Ungeduldige leidet darunter, daß er nicht verweilen kann. Er hetzt sich, und mehr noch als sich selbst hetzt er die anderen, die er als Helfer für seine unruhigen Ziele einspannt, mit der Meute seiner Ängste – die sich alle im letzten Urgrund auf die Angst, allzufrüh sterben zu müssen, zurückführen lassen – zu Tode.

Ungeduld als Hauptmerkmal der Angst eines Menschen entsteht häufig dann, wenn ein Kind, das auf die Welt kommt, während der

Schwangerschaft, bei der Geburt oder während des ersten Lebensjahres in Gefahr gerät, das gerade gewonnene Leben zu verlieren, oder wenn es sich nicht im klaren darüber ist, ob es die gewählte Inkarnation wirklich mit all ihren Konsequenzen leben möchte oder nicht. Aus diesem Zaudern, aus dieser Lebensangst heraus möchte die Seele des Kindes immer am liebsten nicht dort sein, wo sie ist. Sie möchte wieder zurückkehren in den Mutterschoß oder auf die astrale Ebene, auf der sie sich eine Zeitlang zum Ausruhen befunden hatte. Und da dieses Ausruhen ihr gutgetan hat, sehnt sie sich dorthin zurück. Auf der astralen Ebene jedoch war sie sich sicher, daß sie sich erneut inkarnieren wollte, um sich den selbstgestellten Aufgaben und Verpflichtungen zu widmen. Der Wunsch nach Ruhe, der durch die Unruhe des Geborenwerdens und der ersten Lebensmonate – besonders dann, wenn eine Krankheit oder ein Gebrechen beim Säugling auftreten – sein Leben bestimmt, löst in ihm den Wunsch nach ewiger Ruhe aus. Aber nun lebt er einmal und will auch dieses Leben nicht zerstören, das er gerade mit viel Mühe zustande gebracht hat. Dennoch möchte er am liebsten an einem anderen Ort in einem anderen Zustand sein.

Wenn er nun einmal eingesehen hat, daß beides zugleich nicht möglich ist, sieht er keine andere Lösung, als das nun einmal begonnene Leben so schnell, so effizient und so zielstrebig wie möglich durchzuführen. Darin kann er ungemein geduldig sein! Und immer dann, wenn seine Zielstrebigkeit nachläßt und aus unserer Sicht die eigentliche Lebensqualität, die Zentriertheit und Ruhe eintreten könnten, fühlt der Mensch mit dem Hauptmerkmal der Ungeduld sich unwohl, beginnt er zu verzweifeln und möchte sein Leben am liebsten beenden, da er diese Zeit der Ruhe für eine Zeit hält, in der nichts geschieht und in der sein Leben seinen Sinn verloren hat.

Wir sagten bereits, daß das Hauptmerkmal der Ungeduld zurückzuführen ist auf die Angst, allzufrüh sterben zu müssen. Denn ein Mensch, der nicht darauf vertrauen kann, daß sein Leben mit absoluter Sicherheit genau so lange währen wird, wie seine Seele es braucht, um ihre Aufgaben zu erfüllen, wird immer fürchten, daß er nicht genug Zeit hat und aus dem Körper scheiden wird, bevor er die vermeintliche Befriedigung erlangt hat. Die Angst, allzufrüh und zur Unzeit sterben zu müssen, erzeugt die schon erwähnte Unruhe, eine existentielle Unruhe, die den Menschen mit dem Hauptmerkmal der Ungeduld unermüdlich und oft verzweifelt nach dem Sinn seines Lebens forschen läßt und ihm den Blick darauf verwehrt, daß der Sinn seines Lebens in seinem Am-Leben-Sein beschlossen ist, daß es keinen Sinn außerhalb zu suchen gibt, keinen Sinn an einem anderen Ort, in einem anderen Zustand, in einer anderen Tätigkeit, in einer anderen Befriedigung als nur in dem Faktum allein, daß er lebt und seiner Seele dadurch die Möglichkeit schenkt, in einem Körper ihren Belangen nachzugehen und ihre eigenen Wege zu beschreiten, die sie mit Bedacht gewählt hat, ohne jemals den Sinn dieser Wahl in Frage zu stellen.

Der Mensch hingegen, der das Hauptmerkmal Ungeduld zum Herrscher über sein Leben macht, ist immer wieder geneigt, mit todesmutigen Herausforderungen Leben und Gesundheit aufs Spiel zu setzen, mit waghalsigen geistigen oder körperlichen Unternehmungen seiner Existenz Herausforderungen entgegenzuschleudern, sozusagen um sie zu einer klaren Stellungnahme zu veranlassen, die ihm symbolisch bedeuten könnte, daß, was immer er sich antut oder in welche Gefahr auch immer er seinen Körper bringt, der Tod ihn flieht und daß das Jenseits, nach dem er sich einerseits sehnt und das er andererseits fürchtet, ihn verschmäht. Er hofft somit, von seinem ewigen Zweifel, ob er nun besser gar nicht leben soll oder wenigstens so unruhig und schnell wie möglich, befreit zu werden.

Der Ungeduldige möchte, daß sein Leben ihm eindeutig und nachhaltig beweist, daß es lebenswert ist, daß er gebraucht wird und daß er so, wie er ist, und dort, wo er ist, geliebt wird. Die kühnen Herausforderungen, die waghalsigen Taten und die Gewohnheit, sich in irgendeiner Weise zu exponieren, sich angreifbar zu machen – sei es auf einer zwischenmenschlichen Ebene oder durch die Gewalten der Natur –, vermittelt dem Menschen mit dem Hauptmerkmal der Ungeduld ein intensives Lebensgefühl. Er kann in diesen Zeiten unausgesetzt darauf hoffen, daß er sein Ziel, Sinn und Klarheit und Eindeutigkeit in sein Leben zu bringen, bald erreicht haben wird.

Wenn hingegen seine Angst darin besteht, sein Leben mit der Illusion der Sinnlosigkeit vergeuden zu müssen – wir drücken es so aus, aber für den Ungeduldigen ist es keine Illusion –, dann verachtet er sich selbst so sehr dafür, daß er angeblich keinen Sinn in sein Leben hineinbringen kann, daß er noch tiefer in die Verzweiflung, in die Nebelhaftigkeit und Orientierungslosigkeit hinabstürzt.

Dann wird er sich selbst gegenüber ungeduldig, und um sich nicht übermäßig zu martern und sich zu lähmen, projiziert er die Unduldsamkeit und die Verachtung, die er für sich selbst empfindet, und seine Angst vor Sinnentleerung auf andere. All die, die seiner Meinung nach nicht genug dafür tun, um ihrem Leben einen Sinn zu geben, und all die, die nicht die Ziele vertreten, die er sich gesetzt hat, werden dann von ihm mit einem Bann belegt, der ihnen ihre Existenzberechtigung nahezu abspricht. Das macht ihn intolerant gegenüber jenen, die ganz anders sind als er, gegenüber jenen, die seine Vorstellungen von einem sinnvollen Leben nicht teilen, vor allem aber gegenüber jenen, die ihn und seine labile Sicherheit in seinem eigenen Leben und seiner eigenen Existenz bedrohen oder gefährden.

Der Ungeduldige kann sehr mitreißend und sehr motivierend wirken, solange er nicht intolerant wird. Wenn es ihm gutgeht und er nicht auf dem Tiefpunkt seiner Krise mit sich und anderen unduldsam wird, ist er ein Mensch, der die Merkmale seiner Angst hervorragend einsetzen kann, indem er sie auf ein Objekt, auf ein Projekt oder auf eine Strukturierung fokussiert, die ihm sinnvoll erscheinen. Da er so mitreißend wirkt, hat er die Eigenschaften eines Anführers, und er wird so lange als guter Vorgesetzter oder Projektleiter akzeptiert werden können, bis seine Furcht, das Projekt nicht perfekt verwirklichen zu können, ihn intolerant und allzu fordernd werden läßt und ihn dazu veranlaßt, die Mitarbeiter unter einen starken und manchmal unerträglichen Druck zu setzen, der ihnen diktiert, daß sie – ebenso wie er es tut – all ihre Kräfte konzentriert dazu einsetzen müssen, in den Zielen, auf die das Projekt gerichtet ist, ihren Lebenssinn und Lebensinhalt zu erkennen. Da sie aber in der Regel nicht alle das Hauptmerkmal der Ungeduld mit ihm teilen, fühlen sie sich auf unbegreifliche Weise benutzt, obgleich dieses Gefühl nirgends objektiv begründet werden kann und die Bedingungen der gemeinsamen Arbeit von ihnen nicht nur selbst bejaht und mitgeschaffen wurden, sondern ihnen auch zusagten.

Der Schlüssel liegt darin, daß der Ungeduldige sie unmerklich für das Ziel einsetzt, seine Lebens- und Todesangst zu bekämpfen. Da dieses Ziel aber so tief im Inneren des Ungeduldigen verborgen liegt, daß er selbst nichts davon ahnt, fühlen sich die Menschen, mit denen er zusammenwirkt, auf ebenso verborgene Art von ihren eigenen Zielen entfremdet, ohne daß sie sich bewußt der Situation klar werden können.

Der Ungeduldige ist hin- und hergerissen zwischen dem Bemühen, für alles eine Engelsgeduld aufzubringen, und seiner inneren Getriebenheit. Er pendelt zwischen einer effizienten Entscheidungsfreudigkeit und einer lethargischen Entscheidungslähmung, je nachdem, wieviel Angst er hat, irgend etwas zu versäumen. Er schwankt zwischen einer Kühnheit und Waghalsigkeit, die seinen Mitmenschen Bewunderung abnötigt, und einer scharfen Unduldsamkeit, die in ihnen starke Abwehr hervorruft. Die drängende Art, die den Ungeduldigen so deutlich charakterisiert, und auch sein Bestreben, niemals zu stagnieren oder Langeweile aufkommen zu lassen, machen ihn zu einem Partner im privaten und im öffentlichen Bereich, der ein interessanter, dynamischer, lebendiger und oft gerade wegen seiner Kühnheit in kleinen und großen Äußerungen des Lebens bezaubernder Mensch sein kann – wenn sein Hauptmerkmal nicht allzu heftig die Todesfurcht oder Todessehnsucht umformen muß.

Wenn er nur darauf vertrauen würde, daß er auch ohne die ungeheure Energie, die er aufbringt, um seinem Leben einen Sinn zu verleihen, existiert, daß seine Existenz und seine Berechtigung zu existieren aus ganz anderen Quellen gespeist werden als aus seiner Angst, daß seine Angst, nicht am richtigen Ort zu sein, nicht im richtigen Körper und zur rechten Zeit das Richtige zu tun, vollkommen unberechtigt ist – dann könnte der Ungeduldige ein überaus gelassenes, zufriedenes Leben führen, ein Leben, das seine Sinnhaftigkeit aus sich selbst schöpft. Und er könnte alle kreativen Kräfte, die dem Leben per se innewohnen, mobilisieren und all das, was er bislang aus Unruhe, waghalsiger Kühnheit oder Unduldsamkeit getan hat, um vorwärtszukommen, auch ohne diese scharfen Herausforderungen erreichen. Er kann seine Ziele, seine Aufgaben, seine Vereinbarungen mit sich selbst und anderen auch erfüllen, wenn er sich nicht so eilt, sondern sich die Ruhe gönnt, den Augenblick zu genießen.

III
Das Entwicklungsziel

Übersicht
Die Entwicklungsziele

Expression

⑤
Akzeptieren

– Liebenswürdigkeit   Güte +

②
Ablehnen

– Vorurteil   Urteilskraft +

Inspiration

⑥
Beschleunigen

– Verwirrtheit   Einsicht +

①
Verzögern

– Rückzug   Rückschau +

Aktion

⑦
Herrschen

– Diktatur   Führung +

③
Unterordnen

– Unterwerfung   Hingabe +

Assimilation

④
Stillstehen

– Erstarrung   Innehalten +

Über das Entwicklungsziel

Wer sich in der von Raum und Zeit entlasteten Atmosphäre des Zwischenlebens aufhält, ist – wenn er den Entschluß für eine neuerliche Inkarnation faßt – in hohem Maße darauf konzentriert, sich für diese neue Inkarnation als erstes auch ein neues Ziel festzusetzen, denn die Wahl des Wachstums- und Entwicklungsziels bestimmt die meisten weiteren Faktoren, die diesem Ziel bei- und untergeordnet sind.

So ist zum Beispiel die Entscheidung für eine bestimmte Rasse oder eine bestimmte kulturelle Umgebung davon abhängig, welches Ziel sich eine Seele für eine Inkarnation gesetzt hat. Das Ziel bestimmt in hohem Maße die Erfahrungen, die ein Mensch zu machen gewillt ist. Und umgekehrt entsprechen die Erfahrungen, die ein Mensch macht, in hohem Maße dem Ziel, das er sich gesetzt hat.

Um eure Essenz, die immer und überall ihre Gültigkeit behält, braucht ihr euch nicht weiter zu kümmern. Ihr müßt sie nicht sichern. Auch die Wahl eurer Basisangst erfordert weniger Sorgfalt. Ihr werdet gerne und fast automatisch zu der nächstbesten oder nächstgelegenen Angst greifen, um sie euch zu eigen zu machen. Aber die Wahl eines Entwicklungsziels, das ein ganzes irdisches Leben lang gültig sein soll, erfordert viel Sorgfalt und eine Konzentration und Überlegung, die lohnend eingesetzt werden.

Die Wahl des Ziels wird in der Regel auch abgestimmt mit anderen Seelen, die dem Wählenden nahestehen, denn andere Seelen aus derselben Seelenfamilie müssen häufig zur Unterstützung des Entwicklungsziels herangezogen werden. Zum Erreichen eines Lebensziels, eines Inkarnationsziels in diesem Sinne bedarf es der Kooperation, das heißt der aktiven Zusammenarbeit mehrerer Seelengefährten, die auch bereit sind, nach Absprache und auf Vereinbarung jene Handlungen zu vollziehen und jene Entscheidungen zu treffen, die dem Wählenden und Wachsenden sein Wachstum erleichtern oder ihm auch gewisse Entscheidungen abverlangen, ihm sozusagen Steine in den Weg legen, damit er einen Anlauf nimmt oder eine Anstrengung macht, sie zu überwinden.

Jedes Entwicklungsziel erfordert Reibung. So wie ein Kind oft dann einen großen Schritt in seinem körperlichen und seelischen Wachstum macht, wenn es auf Schwierigkeiten trifft oder auch eine physische Krankheit es zwingt, sich eine Zeitlang zur Ruhe zu begeben, so wird auch die Seele erhebliche Fortschritte in ihrer Entfaltung machen, wenn das Leben, die Existenz oder andere Personen ihr einige Widrigkeiten präsentieren, damit sie sich daran messen kann.

Wir sagten: Um eure Essenz müßt ihr euch nicht weiter kümmern, und auch die Angst wählt sich wie von selbst. Nun hat aber auch das Ziel eine gewisse selbsttätige Wirkung. Damit wollen wir sagen, daß das Ziel, wenn ihr es euch einmal festgesetzt und gewählt habt, unverrückbar bestehen bleibt und selbsttätig in dem Sinne ist, daß es wie ein Leuchtturm euer Leben und all das, was ihr tut und erlebt, ausleuchtet und euch immer, ob ihr es wißt oder nicht, ob ihr es bewußt wahrnehmt oder nur unbewußt, einen Richtwert liefert und eine Orientierungshilfe, ohne daß es starker oder ermüdender Anstrengungen bedarf.

Nicht also ihr müßt mühsam wie mit einem Kompaß euren Weg finden, sondern euer Ziel ist immer da, um euch in der Dunkelheit zu leuchten. Was immer ihr tut oder was immer ihr unterlaßt – es dient eurem Entwicklungsziel. Jede Unterlassung führt früher oder später zu der Erkenntnis, daß ihr einen kleinen Umweg gegangen seid. Aber die Hauptstraße werdet ihr immer wiederfinden. Ihr werdet es auch deutlich spüren, wenn ihr eurem Ziel, dem großen Leuchtturm, ein wenig näher gekommen seid. Eure Wahrnehmung, sei sie bewußt oder unbewußt, ist immer wach für die Belange eures Entwicklungsziels.

Wie bei anderen Elementen des Seelenmusters könnt ihr auch hier in bezug auf das Ziel mit einer gewissen Klarheit und Leichtigkeit überprüfen, ob ihr ihm euch nähert oder einen Umweg wählt. Entfernen von eurem Ziele könnt ihr euch nicht, denn es handelt sich um ein Lebensthema, das ihr von allen Seiten betrachtet, das ihr passiv oder aktiv erlebt. Früher oder später werdet ihr es erreichen. Und wenn ihr am Ende eures Lebens nicht ganz bis an den inneren Ort gelangt seid, wo euch der Leuchtturm winkt, so kommt ihr doch immer nahe genug, um seine Umrisse und seine tröstende Wirkung zu erkennen.

Das Ziel, das ihr euch setzt, könnt ihr im nächsten Leben oder zu einem anderen Zeitpunkt wiederholen. Wenn ihr spürt, daß euch diese Richtung, die ihr in einem Leben eingeschlagen habt, wohltut, könnt ihr sie ein zweites oder ein drittes Mal wählen. Genauso gut und genauso gern jedoch könnt ihr euch in jedem eurer Einzelleben ein neues Ziel setzen und somit in schöner und stetiger Abfolge alle Ziele ins Auge fassen, denn letzten Endes befinden sich alle Leuchttürme auf derselben großen Insel.

① Die Verzögerung

− Rückzug ⟵	⟶ Rückschau +

Die gesellschaftlichen und kulturellen Bedingungen, unter denen ihr lebt und leidet, bringen es mit sich, daß auf Wachstum und Fortschritt große Stücke gehalten werden und daß der natürliche Gegenpol zu diesen Faktoren, nämlich die Verzögerung oder Verlangsamung, vernachlässigt wird, daß sie als etwas betrachtet wird, das es zu vermeiden gilt, als etwas, das sich nicht gehört, wie ein Makel, ein Mangel oder ein Aussatz. Es ist uns ein großes Anliegen, euch von diesem kulturell geprägten Mißverständnis zu befreien und euch zu zeigen, daß euer Fortschrittsglaube euch schnell dazu verleitet, den Wert, der in der Verzögerung liegt, zu verkennen.

Verzögerung ist in allen ihren Ausprägungen ebenso wertvoll wie Beschleunigung, nicht nur als ein Entwicklungsziel der Seele, sondern grundsätzlich. Was wäre ein Fahrzeug ohne Bremse? Wolltet ihr immer nur beschleunigen, ihr könntet dort nicht anhalten, wo euer Ziel ist.

Die Kunst zu bremsen, die Kunst zu verzögern, findet auf vielen Gebieten eurer Existenz ein weites Betätigungsfeld. Diejenigen, die die Kunst der Verzögerung beherrschen, sei es beim Liebesakt oder beim Vortrag eines Gedichts, werden anderes aus der Situation lernen und auf andere Weise von ihr profitieren als diejenigen, die das, was sie erreichen wollen, im Sturmschritt angehen.

Und jene, die sich das Entwicklungsziel der Verzögerung gesetzt haben, sind nicht zu bedauern, sie sind nicht zu betrachten als Menschen, die nun einmal leider länger brauchen als andere. Vielmehr solltet ihr sehen, daß sie unter den Umständen, in denen sie sich inkarnieren, eine besondere Bereitschaft zeigen, gegen den Strom zu schwimmen. Gerade weil sie umgeben sind von Menschen – von einer großen Übermacht von Menschen –, denen nichts schnell genug geht und die ihre Ego-Erfüllung in ständiger Veränderung, in unaufhaltsamem Fortschreiten aller Entwicklungen finden, suchen die Menschen mit dem Ziel der Verzögerung die Ruhepunkte des Lebens, ohne sie allzu leicht finden zu können.

Der Mensch, der sein Wachstum durch Verzögerung erlangt, hat in eurer Gesellschaft Mühe und ringt um Anerkennung, wenn er auf seiner Verzögerung beharrt und darauf besteht, daß sie ihm zugebilligt wird, ohne daß er auf Ablehnung stößt. Das Motto dieses Menschen heißt: »Halt, nicht so schnell! Ich muß mir das alles noch einmal genau anschauen!« Das bedeutet nicht, daß ein Mangel an Intelligenz oder Auffassungsgabe vorliegt; es bedeutet nicht, daß ein Mensch mit dem Entwicklungsziel der Verzögerung geistig zurückgeblieben oder motorisch behindert sein muß, obgleich diese Lösungen nicht selten gewählt werden, um eine Verzögerung unter allen Umständen zu garantieren.

Verzögerung bedeutet Zeitgewinn. Verzögerung bedeutet, sich alles gründlich überlegen zu dürfen, bevor der nächste Schritt gemacht wird. Verzögerung bedeutet, nicht über die Details hinwegzugehen, um das Ganze zu betrachten, sondern das Ganze in seine Teile zu zerlegen und sich die Muße zu gestatten, alles mit der Lupe zu untersuchen und die Geduld aufzubringen, ein Ganzes auseinanderzunehmen und auch wieder zusammenzusetzen.

Der Mensch, der sich Verzögerung zum Ziel setzt, hat in den meisten Fällen eine lange Periode eiligen Wachstums hinter sich. Nun hat er beschlossen, auf eine neue Art zu wachsen. Seine Seele ist außer Atem und braucht eine Ruhepause. Zu einem Stillstand will sie es nicht kommen lassen, aber eine Verzögerung, ein Fortschreiten in langsamen Schritten kann sie sich gestatten. So strebt sie doch weiter dem großen Tor zu. Sie muß nicht stehenbleiben, aber sie kann nun auch einmal die Zeit finden, sich umzudrehen, zurückzuschauen in die

Vergangenheit, den Wert des Vergangenen erkennen, anstatt ihn in aller Eile zu übersehen oder gar abzulehnen. Sie kann sich die Zeit nehmen zu schlendern und dadurch Erlebnisse haben, die einem Eiligen niemals zuteil werden. Darum ist der Eilige nicht besser und nicht schlechter und auch der Zögernde nicht besser und nicht schlechter dran als alle anderen, die sich Ziele suchen, die ebenfalls ihr Wachstum fördern auf eine ganz eigene und eigentümliche Art und Weise.

Wir sagten, daß es für den, der seinen Schritt verzögert, wichtig ist, zurückzublicken und die Vergangenheit einer genauen Prüfung zu unterziehen. Das ist mit dem positiven Pol der Rückschau gemeint. Rückschau bedeutet, all das, was auf dem Weg zurückgelassen wurde, noch einmal zu prüfen auf seinen Gehalt und auf seinen Wert hin, um zu erkennen, daß vieles davon weiterhin nützlich ist und seine Schönheit nicht verloren hat, obgleich es ein wenig aus der Mode gekommen ist.

Derjenige, der sich die Verzögerung zum Ziel wählt, wird in aller Regel Freude an den Strukturen, den Mythen und den Künsten der Vergangenheit haben. Er wird sich mit seiner eigenen Geschichte und mit der Historie seiner Umgebung, mit der Vergangenheit seines Volkes und der anderer Völker gerne beschäftigen. Am liebsten aber taucht er in die Urzeiten zurück, die in ihm Erinnerungen wecken, die kaum ein anderer teilen kann. Diese Rückschau gibt ihm Kraft, denn sie bindet ihn ein in eine Kontinuität, die ihre eigene Wahrheit hat und die ihm die Sicherheit gibt, unvergänglich zu sein.

Der Rückschauende besitzt einen Schlüssel, der ihm die Tore öffnet zu den Tiefen und dunklen Abgründen nicht nur seiner eigenen Seele, sondern der ganzen Menschheit. Er verschmäht niemals das, was dunkel, unerklärlich und sogar für manche verwerflich erscheint. Nichts bewegt ihn so sehr wie das Rohe, das Ungeglättete, das Archaische, das Wilde. Er verspürt eine Sehnsucht, diese ungeglätteten Bereiche in sich zu assimilieren und zu integrieren. Und deshalb setzt er sich gerne mit Gestalten in Verbindung, seien sie real, historisch oder literarisch, die diese Eigenschaften aufweisen.

In seinen besten Stunden fühlt sich der, der sich seinem seelischen Entwicklungsziel gemäß der Vergangenheit zuwendet, der Natur – und nicht nur der vegetabilen oder animalischen, sondern auch der menschlichen – in besonderer Weise verbunden. Keiner benötigt so sehr wie er den direkten Kontakt mit der Erde, dem Wasser, den Bäumen und, wenn es möglich ist, den Wolken. Er kann sich auf eine eigentümliche Weise entgrenzen, indem er eins wird mit all dem, was ist und besonders mit allem, was einmal war.

Nun neigt derselbe Mensch aber auch leicht dazu, sich zu verkriechen und sich zurückzuziehen, wenn ihn die Angst übermannt, so daß er oft in Bereiche flüchtet, in denen ihn der Mitmensch nicht mehr erreichen kann. Wenn jemand mit dem Ziel der Verzögerung sich nicht wohl fühlt, sich bedrängt sieht oder in eine angstvolle Stimmung gerät, wird er stark zur Regression neigen. Er wird sich sehr klein und hilflos fühlen und sich am liebsten an einen Ort verziehen, an dem er ganz allein ist. Wenn er eine Höhle besäße, wäre sie ihm ein Heim, aber das Bett tut es auch. Und der Mutterleib wird, so häufig es geht, simuliert als der Ort, der im Zustand der Angst die meiste Geborgenheit verspricht. Rückzug jedoch braucht nicht nur der Körper. Auch die Psyche schafft sich ihre Bereiche, in die sie sich zurückziehen kann. Eine Kindlichkeit, eine Naivität, die einen Schutz verspricht, der nicht wirklich ist, müssen oft dazu dienen, die Bedrohlichkeit der Welt, die alles unter das Banner des Fortschritts stellt, von sich abzuwenden. Heftige, schnelle Veränderungen sind dem Menschen mit dem Ziel der Verzögerung ein Greuel, und zwar besonders dann, wenn sie ihn in seiner langsamen Beschaulichkeit behindern und ihm die Gelegenheit rauben, dort seinen Schritt zu verlangsamen, wo er besser verstehen will, wo er seinen Schutz braucht, wo er vermeiden möchte, über eine Sache hinwegzugehen, die ihm wichtig und wertvoll ist. Deshalb ist es von besonderem Vorteil, wenn er sich einen inneren oder äußeren Ort schafft, an dem er immer wieder seinem Ziel, zu verzögern, nahekommen kann; einen Ort, der stabil ist, der sich nicht verändert, der ihm Geborgenheit gewährt und ihm gewährleistet, daß er alle Zeit hat, das, was mit ihm passiert, von allen Seiten und unter sämtlichen Aspekten zu beobachten.

Der Mensch mit Verzögerung als Ziel und Thematik seiner aktuellen Existenz ist ein rechter Wiederkäuer. Er braucht – wie eine wertvolle Milchkuh – die Möglichkeit, das soeben Verschluckte noch einmal hervorzuholen, wieder zu schmecken, zu verdauen und durch seine verschiedenen Mägen hindurchzuleiten. Wenn ihm das nicht gestattet wird oder er selbst sich nicht die Zeit dazu nimmt, kann er keine gute

Milch geben. Wenn er aber seine Bedürfnisse nicht als Mangel oder Laster ansieht, sondern als eine schöne Notwendigkeit, wird die Milch von großer Süße und kräftigem Gehalt sein, und er wird sich selbst und andere damit nähren können. Die Urtümlichkeit dieses Vorgangs mag ihm ein Anlaß sein, sich selbst die Umstände zu schaffen, in denen er ruhend seine Erlebnisse verarbeiten kann, ohne gestört zu werden. Wenn eine wertvolle Milchkuh beim Verdauen ständig mit der Peitsche auf der Wiese umhergetrieben wird, muß sich der Bauer nicht wundern, wenn ihre Milch versiegt.

Darum gilt für alle, die sich dieses Ziel gewählt haben, daß sie sich ruhig niederlassen sollten. Sie gewinnen das Wesentliche, wenn sie den an Eile und Fortschritt orientierten Normen der sie umgebenden Gesellschaft, die ihnen ein schlechtes Gewissen machen und ihnen immer vor Augen halten, daß Langsamkeit Unwert bedeutet und Schnelligkeit den Sieg davontragen muß, eine deutliche Absage erteilen.

② Das Ablehnen

| – Vorurteil ◄———————————► Urteilskraft + |

Das Wort, der Begriff, das Konzept, die gesamte Vorstellung von »Akzeptieren« ist euch angenehm. Es löst Sehnsucht aus und die Vorstellung von Weite, von Liebe und von Geborgenheit. Ihr alle bemüht euch über die Maßen, akzeptiert zu werden, und ihr alle erkennt auch – zumindest theoretisch – den Wert, der darin liegt, zu akzeptieren.

Doch wehe, wenn ihr das Wort »Ablehnen« hört. Dann krampft sich in euch etwas zusammen, dann bekommt ihr Angst, dann fühlt ihr euch bedroht. Deshalb ist euch die Vorstellung, daß Ablehnen auch etwas Positives sein könnte, ganz fremd.

Als eingekörperte Seelen unterliegt ihr dem Gesetz der Dualität, und ihr erfahrt – bewußt oder unbewußt –, daß alles, was ihr als Leben empfindet, in Polaritäten gestaltet ist. Wenn ihr nun lernen wollt, was Akzeptieren bedeutet, müßt ihr zunächst begreifen, wie wichtig das

Ablehnen, das Ablehnenkönnen, das Abgelehntwerden für das Ziel des Akzeptierens ist.

Das Ziel des Ablehnens mit allen seinen Aspekten ist geradezu die Voraussetzung dafür, daß ihr überhaupt erkennen könnt, was Akzeptieren sein kann. Und deshalb ist das Setzen eines Ziels mit dem Inhalt des Ablehnens die notwendige Vorstufe für das Ziel des Akzeptierens. All diejenigen von euch, die das Ziel des Akzeptierens gewählt haben, haben sich im vorigen oder vorvorigen Leben mit der Ablehnung auseinandergesetzt. Und diese Sequenz – erst Ablehnen erforschen, dann Akzeptieren erforschen – wiederholt sich mehrmals im Laufe eures Inkarnationszyklus. Dasselbe gilt für die Sequenzen Verzögerung und Beschleunigung, Herrschaft und Unterordnung.

Was bedeutet »Ablehnen«? Wichtig ist zunächst, daß ihr das Wort von seiner Bedrohlichkeit entlastet, daß ihr den Begriff des »Ablehnens« als einen Ausdruck innerer Stärke versteht, daß ihr eindringt in die Bedeutsamkeit des Vorgangs, der Ablehnung notwendig macht, um Wahrheit herauszufiltern. Wenn ihr das Wort »Ablehnen« hört, reagiert ihr darauf genauso wie auf das Wort »Akzeptieren«. Ihr wollt akzeptiert werden, und ihr fürchtet euch, abgelehnt zu werden. Ihr bezieht also sowohl das Akzeptieren als auch das Ablehnen ängstlich auf euch, als ob es nicht genauso darum ginge, zu akzeptieren und selbst auch abzulehnen. Und darin liegt die viel tiefere Weisheit. Dazu gehört viel Mut. Selbst nein zu sagen zu etwas, das nicht zu euch paßt, das erfordert Courage, das verleiht Stärke, das macht klar und schön.

Die Umsicht, die damit verbunden ist, verhilft euch dazu, das Ablehnen als einen Vorgang zu verstehen, der sich mit Sichten und Sieben beschäftigt. Mit Sichten und Sieben von Personen, von Berufen, von Gedanken, Philosophien, Reaktionen, Handlungen und so fort, die euch aufbauen oder abbauen, die euch beglücken oder bedrücken, die euch wohltun oder euch schädigen, die euch weiterbringen oder euch hemmen. Dieser Vorgang des Sichtens und Siebens wird von uns »Ablehnen« genannt und bezeichnet ein seelisches Entwicklungsziel. Und das aus gutem Grund. Denn wenn ihr euch allzusehr an das anlehnt, was andere euch bieten, stützt ihr euch auf schlechte Krücken. Wenn ihr die Krücken ablehnt, werdet ihr frei, dorthin zu gehen, wohin ihr wollt, und das mit eurer ganz individuellen Geschwindigkeit.

Wir sagten, zum Ablehnen gehört viel Mut, denn ihr könnt euch vorstellen, daß mit jedem Akt der liebevollen Ablehnung, der umsichtigen Siebung, das Risiko verbunden ist, daß ein Mensch, eine Situation oder ein Ding abgelehnt wird und daß ein anderer Mensch, der sich abgelehnt sieht oder auch nur abgelehnt fühlt, auf seine Weise reagieren wird. Und diese Reaktionen zu erfassen und zu ertragen ist nicht immer einfach. Aber der Kontrast zwischen dem, was für euch gut ist, und dem, was andere euch als gut vorschlagen oder aufdrängen wollen, um sich selbst zu schützen oder um ihre Interessen zu vertreten, hilft euch, das Eigentliche, was ihr seid, und das eigentliche Ziel eures Weges herauszukristallisieren.

Wir wünschen uns, daß ihr mehr Gewicht zu legen lernt auf die heilsame Maßnahme des Ablehnens, des Neinsagens. Das Jasagen hat nur Wert, wenn man nein sagen kann, sonst wird es schnell zur Liebedienerei. Neinsagen und Jasagen sind Aspekte von Freiheit. Wer nicht jasagen kann, ist gefangen. Ebenso ist der gefangen, der nicht neinsagen kann. Wenn ihr nun lernt, Ablehnen als etwas zu verstehen, das ihr selbst vertreten dürft, ohne dafür abgelehnt zu werden oder, wenn es trotzdem passiert, damit fertig zu werden, könnt ihr auch in eine Haltung hineinwachsen, die anderen gestattet, ebenfalls abzulehnen, auch wenn ihr selbst in dieser Ablehnung mit enthalten seid.

Eure große Furcht vor dem Abgelehntwerden entsteht vor allem dadurch, daß ihr Ablehnung so eng an Gefühle von Lieblosigkeit gekoppelt seht, daß sie euch einfach verletzen muß. Versucht einmal die Ablehnung von der Vorstellung der Kälte, der Grausamkeit und der Abweisung zu trennen. Ablehnung und Abweisung sind zwei unterschiedliche Aspekte einer Sache. Unter Ablehnen verstehen wir die klare, liebevolle und nachdrückliche Verweigerung von etwas, das nicht guttut. Und das ist von fundamentaler Bedeutung für jedes Wachstum und jede Entwicklung. Abweisung oder Zurückweisung hingegen definieren wir als den Ausdruck einer Lieblosigkeit, die aus der mangelnden Fähigkeit entsteht, Nähe zu ertragen.

Weil ihr also das, was wir beschrieben haben, als Synonyme versteht, reagiert ihr auf jede Ablehnung wie auf eine schwere Zurückweisung. Und nicht nur das, was abgelehnt wird, spürt ihr, sondern ihr glaubt, ihr würdet als gesamte Person in Frage gestellt. Erst wenn ihr selbst die Ablehnung als etwas übt, das von Nutzen und von Gewinn sein kann im Namen der Liebe, werdet ihr zulassen können, daß auch andere euch ablehnen.

Wer sich das Ziel Ablehnen gesetzt hat, wird mit der Thematik der Ablehnung ein Leben lang konfrontiert sein, ganz gleich, ob es sich um den passiven oder den aktiven Aspekt des Ziels handelt. Er wird sich oft als ein Außenseiter der Gesellschaft vorkommen. Er wird sich schwer einfügen können. Er wird einen Geist der Rebellion in sich verspüren, der ihn anecken läßt und ihn veranlaßt, gegen den Stachel zu löcken.

Die Menschen, die sich nicht alles bieten lassen, die Menschen, die sich aus dem Ziel der Ablehnung heraus auflehnen, anstatt sich anzulehnen, diejenigen, die sich in Zivilcourage üben und im besten Sinne wählerisch sind, wenn es um ihre eigenen Bedürfnisse, ihre Belange, ihre Interessen geht, werden oft als Störenfriede, als übertriebene Individualisten oder als Leute empfunden, die sich nicht unterordnen können, die entweder Aussteiger sind oder ewige Rebellen, die sich auf nichts einlassen wollen und niemals zufrieden sind. Aber das ist die angsterfüllte Sichtweise derer, die mit ihrer eigenen Ablehnung nicht in Kontakt sind. Nichts ist stärker als die Ablehnung, die sie gegenüber diesen vermeintlichen schwarzen Schafen spüren.

Wer sich das Ziel Ablehnen wählt, wählt sich ein Leben der Herausforderungen, die besonders auf der Ebene der gesellschaftlichen Auseinandersetzung zum Tragen kommen. Ablehnung spielt auch im privaten Bereich eines solchen Menschen eine große Rolle. Auch er fürchtet sich davor, abgelehnt zu werden, weil er selbst sehr stark das Bedürfnis nach Ablehnung verspürt. Ein solcher Mensch wird oft sehr lange brauchen, bis er sich auf einen Mitmenschen einlassen kann, und sein Vertrauen ist nicht leicht zu gewinnen. Wenn er aber einmal nach langer Wägung und Sichtung Vertrauen geschöpft hat, wird ihn niemand mehr davon abbringen können, daß sein Vertrauen berechtigt ist.

Wer das Ziel Ablehnen hat, ist gehalten, sich zu bemühen, nicht alles vom Partner zu akzeptieren, und er wird deshalb für jeden Liebenden ein fordernder, aber wertvoller Lehrer sein. Seine Liebe zeigt sich darin, daß er sich nicht mit Oberflächlichkeiten zufriedengibt. Seine Liebe erweist sich darin, daß er genügend Vertrauen aufbringt, den Partner abzulehnen in dem, was für ihn im Augenblick authentisch ist.

Dadurch ist er in der Lage, die Liebe seines Gefährten in einer Tiefe zu erproben, an die sich andere selten heranwagen.

Ein Mensch mit dem Ziel Ablehnen wird häufiger den Beruf oder seine Tätigkeit wechseln als jemand, der sich das Ziel Akzeptieren gesetzt hat. Aber versteht, wie beides zusammenhängt. Der Mensch mit dem Ziel Ablehnen akzeptiert sich häufig selbst mehr als derjenige, der mühsam um das Ziel des Akzeptierens kämpft. Nur wenn seine Angst zu groß wird, wird er sich selbst auch ablehnen. Und wenn er mit sich selbst in Unfrieden ist, sich ablehnt, sich verurteilt, sich haßt, sich geißelt, dann ist der Mensch mit dem Ziel des Ablehnens in ganz hohem Maße darauf angewiesen, daß ein anderer seine Angst erkennt und sie ihm nimmt und ihm zeigt, daß er akzeptiert wird auch in seiner Selbstablehnung.

Das Ziel Ablehnen so anzustreben, daß eine Balance gewahrt wird zwischen einem gesunden Nein und der Provokation von Feindschaften, die ja ein umsichtiges Überprüfen der Gegebenheiten unmöglich machen, ist ein Akt der Selbstliebe, der aus einem hohen künstlerischen Bestreben entspringt. Die richtige Form der Ablehnung zu finden ist eine Kunst. Die Kunst besteht darin, abzulehnen, ohne zu zerstören, abzulehnen, ohne sich selbst zu schädigen und ohne der Mitwelt Impulse mitzuteilen, die sie so weit zurückweichen läßt, daß der Kontakt abreißt.

Umsichtiges Ablehnen wird deshalb immer berücksichtigen, daß auch andere Angst haben. Ablehnen mit Liebe zu verbinden erfordert die Kunst der Selbstkritik, und mit »Selbstkritik« meinen wir das Überprüfen der eigenen Motivation und der aufrichtigen Wahrung der Verhältnismäßigkeiten, die sich daraus ergeben, daß das Ziel des Ablehnens – nämlich seelisches Wachstum – nur dann erreicht werden kann, wenn nicht Haß oder Feindschaft den Akt der Ablehnung hervorrufen, sondern Liebe oder Selbstliebe.

③ Die Unterordnung

– Unterwerfung ◄──────────────────► Hingabe +

Das Ziel der Seele, für ihre Entwicklung zu lernen, wie sie sich auch in menschlicher Gestalt in ein Ganzes harmonisch einfügen und sich dem Willen einer Instanz außerhalb von ihr unterordnen kann, ist für jeden, der sich bereit macht, einen Weg durch die Inkarnationen zu gehen, von besonderer Bedeutung. Zum einen ist es notwendig zu begreifen, daß einer Seele – gleich, ob sie sich in einem menschlichen Körper inkarniert oder nicht – die Unterordnung ein vertrautes Energiephänomen ist. Sie ist gewohnt, sich den Zielen ihrer Seelenfamilie unterzuordnen, ohne dafür ihre individuellen Ziele aufzugeben. Sie ist gewohnt, sich einzufügen in die liebende Willensbekundung der Gesamtentwicklung. Sie weiß, wie wohl es tut, sich hinzugeben – dem Lauf der Dinge, der selbsttätigen Entfaltung und dem, was ihr auf eurem Planeten Schicksal nennt, was wir aber, aus unserer Perspektive, als Erfüllung eines größeren Plans, an dem die Seele selbst entscheidenden Anteil hat, bezeichnen. Unterordnung also ist jedem von euch vertraut. Dennoch muß Unterordnung auch im Körper gelernt werden. Dazu dient das zu beschreibende Ziel.

Die meisten, die sich das Ziel der Unterordnung für ein Leben gewählt haben, sehnen sich nach Hingabe und fürchten sich zugleich vor ihr. Zum Ziel Unterordnung gehört jedoch auch die Rebellion, mit der man sich gegen alle Formen der Unterdrückung auflehnt.

Zunächst wird Unterordnung von den meisten Menschen als unangenehm betrachtet, als etwas, das einem Joch oder einer Fron vergleichbar ist. Das liegt daran, daß die meisten von euch zwar in einer Zeit und unter historischen Umständen leben, in der eine solche als quälend und einengend empfundene Unterordnung nicht den Alltag prägt, aber ihr alle bringt Erfahrungen mit aus einer großen Zahl früherer Existenzen, die sich zu einem großen Anteil in verschiedenen Formen der Unterdrückung und Unterwerfung erfüllten, in denen keine Wahlmöglichkeit, keine Entscheidungsfreiheit bestand, da die Strukturen der Gesellschaft, sei es die Kaste oder der Stand, nicht danach fragten, ob ein Mensch gehorchen wollte oder nicht.

Deshalb macht auch jetzt noch das Ziel Unterordnung vielen angst. Ein Mensch in einem weiblichen Körper hat zusätzlich die Schwierigkeit, Unterordnung als etwas zu verstehen, das den Wünschen nach persönlicher Freiheit, nach Emanzipation von traditionellen Rollenvorstellungen nicht entgegensteht. Dennoch ist es notwendig, die eigene Schönheit und den Wert eines solchen Ziels zu begreifen. Auch auf diesem Gebiet ergeben sich unliebsame Überschneidungen der Vorstellungen von Unterordnung und Unterwerfung. Wer immer Erfahrungen mit Selbstverleugnung oder Märtyrertum gemacht hat, wird geneigt sein, die freiwillige Zurücknahme der eigenen Persönlichkeit einem anderen als Schuld anzulasten und ihm vorzuwerfen, er praktiziere ein System der Unterdrückung.

Aber Unterordnung ist ein Akt der Freiheit und ein Bedürfnis der Seele, während Unterwerfung als Minuspol dieses Ziels beschreibt, daß ein Mensch sich aus Angst vor Strafe, aus Hilflosigkeit, Haß und Wut, aber auch aus einem Gefühl der Schwäche heraus zur Resignation zwingt, sich einem anderen oder den Verhältnissen – welche auch immer es seien – unterwirft. Aus solcher Unterwerfung kann nichts Befreiendes entstehen, wohl aber aus dem Pluspol der Unterordnung, den wir »Hingabe« nennen.

Hingabe bedeutet Auflösung eines Ego-Aspekts, der eine eigene angstvolle Willensbekundung manifestiert, um sich zu schützen, sich abzugrenzen und sich gegen das Leben oder den Mitmenschen zu verteidigen. Wenn diese Bedürfnisse der falschen Persönlichkeit sich nach und nach mildern, wenn die Mauern sich auflösen, der Wunsch nach Öffnung immer stärker wird, ist Hingabe beglückend. Sie wird häufig die Energie des Menschen mit dem Ziel der Unterordnung bestimmen und ihm zeigen, wie Hingabe ihn mit Liebe, Weichheit, Zugänglichkeit erfüllt und ihm mehr schenkt als seine Angst, daß jemand über ihn bestimmen könnte, ihm jemals zu geben vermöchte. Denn da liegt die Schwierigkeit des Menschen mit dem Ziel der Unterordnung. Er möchte vermeiden, daß über ihn verfügt wird. Er hat Angst davor, sich allzu weich und offen zu zeigen, da er fürchtet, dann unter die Herrschaft eines anderen zu geraten und sich nicht mehr wehren zu können. Aber die eigentliche Stärke – das wird er im Laufe seines Lebens immer häufiger erfahren – liegt in der Öffnung und in der Hingabe an das, was zum gemeinsamen Anliegen erkoren wurde, und das nur erreichbar ist, wenn zwei oder mehrere sich der gemeinsamen Führung anvertrauen.

So wie ein Wagen, der von sechs Pferden gezogen und von einem Wagenlenker geführt wird, nicht sicher an seinen Bestimmungsort gebracht werden kann, wenn nicht alle Pferde im Geschirr stehen, sich dem Willen des Kutschers unterordnen und sich in eine gleichmäßige, geeinte Bewegung versetzen, so kann auch der Mensch bestimmte Orte in seiner Entwicklung nicht erreichen, wenn er nicht lernt, sich unterzuordnen und diese Unterordnung zu bejahen. Dazu gehört jedoch ebenfalls die Revolte. Wer an dem Ziel Unterordnung wachsen will, muß sich auch in Verweigerung und Rebellion üben.

Da Unterordnung das archetypische Ziel der Kriegeressenz ist, möchten wir zur Verdeutlichung Bilder verwenden aus dem Bereich der Kampfhandlungen. Solange ein Soldat nicht bereit ist, Befehle, die von einer höheren Warte, Ansicht und Planung gegeben werden, auszuführen und sich dabei individueller Willensäußerungen zu enthalten, wird ein Heer keine Schlacht schlagen können, wird eine strategische Bewegung nicht möglich sein. Wenn alles durcheinandergeht und jeder tut, was er gerade möchte oder für nötig hält, sind keine Stoßkraft, kein Erfolg und kein Sieg denkbar. Dasselbe gilt auch für Menschen, die sich einem Ideal unterordnen, sich einer großen Organisation anschließen, sich der Zielsetzung einer übergeordneten Instanz anvertrauen in dem Bewußtsein, daß sie selbst allein nicht in der Lage wären, dieses übergeordnete Anliegen zu gestalten und zu erreichen.

Es gibt Menschen, die ihre Hingabefähigkeit mehr an einer Idee oder an einer nichtmenschlichen Instanz erfahren als in der Unterordnung unter ein gesellschaftliches oder partnerschaftliches Wollen. Wer sich dem Willen dessen, was er »das Göttliche« nennt, anvertraut, übt wahre Hingabe. Wer sich dem Leben mit seinen Höhen und Tiefen anvertraut, ohne es mit seinem Ego und den Kräften seiner falschen Persönlichkeit beeinflussen zu wollen, wer sich den Weisungen seiner Intuition, seines Höheren Selbst oder seiner Seelengeschwister öffnet, übt Hingabe, indem er Grenzenlosigkeit oder Entgrenzung ertragen lernt, ohne die Angst, sich einer Kraft unterwerfen zu müssen, die er nicht kontrollieren und nicht verneinen kann. Aber es gibt auch die Unterordnung im persönlichen Bereich, die für jeden innerhalb der Familie oder besonders innerhalb einer Partnerschaft zum Tragen kommt und die viele ohne Probleme bewältigen, die anderen jedoch Schwierigkeiten bereitet, weil in ihnen die Angst emporsteigt, daß sie sich dem Willen des Partners oder einer Elternfigur unterwerfen müssen.

Sollten sie sich aber das Ziel der Unterordnung gewählt haben, ist es von großer Wichtigkeit, die Hingabe an die Stelle der ängstlichen oder resignierten Unterwerfung treten zu lassen. Ein Mensch mit dem Ziel der Unterordnung muß sich Lebensumstände kreieren, die ihm die Gelegenheit zur Unterordnung bieten, die Gelegenheit, sowohl Hingabe als auch Unterwerfung zu erproben. Er wird aber verlangen – und das zu seinem eigenen Vorteil –, daß andere ebenfalls bereit sind, sich ihm unterzuordnen. Denn wie bei allen Zielen muß auch hier die gesamte Bandbreite der Erfahrung mit allen ihren Aspekten gelebt werden.

Unterordnung ist also nicht grundsätzlich ein passives Ziel. Es gehört der Aktionspolarität an und muß sich deshalb auch aktiv manifestieren. Ein Mensch mit dem Ziel Unterordnung hat die besondere Gabe, im Zustand psychischer Reife andere Menschen zur Hingabe zu motivieren. Oder wenn seine Angst allzu groß wird, besteht auch die Gefahr, daß er andere dazu zwingt, sich ihm und seinem Willen zu unterwerfen.

In aller Regel verfügen die Menschen mit dem Ziel Unterordnung über eine kraftvolle Fähigkeit, sich durchzusetzen, und über einen gut ausgeprägten Willen. Gerade mit diesen Fähigkeiten und Begabungen ist es eine besondere Herausforderung, Hingabe zu üben und darauf zu verzichten, die Mitmenschen, Untergebenen oder Kollegen unter das Joch der Unterwerfung zu zwingen.

Viele Menschen mit dem Ziel der Unterordnung ziehen es vor, nicht allzu aktiv zu sein und sich den Versuchungen, andere unterwerfen zu wollen, dadurch entziehen, daß sie ein Leben führen ohne viele Kontakte, um nicht zu sehr in ihre negative Polung zu geraten. Da sie selbst große Befürchtungen hegen, den Notwendigkeiten der Gesellschaft oder den Zwängen von Personen und Sachen unterworfen zu werden, weichen sie dieser Gefahr aus und damit gleichzeitig auch der Gefahr, über andere so zu walten, daß jene sich dem starken Willen ihrer eigenen Persönlichkeit unterwerfen müssen, ohne sich widersetzen zu können.

Das ist aber nicht unbedingt die beste Lösung. Menschen mit dem Ziel

155

Unterordnung brauchen die Erfahrung der Gemeinschaft. Sie benötigen die Gelegenheit, in Freundschaft, Arbeit und Partnerschaft ihre Kräfte zu erproben und wählen zu können zwischen der Hingabe an das Kollektiv mit seinen übergeordneten Anliegen und einer von Widerwillen erfüllten Unterwerfung aus Hilflosigkeit und Wut. Die Liebesfähigkeit, die durch Hingabefähigkeit in besonderem Maße ausgeprägt wird, da Hingabe Grenzen auflöst und das Herz mit einer strahlenden Weichheit erfüllt wie kein anderes Ziel, entwickelt sich nur aus der freien Entscheidung, den Willen so umzulenken, daß er sich in einer positiven Stärke verwirklichen kann.

④ Der Stillstand

| – Erstarrung ◄─────────────► Innehalten + |

Daß Stillstand ein Ziel sein könnte, mutet euch an wie ein Paradoxon. Und daß im Stillstand ein Wert liegen könnte, erscheint euch widersinnig. Ihr, die ihr einer Kultur der Eile und der Bewegung angehört, meßt dem Stillstand lediglich eine negative Bedeutung zu. Stillstand sieht in euren Augen so aus, als ob nichts vorginge, als ob nichts passierte. Er erscheint euch lähmend, unangenehm und beängstigend. Jeder von euch möchte weiterkommen, und fast alle sind der Meinung, daß ein Weiterkommen mit einem Stillstehen nicht vereinbar sei.

Deshalb möchten wir euch gleich zu Beginn unserer Erläuterungen darauf hinweisen, daß Stillstand und seelisches Wachstum sich nicht widersprechen. Stillstand zieht für viele mehr Wachstum nach sich als ewige Bewegung.

Wer von euch sich schon einmal mit stillen Meditationsformen beschäftigt hat und sie auch sinnvoll praktizierte, weiß um die besondere Qualität einer Stunde, in der nichts geschieht und nichts geschehen soll und doch so viel passiert. Die Köstlichkeit der goldenen Leere, die Befreiung von jeglichem Anspruch, das Nichts-mehr-wollen sind so beglückend und für die Entwicklung der inneren Kräfte so förderlich, daß ein Stillstand mit den Hilfen, die Meditationstechniken anbieten, für jeden, der sich daran freuen kann, ein besonderes Erlebnis ist.

Wenn ihr nun die Qualität dieser kurzen Stunden auf ein Modell eurer vielen aufeinanderfolgenden Inkarnationen übertragt, wird sich daraus ein natürlicher Wunsch kristallisieren, in den Zyklus unermüdlicher aktiver Entwicklung auch einmal ein Leben einzufügen, das dem Stillstand gewidmet ist.

Und ihr werdet ermessen können, wie wichtig und wertvoll eine solche Ruhepause, eine solche Zeit der Stille und scheinbarer Ereignislosigkeit sein kann, wenn ihr gerade eine Inkarnation hinter euch gelassen habt, die euch in großen Schritten wie mit Siebenmeilenstiefeln vorangebracht hat in eurer seelischen Entfaltung, die aber auch ein Empfinden seelischer Erschöpfung und Wachstumsmüdigkeit hervorbringt.

Ebenso wie es sinnvoll ist, während einer langen Reise immer wieder Tage und manchmal auch Wochen einzulegen, die an einem Ort verbracht werden und der Erholung dienen und nicht nur der Erholung, sondern auch der Muße zur Betrachtung des bereits Erlebten und zur Vorbereitung auf das noch Ausstehende sowie der Verfestigung der Eindrücke und dem Sammeln neuer Kräfte, so ist es auch notwendig, in den Zyklus der aufeinanderfolgenden Inkarnationen »Ruheleben« einzuplanen, die in Aussicht stellen, daß ein Mensch sich nach allzuviel Überreizung und seelischer Ermattung regenerieren kann.

Ein Leben mit dem Ziel des Stillstands wird im äußeren Bereich nicht dramatisch und nicht tragisch verlaufen. Dramatik und Tragik sind sattsam bekannt. Der Mensch ist nun bereit für die Integration dessen, was er erfahren hat. Und er wird sich in einem Leben, das dem Stillstand gewidmet ist, in allererster Linie der ruhigen, stillen Erforschung seines Selbst und seiner Möglichkeiten widmen.

Wer das Ziel Stillstand aus den bereits beschriebenen Gründen gewählt hat, braucht viel Zeit, braucht viel Stille – innere und äußere –, um sich seinem Ziel widmen zu können. Und häufig wird er es vorziehen, sich nicht in eine Partnerschaft zu begeben, die aufgrund ihrer eigenen Dynamik sehr viel Aufregung, sehr viele Herausforderungen in Aussicht stellt, sondern er wird sich um eine Beziehung bemühen, die ihm ermöglicht, seine innere Ruhe zu pflegen und eine Liebe zu leben, die auf wilde Dramen und Auseinandersetzungen nicht angewiesen ist, um sich lebendig zu halten.

Ein Mensch mit dem Ziel Stillstand ist gut beraten, wenn er sich

Lebensumstände schafft, in denen Stillstand möglich ist. Und mit Stillstand meinen wir in erster Linie stillsitzen können, ohne bedrängt oder gedrängt zu werden, sich Zeit nehmen zu können für die Betrachtung aller Dinge, Phänomene und Ereignisse, seinem Körper viel Ruhe zu gönnen, ohne auf Aktivität ganz zu verzichten, Freude an beruhigenden Beschäftigungen zu entwickeln, sich der Musik, der Natur zuzuwenden, der Betrachtung von Kunst, der beschaulichen Lebensweise, der Introspektion und anderen Aspekten des Lebens, die Ruhe verströmen und nicht zur Hetze und Eile verleiten.

Ein Mensch mit dem Ziel Stillstand braucht viel Zeit zum Nachsinnen, zum Nachfühlen und Nachklingenlassen. Er braucht eine ruhige Wohnung, in der nicht ständig etwas verändert wird. Er benötigt auch einen Ort, an dem er lange verweilen kann, um sich gesund und wohl zu fühlen und, wenn es möglich ist, einen eigenen Raum, in den er sich zurückziehen kann. Ein Mensch mit dem Ziel des Stillstands ist gerne allein, aber nur vorübergehend. Denn stillstehen kann man nur, wenn man vorher in Bewegung war. Deshalb wäre es verfehlt, aus dem Ziel des Stillstands ableiten zu wollen, daß Stillstehen die einzige Möglichkeit und Fähigkeit eines Menschen ist, der sich dies Ziel erkoren hat.

Stillstand definiert sich durch ein Anhalten von Bewegung. Das gilt in übergeordnetem Sinne für alle Leben im Körper, aber auch innerhalb einer Verkörperung selbst, so daß ein sinnvoller, wohltuender Wechsel angestrebt werden sollte zwischen körperlicher oder geistiger Bewegung sowie sexueller Aktivität und darauf folgender Phasen der absoluten Ruhe und Stille.

Diese Aktivitäten und das Innehalten können sich täglich in einem angenehmen Rhythmus abwechseln oder auch in größeren Abständen. Wer das Ziel des Stillstands erwählt hat, fühlt sich oft beunruhigt dadurch, daß sich in seinem Leben nichts oder nicht viel bewegen will. Und er versteht nicht, wie es denn dazu kommt, daß alle anderen ständig in Erneuerung und im Wandel begriffen sind und daß bei ihm selbst nichts Entscheidendes vorzufallen scheint. Das Mißverständnis liegt in der Vorstellung, daß sich während des Stillstands nichts ereignet. Ganz im Gegenteil: Je weniger das äußere Leben sich verändert, um so mehr verändert sich bei diesem Menschen etwas im Inneren.

Und wenn er sich durch äußere Zwänge veranlaßt fühlt, sein Leben in unangenehmer Weise zu beschleunigen, seine Arbeit, seine Freizeit so zu gestalten, wie es die in heftiger Bewegung begriffene Umwelt von ihm zu verlangen scheint, wird ein Mensch mit dem Ziel des Stillstands sich unbewußt entscheiden, krank zu werden, um sich durch Krankheit in seinem Bedürfnis nach Innehalten zu legitimieren.

Diese Krankheiten sind häufig Erkrankungen des Bewegungsapparats oder der Bewegungsnerven. Sie führen zu vorübergehender oder dauerhafter Lähmung, sei es durch eine Wirbelsäulenverrenkung, einen Hexenschuß, einen Sturz, der die Beine bricht, oder auch durch eine Multiple Sklerose und andere chronische Erkrankungen, die den Menschen daran hindern, sich weiterbewegen zu müssen. Die Klärung der Zusammenhänge zwischen der Erkrankung und dem Ziel des Stillstands hilft vielen, auf ihre Krankheit verzichten zu können, hilft vielen, die immer wieder von der Psyche benötigten Ruhepausen auf andere, neue Weise in das Leben zu integrieren, so daß ein Hexenschuß, eine Nervenlähmung nicht mehr vonnöten sind.

Auch eine Querschnittlähmung, die durch einen Unfall eintritt, kann unter gewissen Umständen Ausdruck eines Bedürfnisses nach Bewegungslosigkeit sein. Wenn ein Mensch in sich und an sich das Wachstumsziel des Stillstands erkennt, wird er weniger in Gefahr sein, sich dieses abrupte Innehalten, die Erstarrung oder Lähmung auf pathologische Weise zu verschaffen.

Der positive Pol des Ziels Stillstand ist das Innehalten. Innehalten bedeutet stehenbleiben, um alles genau und mit Muße betrachten zu können: innehalten, um neue Pläne machen zu können, um einen Überblick zu gewinnen über das bereits Erfahrene, Kreierte, Erreichte, um Schlußfolgerungen ziehen zu können und die Möglichkeit bereitzustellen, mit klarem Geist und ausgeruhtem Körper neue Aufgaben in Angriff zu nehmen, die Zeit brauchen, Ausdauer, Geduld, die nicht in oberflächlicher Eile bewältigt werden können, sondern nur durch langfristige, hingebungsvolle Planung und Durchführung.

Wenn es einer Seele gar nicht anders möglich scheint, ihr Ziel des Ausruhendürfens unter normalen gesunden Umständen erreichen zu können, wird sie es auf sich nehmen, einen Körper zu wählen, der von Geburt an so behindert ist, daß Eile, heftige Bewegung und äußeres Gedrängtwerden, um etwas zu erreichen, gar nicht möglich sind. Eine solche Behinderung ist für den Betreffenden oft weniger traurig und erschütternd als für den Beobachter oder den anteilnehmenden Familienangehörigen, der von seinen eigenen Bedürfnissen nach Bewegungsfähigkeit ausgeht und sie unreflektiert auf das behinderte Kind überträgt, so als brauchte jeder Mensch in jedem Leben dasselbe, dieselben Voraussetzungen und dieselben Orientierungen.

Wer seine Kinder beobachtet und unter ihnen eines entdeckt, das erst herumgetobt hat und dann reglos lange Zeit in einer Ecke sitzen kann und vor sich hin schaut, ohne dabei unglücklich zu erscheinen, sollte in Betracht ziehen, daß es sich das Ziel des Stillstands gewählt hat.

Dieses Ziel ist nicht unmittelbar gekoppelt an eine geistige Langsamkeit oder eine intellektuelle Behinderung. Ganz im Gegenteil: Der Geist eines Menschen mit dem Ziel des Stillstandes ist extrem rege. Er beschäftigt sich mit sich selbst und mit der Erfassung all dessen, was er erlebt. Derjenige, der innehält, ist in hohem Maße sensitiv. Er nimmt von außen mehr auf als viele andere, braucht aber Muße und Stille, um alles zu verarbeiten und zu integrieren.

Und vielfach bestehen noch Erinnerungen an vergangene Existenzen, die unter großer Anstrengung und schweren Schmerzen bewältigt worden sind. Ein solches Kind also darf nicht ständig gestört oder abgelenkt, ermuntert und aktiviert werden. Es wird sich um so besser und folgerichtiger entwickeln, wenn man es einfach in Ruhe läßt.

Nun wünschen sich Eltern lebendige und lebhafte Kinder, bestrafen sie aber dann ständig, wenn sie zu laut und zu bewegungsfreudig sind. Ein stilles Kind ist ein praktisches Kind, aber es beunruhigt die Eltern, weil es den Normen nicht entspricht. Ein Kind mit dem Ziel des Stillstands wird leicht übermäßig nervös, wenn es häufig aus seinen Tagträumen und seinen Rückzugsbedürfnissen aufgerüttelt wird. Geschieht dies allzu nachdrücklich, wird es sich mit letzter Not in einen Autismus flüchten, der ihm Stillstand und Ungestörtsein garantiert. Respektiert man hingegen seinen Wunsch nach Abgeschiedenheit, nach Innehalten, sieht es keineswegs die Notwendigkeit, sich in eine Erstarrung zu flüchten.

Wenn ein Mensch mit dem Ziel des Stillstandes Angst bekommt, sein Ziel nicht erreichen zu können, weil ihm nicht gestattet wird, so viel Ruhe zu genießen, wie er braucht, kann er auch in eine körperliche oder geistige Erstarrung fallen, die in der Tat keinerlei Bewegung mehr zuläßt und äußerst qualvoll für ihn selbst und alle Beteiligten ist.

Erstarrung bedeutet für einen Menschen mit dem Ziel des Stillstands tiefste Depression, den Ausdruck jeglicher Kontaktverweigerung. Diese Erstarrung kann vorübergehend sein, bis sich die Angst gelöst hat, oder auch von monatelanger oder jahrelanger Dauer. Wer versteht, daß ein Wunsch nach Innehalten, der nicht erfüllt wurde, hinter dieser Erstarrung verborgen sein kann, wird helfen können, wird lösen können wie aus einer Vereisung. Man wird dem Erkrankten wieder Leben einhauchen können und ihm vermitteln, daß er in Zukunft jederzeit innehalten darf, um seine Bedürfnisse und damit sein seelisches Entwicklungsziel zu verfolgen.

Stillstand ist kreativ. Stillstand kreiert eine geistige, eine innere Welt von unbeschreiblichem Reichtum, von großer Farbigkeit, von freudiger Lebendigkeit, die aber nicht oder nur selten nach außen dringt und auch kein erhebliches Bedürfnis nach Mitteilung verspürt.

Wer einen Menschen mit dem Ziel des Stillstandes in seiner Nähe hat und ihm liebevoll begegnen will, sieht sich zuerst veranlaßt, die Sehnsucht nach dem Innehalten, dem Verharren des Partners oder Familienangehörigen zu respektieren und dann seinerseits Formen der Kommunikation zu wählen und zu pflegen, die weder heftig noch laut, weder hektisch noch drängend sind. Dann kann er der Liebe und Dankbarkeit seines Mitmenschen gewiß sein und sich darüber hinaus daran freuen, daß er dem Geliebten dabei hilft, seine Entwicklung voranzutreiben und sein Wachstum zu verfestigen.

Das Vorantreiben geschieht durch Innehalten. Das Paradoxe dieser Situation liegt nur an der Oberfläche. In tieferen Schichten weiß jeder von euch, daß ein Innehalten heilsam ist für Leib und Gemüt und daß die Angst, durch ein solches Verharren in einen Sumpf zu geraten und nicht mehr weiterzukönnen, ganz unberechtigt ist.

Liebe und Selbstliebe sollen und dürfen dafür sorgen, daß Bewegung und Stillstand, Bestreben und Innehalten einander gut ergänzen. Arbeit und Privatleben tragen in sinnvoller Weise dazu bei, dieses Ziel zu erreichen, wenn sie kontemplativ, introspektiv und meditativ erfahren werden.

⑤ Das Akzeptieren

| – Liebenswürdigkeit ◄————————► Güte + |

Viele von euch, wenn nicht die meisten, verwechseln das Akzeptieren mit dem Resignieren. Diese Verwechslung geht so weit, daß die beiden Haltungen bei nicht wenigen von euch kaum noch zu unterscheiden sind. Was ihr für Akzeptieren haltet, ist oft eine mehr oder weniger schmerzhafte Resignation. Aber was wir mit Akzeptieren meinen, ist ein wichtiges Entwicklungsziel, ist etwas ganz anderes.

Akzeptieren bedeutet Bejahung. Und Bejahung ist nichts ohne die Freude. Akzeptieren bedeutet, sich einzulassen. Akzeptieren bedeutet zu wollen. Aus diesem Wollen, aus diesem Jasagen, aus diesem echten Sicheinlassen auf alles, was ist, entsteht Güte, die eigentliche Form der bedingungslosen Liebe.

Es wäre wohl überflüssig, das Wort »bedingungslos« vor das Wort »Liebe« zu stellen, wenn ihr nicht alle wüßtet und beobachtet hättet, daß ihr von frühester Kindheit an darauf trainiert und geeicht werdet, Liebe nur als eine bedingungsvolle Liebe zu erfahren. Ihr sagt und ihr glaubt, Mutterliebe sei grundsätzlich eine bedingungslose Liebe. Doch jeder von euch weiß, daß er von seiner Mutter an fast allen Tagen mehr Liebe erfahren hat, die Bedingungen stellte, als wirklich bedingungsloses Akzeptiertwerden. So mußtet ihr aufs Töpfchen gehen, wenn die Mutter es wollte, und wurdet belohnt, wenn es euch gelang. So mußtet ihr lächeln, um die Mutter glücklich zu machen. Dann wurdet ihr geliebt. So mußtet ihr brav sein, um der Mutter zu ermöglichen, stolz auf euch zu sein. Dann wurdet ihr geliebt. Ihr alle kennt das. Ihr alle wißt das und habt es doch für Liebe gehalten, weil ihr nur selten etwas anderes erlebt habt. Ihr habt sehr früh gelernt, dieser fordernden und Bedingungen stellenden Liebe mit Resignation zu begegnen. Deshalb ist es für euch nicht einfach zu begreifen, was das Akzeptieren wirklich sein kann, wieviel Freude, wieviel Ekstase mit einem freudigen Bejahen von allem, was ist, einhergehen kann. Ihr verbindet Akzeptieren auch immer mit unangenehmen und negativen Situationen oder Reaktionen. Ihr könnt euch schwer vorstellen, daß ein Akzeptieren von etwas Schönem genausogut möglich ist.

Wir sagen: Alles, was ist – sei es das Gute, sei es das Schlechte, sei es das Schöne, sei es das Traurige –, zu akzeptieren ist ein Ziel, das keinen Unterschied macht und keine Bedingungen stellt. Ihr habt gehört von der Forderung: Lebe im Hier und Jetzt. Wenn es eine Forderung ist, wird sie einen Druck ausüben und eine Bedingung an euch stellen. Wenn ihr euch aber vorstellt, wie herrlich es sein kann, wirklich zu sehen, was ist und nichts anderes zu wollen, werdet ihr verstehen, daß die Idee, die hinter dieser Forderung steckt, wirklich hervorragend ist.

Weil ihr nun sehr früh lernt, wie ihr es euren Eltern oder den anderen, die euch erziehen, recht machen müßt, fällt es euch schwer, diese angstbesetzte Reaktion der falschen Liebenswürdigkeit und übertriebenen Nettigkeit loszulösen von der Vorstellung von Liebe. Immer wieder beobachten wir, daß ihr euch davon überzeugen wollt, Liebe sei etwas, was ihr gegen eure Neigung und gegen eure Absicht, gegen euren Willen und gegen eure Energie für jemand anderen tut. Aber das ist nicht Liebe im Sinne von wahrer Güte.

Liebe als Ausdruck echter Güte handelt einfach, ohne sich ständig zu fragen: »Will ich oder will ich nicht? Ich tue es, weil ich es tue. Ich liebe, weil ich liebe. Ich handle, weil ich handle. Ich sage nein, weil ich nein sage. Ich sage ja, weil ich ja sage, weil es mir in diesem Augenblick im Hier und Jetzt richtig vorkommt, weil es mir jetzt entspricht.« Das würde vielen von euch guttun, auch unabhängig von dem großen Wachstumsziel des Akzeptierens. Ihr würdet es euch so viel leichter machen, mit dem Leben und seinen durchaus vorhandenen Widrigkeiten zurechtzukommen, wenn ihr euch nicht durch falsche Liebenswürdigkeit so häufig von der Liebe abschneiden würdet. Ihr braucht nicht liebenswürdig zu tun, ihr seid es ja, weil ihr existiert.

Wenn ihr für einen anderen Menschen etwas leistet, sei es im ideellen oder im aktiven Sinne, so überprüft, ob ihr wirklich Freude empfindet. Dann seid ihr im Pol von bedingungsloser Liebe und Güte. Wenn ihr aber das, was ihr leistet, widerwillig tut, wenn ihr euch wirklich sehr überwinden müßt, wenn ihr hofft, damit die Liebe des anderen zu gewinnen oder seine Wertschätzung oder seine Bewunderung, dann seid ihr im Bereich von falscher Liebenswürdigkeit.

Nun müssen wir euch aber noch auf eines aufmerksam machen: Wer immer sich das Ziel des Akzeptierens in seinem Leben setzt und verfolgt, wird nicht umhinkönnen, sich sehr oft und sehr nachhaltig in beiden Polen seines Entwicklungsziels aufzuhalten. Es kann niemals darum gehen, daß ihr an euch den Anspruch stellen solltet, immer nur auf der positiven Seite des Merkmals zu stehen. Es wäre ein deutlicher Hinweis auf ein Nichtakzeptieren eurer selbst, wenn ihr euch dafür verurteilen wolltet, daß ihr euch nicht häufiger oder ständig im Bereich von Güte aufhaltet.

»Akzeptieren« meint nicht »alles hinnehmen« und »zu allem ja sagen«. Vermeintliche Güte, falsche Liebenswürdigkeit verzichtet auf den für andere notwendigen Widerstand, läßt alles mit sich machen, mag sich nicht verweigern, verhindert positive Reibung, belädt sich mit Schuldgefühlen bei jeder Abgrenzung und jedem Nein. Wer das Ziel Akzeptieren gewählt hat, wird also ein Leben lang lernen wollen zu erkennen, wo die eigene Schwäche beginnt und somit andere schwächt. Wo Stärke sich in gütiger Festigkeit manifestiert, die das wahre Wohl des anderen sieht und auch die Nöte des eigenen Ich achtet, beginnt Akzeptieren.

Wenn ihr von grenzenloser Güte sprecht, meint ihr oft, ohne euch darüber bewußt zu sein, eine Haltung, die keinerlei Grenzen setzt, und einen Menschen, den auszunutzen sehr leicht ist. Grenzenlose Güte wird wie selbstverständlich mit Einfalt oder Dummheit gleichgesetzt. Wer sich aus Angst einer falschen Liebenswürdigkeit befleißigt, sagt gern von sich: »Ich bin zu gut für diese Welt.« Er sagt es halb ängstlich, halb selbstzufrieden. Zu gut für diese Welt zu sein gilt ihm als ein besonderes Zeichen menschlicher Qualität. Das sind die übermäßig Großzügigen, die alles herschenken, die übermäßig Willigen, die keinen eigenen Willen besitzen außer dem Wunsch, stets bereit und zur Verfügung zu stehen, um ihr Selbstbild nicht in Frage gestellt zu sehen, die übermäßig Nachgiebigen, die ihre eigene Würde nicht achten. Die Mitmenschen jedoch erfüllt ein solches Überangebot an Güte mit Mitleid und nicht selten auch mit einem gewissen Widerwillen.

Wir erinnern noch einmal daran, daß der Pluspol »Güte« nicht in der beschriebenen Weise bedingungslos ist. Ganz im Gegenteil sind alle mit dem Ziel Akzeptieren aufgerufen, zwischen dem Alles-Annehmen und Alles-Hinnehmen deutlich zu unterscheiden. Bedingungslosigkeit meint in diesem Zusammenhang: »Ich bin bereit, bedingungslos zu lieben und dabei sowohl die Bedingungen, denen mein Mitmensch unterliegt, als auch meine eigenen Bedingungen zu respektieren.«

164

Das Bedürfnis zu akzeptieren darf nicht nur für – meistens unangenehme – Situationen, in die ihr euch gestellt seht, oder in bezug auf
andere gelten. Das Wachstumsziel Akzeptieren bezieht sich oft in
allererster Linie auf euch selbst. Akzeptiert also, wenn ihr euch nicht
akzeptieren könnt. Akzeptiert, daß ihr nicht immer gut seid. Akzeptiert, daß ihr nicht immer lieben könnt. Dann wird es euch leichter ums
Herz. Ihr müßt euch nicht dafür verurteilen. Ihr kommt eurem Ziel ein
wenig näher, wenn ihr euch bewußt gestattet, auch einmal lieblos zu
sein oder einem anderen Menschen aus Angst zu schmeicheln.

Ein Mensch, der Akzeptieren zu seinem Lebensziel gemacht hat, ist
vor allem aufgerufen, seine Angst zu akzeptieren. Es wird ihm nichts
nützen, wenn er versucht, freundlich lächelnd an seiner Angst vorbei-
zukommen und immer nur auf den positiven Pol seines Ziels zuzusteu-
ern. Wer nicht bereit ist, seine eigene Angst zu bejahen, um sie zu
erkennen und um sie im Sinne seines Wachstums einzusetzen, wird es
schwer haben mit seinem Ziel. Wer aber bereit ist, die Angst zum
Diener seiner Entwicklung zu machen, wird große Schritte machen
können auf seinem Weg zum Leuchtturm.

⑥ Die Beschleunigung

| – Verwirrtheit ◄─────────────► Einsicht + |

Das Ziel der Beschleunigung wird immer dann gewählt, wenn eine
Seele den Mut und die Kraft in sich spürt, in einem bestimmten Leben
mehr und Anspruchsvolleres zu verwirklichen, zu erfahren, zu erleben
als in ihren vorangehenden. Es ist besonders anstrengend. Es will
Beschleunigung in die Entwicklung hineinbringen oder auch Konstellationen des seelischen Kollektivs nutzen, die unabhängig von den
intimen Bedürfnissen der Einzelseele ein erhebliches, schnelles Wachstum möglich machen.

Diese Konstellationen werden dann eintreten, wenn eine größere
Anzahl von Mitgliedern der eigenen Seelenfamilie für eine verstärkte
Reibung zur Verfügung steht, wenn also viele dieser Seelengeschwister
gleichzeitig inkarniert sind, so daß sich Kontakte – angenehme und

weniger angenehme – natürlicher und häufiger ergeben können. Das Ziel der Beschleunigung wird auch oft gewählt, wenn historische oder politische Umstände für die Seele eine besondere Gelegenheit bilden, Themen zu bearbeiten, die ihr unter anderen Umständen nicht in derselben starken und nachdrücklichen Weise zugänglich sind.

Zum Beispiel kann es sich dabei um Epochen größerer kriegerischer Auseinandersetzungen handeln oder um Zeiten beschleunigten materiellen oder wissenschaftlichen Fortschritts oder um Zeiten des Niedergangs, wie zum Beispiel die Epochen des Falls großer Reiche oder die Zeiten von Völkerwanderungen. Ihr könnt euch vorstellen, wie schwierig es für einen Menschen ist, dessen ganzes biologisches Programm auf Sicherheit, Verankerung und Heimat gerichtet ist, auf Stabilität und Loyalität, sich plötzlich in einer Situation wiederzufinden, in der er sich gezwungen sieht, immer wieder seine Seßhaftigkeit aufzugeben und weiterzuziehen, keine Wurzeln mehr schlagen zu können, Familienangehörige zu verlieren oder selbst auch in gefährliche Situationen zu geraten, die niemals eintreten würden, wenn er mit seinem Volk an einem Ort hätte verbleiben können.

Diese geschilderte Situation, die sich nach dem Zweiten Weltkrieg wieder in großem Maße in ganz Europa manifestierte und auch in der allerjüngsten Zeit die großen Flüchtlingsbewegungen hervorgerufen hat, ist eine typische, wenn auch äußerst anstrengende Situation, die ein Mensch wählt, wenn er das Thema Beschleunigung in das Zentrum seiner Aufmerksamkeit rückt. Jede Herausforderung, in der sich ein Mensch mit einer großen Wachstumschance konfrontiert sieht, wird er so oder so annehmen und gestalten.

Beschleunigung also sucht sich immer schwierige Situationen, die bestimmten Mut und ein gewisses Durchhaltevermögen erfordern, um bewältigt zu werden. Aber selbstverständlich kann Wachstum nicht nur an Schwierigkeiten vollzogen werden. Ganz im Gegenteil: Die Reife oder Alte Seele, die eine beschleunigte Entwicklung sucht, wird lernen müssen, gerade dann nicht stehenzubleiben, wenn nichts passiert, wenn es ihr gutgeht, wenn alles glatt läuft und keine äußeren Herausforderungen mehr an sie herangetragen werden. Sie fühlt sich dann oft genötigt, Probleme dort zu kreieren, wo keine sind, oder Probleme zu vergrößern, wo kleine Probleme existieren, einfach weil sie das Problem zu ihrer Entwicklung braucht. Sie sieht überall dort

Herausforderungen und Schwierigkeiten, wo andere sich nur wundern können. Und wenn diese Schwierigkeiten in der äußeren Welt nicht mehr so evident sind, wird sie sie in sich selbst suchen und finden. Und da sie sich nun ihrem Selbst und ihrer eigenen Tiefe, ihrer Psyche und ihrem Unbewußten zuwendet, wird sie jemand sein, der mit Vorliebe in therapeutischen Situationen wächst und keinen Frieden hat, solange sie nicht die Gründe für ihren Wunsch nach Weiterkommen ausgelotet hat und das Gefühl hat, wirklich weiterzukommen.

Wachstum hat es nun an sich, daß es wie in einem Stop-and-go-Verfahren voranschreitet. Wachstum ist niemals linear, sondern vollzieht sich in Schüben. Wachstumsbeschleunigung als Ziel nutzt alles, was zur Verfügung steht, um zu mehr Bewußtsein zu gelangen. Es ist für einen Menschen, der Beschleunigung zu seinem speziellen Ziel gemacht hat, von besonderer Bedeutung, die Phasen vor den großen Wachstumsschüben als solche zu identifizieren und nicht zu hadern, wenn die Psyche und auch die Seele ein wenig innehalten, bevor sie zum nächsten größeren Sprung ansetzen. Ihr wißt, daß ein Kind nach einer längeren Phase der Krankheit mit Bettlägerigkeit mit Erstaunen feststellt, daß es einige Zentimeter gewachsen ist mit einer Geschwindigkeit, die im gesunden Zustand nicht möglich ist.

Deshalb braucht ein Mensch mit dem Ziel Beschleunigung häufig Phasen der Ruhe, der Zurückgezogenheit, fast der Regression, um sich auf eine neue Zeit der beschleunigten Entfaltung vorzubereiten. Ohne Ruhepausen wird er weder zu Einsicht noch Verstehen kommen. Der Zustand des Nichtbegreifens wird anhalten und sich verstärken. Kein Mensch, kein Tier, keine Frucht kann immerzu und ununterbrochen wachsen. Auch die Zeiten der Vorbereitung sind ein wichtiges Element von Wachstum. Nur zeigen sie sich nicht so offensichtlich. Wer nicht ausruht, gerät in tiefste Verwirrung.

Ein Mensch mit Beschleunigung als Ziel wird sich oft verzweifelt fragen, wohin er denn noch wachsen soll. Er spürt in sich und außerhalb von sich einen Anspruch, der ihn oft sehr müde macht, und er möchte sich dann mehr oder weniger verzweifelt dagegen wehren, sich immerfort noch weiter entwickeln zu müssen. Aber wir sprachen andernorts von der Selbsttätigkeit des Ziels. Und so, wie es für alle Ziele gilt, gilt es auch für das Ziel Beschleunigung, daß eine gewisse Selbsttätigkeit, eine Automatik, in das Fortschreiten integriert ist. So wie ihr in einem Auto einen Automatikgang einlegen könnt und euch dann nicht weiter kümmern müßt um das Schalten der verschiedenen Gänge, so gibt es auch im Leben eines jeden, der sich in spezieller Weise auf ein beschleunigtes Wachstum eingelassen hat, einen Automatikgang, der es ihm ermöglicht, vorübergehend an etwas ganz anderes zu denken als an das Vorwärtskommen.

Meditation und Ruhe sind für Menschen mit dem Ziel Beschleunigung von ganz besonderer Bedeutung. Und wenn sie sich diese Ruhe nicht gönnen, wird es für sie schwieriger sein, mit der Unzufriedenheit zurechtzukommen, die sie dann plagt, wenn sie nicht so fortschreiten, wie es ihrem Standard und ihrer anspruchsvollen inneren Norm entspricht. Ruhe wird häufig ganz fälschlich als Gegenpol inneren Wachstums empfunden. Aber dem ist nicht so, und ganz besonders nicht für die Menschen, die seelisch beschleunigen. Das aktive Nichtstun ist von hervorragender Bedeutung für inneres und äußeres Wachstum, denn aus ihm erwächst die höchste Einsicht. Vorübergehende Ohnmacht und Hilflosigkeit, zeitweilige Verwirrtheit wahrhaft ertragen zu lernen ist eine Herausforderung, die jeder Seele besonders entspricht, die sich das Ziel der Beschleunigung erkoren hat.

Menschen mit diesem Ziel stellen an sich selbst hohe, oft überhöhte Ansprüche. Sie gieren nach jeder Herausforderung, weil die Bewältigung größter Schwierigkeiten den entscheidenden Lebenssinn darzustellen scheint. Aber sie hassen die notwendige Ergänzung zu der Klarheit und Einsicht, die sie erringen wollen. Sie wehren sich gegen die Verwirrtheit, weil sie den vorübergehenden Zustand der Unklarheit nicht einordnen können und von der Angst geplagt sind, daß er von Dauer sein könnte.

Verwirrtheit ist jedoch für Menschen mit dem Ziel Beschleunigung wie der Treibstoff, der den Motor in Bewegung bringt. Ohne Verwirrtheit ist keine Einsicht möglich. Nur wer sich erst einmal auf die beängstigenden Gefühle einläßt, keinen Boden unter den Füßen zu haben und nicht zu wissen, wohin der Weg führt und welchen Weg man überhaupt beschreiten soll, kann erwarten, daß sich plötzliche Einsichten einstellen.

Wer Beschleunigung als Lebensthematik gewählt hat, sieht häufig einen großen Wert darin, es sich möglichst schwer zu machen. Wir aber möchten daran erinnern, daß alle Entwicklungsziele grundsätzlich nicht die Funktion haben, eine Existenz, ein Leben, eine Inkarnation zu belasten oder unerträglich zu gestalten. Wir raten deshalb all jenen, deren Seelen das Bedürfnis verspüren, innerhalb einer einzigen Inkarnation möglichst viele schnelle und große Schritte zu machen, dazu, auf die ihnen innewohnende Dynamik zu vertrauen, sich darauf zu verlassen, daß ihre Seele sich wie von selbst die geeigneten Herausforderungen sucht, daß in einem irdischen Leben ohnehin genügend Reibungsflächen vorhanden sind, daß also nicht zusätzlich von der Psyche und dem Verstand weitere Schwierigkeiten und Herausforderungen hinzugefügt werden müssen.

Das Ziel Beschleunigung gleicht dem schnellen Flug eines Vogels. Bleigewichte hindern den Vogel am Fliegen. Leichtigkeit, Grazie und die unbedingte Zuversicht auf die Tragfähigkeit des Elements sind die Eigenschaften, die auch jeder Mensch mit dem Ziel Beschleunigung besitzt. Sie manifestieren sich, sowie er dieser Erkenntnis von seiner inneren Disposition in seinem Bewußtsein Raum läßt.

⑦ Die Herrschaft

| – Diktatur ◄—————————————► Führung + |

Es ist jedem, der über die Gesellschaft, in der er lebt, nachdenkt, einsichtig, daß diese Gesellschaft nicht erfolgreich die Herausforderungen des Industriezeitalters bewältigen könnte, wenn es nicht Menschen gäbe, die kraft ihrer Natur, Anlage und Eignung bereit wären, in hohem Maße Verantwortung auf sich zu nehmen und Führungskräfte zu entwickeln, um all denen, die andere Ziele haben, die Gelegenheit zu geben, ihre Ziele zu verfolgen.

In derselben Gesellschaft, die Führung so bitter benötigt, wird jede Anmaßung von Herrschaft kritisch und sogar ablehnend, mißtrauisch und als moralisch verwerflich betrachtet, da sich die meisten, die das Ziel der Herrschaft nicht für sich persönlich bejahen können, vor den negativen Auswirkungen dieses Ziels fürchten. Der negative Pol ist »Diktatur« – und Diktatur ist wahrlich ein Grund, Herrschaft mit Mißtrauen zu betrachten.

Jeder, der das Ziel Herrschaft für sich erkennt und bejaht, muß in besonderem Maße Selbstkritik üben und sich vor den Auswirkungen seiner Angst auf dieses Ziel hüten. Denn die Versuchung, Führung als Freibrief zu verstehen, als Erlaubnis, anderen den eigenen Willen aufzuzwingen und sie zu Handlungen zu veranlassen, die ihnen schädlich oder zuwider sind, ist für denjenigen, der das Ziel Herrschaft anstrebt, besonders groß. Der Pluspol, der sich in einer verantwortlichen, risikobereiten Führung manifestiert, wird immer dann die positivsten Auswirkungen haben, wenn der Mensch mit dem Ziel Herrschaft gelernt hat, sich selbst zu beherrschen und seine Liebesfähigkeit einzusetzen, um sein Ziel zu erreichen. Das bedeutet, daß jeder, der das Ziel Herrschaft in seinem Leben zum Zentrum seiner Bemühungen macht, zunächst einmal lernen muß, die eigenen Kräfte unter Kontrolle zu bringen. Der erste Schritt besteht darin, zu erkennen, wie eine natürliche Dominanz, ein Aufmerksamkeit forderndes Verhalten sich in Kindheit, Jugend und frühem Erwachsenenalter auf die unmittelbare Umgebung auswirken.

Der Mensch mit dem Ziel Herrschaft ist sich in der Regel nicht der Tatsache bewußt, daß er für andere eine Bedrohung darstellen kann. Er hat stets die Neigung, seinen Willen durchzusetzen und sich über die schwächer artikulierten Bedürfnisse der anderen hinwegzusetzen, und wenn ihm dies nicht mit Mitteln der offenen Auseinandersetzung gelingt, wird er zu manipulativen Maßnahmen greifen, um zu erreichen, was er als sein angestammtes Recht betrachtet.

Diese Manipulationen können sich des Trotzes oder der Schmeichelei bedienen, des Charmes oder der Verweigerung. Der Mensch mit dem Ziel Herrschaft wird dennoch selten darauf verzichten müssen, seine Absichten durchzuführen oder seine Wünsche zu erfüllen. Vielmehr sind es meistens Eltern, Liebespartner, Freunde und Kollegen, die nachgeben, weil sie sich dem massiven und selbstverständlichen Druck des Gegenübers nicht gewachsen fühlen und nachsichtig oder resigniert ihre Position aufgeben.

Das kann nun sehr leicht dazu führen, daß sie dem jungen Menschen mit dem Ziel Herrschaft nicht genügend Widerstand entgegenbringen, um ihm die Grenzen zwischen Führung und Diktatur sichtbar zu machen. Sie lassen sich von ihm beherrschen und zeigen ihren Groll nur indirekt. Der Herrschende, der sich des Spiels seiner Kräfte nicht recht bewußt ist und sich wie ein Riese im Zwergenreich bewegt, erkennt nun die Auswirkungen seiner ungezähmten, ins Diktatorische abgleitenden Bedürfnisse als etwas, das ihm statt Kontakt und Beliebtheit ein gut Teil Einsamkeit und Isolation einbringt.

Der nächste Schritt ist, daß der Herrschende Angst bekommt, seinen Herrschaftsanspruch zu zeigen. Er wird weiterhin Herrschaft ausüben; dennoch wird seine Psyche ein sehr gespanntes Verhältnis zu den Auswirkungen seiner Bedürfnisse entwickeln. Er wird sich seiner Gelüste, über alle und alles zu dominieren, schamvoll gewahr werden und sich genieren, wieder einen Sieg davongetragen zu haben, auch wenn er diesen Sieg dringend braucht, um seine Existenz sinnvoll zu erleben.

Das Ziel Herrschaft ist in der Jugend und im frühen Erwachsenenalter schwer zu bewältigen. Erst in den Jahren der Reife gelingt es den Herrschenden, ihre unbewußten diktatorischen Anteile zu erkennen, die Diktatur zurückzunehmen und eine authentische Führungskraft zu entwickeln. Autorität, Einflußnahme und die damit untrennbar verbundene Verantwortlichkeit treten immer häufiger an die Stelle der unreflektierten Sehnsucht, anderen Vorschriften machen zu können. Die manipulative Haltung läßt jetzt nach und wird als Ausdruck einer Angst identifiziert, sich nicht durchsetzen zu können, wo doch Durchsetzung als Ziel und existentielle Notwendigkeit empfunden wird.

Der gereifte Mensch mit dem Ziel Herrschaft wird ruhiger, sicherer. Er ist nun in der Lage, seine Kraft maßvoll, liebevoll und wirklich gewinnbringend einzusetzen. Und seine Selbstbeherrschung hat sich gefestigt; er muß nicht mehr bei jeder Gelegenheit beweisen, daß er größer, stärker, klüger, herausragender als andere ist. Seine selbstverständliche Autorität wird sich der Umwelt mehr über das Sein als über das Handeln mitteilen.

Er besitzt jetzt die Fähigkeit, anderen ein Vorbild zu sein. Er kann immer häufiger für sich in Anspruch nehmen, Führung aus Erfahrung zu übernehmen. Er wird um die Anerkennung dieser Führung nicht mehr so nachdrücklich kämpfen müssen, denn sie wird ihm auf natürliche Weise zuteil. Dadurch senkt sich der Pegel seiner Angst, und er hat es nicht mehr in derselben Weise wie früher nötig, mit diktatorischen Mitteln durchzusetzen, was er mit den Mitteln der Liebe nicht erreichen kann.

Wenn der Mensch mit dem Ziel Herrschaft aus bestimmten Gründen der gesellschaftlichen Prägung, der Erziehung oder der individuellen Neurose wenig oder keine Gelegenheit hat, sich als Herrschender, Führender oder Dominierender zu erproben, wird er anderen die Herrschaft über seine Person einräumen. Er wird sein Ziel, Erfahrungen mit dem Thema Herrschaft zu machen, erreichen, indem er sich beherrschen läßt, indem er mit dieser Erfahrung auch Gefühle von Haß und Ablehnung entwickelt, die er auf jene richtet, die besser herrschen und führen können als er selbst. Er wird somit seine Probleme haben mit Autoritäten, mit den Mächtigen und Herrschenden, sei es in Gesellschaft und Politik oder in der häuslichen Umgebung, wo er Vaterfiguren oder andere, die ihr Ziel Herrschaft aus beiden Polen leben, zu Feindbildern aufbaut.

Der Mensch mit dem Ziel Herrschaft ist geneigt, Neid zu empfinden all jenen gegenüber, die sich besser artikulieren können in ihren Führungseigenschaften als er selbst. Wenn er die Dominanz der anderen anerkennen kann, ohne sich allzusehr davon geängstigt zu fühlen, wird er sie zu seinen Vorbildern, Idealen oder Idolen machen, zu Leitfiguren, an denen er sich orientiert. Im frühen Erwachsenenalter jedoch muß er sie wieder in Frage stellen, um seine eigene Autorität und Führungskraft zu finden. Sonst wird er sich immer weiter hinter der Größe dieser Leitfiguren verbergen. Er wird seine Schwäche pflegen, anstatt Verantwortung für seine eigene starke Persönlichkeit zu übernehmen.

Das Verbergen der eigenen Kraft und Stärke führt bei einem Menschen mit dem Wachstumsziel Herrschaft zu selbstverleugnendem Kriechertum, das sich Ausdruck schafft in kleinlichen oder auch bösartigen Formen der Kontrolle und der Machtausübung über jene, die er als untergeordnet und schwächlich empfindet.

Der Mensch mit dem Entwicklungsziel Herrschaft sollte darauf achtgeben, daß er seine Familie nicht wie ein Haustyrann unterdrückt und daß er auch nicht seine körperlichen Gebrechen oder chronischen Krankheiten dazu benutzt, um alle nach seiner Pfeife tanzen zu lassen.

Es ist für ihn von großer Bedeutung, ein Gefühl für das rechte Maß zu entwickeln. Er kann ja auch im Kreis seiner Freunde und Kollegen immer dann unwidersprochen eine führende Rolle einnehmen, wenn er seine Ziele nicht mit allzu großem Angstdruck auf andere erreichen will. Immer darf er sich erneut daran erinnern, daß ihm Herrschaft nur dann streitig gemacht, geneidet oder entrissen wird oder auch daß sie Strafmaßnahmen nach sich zieht, wenn er sich in Formen der Diktatur zu verwirklichen sucht. Doch wenn es ihm gelingt, ein festes und dennoch freundlich-liebevolles Regiment einzurichten, das andere nicht einengt, sondern ihnen Freiheit verspricht, ohne auf Führung verzichten zu müssen, kann er ein hervorragender Vater, Vorgesetzter oder Politiker sein.

Die Selbstbeherrschung, von der wir gesprochen haben, wird sich auf das Ziel von Herrschaft in angenehmer Weise auswirken. Je besser ein Mensch mit so deutlich dominanten Zügen sich mäßigt, um so sinnvoller kann er seine Kräfte einsetzen. Und wenn es ihm gelingt, Selbstkritik, Selbsterkenntnis und Zügelung mit seinem Wachstumsziel der Herrschaft zu vereinbaren, wird er sich zu einer Persönlichkeit entwickeln, die natürlichen Respekt verlangt, die geliebt und geachtet wird, der man auch Führung anträgt und überträgt, weil die Mitmenschen seine Kraft wahrnehmen und erkennen, daß sie bei ihm in guten Händen sind.

Im Bereich persönlicher Beziehungen – seien es partnerschaftliche oder freundschaftliche – braucht ein Mensch mit dem Wachstumsziel Herrschaft die Ergänzung durch Persönlichkeiten, die ihrerseits von einem gesunden Selbstbewußtsein und einer natürlichen Durchsetzungs- und Sinnkraft erfüllt sind. Wenn der Herrschende auf allzu wenig Widerstand trifft, wird er entweder unbewußt in dominante Verhaltensweisen verfallen und sich nicht zügeln können oder die mangelnde Widerstandskraft seiner Partner gegen ihn selbst mit Verachtung strafen.

Um einen Menschen mit dem Ziel Herrschaft richtig lieben zu können, ist es notwendig, ihm Grenzen zu setzen und ihm nachdrücklich zu bedeuten, wann er Diktatur ausübt und andere damit unter ein Angstregime stellt. Wir sagten, daß sich der Mensch mit dem Ziel Herrschaft der Wirkung seiner Kräfte oft kaum bewußt ist und daß es für die Umgebung deshalb schwierig ist, sich gegen ihn aufzulehnen.

Er zeiht jene, die weniger dominant, weniger stark sind, oft der mangelnden Willenskraft oder des mangelnden Selbstbewußtseins, andererseits fürchtet er sich vor der Dominanz anderer. Wenn sie gegen ihn und seine Übergriffe rebellieren, fühlt er sich von ihren Versuchen, die Herrschaft zu übernehmen, bedroht und angegriffen wie ein König, der von seinen Generälen mit einem Putschversuch konfrontiert wird. Dann kann es in privaten Beziehungen zu heftigen Kämpfen kommen, die erst mit einem Friedensvertrag abgeschlossen werden können, wenn beide Parteien erkennen, daß sie aus Angst handeln und nicht aus Liebe.

Eltern können lernen, ihren Kindern, die ein starkes Bedürfnis entwickeln, die Familie zu beherrschen, deutliche Schranken und Grenzen zu setzen, ohne die Führungsrolle des Kindes ganz zu beschneiden oder gar seinen Willen zu brechen; denn ein Mensch mit dem Wachstumsziel Herrschaft braucht von Anfang an ein Reich, in dem er der unumstrittene Führer sein kann. Wenn also Eltern dieses Ziel an ihrem Kind erkennen, ist es gut, ihm einen Bereich einzuräumen, in dem seine Dominanz, seine Führungsrolle, seine Klugheit und seine Fähigkeit, sich durchzusetzen, unbestritten bleiben und mit Freude beobachtet werden.

Ein Kind mit dem Ziel Herrschaft braucht auch innerhalb des Freundeskreises die Möglichkeit, Führung zu übernehmen, und darf nur dann kritisiert oder bestraft werden, wenn es über das Erträgliche hinaus seine Kameraden einengt oder bedrängt. Sonst wird dieses Kind sich schnell ins Abseits gedrängt fühlen, es wird erfahren, daß niemand mit ihm spielen mag, und sich in Macht- und Größenphantasien flüchten müssen, um die Ziele, die es in der Außenwelt nicht erproben kann, wenigstens in der Vorstellungswelt seines mentalen Reichs zu erproben. Grenzen sind notwendig, aber allzu enge Vorschriften schädigen den Führungswillen des Kindes und bewirken, daß es auf Jahre hinaus seine urtümlichen Kräfte leugnen muß oder sich genötigt sieht, neurotische Ventile zu finden für die Anwendung seiner Fähigkeit zu herrschen.

Wir betonen noch einmal, wie notwendig es für jede Gesellschaftsform ist, jene mit Führungsaufgaben zu betrauen, die über eine natürliche und gesunde Autorität verfügen und die gewillt sind, Herrschaft auszuüben in Verantwortung und Liebe. Deshalb sind diejenigen, die sich das Ziel Herrschaft gewählt haben, in besonderem Maße aufgerufen, sich ihren Führungsaufgaben zu stellen, sei es im privaten, sozialen oder politischen Bereich, in Handel, Gewerbe oder in der Verwaltung. Wer immer über diese Kräfte verfügt, möge seine Fähigkeiten pflegen und sich üben in Selbstbeherrschung und verantwortlicher Führung.

Die diesem Menschen ohne Anstrengung erreichbare, sichtbare und natürlich innewohnende Stärke befreit ihn von der Notwendigkeit, auftrumpfen oder sich gegen die Willensbekundungen der anderen gewaltsam durchsetzen zu müssen. Je tiefer das Vertrauen eines Menschen mit dem Ziel Herrschaft in seine Wirkung, seinen positiven Einfluß, in sein kraftvolles Sein entwickelt ist, um so näher wird er seinem Ziel kommen, und um so erfüllter wird seine Existenz sein.

Solange andere Ausdrucksformen dieses Ziels ihm ungefährlicher und praktikabler erscheinen, wird sich ein Empfinden von Uneigentlichkeit und Problematik, von Sinnlosigkeit und Unerfülltheit breitmachen. Erst die Bejahung des Ziels Herrschaft befreit einen Menschen von der Angst, seine natürliche Dominanz nicht zeigen zu dürfen. Dann kann er aufatmen und sich fallenlassen in die Vorstellung, daß auch er, so wie er ist, gebraucht und geliebt werden kann.

Und er wird erfahren, daß eine Welle von Bewunderung und Sympathie ihm zugetragen wird, die ihn in seinen Führungseigenschaften bestätigt und ihm die Angst nimmt, daß er mit seiner Kraft und seinen Wünschen, seinen Fähigkeiten und seinen Vorstellungen Unheil anrichten könnte.

IV
Der Modus

Übersicht
Die Modi

<u>Expression</u>

⑤
Macht

– Bevormundung
Autorität +

②
Vorsicht

– Überängstlichkeit
Bedächtigkeit +

<u>Inspiration</u>

⑥
Leidenschaftlichkeit

– Fanatismus   Charisma +

①
Zurückhaltung

– Hemmung   Zügelung +

<u>Aktion</u>

⑦
Aggressivität

– Streitsucht
Dynamik +

③
Ausdauer

– Unverrückbarkeit
Beharrlichkeit +

<u>Assimilation</u>
④
Beobachtung

– Überwachung   Klarsicht +

Über den Modus

Der Modus bestimmt die Art, wie man sein Entwicklungsziel erreicht, die Art, wie man sein Leben am kraftvollsten führt.

Was ihr bisher über eure Seelenmuster an Information erhalten habt, hat bereits ein stimmiges und aussagekräftiges Bild ergeben, doch ist es wie eine Schwarzweißaufnahme oder eine Kohlezeichnung, und der Modus bringt Farbe in dieses Bild.

Der Modus ist nicht nur die Art und Weise, wie ihr eure Lebensziele anstrebt – darauf ist er am engsten gerichtet –, sondern auch die Art und Weise, wie ihr in diesem spezifischen Leben eure Erfahrungen und eure Absichten koloriert. Die Modi haben deshalb viel mit Lebensfreude zu tun und mit der Möglichkeit von Korrektur, das heißt der Abmilderung allzu starker und allzu heftiger Herausforderungen, die eine Seele sich oft im Überschwang ihres Inkarnationsmutes setzt.

Der Modus kann also als Korrektiv eingesetzt werden und zum Beispiel ein eher krasses und schlagschattenreiches Bild in einen schützenden Dunst oder Nebel hüllen, oder er kann in ein Bild, das in seinen Tiefenschärfen allzu flach geraten ist, eine Schärfe hineinbringen, eine Farbigkeit und Kontraste, die ihm vorher gefehlt haben. Was wäre euer Leben ohne diese Farbe!

Man könnte den Modus auch als eine Art Temperamentenlehre verstehen, also als eine Möglichkeit, das Tempo und das Temperament, mit dem ihr euer Leben lebt und gestaltet, zu beschreiben und zu bestimmen.

Ihr habt bereits gehört, daß der Modus eine Konzentration auf die Erfüllung eurer individuellen Entwicklungsziele anstrebt. Diese Ziele sind oft schwierig und widersprüchlich, und in der Regel tritt der Modus ein, um euch helfend beizustehen, um die Zielfindung zu unterstützen und um euch weitere Impulse zu geben, wie ihr eure

Energien am besten und sinnvollsten einsetzen könnt, um das, was ihr euch gesetzt habt, zu erreichen.

Wer nun den Modus Zurückhaltung gewählt hat, soll nicht glauben, daß er aus diesem Grunde stets und in allen Lebenssituationen zurückhaltend sein müßte. Wer den Modus Macht gewählt hat, muß nicht immer und überall auf seine Autorität pochen. Viel wichtiger ist es, sich stets zu erinnern: Wenn ich den Pluspol meines Modus pflege, ohne mich deswegen besonders anzustrengen, fördere ich mein Entwicklungsziel, ohne direkt an diesem Ziel arbeiten zu müssen.

Wer also das Ziel Ablehnen in seinem Seelenmuster aufweist, kann durch gezügelte Ablehnung viel erreichen. Es genügt, sich auf die Zügelung zu konzentrieren. Wer das Ziel Ablehnen mit einem leidenschaftlichen Modus verbindet, kann sich auf sein Charisma verlassen. Sein Ablehnen wird aufgrund seiner eindrucksvollen Ausstrahlung wie von selbst erreicht, ohne daß er große Worte machen oder großartige Handlungen einleiten muß. Der Modus ist ein Angebot der Matrix, das vieles erleichtert und entkrampft.

Und wie könnt ihr erkennen, ob ihr euch im Pluspol oder im Minuspol eures Modus befindet? Wir sagten, der Modus ist eine Quelle der Freude. Immer wenn ihr also in eurer Art und Weise, das Entwicklungsziel zu fördern, Freude empfindet und immer wenn mit dieser Freude ein Gefühl innerer Freiheit einhergeht, seid ihr im Pluspol. Und da dieser Pluspol von euch selbst und auch von eurer Mitwelt als durchaus angenehm und wohltuend empfunden wird, ist es euch ein leichtes, ihn zu aktivieren, und noch leichter wird es euch fallen, wenn ihr euch all die Schwierigkeiten ins Gedächtnis ruft, die euch ein allzu langes Verharren im Minuspol in der Vergangenheit beschert hat.

Den Minuspol könnt ihr hier, wie auch sonst in der Matrix, nicht konsequent meiden. Wenn ihr euch jedoch jeweils seiner typischen Energien bewußt werdet, ist es leicht, sie in die Zone des Pluspols hinüberzuleiten. Ihr alle werdet in eurer ersten Lebenshälfte etwas häufiger im Minuspol als im Pluspol eures Modus sein. Die zweite Lebenshälfte wird umgekehrt verlaufen.

① Die Zurückhaltung

Zurückhaltung – ein Modus auf der Inspirationsebene – kann als Alternative zur Leidenschaftlichkeit betrachtet werden. Während der Leidenschaftliche in allen Bereichen seines Lebens seine Totalität einbringt, nimmt sich der Zurückhaltende in allen Bereichen seines Lebens zusammen. Er läßt sich nicht fortreißen von seinen Bedürfnissen und seinen Gefühlen. Er weiß, wie wohltuend es auf ihn und seine Umwelt wirkt, wenn er seine Kraft, seinen Willen, seine Begehrlichkeit, aber auch seine Angst, seine Wut und seine Lust zügelt. Doch wenn er nicht mehr nur zügelt, sondern hemmt, dämpft er seine Persönlichkeit, sein Wesen, allzusehr. Dann kann er nicht mehr aus sich herausgehen, dann handelt er nicht mehr aus der Freiheit, die in der Zügelung liegt, sondern er wird zum Sklaven seiner eigenen Hemmungen. Zügelung und Hemmung als Plus- und Minuspol dieses Modus leiten sich aus der Notwendigkeit ab, eine durchaus bereitstehende, vorhandene Energie zu bändigen. Denn Zügelung und Hemmung wären vollkommen überflüssig, wenn es nichts zu bändigen gäbe.

Die verkrampfte, unscheinbare Ausstrahlung, die viele Menschen mit diesem Modus haben, wenn ihre Angst sie beherrscht und sie aus lauter Hemmung, sich zu geben und zu zeigen, versuchen, sich unsichtbar zu machen, entsteht nur aus der Angst, im ungehemmten Zustand von dieser Energie fortgetragen zu werden. Deshalb baut der Gehemmte so viele Mauern auf und fügt so viele Schleusen in den Strom seiner Kräfte ein, daß er davon ausgehen kann, sie immer unter Kontrolle zu haben. In Wahrheit jedoch haben seine Mauern und Schleusen ihn längst selbst unter Kontrolle. Sie sind autonom geworden, und für denjenigen, der sich von Jugend auf fast ohne Pause hemmt, ist es sehr schwer, die vielen Hindernisse abzubauen, um wieder kraftvoll zu fließen und sich frei bewegen zu können.

Der Gehemmte also ist Gefangener und Gefängniswächter zugleich. Er ist das Wasser und der Schleusenwärter. Sein Schleusenwärter jedoch ist eine äußerst schüchterne und vorsichtige Gestalt. Er wird nur handeln auf Weisung von oben. Nie wird er sich trauen, eigenmächtig über den Zustrom neuer Energie zu verfügen, und wenn seine Behörde die Aufsicht vernachlässigt, wird er es vorziehen, alles zu stauen und ganze Landschaften vertrocknen und unfruchtbar werden zu lassen, bevor er eine Entscheidung trifft, die die Gefahr nach sich zieht, daß er für Eigenmächtigkeit bestraft werden könnte.

So zieht der ängstlich Zurückhaltende es vor, sich innerhalb seiner Hemmungen einzurichten und dafür in Kauf zu nehmen, daß seine seelische Landschaft verödet. Er fühlt sich nur innerhalb seiner Wälle und Dämme sicher und spekuliert allenfalls mit der Vorstellung: »Was wäre, wenn ich keine Hemmung hätte?« Doch scheut er sich, die Folgen dieser Spekulation praktisch auszuprobieren. Andererseits aber ahnt seine Psyche auch, wie herrlich es sein könnte, keine Hemmungen zu haben und frei fließen zu können.

Nun gibt es viele Mittel und Wege, Hemmungen abzubauen, die jederzeit zur Verfügung stehen, und eines dieser Mittel ist der Alkohol. Deshalb sind es häufig Menschen mit dem Modus Zurückhaltung, die sich auf irgendeine Weise von ihren Hemmungen befreien wollen und zur Flasche greifen. Denn ein gutes Quantum Alkohol erlöst den Gehemmten binnen kurzer Zeit wenigstens vorübergehend von seinem Gefängnis. Seine Zunge löst sich, seine Glieder werden locker, er tut Dinge, die er sich sonst niemals zutrauen würde. Die ganze Spekulation seines Ego wird offensichtlich, er fängt an zu prahlen und zu protzen, und überschätzt seine Kräfte in demselben Maße, wie er sie im Normalzustand unterschätzt. Dann ist es sehr schwer für ihn, sich zu zügeln. Die Entspannung und Erregung, die durch den starken Strom von Energien plötzlich durch ihn hindurch- und aus ihm herausfließen, sind so mitreißend, daß der Gedanke an eine vernünftige Zügelung seines Impetus ihm gar nicht mehr kommen kann. Derselbe Effekt ist zu beobachten bei Schlafmitteln und Drogen, denn der Gehemmte ist häufig durch die Anstrengung, seine Mauern stets intakt halten zu müssen, äußerst verspannt, und Medikamente wirken auf ihn erlösend, da seine Spannungen sich mit ihrer Hilfe vorübergehend verflüchtigen.

Die Schüchternheit des Gehemmten ist eine andere als die des Hochmütigen. Der Gehemmte kommt in der Regel nicht darum herum, seine wahre Stärke zu erahnen. Er hat stets die Möglichkeit, seine

Hemmung in eine gesunde Zügelung umzuwandeln. Während der Hochmütige sich seiner Kräfte und Möglichkeiten äußerst bewußt ist, sich über andere erhebt und eine Mauer aufbaut, die ihn von anderen trennen soll, ist der Zurückhaltende, und besonders der Gehemmte, oft wahrhaft nicht in der Lage, sich zu offenbaren, denn er darf seine Zurückhaltung nicht ganz aufgeben, während der Stolze frei wird, sowie er seine Angst hinter sich läßt.

Der Zurückhaltende hingegen wird in allen Bereichen seines Lebens eine gewisse Dämpfung vornehmen wollen. Auch wenn er angstfrei ist, ist er nicht überschäumend; er bleibt ruhig, er nimmt sich Zeit, er reagiert selten unmittelbar. Je weniger er sich von Angst beherrschen läßt, um so angenehmer wirkt seine Zurückhaltung. Sie ist nicht feindselig, sie ist nicht abweisend, sie ist einfach ruhig und besonnen.

Sie ähnelt der Haltung des Vorsichtigen, doch wirkt sie noch zurückgenommener. Sie ist nicht darauf bedacht, das Pro und Kontra einer Situation abzuwägen, sondern vielmehr darauf, die eigenen Gefühle zu überprüfen. Es geht ihr weniger um Sachlichkeit und um ein gesundes, adäquates Urteil wie dem Bedächtigen. Vielmehr geht es der Zurückhaltung darum, die eigenen Bedürfnisse, Stimmungen, Gefühle und Sensibilitäten mit der jeweiligen Situation in Einklang zu bringen. Und da dies eine Haltung erfordert, die nicht sofort reagiert oder etwas unternimmt, ist der Zurückhaltende ein Mensch, der sich zunächst einmal zurückzieht und mit sich selbst zu Rate geht, bevor er eine Entscheidung trifft.

Wir kommen noch einmal darauf zurück, daß dieser Modus der Inspirationspolarität angehört. Das bedeutet, daß der Zurückhaltende sowohl in der positiven als auch in der negativen Polarisierung dieses Modus mit seinen inneren Stimmen, aber auch mit den Inspirationen durch Kräfte, die außerhalb seines Selbst liegen, in Verbindung steht. Und wie ihr wißt, ist es für das Horchen auf Stimmen, die nicht mit den Ohren des Körpers zu vernehmen sind, notwendig, daß äußere Stille herrscht und der Horchende sich nicht in ablenkenden Tätigkeiten verliert.

Darum wird der Zurückhaltende sich um so mehr nach Stille und Ruhe sehnen, je weniger er von Angst bestimmt ist. Er braucht, um sich dem liebevollen Pol seines Modus zu nähern, die Gelegenheit, mit sich selbst zu Rate zu gehen, seine Schwingungen, seinen Respons auf das Geschehen zu überprüfen und abzuklopfen. Und je häufiger er sich gestattet, erst dann zu einem Entschluß zu kommen, wenn er sich ganz klar und sicher ist, was seinem Wunsch am meisten entspricht, um so leichter wird er seine extreme Zurückhaltung aufgeben und seine Energie nach außen leiten.

Da der Modus Zurückhaltung der Ordnungszahl 1 und somit der archetypischen Seelenrolle des Helfers zugeordnet ist, werdet ihr verstehen, wenn wir sagen: Der Zurückhaltende wartet auf Weisung. Er sucht diese Weisung in seinem eigenen Inneren, bei seinem eigenen Höheren Selbst oder bei Gott, bei allem, was ihn inspirieren kann. Und erst wenn er diese Weisung, diese unhörbare Weisung, vernommen hat, ist er bereit zu handeln. Das heißt nicht, daß der Zurückhaltende immer nur passiv ist. Er gestattet sich lediglich nachzufühlen, welche Handlungsweise geeignet ist. Der Vorsichtige hingegen denkt nach, bevor er handelt.

Zurückhaltung also ist dann eine höchst positive und wichtige Komponente, wenn sie sich in gelassener, entspannter und ruhiger Zügelung ausdrückt. Sie wird hingegen zum Widersacher des Menschen mit diesem Modus, wenn sie sich vorwiegend in Hemmungen zeigt, die den natürlichen Fluß der Energien so unterbinden, daß nur noch Angst die Motivation für alle Entscheidungen liefert.

So wie Mauern und Schleusen eingerissen werden können, kann aber auch diese Form von Hemmung abgebaut werden. Nicht nur der Zurückhaltende selbst kann erforschen und beobachten, unter welchen Umständen seine Angst nachläßt, welche Bedingungen er in seinem Privatbereich oder an seinem Arbeitsplatz braucht, um nicht noch tiefer in seine Ängste hineingetrieben zu werden, damit Entspannung einsetzt; auch Freunde, Familienangehörige und Therapeuten können wesentlich dazu beitragen, Hemmung zu verringern und sie in Zügelung zu verwandeln, wenn sie einmal begriffen haben, daß ein Mensch mit diesem Modus niemals hemmungslos sein wird, niemals im Mittelpunkt stehen möchte und es immer vermeiden wird, Entscheidungen zu fällen, ohne seine Gefühle befragt zu haben.

Wer darauf Rücksicht nimmt und nicht erwartet, daß ein Zurückhaltender sich durch Abbau seiner Hemmungen zum Salonlöwen oder zur Femme fatale entwickeln wird, daß er eine exhibitionistische Haltung nur dann einnehmen wird, wenn er seine Hemmung zugleich mit seiner Zügelung künstlich abbaut, der kann in geduldiger Lockerungsarbeit viel erreichen. Doch wenn man einen allzu gehemmten oder auch nur einen moderat gezügelten Menschen dazu zwingt, alle Zurückhaltung aufzugeben, und ihn in eine Lebenslage hineinmanövriert, in der er sich bloßgestellt fühlt und nur anderen zuliebe etwas tut, was seine Gefühle nachhaltig verletzt, wird man ihn eher noch mehr zurücktreiben in seine schmerzhaften Hemmungen, als ihn daraus zu befreien.

Wer aber diesen Modus bei einem Menschen respektiert, anstatt ihn gewaltsam aufbrechen zu wollen, wird sich dem Zurückhaltenden liebevoll zuwenden und damit auch seine dauerhafte Zuneigung erringen können. Für Menschen hingegen, die stark von den Modi der Macht, Leidenschaft und Aggressivität bestimmt werden, ist es besonders schwierig, mit dem Modus der Zurückhaltung liebevoll umzugehen, denn gerade Zurückhaltung ist ihnen oft fremd. Sie meinen, daß selbst eine entspannte Form von Zurückhaltung gleichzusetzen sei mit krankhafter Schüchternheit oder ungelösten Problemen. Dabei besteht das einzige Problem darin, daß die stark handlungsorientierten Modi wenig Erfahrung mit und wenig Verständnis für die eher passiven Modi aufbringen können.

Es ist jedoch in aller Regel so, daß ein Modus wie Vorsicht, Zurückhaltung oder Ausdauer erst dann gewählt wird, wenn zuvor Erfahrungen gesammelt wurden mit den stark nach außen gerichteten Modi. Erst wenn jemand über die Kraft wirklich verfügt, die es zu kanalisieren gilt, kann er diesen Prozeß wirksam einleiten. So ist es häufig zu beobachten, daß eine Seele sich zunächst einmal oder mehrmals einen nach außen gerichteten Modus erwählt, und erst wenn sie die Möglichkeiten dieser handlungsorientierten Seinsweisen ausgeschöpft hat, wird sie sich zurückziehen und aus der neugewonnenen Distanz versuchen, dieselben Kräfte von Expression, Inspiration und Aktion zu dämpfen und einzudämmen, ohne sie ganz zu verlieren.

Viele Menschen mit diesem Modus, die unter ihren Hemmungen leiden, hegen die Überzeugung, daß es ihnen besser ginge, wenn sie überhaupt keine Hemmungen hätten, und sie phantasieren damit eine irreführende Idealvorstellung von einer Möglichkeit, die zwar theoretisch vorhanden wäre, aber ihnen als Persönlichkeiten, die sich für den

Modus der Zurückhaltung entschieden haben, gar nicht zur Verfügung steht.

Deshalb ist es von großer Wichtigkeit, daß ein zurückhaltender Mensch lernt, zu seiner Zurückhaltung zu stehen und sie positiv einzuschätzen. Seine Angst und seine Hemmungen suggerieren ihm manchmal, daß seine Persönlichkeitsideale erst dann erreicht wären, wenn er sich leidenschaftlich, aggressiv oder machtvoll gebärden könnte. Dabei orientiert er sich jedoch an Modi, die ihm aus gutem Grund nicht zur Verfügung stehen. Wir sagen: aus gutem Grund und leiten damit noch einmal zurück zu dem bewußten Wunsch der Seele, diesen Modus der Zurückhaltung zu wählen in der Absicht, etwas Neues auszuprobieren.

Der Zurückhaltende kann sich also am besten von seinen Hemmungen befreien, wenn er den Wert seiner Grundhaltung erkennt und sich nicht zwingt, diese Position zu verlassen. Zurückhaltung ist für ihn eine Quelle der Erkenntnis. Krampfhaftes Überspielen und Ignorieren seiner natürlichen und sinnvollen Grenzen würde ihn zurückführen in Bereiche, die er längst ausgekundschaftet hat und die ihn jetzt, in seiner aktuellen Inkarnation, eher fortführen von seinen Entwicklungszielen als zu ihnen hin.

Denn erinnert euch stets daran, daß der Modus die Art und Weise beschreibt, wie ein Mensch am schnellsten, sinnvollsten und nachhaltigsten an sein jeweiliges Entwicklungsziel gelangt. Der Zurückhaltende kann also und darf sich eine entspannte, ruhige, gelassene Form der Zügelung gewähren. Er wird sich selbst damit beglücken, indem er sich näherkommt durch die Betrachtung seiner Gefühlsreaktionen und das besinnliche Horchen auf die Stimmen seiner inneren Weisung.

② Die Vorsicht

| – Überängstlichkeit ←——————→ Bedächtigkeit + |

Vorsicht ist ein Modus, der euch davor bewahrt, allzu unbedacht, allzu leidenschaftlich, allzu wild auf eure Ziele loszusteuern, ohne in Betracht zu ziehen, daß ihr Menschen seid, die mit der Endlichkeit der Dinge leben müssen.

Endlichkeit bedeutet, daß ihr auf viele Faktoren Rücksicht nehmen müßt, die euch begrenzen, die euch nicht gehorchen wollen, die ihr nicht beherrschen könnt. Dazu gehört als erstes der Mitmensch selbst. Und als zweites gehören dazu eure eigene Seinsmodalität, eure Stimmung, eure Einstellungen, eure Persönlichkeitsgrenzen, das, was euch in diesem Moment möglich ist und im nächsten Moment unmöglich, das, was ihr euch vorgenommen habt und auch das, was ihr für möglich haltet.

Sodann gibt es all die Begrenzungen, die euch eure Gesellschaft auferlegt. Es gibt die Gesetze, es gibt die Moral, es gibt eure Psyche, die sich in der kollektiven Psyche widerspiegelt, es gibt eure persönliche Erziehung, die sich in der Erziehungsmentalität eurer Gesellschaft manifestiert und zuletzt, aber nicht am wenigsten wirksam, müßt ihr Rücksicht nehmen auf die Grenzen, die euch eure menschliche Biologie, eure Körperchemie, eure physikalische Gebundenheit auf der Erde und im Kosmos auferlegen.

Wenn ihr auf diese Faktoren nicht in einer Weise achtet, die eure Vorsicht euch gebietet, werdet ihr ständig erleben, daß ihr das, was ihr euch vorgenommen habt, die Ziele, die ihr erreichen wollt, allein schon deshalb nicht erreicht, weil ihr vorher auf die Nase fallt. Oder, wenn ihr sie kurzfristig erreichen solltet, würdet ihr im nachhinein Abstand davon nehmen, weil ihr euch zuviel, zu Anstrengendes zugemutet habt, euch selbst überfordert habt oder rücksichtslos über die Bedürfnisse anderer hinweggegangen seid, so daß diese sich überfordert fühlten. Dann werden sie zurückschlagen, dann werden sie euch Grenzen setzen, dann werden sie dafür sorgen, daß ihr auf euren Platz verwiesen werdet, und ihr seid frustriert, verärgert, enttäuscht, geschwächt in eurem Vorhaben. Deshalb werdet ihr euch schnell vornehmen, es nicht noch einmal zu versuchen, ihr werdet resignieren, und das wäre schade.

Wenn ihr nun Vorsicht walten laßt, bedeutet das, daß ihr umsichtig seid, daß ihr das, was euch im Wege stehen könnte, mit einkalkuliert, daß ihr euren Blick nicht starr auf euer Ziel richtet, sondern daß ihr, obgleich ihr es im Auge behaltet, doch euren Blick so weitet, daß ihr nicht wie mit Scheuklappen durchs Leben geht oder nur das seht, was direkt vor euch liegt. Erweitert euren Blickwinkel, und zieht viele Dinge mit in Betracht, die vor euch, neben euch und hinter euch, über euch und unter euch liegen, um sie mit zu berücksichtigen, ohne falsche Rücksicht auf sie nehmen zu wollen.

Vorsichtig zu sein bedeutet, realistisch zu sein. Vorsichtig zu sein bedeutet, weitblickend zu sein. Ein Lebensziel kann für viele nur dann erreicht werden, wenn sie sich gestatten, auch einmal das, was rechts und links von ihrem Wege liegt, mit einzubeziehen und die Gegebenheiten des Lebens nicht auszuklammern, sondern sie realistisch einzukalkulieren, so daß Vorsicht ihnen sagt: »Jetzt gehst du zu weit!« Oder: »Jetzt tust du dir mehr Schaden als Gutes an! Warte noch ein Weilchen! Gehe langsam voran! Teste den Grund und Boden, auf dem du schreitest, denn es könnte sein, daß du auf einem sumpfigen Boden deine Schritte tastend vorwärtssetzen und immer aufpassen mußt, daß du nicht versinkst. Wenn du erst einmal bis zum Hals im Sumpf steckst, ist es schwieriger, dich herauszuarbeiten und weiter auf dein Ziel zuzustreben, als wenn du vielleicht erst einige vorsichtige Schritte machst, um einen festen Grund zu suchen, auf dem du stehen kannst.«

Vorsicht will dir vermitteln: »Es ist nicht jedem gegeben, auf Wasser zu wandeln. Die meisten, die allermeisten ertrinken dabei. Vorsicht gebietet dir, ein Boot zu benutzen, und Vorsicht gebietet dir, ein größeres Schiff zu wählen, vielleicht sogar einen Ozeandampfer, wenn du dich auf den Ozean hinausbegeben willst, um auf große Fahrt zu gehen. Je weiter dein Ziel von dir entfernt ist und je schwieriger es zu erreichen ist, um so bessere Vorbereitungen mußt du treffen, um so vorsichtiger und umsichtiger mußt du sein, wenn du dich ihm sinnvoll nähern möchtest.«

Wenn ein Mensch mit dem Ziel der Herrschaft sich den Modus Vorsicht hinzugewählt hat, ist es zum Beispiel äußerst sinnvoll, diesen Modus zur Bändigung seiner Herrschaftsgelüste einzusetzen. Wenn er ein anderes der aktiven Ziele gewählt hat, zum Beispiel das Ziel Beschleunigung, ist es oft notwendig, Bremsen einzulegen oder sich vorsichtig an das Tempo heranzutasten, damit eine Überforderung nicht zu einem Rückfall oder Rückschlag führt.

Der Modus Vorsicht hat selbstverständlich zwei Seiten. Er besitzt zwei Pole wie alle anderen Modi und alle anderen Matrixelemente auch. Von dem positiven Pol, von dem Pol, der aus der Liebe kommt, haben wir schon ein wenig gesprochen. Es ist die Bedächtigkeit, die Umsicht, die kluge Vorsicht und die liebevolle Rücksicht. Bedächtigkeit gestattet sich abzuwägen, Bedächtigkeit sammelt Kräfte vor dem großen Sprung. Bedächtigkeit ist nicht darauf aus, die Kräfte zu verschleißen und vorzeitig abbrechen zu müssen, bevor das eigentliche Ziel erreicht ist. Wer sich jedoch von seinen Ängsten leiten läßt, wird leicht in eine Überängstlichkeit verfallen und wird an alles und jedes mit allzu großer Vorsicht herangehen. Er wird sich übermäßig wehren gegen jede Art von Überforderung und wird deshalb selten oder nie erfahren, wo seine Grenzen liegen und wie er sie überschreiten könnte.

Ein allzu ängstlicher, ein überängstlicher Mensch mit dem Modus Vorsicht findet immer gute Gründe, um sich vor den Herausforderungen des Lebens zurückzuziehen, sich von ihnen abzuwenden, sich abzukapseln und sich von morgens bis abends zu sagen: »Das ist mir zuviel. Das kann ich nicht. Dem bin ich nicht gewachsen. Das lasse ich lieber sein.« Denn seine Angst gebietet ihm, Bedächtigkeit in Überängstlichkeit umzusetzen.

Ein überängstlicher Mensch, der sich dem negativen Pol des Modus Vorsicht mehr nähert als dem positiven Pol, wird allzu häufig in Versuchung sein, sich gar nichts zuzumuten. Er wird es vorziehen, auf Sparflamme zu leben, er wird es vorziehen, untätig, träge und kleinmütig zu sein und sich dafür immer gute Gründe suchen, die seine Angst ihm suggeriert. Seine Aura wird grau und leblos wirken, während die Aura des Menschen, der seine Bedächtigkeit pflegt, ruhig und mittelblau ist und oft einen rosigen Hauch erhält, wenn er die positiven Auswirkungen seiner Bedächtigkeit erkennt und auf sich und andere wirken läßt, während der Überängstliche, der wie ein scheues Tierchen vor allen Schwierigkeiten, Herausforderungen oder vermeintlichen Gefahren zurückweicht, sich am liebsten verkriechen möchte, eine Ausstrahlung von Unsichtbarkeit um sich herum produziert.

Ein Vorsichtiger, der seine Überängstlichkeit pflegt, wird sich darin gefallen, überall Gefahren lauern zu sehen. Leben besteht aber nun einmal aus Unberechenbarkeiten, und wenn er sich dem Leben stellen möchte, muß er einen Teil dieser Gefahren zumindest in Kauf nehmen. Er sieht Gefahren lauern bei jeder Handlung und bei jeder Bewegung. Er versucht sich ängstlich fernzuhalten von Schmutz, von Aggressionen, von heftigen Auseinandersetzungen. Er geht nicht auf die Straße, weil er ausrutschen könnte. Er vermeidet frische Luft, weil er sich erkälten könnte. Er geht nicht zum Arzt, weil er sich dort anstecken könnte. Er ißt nichts, was ihm vielleicht nicht bekommen könnte. Sein ganzes Leben besteht aus der Überlegung, was alles ihm passieren könnte, ihn bedrohen könnte, ihn lebendig machen könnte. Aber diese Vorstellung, daß ihn etwas lebendig machen könnte, kleidet er in die Vorstellung, daß irgend etwas ihn krank machen, bedrohen oder töten könnte.

Als Erzieher, als Mutter oder Vater, ist ein übervorsichtiger, überängstlicher Mensch ein großes Hindernis für die Selbständigkeit des Kindes. Das liebste Wort eines Menschen mit dem Modus der Vorsicht, der seine Angst pflegt, ist das Wort: »Paß auf! Paß auf, daß dir nichts passiert! Paß auf, daß du dich nicht stößt! Paß auf, daß du nicht hinfällst! Paß auf, daß du niemanden verärgerst! Paß auf, daß du dir nicht weh tust! Paß auf, daß du mir nicht weh tust!«

Wenn jedoch ein Mensch mit dem Modus Vorsicht sich wieder in Richtung Liebe bewegt, wenn er sich entspannt, wenn er die Gespenster aus seinen Phantasien verscheuchen kann, wenn er wieder Zugang findet zu seiner Lebendigkeit und dem Licht des Tages, kann er sehr wohl ein guter, sehr umsichtiger, vernunft- und gefühlsorientierter Vater oder eine in Maßen behütende Mutter sein, die das Kind nicht vom Leben fernhält, sondern es einen behutsamen, bedächtigen, in gutem Maße vorsichtigen Umgang mit dem Leben lehrt.

Ein Vorsichtiger sollte sich gewahr werden – und dazu braucht es eine gewisse Bedächtigkeit wenigstens für einige Minuten oder einige Stunden –, daß Bedächtigkeit ihn seinem Entwicklungsziel nähert und daß er sich immer dann wohl fühlen wird, wenn er bedächtig handelt, bedächtig reagiert, sich Zeit nimmt, alles genau zu überprüfen, nicht sofort ja oder nein zu sagen, sondern sich behutsam seinem Ziel zu nähern.

Er sollte auch bedenken, daß Bedächtigkeit ihn sehr wohl vor mancherlei realen Gefahren und Unwägsamkeiten schützen kann, daß aber Bedächtigkeit ihn nicht vom Lebensfaden abschneiden sollte. Bedächtigkeit ist immer dann vorhanden, wenn der Mensch mit dem Modus Vorsicht noch ruhig und frei atmen kann. Überängstlichkeit hingegen ist sofort identifizierbar an der Tatsache, daß der Atem flach wird, stockend, oberflächlich, gepreßt, daß die Stimme klein wird, daß der Hals wie zugeschnürt wirkt und der Blick sich verengt, so als könne die Weite des übersichtlichen Blicks nicht mehr aufrechterhalten bleiben.

Da ein Mensch mit dem Modus Vorsicht ohnehin dazu neigt, sich oft von dem Wirrwarr der Welt zurückzuziehen, einige Schritte zurückzutreten und Abstand zu halten, wird es ihm um so leichter fallen, auch seine Atmung und die Bewegung seiner Augen zu beobachten.

Und wenn er im Zustand der Bedächtigkeit ist oder sich vom Zustand der Überängstlichkeit durch ruhiges Atmen in den Zustand der Bedächtigkeit zurückgeführt hat, kann er sich auch angewöhnen, sich selbst zu fragen: »Ist denn diese Gefahr wirklich real? Bin ich wirklich bedroht? Muß ich wirklich so ängstlich reagieren, wie es mir meine Angst gebietet? Muß ich mich so weit von der Lebendigkeit abschneiden, daß ich mich selbst und andere nicht mehr spüren kann, um mich zu schützen? Muß ich wirklich so vorsichtig sein, daß ich grau, unscheinbar und unsichtbar werde? Habe ich nicht die Erfahrung gemacht, daß ich gerade dann am meisten angreifbar bin, daß ich gerade dann am wenigsten umsichtig bin, am schnellsten auf die Nase falle, stolpere oder mir weh tue?«

So ist es für den Umsichtigen leicht, seine Vorsicht nicht aufzugeben – denn das ist nicht gefragt –, aber sie dennoch einzusetzen im Sinne der Selbstliebe, im Sinne auch der Liebe für andere. Stellt euch zum Beispiel einen Arzt oder einen Therapeuten vor, der keine Vorsicht, keine Umsicht walten läßt, einen Helfer, der den, dem er helfen will, so überfordert, daß er zwar sein eigenes Ego befriedigt, die Abwehr seines Klienten oder Patienten aber so herausfordert, daß es keinen Schritt mehr vorangeht. Ihr werdet einsehen, daß das nicht gut sein kann und daß es besser wäre, umsichtig, aber doch Schritt für Schritt tastend voranzugehen, um einen Menschen mit dem Modus Vorsicht nicht zu zu starken Abwehrreaktionen herauszufordern. Stellt euch auch Eltern vor, die von ihrem kleinen Kind wesentlich mehr verlangen, als es zu leisten imstande ist, und es in unvorsichtiger Weise überreizen. Im schlimmsten Fall wird ein solches Kind sich in einen Autismus flüchten, der als radikalste Maßnahme einer Überängstlichkeit gelten kann.

Vorsicht, der Modus mit der Ordnungszahl 2 ist also ein höchst bedeutsames und eminent wichtiges Element des Lebens. Vorsicht schützt euch vor allzu großem Risiko, vor kopfloser Waghalsigkeit, vor der Bedrohung eures Leibes, vor der Unachtsamkeit und Lieblosigkeit, die viele von euch sich angedeihen lassen, wenn sie in Selbstzerstörungsmechanismen verfallen. Vorsicht ist Ausdruck von Liebe, wenn sie sich bedächtig äußert. Seid mit euch und anderen vorsichtig, ohne überängstlich zu sein. Dann werdet ihr diesen Modus aufs schönste einsetzen und anwenden können. Ein Mensch mit dem Modus Vorsicht wird sich sehr gut in eine Gemeinschaft eingliedern können, er wird ein angenehmes Wesen verbreiten, wenn er nicht furchtsam ist wie eine Maus und sich vor allem und jedem schützt und zurückhält. Bedachtsamkeit und Bedächtigkeit sind Qualitäten, die in eurer Zeit, in der alles schnell und oft überstürzt voranschreitet, sehr gefragt sind.

»Sachte, sachte!« sei das Motto des Bedächtigen. »Laß mich einen Moment nachdenken!« sei seine Devise.

③ Die Ausdauer

– Unverrückbarkeit ← ⟶ Beharrlichkeit +

Wir sprechen an anderer Stelle von dem Modus der Aggressivität und erklären euch, daß Aggressivität von einer sehr starken Energie getragen wird. Der Modus Ausdauer mit der Ordnungszahl 3 befindet sich ebenfalls auf dieser Ebene starker Energie. Wie Aggressivität gehört auch er zur Aktionspolarität. Er unterscheidet sich jedoch von Aggressivität dadurch, daß er sich nicht stoß- und ruckweise oder explosionsartig manifestiert, sondern im Gegenteil zu einer gleichmäßigen Energieausschüttung über lange Zeit – über Tage, Wochen und Monate hin – befähigt.

Wer sich diesen Modus wählt, neigt dazu, mit unerschütterlicher Beharrlichkeit auf seine Ziele zuzustreben, was immer diese Ziele sein mögen. Wir sprechen jetzt nicht nur vom allgemeinen Entwicklungsziel, bei dem es sich ohnehin um ein Phänomen handelt, das langfristig wirksam und auf eine lange Dauer angelegt ist, sondern auch von den Vorhaben des täglichen Lebens: die Planungen, die in Beruf und Familie eingehen, die Projekte, die ein Mensch sich vornimmt, um bestimmte Ergebnisse zu erzielen, und die eine geduldige, abwartende Haltung erfordern, die zugleich in der wachen Aufmerksamkeit nicht nachläßt. Selten wird man einen Menschen mit diesem Modus der Wankelmütigkeit zeihen können. Viel häufiger wird man jedoch beobachten, daß ein Mensch mit diesem Modus schlecht loslassen kann. Denn wenn der Pluspol mit dem Begriff »Beharrlichkeit« gut erfaßt ist, zeigt sich der Minuspol in einer Tendenz, alles beim alten lassen zu wollen, möglichst nichts zu verändern, keine Erneuerung zuzulassen und vor allem jeden Wandel zu unterbinden, den Wandel, der von außen kommt, und auch den Wandel, der sich durch die natürliche Entfaltung und Veränderung der eigenen Persönlichkeit über die Jahre hin ergibt.

Ein Mensch, der seinen Modus Ausdauer mehr von dem negativen, angstbesetzten Pol her lebt, hat große Schwierigkeiten, den Wandel zuzulassen, denn wenn er sich einmal etwas vorgenommen und sich darin eingerichtet hat – sei es ein Arbeitsplatz oder eine Ehe, sei es eine Wohnung oder eine Freundschaft –, möchte er darauf dringen, daß an dieser Einrichtung nicht mehr gerüttelt wird, daß sie ihre einmal festgelegten Formen beibehält und ihn nicht ängstigt durch unberechenbare Ereignisse, durch Veränderungen, auf die er sich neu einstellen muß, oder durch Flexibilität, der anzupassen er sich gezwungen sieht. Denn jede Form der Ausdauer, die seine Angst ihm vorschreibt, kann er nur leben, wenn sich das Objekt, auf das er seine Ausdauer im Sinne einer Unveränderlichkeit richtet, nicht bewegt. Diese Form der Ausdauer hat etwas Starres, Lebloses und Unverrückbares, und deshalb schlagen wir euch für die Bezeichnung des Minuspols den Begriff »Unverrückbarkeit« vor. Er beschreibt die Starre, aber auch den kämpferischen Widerstand, die dieser Pol beinhaltet, und die Angst vor dem Wandel, die ihn trägt.

Wie sehr Ausdauer in ihrer positiven Polarität sinnvoll und hilfreich ist, kann man leicht erkennen. Denn wenn es nicht Menschen gäbe, die bereit sind, sich über Monate und Jahre auf ein Vorhaben zu konzentrieren und es beharrlich weiterzuführen, ganz gleich, ob sie im Ablauf ihrer Tage dazu einen lustvollen Impuls verspüren oder ihnen die Durchführung ihres Vorhabens Freude bereitet, gäbe es weder Zuverlässigkeit noch Verbindlichkeit. Sie bleiben aber dabei und führen es zu dem geplanten Ende.

Wir geben euch einige Beispiele, um euch zu vermitteln, wie entscheidend für das Funktionieren einer Gesellschaft und auch für bestimmte kulturelle Leistungen eine solche positive Ausdauer ist. Das Verfassen eines umfänglichen Wörterbuchs zum Beispiel erfordert nicht nur eine exakte Planung, sondern vor allem eine geduldige Ausdauer, bis der Wortschatz, den das Lexikon enthalten soll, wirklich von A bis Z erfaßt ist. Nur ein Mensch mit dem Modus Ausdauer wird überhaupt den Gedanken, über zwanzig und mehr Jahre an einem solchen Werk zu arbeiten, ins Auge fassen können. Die Ausmalung der Sixtinischen Kapelle erforderte eine vergleichbare Planung und unendliche Ausdauer nicht nur in der Aufrechterhaltung einer gleichbleibenden künstlerischen Leistung, sondern auch in der körperlichen Einsatzbereitschaft, die bis zur Erschöpfung reichte. Sportler, die über Jahre und Jahrzehnte ihren Körper trainieren, um ein bestimmtes Ziel zu erreichen, müssen ebenfalls den Modus Ausdauer haben, denn kein anderer würde alles hintanstellen und sein Leben der körperlichen Ertüchtigung widmen. Ehrgeiz allein kann niemals über lange Zeit genug Energie in ein Projekt hineingeben, um ihm zu einem dauerhaften Erfolg zu verhelfen. Ausdauer im positiven Pol zeigen auch jene Politiker, die unermüdlich von morgens bis abends an vielen verschiedenen Orten der Erde ihre Arbeit tun, die von einer Besprechung, von einem Arbeitsessen zum anderen hasten, ohne erhebliche Ermüdungserscheinungen zu zeigen und ohne schon nach wenigen Monaten zusammenzubrechen, wie jemand ohne diesen speziellen Modus es tun würde.

Ausdauer im Sinne stetiger Beharrlichkeit und vollkommen gleichmäßiger Ausströmung von Energie ermöglicht erst eine solch anstrengende, in höchstem Maße verantwortliche, fordernde Lebensweise. Diese gleichmäßige Form des Energieverbrauchs und der Energiebeschaffung ist auf den Modus Ausdauer zurückzuführen. Sie kann weder mit Ruhmessucht oder Ehrgeiz noch mit Machtstreben allein erklärt werden.

Doch auch die Beharrlichkeit im persönlichen Bereich, die viele Menschen zeigen, wenn sie sich Aufgaben widmen, vor denen andere zurückscheuen würden, ist hier zu erwähnen. Wer seinen Ehepartner über viele Jahre hinweg geduldig pflegt, ohne darüber seine Liebesfähigkeit zu verlieren und in Routine oder kalte Pflichterfüllung abzuleiten, ist ebenso beharrlich wie ein Mensch, der sich vorgenommen hat, sich trotz ungünstiger häuslicher Verhältnisse zu bilden, ein Studium abzuschließen und anschließend ein Fach als Lehrstuhlinhaber zu vertreten, ein Vorhaben, das über dreißig und mehr Jahre geplant und betrieben werden muß, um Erfolg zu haben.

Auch ein Sammler, der in seiner Jugend beginnt, eine Sammlung anzulegen und zeit seines Lebens beharrlich alle Objekte erwirbt, die nun einmal zur Vollständigkeit seiner Sammlung beitragen – ganz gleich, was sie kosten und wo sie aufzutreiben sind –, kann in der Regel auf den Modus Ausdauer zurückgreifen. Er zeigt Beharrlichkeit, solange es ihm Freude macht, wahrhafte Freude, seiner Sammlung ein neues Stück hinzuzufügen. Wenn aber diese Freude sich nicht einstellen will, sondern die Neuerwerbung lediglich der Beruhigung seiner zwanghaften Ängste dient, zeigt sich der negative Pol dieses Modus, die Unverrückbarkeit, denn dann kann ein solcher Mensch einfach nicht loslassen von dem Gedanken, daß seine Sammlung komplettiert werden muß, weil er sonst weder Ruhe noch Schlaf findet, und vor allem ist er nicht flexibel genug, um sich vorstellen zu können, daß es noch andere, vielleicht höhere Werte gibt als die Anhäufung und Katalogisierung von Objekten.

Es gibt zwei Energien, die den Satz »Es ist nun einmal so« tragen können. Die freudige, liebevolle, positive Energie, die einen solchen Satz erfüllt, führt dazu, daß ein Mensch sich dauerhaft einer Gegebenheit anpassen kann und sich auf sie einstellt, ohne zu resignieren, ohne Widerstand zu entwickeln und auch ohne sich zum Sklaven zu machen. Wenn hingegen der Satz »Es ist nun einmal so« von Widerwillen getragen ist und der Mensch die Unverrückbarkeit der Dinge als Last oder als Qual empfindet und dennoch daran festhält, ihn sozusagen als Rechtfertigung für seine Trägheit benutzt, steht zu vermuten – vorausgesetzt er hat den Modus Ausdauer gewählt –, daß er sich in einem angstvollen Zustand befindet, den er selbst jedoch nicht erkennt, da dies bereits eine Veränderung seiner Einstellung implizieren würde. Wenn er sich nahe dem Minuspol bewegt, bedeutet das in der Regel, daß er sich weitgehend fühllos macht. Die Verhältnisse und das einmal Begonnene bestimmen dann sein Leben. Er selbst ist nicht mehr Herr der Sache. Wer also nicht losläßt, obgleich das, was er festhält, ihm mehr schadet als nützt, zeigt falsche Ausdauer. Wer nicht losläßt, obgleich ihn das Festhalten immer mehr in Angst und Lieblosigkeit hineintreibt, huldigt der Unverrückbarkeit. Er klammert sich an seine Prinzipien und beschneidet seine Lebendigkeit, die ja prinzipiell dem Wandel unterworfen ist und aus ihm Kraft schöpft, ebenso wie derjenige, der seine natürliche Aggressivität unterdrückt.

Ausdauer muß handeln. Ausdauer will Dauerhaftes erreichen. Sie dosiert ihre aktiven Ausdrucksformen gleichmäßig, geduldig und sparsam. Wenn ein ausdauernder Mensch sich das Handeln verbietet oder es anderen untersagt, darf er bereits vermuten, daß er aus dem angstbesetzten Pol heraus reagiert. Dann hat er sich aus seiner Freiheit begeben, etwas ändern zu können. Doch ist Ausdauer nur dann sinnvoll, wenn auch Veränderungen, die Leben und Existenz nun einmal kennzeichnen, mit in die Dauerhaftigkeit einbezogen werden können.

Wenn ein Mensch mit dem Modus Ausdauer vermeiden möchte, allzu häufig von seiner Angst bestimmt zu werden, und es anstrebt, sich mehr und mehr den positiven Aspekten der Ausdauer zu nähern, ist es für ihn hilfreich zu beobachten, wie häufig er einen der folgenden Sätze spricht: »Das ist nun einmal nicht zu ändern. Da muß ich mich eben fügen. Ich unterliege tausend Sachzwängen. Ich fühle mich fremdbestimmt« und so weiter. Denn erst wenn er sich klarmacht, wie sehr er seine Unverrückbarkeit und die Unveränderbarkeit der Situation selbst mitgestaltet, kann er in Betracht ziehen, daß es auch andere Möglichkeiten gibt, ausdauernd zu sein, ohne die eigene Lebendigkeit zu unterbinden.

Ausdauer ist der Modus der archetypischen Kriegerenergie mit der Ordnungszahl 3. Das bedeutet, daß ein gewisses Maß an kämpferischem Geist von der Ausdauer keineswegs ausgeschlossen bleibt. Ausdauernd sich für etwas einzusetzen und langfristig für etwas zu kämpfen ist ein wichtiges Element dieses Modus. Wenn jeglicher Kampfesmut erlahmt ist und alles aussichtslos erscheint, weiß der Mensch mit dem beschriebenen Modus, daß er sich nicht mehr in dem positiven Bereich seines Matrixelements befindet. Dann kann er sich immer wieder klarmachen, daß Wandel eine Grundkomponente und Grundkonstante allen Lebens im Mikrokosmos und im Makrokosmos ist und daß weder er selbst als Person noch die Situation, in der er steht, von diesem kosmischen Gesetz ausgeschlossen sind.

Wenn er sich daher einreden möchte, daß es keine Möglichkeit gibt, im Kleinen oder im Großen etwas zu verändern, wird seine Angst, handlungsunfähig zu sein, nur noch anwachsen. Wenn er aber zumindest als Hypothese in Betracht zieht, daß auch das, was unverrückbar erscheint, sich dennoch im Kleinen, wenn schon nicht im

Großen, beeinflussen läßt und sich ohnehin ständig in seiner Struktur verändert, auch wenn der Mensch, der auf Unverrückbarkeit pocht, dies nicht sehen oder wahrhaben will, dann kann er sich aus der angstvollen Erstarrung lösen, die seine Unverrückbarkeit bewirkt hat, und er kann seine Ausdauer wieder in den flexiblen Bereich zurücklenken, der ihm zu einer Lockerung, einer Befreiung und einem Aufatmen verhilft und ihn wieder handlungsfähig macht.

Die kleinste Veränderung trägt schon dazu bei, wieder neuen Lebensmut und neue Kraft, vor allem aber frische Energie in sein Leben, in seinen Körper hineinzubringen. Ein Mensch mit dem Modus Ausdauer, der sich allzu häufig in der Nähe seines Minuspols aufhält, neigt zu Versteinerungen, auch zu Steinbildungen im Bereich seiner körperlichen Gesundheit. Auflösung von Versteinerung bedeutet stets Bewegung, und deshalb sollte ein Mensch mit diesem Modus sorgfältig darauf achten, daß er und sein Körper in Bewegung bleiben, denn in der steten, ausdauernden Bewegung steckt mehr als nur die Beschleunigung seines Kreislaufs und der Abbau von Giften. Ausdauernde, stetige Bewegung der Glieder hält auch seinen Geist in Bewegung. Wenn er seinen Schritt verändert, kann die Veränderung seiner Sichtweisen nicht ausbleiben. Deshalb sind ruhige Sportarten auch für jene geeignet, die zu rheumatischen und anderen Versteifungskrankheiten neigen. Sie können sich von ihren Ängsten distanzieren, wenn sie sich langsam und dauerhaft in Bewegung versetzen.

Die prachtvollsten Blüten treibt dieser Modus, wenn ein Mensch sich ausdauernd selbst beobachtet, sich seinem Inneren zuwendet und aus dieser Beobachtung heraus einen Wachstums- und Entwicklungsplan für sich selbst entwirft, denn seine Intuition, seine innere Stimme, wird ihm einen Weg weisen, auch wenn dieser Weg noch nicht auf ein festes Ziel gerichtet ist und holprig oder dornig erscheint. Allein durch das Anstreben einer langfristigen Veränderung – sei es durch eine Form der Psychotherapie oder eine Form von Meditation, sei es durch den festen Willen, die eigene Kraft auf die dauerhafte Veränderung zu richten – wird schon so viel bewirkt wie bei keinem anderen Modus. Hier ist Ausdauer eine Garantie für das Erreichen und die beglückende Durchführung eines Vorhabens, und für einen Menschen mit diesem Modus gibt es ab dem Reifen Seelenalter kein schöneres Ziel für seine Beharrlichkeit, als sich der Introspektion und seinem seelischen

Wachstum zu widmen, ohne wankelmütig zu werden und ohne allzu häufig die Methode zu wechseln.

Wer also den Modus der Ausdauer gewählt hat, hat damit zugleich den Wunsch ausgedrückt, sich seiner Entfaltung beharrlich zu widmen. Das ist ein Vorhaben, das nicht mit jedem Modus gleichermaßen zielsicher erreicht werden kann. Denn nur wer nicht leicht aufgibt, kann sich der Früchte seines Handelns und seines Denkens dauerhaft erfreuen.

④ Die Beobachtung

– Überwachung ◄─────────────► Klarsicht +

Menschen mit dem Modus Beobachtung könnt ihr leicht erkennen an ihrer lebhaften Mimik und besonders an ihren Augen, die ständig in Bewegung sind und kaum einen Augenblick auf einem Objekt oder einem Gesicht ruhen können, ohne sogleich weiterzuwandern. Ihr erkennt sie aber auch daran, daß es ihnen nicht leichtfällt, sich auf eine einzige Sache zu konzentrieren, denn dieser Modus verlangt, daß sie bei vielerlei Dingen zugleich sind, sich um alles simultan kümmern und unermüdlich ihre Energien auf all die vielfältigen Gegenstände ihres Interesses richten.

Wer diesen Modus gewählt hat, wirkt leicht ein wenig unruhig. Seine Wahrnehmungskanäle sind weit geöffnet. Es fällt ihm schwer, mit all den Eindrücken, die dadurch unablässig auf ihn einströmen, fertig zu werden und sie so zu verdauen, daß sie ihn nicht belasten. Deshalb geht mit dem Modus Beobachtung eine Neigung zu Verdauungsschwierigkeiten einher. Der Beobachtende braucht viel Zeit, um zu verarbeiten, was seine Sinne ihm an Eindrücken vermittelt haben – nicht nur die Augen, sondern auch alle anderen Sinne –, und gerade das ist es, was ihm schwerfällt; denn die Zeit zur Verarbeitung nimmt er sich ungern. Er glaubt, es könne ihm etwas entgehen, was es dringend zu beobachten gäbe. Wenn es anders nicht geht, verbringt er die halbe Nacht damit, die Ereignisse des Tages, seine Freuden, Schmerzen und Erregungen an seinem inneren Auge vorbeiziehen zu lassen, sie wieder und wieder einer Prüfung zu unterziehen, bis er sie verstanden hat. Erst dann findet er Ruhe, erst dann kann er sich zur Ruhe begeben, erst dann kann er auch vor seinem inneren Auge die Nacht einziehen lassen.

Der Modus Beobachtung führt dazu, daß ein Mensch, der ihn gewählt hat, alles sieht, daß ihm nichts entgeht, daß er alles spürt, auch ohne unmittelbar darauf reagieren zu können, daß er riecht und tastet, daß seine Chakras weit offen sind. Nun jedoch kommt es darauf an, wie er die Früchte seiner Beobachtung verarbeitet: ob er sie angstvoll hortet oder auswertet, durch sich hindurchgehen läßt und weitergibt als Ergebnisse, die zu Einsicht und Klarheit führen.

Solange ein Mensch aus Angst seine Außenwelt und Innenwelt ständig einer prüfenden Beobachtung unterzieht, wird er in seiner Unruhe, die dadurch ausgelöst wird, gefangen bleiben. Seine Neigung, alles, was passiert oder was ihm passieren könnte, ständig zu überwachen, seine Angewohnheit, unablässig auf der Hut zu sein vor möglichen Gefahren, vor potentiellen Angriffen, vor vermeintlichen Verletzungen, macht ihn zu einer chronisch mißtrauischen Persönlichkeit, obgleich er selbst sich gern für vertrauensvoll hält, zumal er sich auf eines zumindest verlassen kann: Er kann darauf vertrauen, daß er seine Lebenssituation und seine Umgebung so gut überwacht, daß er jedem Angriff, jeder Schwierigkeit leicht und geschmeidig ausweichen kann. Deshalb passiert ihm in der Tat recht selten das, wovor er sich immer unbewußt fürchtet, nämlich hinterrücks angegriffen zu werden.

Je größer seine Angst, um so fleißiger schult er sich darin, seine potentiellen Gegner, die er in jedem Menschen und in jeder Lebenslage vermutet, im Auge zu behalten, all seine Sinne, all seine Körperzentren dazu einzusetzen, um wie ein Radargerät mögliche Gefahren aufzuspüren, um sie – oft Wochen und Monate, bevor sie ihm gefährlich werden könnten – zu unterlaufen oder zu eliminieren. Daß es einem Menschen mit dem Modus Beobachtung nicht leichtfällt, im Hier und Jetzt zu bleiben und sich darin zu entspannen, ist aus dieser Sachlage leicht ersichtlich. Entweder ist er damit beschäftigt, Eindrücke aus der Vergangenheit bei sich aufzuarbeiten oder er projiziert mögliche Bedrohungen in die Zukunft, bereitet sich auf sie vor, beobachtet minutiös jede Symptomatik, die auf das Eintreten des Ernstfalles hindeuten könnte, und zieht oft voreilig seine Schlußfolgerungen. »Überwachung« also ist das Stichwort für den Minuspol, die Angst des Beobachtenden. Der Mensch mit diesem Modus will alles beobachtend unter seiner Kontrolle halten. Er will nicht herrschen, er will keine Macht ausüben – seine Ordnungszahl ist die neutrale 4 –, er will nur wissen, worauf er sich seiner Ansicht nach schlimmstenfalls gefaßt machen muß.

Obgleich fundamentale Unterschiede zu der Grundangst vor Lebendigkeit, das heißt zum Hauptmerkmal der Selbstsabotage mit seiner Freudlosigkeit, bestehen, gibt es doch auch gewisse Parallelen, besonders in der Angewohnheit, aus Beobachtungen falsche Schlüsse zu ziehen und Enttäuschungsprophylaxe zu betreiben. Die böse Ahnung, daß etwas schiefgehen könnte, wenn man nicht aufpaßt, wird von der angespannt arbeitenden Überwachungsmaschinerie, die alles im Blick hat, oft fälschlich bestätigt, da die Überreizung zu Fehlschaltungen führt. Unablässiges Beobachten und ängstliches Überwachen sind recht anstrengend. Ihr könnt euch vorstellen, daß ein Mensch, dessen Inneres einem Kontrollraum in einem Atomkraftwerk gleicht mit tausend Monitoren, die alle gleichzeitig angeschaltet sind, sich nicht leicht entspannen kann, daß er sich davor fürchtet, abzuschalten und dadurch in Gefahr zu geraten, einen groben, nicht wieder gutzumachenden Fehler zu begehen, indem er etwas Wichtiges übersieht, weil er nicht mehr alles überblickt. Und das, wovor er sich fürchtet, gleicht einem persönlichen GAU. Daher hält er seine Wachsamkeit für absolut angemessen.

Wenn die Angst nachläßt, kann ein Mensch mit dem Modus der Beobachtung seine Gewohnheit, alles zu überwachen, mildern und umformen in eine äußerst präzise, ausdauernde Beobachtungsgabe und Introspektion. Wenn er nicht aus Angst beobachtet, sondern aus Liebe, enthüllen sich ihm viele Zusammenhänge, viele Einsichten, die andere leicht übersehen würden. Da er die Fähigkeit besitzt, unglaublich viel miteinander in Beziehung zu setzen, gleichzeitig zu betrachten und auswerten zu können, gelingt es ihm, Synthesen herzustellen, die andere überraschen müssen.

Er neigt auch zur Selbstbeobachtung, und wenn er diese Fähigkeit positiv und liebevoll einsetzt, kann er große, nachhaltige Erfolge erringen, indem er zu einer Einsichtsfähigkeit und Klarsicht über seine inneren Motivationen, Verdrängungsmechanismen und psychischen

Zusammenhänge vordringt, die bei Menschen mit anderen Modi selten anzutreffen sind. Wer gut beobachten kann, macht die Erfahrung, daß er auch Schlußfolgerungen ziehen kann, die zu neuen Erkenntnissen führen. Es handelt sich bei diesem Modus um eine Fähigkeit, die jedem Wissenschaftler, jedem Forscher sehr gut ansteht. Dabei ist es gleich, welchen Inhalts seine Forschung ist. Entscheidend ist, daß dieser Modus hervorragend für eine Tätigkeit geeignet ist, in der Experimente durchzuführen, auszuwerten und anschließend zu interpretieren sind.

Obgleich der Beobachtende sehr lebhaft sein kann und sich für jede seiner Entdeckungen begeistert, wirkt er oft auch ein wenig oberflächlich, da seine Art bei anderen den Eindruck erwecken mag, als könne er nicht lange bei einer Sache bleiben. Doch hat er sehr viel Geduld. Er sitzt oft ganz ruhig da, schweigt und wirkt fast abwesend. Dabei läuft seine Wahrnehmung auf Hochtouren. Seine Beobachtungskapazität als solche ist nur selten erschöpft. Er sieht alles auf einmal, versucht es zu ordnen und erscheint dadurch manchmal abgelenkt. Er ist es aber gewohnt, seine Beobachtungs- oder Überwachungsfähigkeit bis an die Grenzen völliger Überreizung zu nutzen und denkt sich nichts dabei.

Der Beobachtende wirkt oft neugierig, wenn er der Versuchung unterliegt, seine Beobachtungen ständig auszuformulieren und seinen Zuhörern mitzuteilen. Und er ist auch tatsächlich neugierig. Er will alles sehen und verstehen und genau wissen. Wenn er etwas beobachtet, was er nicht versteht, stellt er gerne Fragen. »Was machst du da, was denkst du, was fühlst du?« fragt er, wenn er selbstsicher genug ist, in Betracht zu ziehen, daß er nicht automatisch alles richtig interpretiert. Er erkundigt sich, nicht weil er keine Ahnung von den Vorgängen hat, die er beobachtet, sondern weil er seine Beobachtungen überprüfen möchte. Und die Fragen dienen auch dazu, die Ängste zu besänftigen, die durch das Gefühlte und Gesehene, die vielen ungeordneten Einzelfakten, hervorgerufen werden.

Es ist immer noch besser für einen Menschen mit diesem Modus, nachzufragen und sich zu vergewissern, als falsche Rückschlüsse zu ziehen. Aber wenn andere sich unablässig beobachtet und interpretiert fühlen, werden sie leicht nervös oder aggressiv. Ihre eigenen Ängste werden wachgerufen durch den Eindruck, daß ihrem Gegenüber nichts, aber auch gar nichts entgeht, daß er alles überwacht und beobachtet, daß er seine Fühler nach allen Seiten ausgestreckt hat, tief in sie eindringt und ihre Privatsphäre, ihre innere Intimität mit sich selbst durch ständiges Fragen und Bohren oder stumme Observation zerstört.

Der Beobachtende kann schlecht abschalten. Doch gerade das wäre es, was ihn von seinen Ängsten nach und nach erlösen könnte. Wenn es ihm gelingt, seine Fühler einzuziehen, sich einmal abzukapseln, sich meditativ wenigstens für eine Stunde oder ein paar Tage ausschließlich auf sich selbst zu besinnen und zu beziehen, fängt er an, sich zu entspannen. Er fühlt sich weniger bedroht und kann besser ruhen. Für einen Menschen mit diesem Modus ist es von entscheidender Bedeutung, daß er sich grundsätzlich klarmacht: Seine Befürchtungen, unerwartet angegriffen zu werden, sind unangemessen. Seine Welt besteht keineswegs aus lauter Feinden, die er unablässig Tag und Nacht überwachen muß, damit sie ihm nicht in den Rücken fallen oder ihn aus dem Hinterhalt angreifen.

Von allen Modi kommt Beobachtung am häufigsten vor. Das Mißtrauen, das sich aus der statistischen Häufigkeit dieses Modus ergibt, durchdringt alle Sphären und Sparten eurer Gesellschaft. Ihr könnt allein aus der Tatsache, daß sehr viele Menschen sich nicht entspannen können, wenn sie in einem Restaurant oder in einem Wartezimmer mit dem Rücken zur Tür sitzen müssen, ermessen, welche Spannung in einem Raum entsteht, in dem sie gezwungen sind, eine solch ungeschützte Haltung einzunehmen. Oft geht dieser Modus zurück auf unliebsame Erfahrungen in einem vergangenen Leben, die man in einer erneuten Inkarnation auf jeden Fall vermeiden möchte.

Doch hier gilt ebenso wie bei allen anderen Matrixelementen: Eine Überwachung, die aus reiner Angst vorgenommen wird, zeitigt nicht das Ergebnis, das als positives Potential im Modus Beobachtung verborgen liegt. Erst wenn dieser Modus liebevoll eingesetzt wird zur Erforschung des eigenen Selbst, erst wenn er seine Funktion auch im Rahmen der Beobachtung anderer erhält, einer Beobachtung, die ihnen helfen soll, daß sie sich selbst besser erkennen, Realität klarer wahrnehmen und Einsichten gewinnen, die vorher schwierig erschienen, wird dieser Modus seiner eigentlichen Bestimmung gerecht.

Beobachtungsfähigkeit kann in allen Bereichen des Lebens viel Gutes und Hilfreiches bewirken. Wer sich die Zeit nimmt und die Geduld aufbringt, seine sensiblen Wahrnehmungskanäle auf das positive Erkennen von Kausalzusammenhängen zu richten und damit Klarsicht zu erreichen und sie auch besonders dafür einzusetzen, wirklich im Moment zu bleiben und wahrzunehmen, was jetzt und nur jetzt vor sich geht, wird das Beste aus diesem Modus herausholen und ihn zum Wohle seiner selbst und seiner Mitmenschen einsetzen können.

⑤ Die Macht

| − Bevormundung ◀━━━━━━━━━━▶ Autorität + |

Wenn wir den Begriff »Macht« zur Charakterisierung eines Modus verwenden, meinen wir damit nicht in erster Linie eine Art und Weise zu handeln, sondern eine Art und Weise zu sein. Macht als Seinsweise ist grundsätzlich etwas anderes als Machtausübung aus Angst.

Das Wort »Macht« allein verwendet ihr selten, ohne es in einen Kontext von Machtausübung einzubetten. Ihr nehmt automatisch an, daß, wer die Macht hat, sie auch ausübt, und ihr versteht Macht in der Regel als Übermacht, als politische Macht, als eine Form der Unterdrückung, der Knechtung und der Fremdbestimmung. Machtvoll zu sein aber ist etwas anderes, als Macht über andere auszuüben. Deshalb möchten wir euch bitten, vor der Macht als Seinsweise keine Angst zu haben und sie nicht abzulehnen als etwas, das ein Mensch im Grunde nur mißbrauchen und zum Nachteil oder zum Schaden anderer einsetzen kann. Macht ist ein notwendiger Faktor in einem System, das menschliches Miteinander, Gesellschaft und Gemeinschaft als Grundvoraussetzung für Wachstum aufweist. Ein Mensch, der den Modus der Macht für sich gewählt hat, um sein Entwicklungsziel anzustreben, ist ein Mensch, der zu seiner natürlichen, ihm innewohnenden Autorität finden muß.

Macht als Modus mit der Ordnungszahl 5 ist der archetypischen Energie des Weisen zugeordnet. Und wie ihr euch vorstellen könnt, ist der Weise eine Seelenrolle, die über eine erhebliche Macht, über Einfluß und Vorbildkraft verfügt, sofern sie ihr Leben essenznah gestaltet. Wenn wir also vom Modus Macht sprechen, meinen wir damit eine Fähigkeit, Macht weise auszuüben. Weise ausgeübte und eingesetzte

Macht führt zu einer gesunden, ohne Anstrengung erreichten Autorität.

Ihr alle kennt Beispiele von Menschen, die besonders geehrt, verehrt und geliebt werden, weil diese Autorität von ihnen ausgeht, ohne daß sie die Menschen in ihrer Umgebung unter ein Joch zwingen oder sie dazu bewegen müssen, etwas zu tun, was nicht ihrem Wunsch und Willen entspricht. Die gelassene, entspannte Autorität des Menschen mit dem Modus Macht wirkt auf alle überzeugend und recht angenehm, so daß sie sich nicht dagegen verwahren, sich ihr nicht unterwerfen müssen, sondern sie einfach anerkennen können als die Haltung einer Persönlichkeit, die in verantwortlicher Weise Führung übernimmt und sich so darstellt, daß ein jeder das Vertrauen entwickelt, in einem klugen, vorausschauenden, zielorientierten Kontext seinen Beitrag leisten zu können.

Der machtvolle Mensch hat die Aufgabe, seine Macht in Autorität dieser Art zu verwandeln. Dafür muß er der Versuchung widerstehen lernen, andere zu bevormunden und sie zu unterdrücken in dem ängstlichen Bemühen, Macht auf jeden Fall auszuüben, auch wenn die Angst vor der Zurückweisung die Handlungs- oder Redeweise bestimmt. Ein Mensch, der zu seiner natürlichen Autorität noch keinen Zugang gefunden hat, wird allzuleicht darauf verfallen, seinem Machtbedürfnis trotzdem Ausdruck zu verleihen, indem er – anstatt weise zu sein – alles besser weiß; anstatt die Führung zu übernehmen, andere gängelt; anstatt anderen Freiheit zu gewähren, sie von sich abhängig macht. Zugleich wird er sie dafür verachten, daß sie sich ihm untertänig machen und sich von ihm etwas vorschreiben lassen. Andererseits wird seine Angst, nicht zum Zuge zu kommen, es ihm nicht leichtmachen, auf Bevormundung zu verzichten.

In aller Regel ist ein Mensch mit dem Modus Macht ein wenig rigide, solange er sich von seinen Grundängsten beherrschen läßt. Er muß Macht leben, traut sich aber nicht zu, die Konsequenzen zu tragen. Er glaubt nicht an sich selbst in der Weise, daß er tatsächlich Autorität für andere sein kann, und bemüht sich deshalb allzu nachdrücklich um Beachtung und Anerkennung, indem er andere einengt und in seinen Machtbereich integrieren möchte.

Der Idealtypus des Machtvollen ist ein Mensch, dem sich viele andere in Liebe und Hingabe anvertrauen, weil sie spüren, daß sie unter seiner Ägide zu sich selbst finden, zu ihrer Selbstsicherheit, zu ihren Führungseigenschaften, ohne sich in angstvolle Entgleisungen zu verstricken. Der machtvolle Weise hat keine Freude daran, seine Macht zu mißbrauchen. Aber er genießt die Freude, die bei ihm und anderen entsteht, wenn seine Macht bewirkt, daß große Ziele gemeinsam angestrebt und erreicht werden.

Ein von allzu großer Angst gequälter Mensch mit dem Modus Macht wird hingegen alles versuchen, um anderen die Freiheit zu nehmen, sie mundtot zu machen, sie psychisch oder physisch zu versklaven, ihnen Entscheidungen abzunehmen oder vorzuenthalten, ihnen stets das Gefühl zu geben, daß nur er selbst über das Wohl der von ihm Abhängigen bestimmen sollte und daß kein anderer die Fähigkeit besitzt zu erkennen, was gut und hilfreich oder notwendig ist. Er kann jedoch den Minuspol auch passiv leben, wie es bei allen Matrixelementen möglich ist, anderen zuviel Macht über sich einräumen und sich bevormunden lassen.

Der Machtvolle, der aus Angst handelt, wird, wenn er sich im politischen, religiösen oder wirtschaftlichen Bereich in einer Schlüsselposition befindet, Regeln und Gesetze aufstellen, die andere entmachten. Je größer die Angst, um so größer die Rigidität des Machtvollen, die sich darin ausdrückt, daß alles durch Vorschriften, Verträge und Gesetze geregelt werden soll, so daß dem Individuum, das sich dieser Macht unterzuordnen gezwungen sieht, kaum noch Möglichkeiten verbleiben, seine eigenen Regeln aufzustellen und persönlichen Impulsen zu folgen. Im privaten oder familiären Bereich ist der Machtvolle, der sich von seiner Angst beherrschen läßt, ein Familienmitglied, Freund oder Partner, der zwanghaft darauf achtet, daß andere sich keine Freiheiten herausnehmen, daß alles seine Ordnung hat, daß niemand außer ihm Entscheidungen von einiger Tragweite trifft.

Und wenn ein anderer droht, ihm seine Macht innerhalb der persönlichen Beziehungen streitig zu machen, fühlt er sich übermäßig rasch in die Position eines vollkommen Hilflosen zurückgedrängt, und er neigt dann dazu, sich subversiv wieder Macht anzueignen, indem er Situationen herstellt, in denen er wiederum der einzige ist, der Bescheid weiß und Entschlüsse fällen kann, die andere anerkennen müssen. Das kann so weit gehen, daß ein Mensch über seine Familie Macht ausübt dadurch, daß er wegen einer Krankheit vollkommen starre Regeln setzt, die seine Diät, seine Ruhezeiten, seine Medikamentenverabreichung, die Räumlichkeit, in der er sich aufhält, und vieles andere bestimmen, und so dafür sorgt, daß seine Umgebung nur noch auf Zehenspitzen geht und in ständiger Angst schwebt, etwas falsch zu machen. Die Bevormundung, die sich darin ausdrückt, daß der Lebensraum des Kranken die Lebensräume der Gesunden oder noch Gesunden bestimmt, gibt dem Menschen mit dem negativ gepolten Machtmodus die Sicherheit, die er durch eine gesunde Autorität und eine freudige Zuwendung nicht erreichen zu können glaubt.

Diese angstbetonte Ausübung des Machtmodus wird oft mit Herrschsucht oder Dominanz verwechselt. Jedoch ist die Motivation eine andere. Die Angst, sich selbst nicht zur Geltung bringen und die innere Weisheit nicht leben zu können, bestimmt den Machtvollen dazu, ein Regelsystem von inneren und äußeren Vorschriften aufzubauen, mit denen er sich selbst und andere nicht nur bevormundet, sondern sich selbst vor allem davor schützt, wirklich ehrlich, offen und aufrichtig Macht zu übernehmen und auszuüben in der autoritativen, aber keinesfalls autoritären Art, die seinem Wesen und seinem Modus entspricht.

Wenn der ängstlich Machtvolle nicht selbst krank wird, sieht er es gerne, wenn Menschen in seiner Umgebung, im beruflichen oder privaten Umfeld erkranken, so daß er den Kranken bevormunden kann, indem er ihm all das vorschreibt, was er für richtig hält, um sich selbst von der Übermacht seiner inneren Vorschriften zu entlasten. Um so ärger fühlt er sich gekränkt, wenn die Regeln, die er – ohne den Kranken zu konsultieren – für dessen Gesundung aufgestellt hat, nicht eingehalten oder gar offen mißachtet werden.

Da der Modus Macht der Expressionsebene zugeordnet ist, kann nicht darauf verzichtet werden, Macht tatsächlich auszudrücken. Der Machtvolle wird sich positiv oder negativ mitteilen und darstellen müssen. Wenn er versucht, sein Machtbedürfnis, das vollkommen natürlich und legitim ist, zu unterdrücken, nicht wahrhaben zu wollen, zu verschleiern, wird er sich selbst dazu zwingen, seinen Modus auf unangenehme, schädigende Art auszudrücken.

Viele, die diesen Modus gewählt haben, werden sich befreit fühlen und aufatmen, wenn sie sich gestatten, ihn tatsächlich freudig und lustvoll zu leben. Wenn sie sich daran erinnern, daß sie ihn gewählt haben, um ihr Entwicklungsziel besser erreichen zu können und vor allem auch, um einen sinnvollen, notwendigen und erwünschten Beitrag zum Gesamtgefüge der menschlichen und seelischen Gemeinschaft zu leisten, wird es ihnen nicht so schwerfallen, zu ihrem Modus zu stehen, sich die Freude zu machen, Autorität auszuüben und anderen die Freude zu gönnen, einen Menschen zu erleben, der einen machtvollen Eindruck, eine mächtige Ausstrahlung hat, ohne lieblos zu wirken, ohne anderen die Luft und den Freiraum zu nehmen.

Wer mit dem Modus Macht sein Entwicklungsziel anstrebt, wird sich damit anfreunden müssen, zum Vorbild für andere zu werden. Er wird sich mit seiner Schüchternheit, mit seinen Hemmungen auseinandersetzen müssen. Doch wird er sein Ziel nur erreichen können, wenn er sich zeigt, wenn er sich offenbart und andere in seinen wunderbaren Bann zieht, seine Kräfte auf sie überträgt und sie teilhaben läßt an seiner Lebensaufgabe.

Ein Mensch mit dem Modus Macht tut nicht gut daran, sich zu isolieren. Denn Macht kann sich nur zeigen im Austausch mit den Mitmenschen. Sonst versteigt sich der Machtvolle in Phantasien um das Thema »Was wäre, wenn...?« Er überhöht sich oder erniedrigt sich, erlaubt, daß andere das für ihn leben, was er sich selbst nicht zutraut.

Verbittert und ärgerlich reagiert er dann auf alle, die ihm ihre eigene Autorität entgegensetzen. Er wird mit Autoritäten in Konflikt kommen, sich beherrscht fühlen von Mächten, auf die er keinen Einfluß hat. Er wird seinen Mitmenschen gegebenenfalls in neurotischer Weise jede Macht über sich selbst und andere absprechen oder auch eine Philosophie der existentiellen Ohnmacht vertreten. Deshalb und aus vielen schon genannten Gründen ermuntern wir jeden, der diesen Modus gewählt hat, sich mit seinen Möglichkeiten und Auswirkungen auseinanderzusetzen und ein kleines oder größeres Forum zu kreieren, in dem er seine Mächtigkeit, seine Vorbildfunktion, seine Kraft, andere anzuleiten und zu motivieren, ausüben kann.

⑥ Die Leidenschaftlichkeit

| – Fanatismus ◆────────────▶ Charisma + |

Leidenschaftlichkeit als Modus ist Ausdruck von Totalität, aber auch Ausdruck von großer Einsatzbereitschaft, enormer Vitalität und energetischer Fülle, die einen Menschen prägen. Ein Mensch mit dem Modus der Leidenschaftlichkeit ist in hohem Maße beseelt und begeistert von seinem Ziel, von seinen Vorhaben und von seinen Interessen. Die Ordnungszahl 6, die diesem Modus zugeordnet ist, weist ihn als Bestandteil einer inspirierten, priesterlichen Energie aus, und die Beseeltheit, die Inspiration, die den Leidenschaftlichen kennzeichnet und ihm Kräfte verleiht, die ihn selbst überraschen, rührt von dieser Position im Gefüge der sieben Modi her.

Nun habt ihr alle gehört, daß Leidenschaft dazu angetan ist, Leiden zu schaffen. Und so kann der Leidenschaftliche unter der Überfülle seiner Begeisterung, unter seiner Totalität auch leiden, denn sie reißt ihn mit sich fort, sie nimmt keine Rücksicht auf seine Konstitution, und sie führt oft dazu, daß er weit über seine körperlichen Grenzen hinausgeht.

Leidenschaftlichkeit erfüllt vornehmlich den Geist und wirkt entrückend für den Betroffenen, so daß er bisweilen den Boden unter den Füßen verliert, den Bezug zu den realen Möglichkeiten und zum pragmatisch Durchführbaren, und sich Ziele setzt, die schwer oder gar nicht zu erreichen sind.

Auf jeden Fall hat der Leidenschaftliche, wenn er mehr durch Angst als durch Liebe motiviert ist, die Tendenz, seine Umwelt zu beherrschen und zu prägen, indem er versucht, sie einzuspannen für seine totalen Anliegen, radikalen Wünsche, seine Ideale, ohne zu fragen, ob die anderen diese Ideale wirklich teilen wollen. Deshalb wirkt der Leidenschaftliche in seiner Angst, seine Mitmenschen könnten seine Meinung und seine Anliegen nicht teilen, fanatisch, weil er an die Inspiriertheit seiner Ziele glaubt und sich nicht darauf einlassen kann, daß das, was er für richtig hält, nur für ihn gilt, nicht aber für diejenigen, die er verändern, bekehren, aufklären oder gesund machen möchte.

Der leidenschaftliche Mensch ist ein anstrengender Zeitgenosse, wenn seine Angst ihn dazu treibt, jene, die sich von seinen Vorstellungen nicht mitreißen lassen, zum Mitgehen zu zwingen. Da er selbst bereit ist, für seine Ideale zu sterben, verlangt er auch von allen anderen dieselbe Opferbereitschaft. Wenn es aber darauf ankommt, zieht er es vor, andere sterben zu lassen und sich selbst zu retten, da er von seiner Mission, ganz gleich, worauf sie gerichtet sei, mehr als hundertprozentig überzeugt ist. Solange die Mitmenschen die Möglichkeit haben, sich gegen den Fanatismus eines Reformers zur Wehr zu setzen, kann er nicht viel Unheil anrichten. Man wird ihn als kauzigen, schrulligen, allzu eigenwilligen Menschen abtun. Wehe aber, wenn der Fanatiker eine Stellung bekleidet, die ihm viel Macht verleiht – sei es im politischen oder im religiösen Bereich –, dann kann es geschehen, daß er wahrhaftig über Leichen geht und die Ideale und Ziele, die er persönlich für die einzig wahren hält, durchpeitscht, ohne sich Gedanken zu machen über die Opfer an Leib und Leben, die andere zur Erfüllung seiner Ziele bringen müssen.

Der Leidenschaftliche ist ein großer Redner. Er verfügt über eine hinreißende Überzeugungskraft. Er kann ein Demagoge sein, wenn er sich traut, seine Pläne einer großen Öffentlichkeit zu unterbreiten. Wenn der Mensch mit dem Modus der Leidenschaftlichkeit sich die Sache der Liebe zu eigen macht, werden all seine überbordenden Kräfte in eine Richtung gelenkt, die ebensoviel im Positiven zu verändern vermögen, als sie im Negativen Unheil anrichten können.

Die überwältigende Ausstrahlung, die einem leidenschaftlichen Menschen zur Verfügung steht, ohne daß er sich anstrengen muß, wirkt begeisternd und motivierend auf die Mitmenschen. Je ruhiger und wärmer sich die Persönlichkeit des Menschen mit diesem Modus entwickelt, um so stärker ist seine charismatische Wirkung. Er selbst ist der einzige, der damit gewisse Schwierigkeiten hat, denn die Wirkung seiner Persönlichkeit, die er bei seiner Umgebung beobachtet, verwirrt ihn anfangs, macht ihm angst, erschreckt ihn und erfüllt ihn mit der Befürchtung, er könnte sein Charisma mißbrauchen und es unwissentlich für Ziele einsetzen, die er nicht mehr kontrollieren kann. Deshalb ist es wichtig für ihn zu wissen, daß sein Charisma kein Unheil anrichten kann, solange er seine Totalität in Freude und Freiheit fließen läßt. Gefährlich wird ihm und anderen seine Leidenschaftlichkeit erst dann, wenn er spürt, daß Anstrengung, Verkrampfung und allzuviel Willenskraft mit der Durchsetzung seiner Ziele verbunden sind.

Ihr selbst verbindet das Wort »Leidenschaftlichkeit« in allererster Linie mit Sexualität und Erotik. Wir haben diesen Bereich bisher absichtlich ausgeklammert, um euch zu zeigen, daß die körperlich-sexuelle Leidenschaft nur eine unter vielen Möglichkeiten ist, diesen Modus in positiver oder negativer Form zu leben. Oft ist es sogar so, daß ein Mensch mit diesem Modus geneigt ist, seine Leidenschaftlichkeit auf bestimmte Bereiche zu beschränken, sie zu kanalisieren, da er selbst immer von der Befürchtung erfüllt ist, sie könne ihn, ihn überwältigend, explodieren lassen, sie könne so eruptiv wirken wie ein Vulkan, dessen Lava alles – ihn eingeschlossen – unter sich begräbt und zerstört. Deshalb werdet ihr beobachten können, daß ein leidenschaftlicher Sammler selten zugleich ein leidenschaftlicher Liebhaber ist, daß eine leidenschaftliche Köchin oder Blumenfreundin ihre Energien auf ihr Hobby richtet und dadurch vermeidet, sich von einem Partner allzu abhängig zu fühlen. Leidenschaftlichkeit richtet sich nicht nur auf einen anderen Menschen. Viel häufiger geschieht es, daß sie sich auf einen abstrakten oder dem Individuum ungefährlich erscheinenden Gegenstand konzentriert. Je weniger ein Mensch mit dem Modus der Leidenschaftlichkeit auf sich selbst vertraut, je schamhafter er mit seinem charismatischen Potential umgeht, um so zurückhaltender wird seine Leidenschaftlichkeit sich gebärden, sie wird ein Glimmen unter der Asche sein und wird doch jederzeit ein Haus oder eine Stadt in Brand setzen können.

Der leidenschaftliche Mensch muß weniger als alle anderen daran arbeiten, sich durchzusetzen und seine Ziele zu erkämpfen. Ganz im Gegenteil: Je deutlicher er sich klarmacht, daß seine Energie am besten, stärksten und klarsten fließt, wenn er sich entspannt und möglichst gar nichts tut, um seine Mitmenschen zu beeindrucken, um sie von der Macht seiner Vorstellungen zu überzeugen, um so mehr werden sie sich von ihm beeindruckt fühlen, um so mehr werden sie von seinem Charisma angesteckt werden, um so mehr Achtung, Bewunderung und Aufmerksamkeit werden ihm zuteil. Erst wenn der leidenschaftliche Mensch glaubt, das, was er braucht, auf liebevolle Art und Weise nicht erreichen zu können, wird er fanatisch dafür sorgen, daß er diese Aufmerksamkeit und Bewunderung auf andere Weise erhält.

Leidenschaftlichkeit als priesterlicher Modus birgt in sich die Gefahr missionarischen Eiferns und der Überheblichkeit. Der Leidenschaftliche – so haben wir bereits erläutert – ist ein Vertreter der Totalität. Er ist oft blind für die Anliegen und Nöte seiner Zeitgenossen, da er von seinen eigenen Belangen so vollständig erfüllt ist, daß er abweichende Meinungen nicht einmal mehr in Betracht ziehen kann oder sie als unbedeutend und lästig zurückweist. Der Leidenschaftliche macht sich gerne Illusionen. Er ist häufig zufrieden, wenn er sich auch nur einbilden kann, daß alles nach seiner Pfeife tanzt und sich nach seinen Vorstellungen entwickelt. Deshalb ergibt sich nicht selten eine Trennung zwischen ihm und den Menschen, die er versucht mit sich zu reißen. Sie wehren seine Übermacht ab, indem sie scheinbar zu allem ja sagen und ihn besänftigen wie einen Irren, um sich eine Nische oder Freiräume zu schaffen, in denen sie wieder durchatmen können.

Wer sich diesen Modus erwählt hat, wird sein Entwicklungsziel auf jeden Fall erreichen, wenn er sich vor Fanatismus zu hüten weiß. Denn Leidenschaftlichkeit läßt nicht locker. Sie verfügt über eine hohe Konzentrationsfähigkeit. Das Entwicklungsziel steht ein Leben lang im Brennpunkt der Bemühungen. Die Totalität des Modus Leidenschaftlichkeit sorgt ohne Unterlaß dafür, daß die Energien auf das Ziel gerichtet bleiben und daß alle anderen Interessen sich dem Entwicklungsziel beiordnen.

Wenn der Leidenschaftliche vermeiden möchte, seinen Modus von Angst leiten zu lassen, sollte er sehr hellhörig auf die Versuche anderer reagieren, seinen Fanatismus zurückzuweisen. Er kann darauf horchen, daß er in Gefahr ist, seinen Lebens-, Gesprächs- oder Geschäftspartner zu überrollen, wenn dieser andeutet, daß ihm jetzt eine Sache zuviel wird, daß er ermüdet, seine Ruhe braucht, Abstand benötigt oder sich stillschweigend zurückzieht. Dann weiß er, daß er sich hat hinreißen lassen, ohne die Stimmung, die Bedürfnisse und die Aufnahmefähigkeit seines Gegenübers zu berücksichtigen. Wenn er hingegen beobachtet, daß seine Partner oder sein Publikum glühende Wangen bekommen, positiv angeregt sind, mehr und mehr Fragen stellen oder einen wachen, gespannten Gesichtsausdruck haben, weiß er, daß er nicht in die Falle fanatischer Überforderung gegangen ist. Er tut gut daran, sich in seinen Mitmenschen zu spiegeln. Und er wird nicht verhindern können, daß seine Leidenschaftlichkeit ihren Ausdruck findet. Das wäre auch nicht sinnvoll, denn dieser Modus braucht das Ventil der gelebten Begeisterung.

Gewiß gibt es auch still und unauffällig gelebte Leidenschaftlichkeit. Doch meistens ist sie das Ergebnis von Hemmungen. Sie wagt es nicht, sich zu zeigen, sich mitzuteilen, andere teilhaben zu lassen. Erst wenn der Modus der Leidenschaftlichkeit von liebevoller, ungehemmter Inbrunst getragen ist, kann der Leidenschaftliche auch mit sich allein vollauf zufrieden sein. Er findet Erfüllung in der Beseeltheit, die sich aus der Freude am eigenen Sein ergibt. Doch in den allermeisten Fällen möchte der Leidenschaftliche seine Leidenschaft mit einem anderen Menschen teilen. Das kann jedoch auch über eine indirekte Form der Mitteilung geschehen, sei es über ein Buch, das er verfaßt, ein Musikstück, das er komponiert, oder eine Idee, die er in die Welt setzt.

Wir möchten noch einmal darauf hinweisen, daß der Leidenschaftliche von Natur aus ein Mensch ist, der sich um seine Wirkung auf andere keine Sorgen zu machen braucht. Die Wirkung ist stets gegeben, ohne daß er sich darum bemühen müßte. Das Sein eines Menschen mit diesem Modus ist der Schlüssel zu seiner Verwirklichung, das Tun hingegen verleitet ihn zu fanatischen Maßnahmen.

Unabhängig davon, worauf der Leidenschaftliche seine Energien richtet – eine Briefmarkensammlung, eine politische oder religiöse Reform, ein naturwissenschaftliches Forschungsprojekt, die Ordnung und Sauberkeit seiner Wohnung, die Nahrungsaufnahme, den Kunstgenuß, das Reisen und vieles andere –, er wird immer ein Mensch sein, der sich für alles begeistert, Kraft schöpft aus den Gegenständen seines Interesses und anderen Kraft schenkt, indem er sie durch sein Erleben, durch sein Wissen und sein Charisma beseelt.

⑦ Die Aggressivität

| − Streitsucht ◄──────────► Dynamik + |

Aggressivität ist von allen Modi der energievollste. Das bringt die Schwierigkeit mit sich, so viel Energie unter eine sinnvolle Kontrolle zu bringen. Die Ausbrüche, die mit diesem Modus naturgemäß verbunden sind, gilt es zu kanalisieren und in eine Richtung zu lenken, die nicht destruktiv ist.

Mehr noch als die Leidenschaftlichkeit kann sich der Modus Aggressivität auf das Außen beziehen. Selten und nur unter Umständen, die als Störung der Persönlichkeit identifiziert werden können, wird sich dieser Modus nach innen gegen die eigene Person und gegen den eigenen Körper wenden.

Der Modus Aggressivität ist außerordentlich kraftvoll. Er verfügt über eine kreative Dynamik, die befruchtend wirken kann, wenn sie richtig eingesetzt wird. Aggressivität ist eine Grundhaltung, die vorwiegend dem männlichen Prinzip zugeordnet werden kann, denn sie drängt und stößt, sie will etwas erreichen, sie läßt nicht locker und nimmt sich, was sie braucht.

Aggressivität verfügt somit über eine Dynamik, die zur Handlung treibt, die sich nur unter Mühen passiv erhalten kann, die sich in unzulässiger Weise eingeschränkt fühlt, wenn sie nur zum Stillhalten gezwungen ist. Aggressivität will heraus, und als solch eine hervorbrechende, dynamische Energie ist sie schöpferisch. Symbolisch verstanden repräsentiert sie den Samen und nicht das Ei. Und so wie Samen ein Grundphänomen von Leben ist, so ist auch Aggressivität ein unverzichtbares Element von Lebendigkeit. Ein Mensch, der nicht mehr aus sich herausgehen kann, ein Mensch, der nichts mehr erreichen will, der keinerlei Impuls mehr verspürt, sich mit dem maskulinen Prinzip zu identifizieren, ist so gut wie tot. Lebendigkeit und Aggressivität stehen miteinander in innigster Verbindung, und daraus resultiert auch eine weitere notwendige Verknüpfung von Aggressivität und Gesundheit.

Dynamik als Pluspol dieses Modus bedeutet, daß etwas in Bewegung ist, und wenn es nicht in Bewegung ist, wird es in Bewegung versetzt. Gesundsein aber bedeutet ebenfalls, in Bewegung zu sein.

Wenn Energie richtig fließt, wenn die Säfte im Fluß sind, wenn ein Mensch einen natürlichen Bewegungsdrang verspürt, wenn er handeln möchte und handlungsfähig ist, wenn er auf seinen Mitmenschen zustreben kann und sich auf das Du zubewegt, ist er gesund.

Doch gehört zum Phänomen gesunder Dynamik und lebendiger Aggressivität ebenfalls die Fähigkeit zur Verteidigung. Dabei geht es weniger um eine passive Form der Abgrenzung oder des Verweigerns. Vielmehr ist mit einer positiven Aggressivität im Sinne von Dynamik die Bereitschaft gemeint, aus der Defensive herauszutreten und die eigenen Grenzen aktiv zu zeigen, sie zu verteidigen, indem das Gegenüber angegriffen, zurückgedrängt oder wirkungsvoll auf Distanz gehalten wird.

Der dynamisch aggressive Mensch ist auf schönste Weise in der Lage, seinen Herrschaftsbereich abzustecken und jeden Übergriff erfolgreich abzuwehren, ohne sich zu schwächen. Was ihn von dem Vorsichtigen, dem Zurückhaltenden, dem Leidenschaftlichen und dem Mächtigen unterscheidet, sind die Würde und die natürliche Kraft, die er dafür einsetzt, und die Bereitschaft, sich in seiner Aggressivität zu zeigen, sich darin angreifbar zu machen, ohne sein Gesicht zu verlieren.

Ein Mensch, der seine Dynamik lebt, ohne die beständige Furcht, als verletzend und aggressiv verurteilt zu werden, verschafft sich Respekt und zeigt Mut. Er wird für seine Einsatzbereitschaft und seine Zivilcourage bewundert und viel seltener auf Ablehnung stoßen, als er in schwachen Momenten befürchtet. Doch gestehen wir ein, daß es nicht leicht ist, den Modus Aggressivität in einer reinen dynamisch-energievollen Weise zu leben, denn die Energie, die darin enthalten ist, ist unberechenbar, oft überwältigend und schwer zu zähmen. Deshalb wird ein Mensch, der sich diesen Modus gewählt hat, viel mit den Versuchen einer Kanalisierung experimentieren müssen. Er wird häufiger erleben, daß er über das Ziel hinausschießt und seine vermeintlichen Gegner angreift, um seine Grenzen zu wahren, als daß er die Grenzen aktiv setzt, ohne seine Mitmenschen so zu kränken, daß keine Verhandlungen mehr möglich sind.

Es ist daher von besonderer Bedeutung, daß ein Mensch mit diesem Modus lernt, mit seiner Aggressivität positiv umzugehen. In eurer Gesellschaft wird dieses positive Umgehen in zweierlei Weise betrachtet. Die vielen Gehemmten und Ängstlichen unter euch möchten am liebsten jegliche Aggressivität ausschalten, da sie mit ihrer eigenen Angriffslust, ihrer Wut und ihrem Haß nicht in Kontakt sind und weder bei sich noch bei anderen damit in Berührung kommen wollen.

Wenn wir von Aggressivität sprechen, meinen wir jedoch grundsätzlich nicht die aggressive Handlung, die sich in Gewalttaten ausdrückt. Wir meinen weder psychische noch verbale noch faktische Gewalt, sondern lediglich die Fähigkeit eines Menschen, seine aggressiven dynamisch-schöpferischen Energien so einzusetzen, daß er sie in schönster Weise nutzen kann und daß auch andere von ihr profitieren.

Die einen also möchten Aggressivität aus dem Leben verbannen, weil sie sich vor Aggressionen fürchten, vor Verletzungen und Gewalttaten, die sie aus philosophischen oder empirischen Gründen grundsätzlich ablehnen. Die anderen hingegen möchten die Aggressivität des Menschen befreien und tun das in einer Weise, daß sie den Ausdruck von Aggressionen fördern. Sie mißverstehen damit die Tatsache, daß Aggressivität eine Form von Energie ist und daß diese Energie nicht befreit werden kann, indem Menschen oder Dinge zerstört werden. Sie fördern aus diesem Irrtum heraus vorzugsweise den Minuspol des Modus, nämlich die Streitsucht. Sie glauben, die natürliche Aggressivität eines Menschen aus ihren Fesseln befreien zu können, indem sie ihn dazu auffordern, hemmungslos Auseinandersetzungen zu suchen und zu führen und nach Herzenslust zu streiten, wobei die Herzenslust meistens auf der Strecke bleibt und nichts als Unlust und Frustrationen hinterläßt.

Damit wollen wir keineswegs sagen, daß ein Streit im Sinne einer fruchtbaren Auseinandersetzung nicht zu einer Befreiung von Energie führen kann. Ganz im Gegenteil: Der Mensch mit dem Modus Aggressivität braucht häufiger als andere das verbale Gewitter. Er braucht ein Gegenüber, das solche Reinigungsrituale nicht allzu übelnimmt und die positive Energie, die darunter liegt, freudig begrüßt. Wenn jedoch ein Mensch mit aggressivem Modus ständig von der Angst besessen ist, den reaktiven Aggressionen seiner Mitmenschen ausgeliefert zu sein, und seine eigenen fehlgeleiteten Energien auf seine Umgebung projiziert, wird er Streit suchen, wann immer er kann, wird ihn vom Zaun brechen aus der selbstherrlichen Vorstellung heraus, daß jede Auseinandersetzung gerechtfertigt ist, vorausgesetzt, er selbst kann sich im

Streit von dem Druck befreien, unter dem seine Lebensenergie zu ersticken droht.

Für einen angstbesetzten Menschen mit diesem Modus genügt oft der geringste Anlaß, der kleinste Tropfen, der sein Energiefaß zum Überlaufen bringt, um eine Explosion herbeizuführen, die alle, ihn selbst eingeschlossen, erschreckt und zu destruktiven Handlungen führt, die nicht mehr leicht unter Kontrolle zu bringen sind. Der Streit, den der Streitsüchtige sucht, artet dann in böse Worte oder Tätlichkeiten aus, in körperlich verletzende Handlungsweisen bis hin zur Mordlust und ihrer Befriedigung. Das alles dient jedoch nur dazu, die enormen energetischen Kräfte, die gestaut sind und kein positives Ventil finden konnten, zu befreien.

Idealerweise wäre es allen Eltern zu raten, die natürliche Aggressivität ihres Kindes mit diesem Modus zu fördern und zuzulassen. Doch ist dies in den meisten Fällen nicht möglich. Aggressivität ist unerwünscht, macht allen angst und wird folglich früh tabuisiert, so daß das Kind selten genug in der Lage ist, seine Kräfte zu erproben, die Energien – seien sie schöpferisch oder zerstörerisch – zu beobachten und anschließend unter eine gesunde Kontrolle zu bringen.

Der Modus Aggressivität besitzt die Ordnungszahl 7 und ist somit der essentiellen Seelenrolle des Königs zugeordnet. Sie ist in ihrer reinen Modalität verhältnismäßig selten, und deshalb betonen wir noch einmal, daß es nicht angeht, diesen Modus zu verwechseln mit den Aggressionen, die jeder Mensch – ganz gleich, welchen Modus er sich erwählt hat – besitzt als Grundausdruck seiner Lebendigkeit, seiner Selbstverteidigung, seiner Wut, seines Hasses. Dieser Modus mit der Ordnungszahl 7 impliziert, daß in Aggressivität eine gewisse Dominanz und ein unübersehbarer Herrschaftsanspruch enthalten sein müssen. Zugleich ist sie jedoch auch eine Kraft, die viel bewirken und viel erreichen kann, besonders in Bereichen des Lebens und der Gesellschaft, in denen kraftvolle Meinungs- und Willensäußerungen, dynamische Förderung von Ideen, Durchsetzungsvermögen und mutiges Vorpreschen in unbekannte Gebiete erforderlich sind.

Der Mensch mit einem solchen Modus ist der geborene Pionier. Er wird sich vorwagen, wo andere zurückscheuen. Er wird Gefahren bannen, indem er sie ignoriert. Er kann anderen Beispiel und Vorbild sein. Er repräsentiert den Typus des königlichen Feldherrn, der sich an die Spitze seiner Armee stellt und sein kostbares Leben riskiert, um sein Heer zum Sieg zu führen – auch gegen eine große feindliche Übermacht.

Wenn ein Mensch seine angeborene Dynamik gewinnbringend und im weitesten Sinne liebevoll einsetzt, wird er mehr erreichen, als er selbst zu erträumen wagte. Nie wird er zu denen gehören, die zurückgezogen im Hintergrund wirken. Ein solcher Mensch ist niemals graue Eminenz, sondern er strahlt im Glanz seines eigenen Lichts, sofern es ihm gelingt, seine Streitsucht zu bändigen und nicht in allen Erscheinungen des Lebens Feindseligkeit und Gegnerschaft zu vermuten.

Denn das ist es, was einen Menschen mit diesem Modus häufig quält: Er unterstellt anderen immer dann Aggressivität und Aggressionen, wenn er selbst es sich nicht zutraut, seine Energien frei fließen zu lassen, wenn er seiner schöpferischen Angriffslust allzu starke Hemmungen auferlegt, wenn er seine Energie nicht befreien kann von dem Gedanken, daß sie ihn überwältigen, sich verselbständigen und zu destruktiven Akten verleiten könnte.

Die Schöpferkraft und die Zerstörerkraft, die in diesem Modus enthalten sind, sollten voneinander nicht getrennt werden. Dennoch kann ein Mensch, sofern er seine Bewußtheit und seine Liebesfähigkeit einsetzt, um sein Potential zu erkennen, sehr wohl unterscheiden zwischen dem, was kreativ im Sinne einer Befruchtung wirken kann und was das Lebendige in ihm selbst und in anderen zerstört.

Wenn ein Mensch mit dem Modus Aggressivität mit seinem positiven Pol, der Dynamik, besser in Kontakt kommen möchte, sollte er sich vor allem angewöhnen zu beobachten, wann er seine Aggressivität auf andere projiziert. Je mehr er empfindet, daß seine Umwelt ihm aggressiv entgegentritt, seine Rechte beschneidet, ihn verletzt und seinen Herrschaftsbereich antastet, um so deutlicher sollte es ihm werden, daß er seine eigene Energie nicht positiv auslebt. Je häufiger ein Mensch zum Opfer gewaltsamer Akte oder körperlicher Verletzungen wird, um so deutlicher sind die Hinweise darauf, daß er selbst seine Aggressivität hemmt, sie falsch kanalisiert hat und sie deshalb an andere, auch an Institutionen, delegieren muß. Wenn also eine Lebensgeschichte diese Elemente in auffälliger Weise zeigt, wenn zum Beispiel eine Frau häufig geschlagen oder vergewaltigt wird oder ein Mann immer wieder Opfer von Raubüberfällen ist, wenn sein Auto oft in unverschuldete Unfälle verwickelt wird oder ihn seine Kollegen immer wieder grundlos fertigmachen, wäre es die Überlegung wert, ob man sich wohl allzusehr bemüht hat, nicht aggressiv zu sein, sich untertänig oder still zu verhalten, anstatt das Königliche in sich zuzulassen und den anderen die Zähne zu zeigen. Ein Mensch mit aggressivem Modus wird leicht zum Opfer, wenn er es sich selbst nicht erlaubt, Aggressivität schöpferisch zu leben. Er gefährdet Leib und Lebendigkeit, wenn er es anderen überläßt, diese gestauten, unterdrückten Energien auszuleben.

Wer aufrichtig mit sich ist, wird erkennen, daß er häufig deshalb zum Opfer wird, weil er sich zu gut dafür ist, selbst anzugreifen. Er huldigt einem falschen, egobesetzten Ideal von Sanftheit oder Überlegenheit. Er fürchtet, die Welt wird zusammenbrechen, wenn er einmal die Stimme erhebt oder mit der Faust auf den Tisch schlägt. Wer allzu viele scheinbar gerechtfertigte Gründe hat, sich niemals aggressiv zu zeigen, und, noch mehr, wer glaubt, er habe keine aggressiven Gefühle, sollte grundsätzlich von der Hypothese ausgehen, daß seine natürliche Aggressivität verschüttet ist.

Viele von den überaus aggressionsgehemmten Menschen haben sich den Modus Aggressivität erwählt, um die Thematik von Gewalt und Gewalttätigkeit einmal von einer Seite zu beleuchten, die nicht notwendig zur Zerstörung führen muß, denn sie haben in vergangenen Leben Erfahrungen mit sich selbst und anderen gemacht, in denen aggressive Handlungen, die zu Tod und Verderben führten, eine zentrale Rolle spielten. Wenn nun eine Seele bereit ist, ihre Haltung gegenüber diesen Erfahrungen zu ändern und neue Erfahrungen mit Aggressivität zu machen, heißt das nicht, daß sie sogleich aller Aggressivität abschwören möchte.

Denn wenn man eine alte Gewohnheit, jegliche Reizung in physische Schlagkraft umzuwandeln, aufgeben möchte, wenn man diesen Impuls transzendieren möchte, wird es selten sinnvoll sein, ihn ganz auszumerzen. Vielmehr ist es lehrreich, eine andere Sehweise an diese Gewohnheit heranzutragen und sie neu zu bewerten, sich Möglichkeiten einzuräumen, anders zu reagieren und mit der Grundkomponente menschlicher Lebendigkeit, der Aggressivität, neu zu verfahren.

Wer Gewalt positiv einsetzt, hat die Chance, gewaltigen Einfluß zu nehmen und gewaltige Wirkungen zu erzielen. Allein diese Tatsache sollte es vielen schon wert sein, den grauen Mantel falscher Sanftheit abzulegen und zu riskieren, daß sie in all ihrer Dynamik sichtbar werden. Die Hemmung, die sie sich auferlegen, ist in den meisten Fällen eine Panzerung, die dazu dienen soll, viel gefährlich erscheinende, angstbesetzte Lebendigkeit zu binden. Denn der Mensch mit dem Modus Aggressivität ist dann, wenn er aus Liebe seiner dynamischen Stoßkraft Ausdruck verleiht, eine Gestalt von gewaltiger Vitalität, von überströmender Schöpferkraft und von enormem Einfluß auf seine Welt.

V
Die Mentalität

Übersicht

Die Mentalitäten

Expression

⑤
Idealist

②
Skeptiker

– abgehoben   verschmelzend +   – mißtrauisch   nachforschend +

Inspiration

⑥
Spiritualist

①
Stoiker

– leichtgläubig   überprüfend +   – resigniert   gelassen +

Aktion

⑦
Realist

③
Zyniker

– mutmaßend   wahrnehmend +   – herabsetzend   kritikfähig +

Assimilation

④
Pragmatiker

– stur   praktisch +

Über die Mentalität

Mentalität als Bestandteil des Seelenmusters beschreibt die Einstellung, die Haltung eines Menschen seiner individuellen Realität gegenüber, aber auch im Hinblick auf die Welt, so wie er sie versteht. Und es handelt sich dabei um Vorstellungen, die seiner mentalen Struktur entsprechen, Gedankenmuster, Ideen, die er entwickelt und einsetzt, um seine Existenz, seine Wirklichkeit zu begreifen.

Die Mentalität eines Menschen prägt seine Weltsicht und das Verständnis, das er von seinem Leben gewinnen kann. Da es sich dabei um mehr oder minder geschlossene Systeme handelt, die alle mit einem gewissen Ausschließlichkeitsanspruch das Leben zu beschreiben versuchen, dienen die Mentalitäten dem Menschen dazu, ein mentales Gerüst an Sicherheiten aufzustellen, innerhalb dessen er sich bewegt, ohne sich gezwungen zu sehen, seine Einstellungen und Vorstellungen allzu häufig ändern zu müssen. Denn eine solche Änderung würde eine große Verunsicherung mit sich bringen.

Deshalb gehört die Mentalität dem vor der Inkarnation gewählten Seelenmuster an, und ihr werdet beobachten, daß ein Individuum zwar die Gewichtung und Schärfe seiner mentalen Überzeugungen verändern kann, jedoch nicht die Grundüberzeugung selbst.

Schon bei kleinen Kindern, die sich in einer Gruppe von Gleichaltrigen zusammenfinden, könnt ihr beobachten, daß sie über sehr unterschiedliche Möglichkeiten verfügen, die kleinen Vorfälle ihres Alltags mental zu verarbeiten. Der eine möchte grundsätzlich alles anders haben, als es gerade ist, der andere nimmt mit großem Gleichmut hin, was ihm geboten wird, ein dritter wird bei sich selbst überprüfen, ob seine Wahrnehmung gerechtfertigt ist und ob er das glauben mag, was ihm angeboten wird. Diese Grundhaltungen sind nicht Frucht von Prägung oder Erziehung, sondern Ausdruck eines Wunsches der Seele, sich über die Fähigkeiten des Mentalen innerhalb des Ganzen einzuordnen, Fähigkeiten, die auf der Erde nur dem Menschen gegeben sind, da sie eine innere Distanz zu dem, was ihm widerfährt, voraussetzen.

Jede der sieben Mentalitäten stellt ein System von Glaubenssätzen dar, und durch dieses System wird Realität nicht nur beschrieben und begriffen, sondern es prägt auch seinerseits die individuelle Wirklichkeit in einer Weise, daß für den einzelnen feststeht: »So und nicht anders ist es! So und nicht anders funktioniert das Zusammenspiel zwischen mir und dem Leben, mir und der Welt, mir und dem Universum.«

Und die Unterschiedlichkeit der Mentalitäten mit ihren teils versöhnlichen, teils radikal abgrenzenden Überzeugungen prägt auch die Beziehungen unter den Menschen, denn es ist für Individuen mit äußerst unterschiedlichen Mentalitäten nicht leicht, eine gemeinsame Basis zu finden, auf der sie sich verständigen können. Menschen, die eine ähnliche oder gleiche Mentalitätsstruktur teilen, verstehen sich besser als Menschen, die unterschiedliche oder miteinander im Konflikt stehende Mentalitäten vertreten. Da die Mentalitäten von Geburt an zum Tragen kommen, führt diese Unterschiedlichkeit zu Reibungen zwischen Eltern und Kindern, zwischen Geschwistern, Schulkameraden und Freunden.

Die Verbindungen hingegen, die eine Verwandtschaftlichkeit der Mentalitäten schafft, bilden ein Netzwerk von Beziehungen, das Kontakte weit über das Übliche hinaus zu knüpfen vermag. Es kann Menschen über die Grenzen von Nationalität, Rasse und Sprache miteinander kommunizieren lassen. Da sich die Mentalität des Individuums nicht nur in Denkformen, sondern auch in physikalisch meßbaren Gehirnströmen ausdrückt, ergibt sich mit Leichtigkeit zwischen zwei oder mehreren Menschen, die dieselbe Mentalität besitzen, ein Empfinden von Harmonie, von Verbundenheit und Loyalität.

Wir möchten ein symbolisches Bild entwickeln, um euch einen solchen Vorgang zu erklären. Jeder Mentalität kann eine bestimmte geometrische Figur zugeordnet werden, zum Beispiel ein Dreieck, ein Viereck, ein Zylinder, eine Kugel, ein Kreis, eine Pyramide und so weiter, und wenn zwei oder mehr Menschen desselben mentalen Typs beisammen sind, ergibt sich unter ihnen ein Denkmuster, das dieser Grundform entspricht.

Ihr Menschen spürt das, wenn ihr sagt: »Ich verstehe mich gut mit dieser Person. Ich kann diesem Menschen gut folgen.« Dieses Sichverstehen beruht auf der automatischen Bereitstellung identischer Gedankenmuster, die sich übereinanderlegen können und zu einem Empfinden von Kongruenz führen.

Und dazu bedarf es nicht immer der Worte. Sprachliche Kommunikation ist nur eines von vielen Mitteln, um diese Kongruenz herbeizuführen. Oft reden Menschen aneinander vorbei. Jeder versucht sich verständlich zu machen und spürt doch deutlich, daß sein Gegenüber keine Möglichkeit besitzt, entsprechende kongruente Muster zu produzieren, die zu unmittelbarem Verstehen führen.

Mentalität in diesem Sinne ist deshalb zwar ein mentaler Faktor, dennoch hat sie nichts zu tun mit Bildung oder Erziehung, mit Intelligenz oder Schulung. Vielmehr fühlen sich Menschen mit derselben Mentalität zueinander hingezogen und wundern sich häufig, daß sie einander verstehen, obgleich sie auf Grund von Herkunft und Ausbildung so überaus verschieden sind.

① Der Stoiker

− resigniert ←——————————→ gelassen +

Könnt ihr euch einen Idealisten vorstellen, der darauf verzichtet, das, was ist, zu verbessern? Ein Stoiker ist überzeugt davon, daß alles gut ist, so wie es ist. Und auch, wenn er Angst hat oder Schmerzen, versucht er nicht, es zu ändern. Und wenn es schon nicht gut ist, so wie es ist, ist es doch einfach so. Und daran ist nicht zu rütteln.

Ein Mensch mit einer stoischen Mentalität nimmt die Dinge, wie sie sind. Er verhält sich passiv gegenüber der Wahrheit und der Wirklichkeit – so wie er sie erfährt. Er sieht in dieser Einstellung sein Heil, er erkennt in ihr die bestmögliche Haltung. Das Akzeptieren dessen, was ist, ermöglicht ihm, die Welt zu verstehen als recht und wohlgeordnet, als Ausdruck eines übergeordneten Willens und einer inspirierten Ganzheit. Sich gegen sie aufzulehnen oder sie zu verneinen ergibt für ihn keinen Sinn und kann ihn nicht glücklich machen.

Wenn nun ein Mensch mit stoischer Grundhaltung sein Leben als eine dauernde Folge unangenehmer, schmerzhafter Ereignisse empfindet, die ihn an Körper und Geist ängstigen, wird ihn sehr leicht eine resignierte Form stoischer Passivität befallen. Er wird versuchen, sich fühllos zu machen, den Schmerz abzuwenden durch das Einnehmen einer Opferhaltung, die auf verbitterte Weise zum Ausdruck bringt, daß er nun einmal an dem, was ihm widerfährt, gar nichts ändern kann.

Ein angsterfüllter Stoiker also glaubt, daß das Schicksal über ihn herrscht, daß er an seiner Gestaltung keinerlei Anteil hat, daß er nur irgendwie versuchen muß, mit den Ereignissen zurechtzukommen und sie zu überleben. Er zieht sich zurück, wird immer passiver, verfällt in dumpfe Resignation, um sich den Ängsten und Schmerzen nicht allzusehr auszusetzen. Er jammert nicht einmal mehr, so als fürchte er, den Zorn der Götter durch allzu lautes Wehklagen erneut zu entfachen.

Resignation wird dann sehr leicht zu einer niederfrequenten Energie, die ihn körperlich krank macht. Eine solche Haltung, die alles hinnimmt, ohne Stellung zu beziehen, führt dazu, daß das Leben nicht mehr gelebt, sondern nur noch erduldet wird. Der resignierte Stoiker meint, daß die Haltung, die er einnimmt, ihn am besten schützt vor noch schlimmeren Peinigungen durch willkürliche Mächte, die er weder recht zu erkennen noch einzuschätzen vermag. Der Resignierte empfindet sein Leben als Fron, als Jammertal, als ewige Strafe, der er sich nur durch passiven Widerstand oder graduelle Selbstauslöschung entziehen kann.

Doch gibt es für Menschen, die sich in einem bestimmten Leben eine stoische Mentalität erwählt haben, auch jederzeit die Möglichkeit, das, was ist, mit Gelassenheit anzunehmen, weder zu hadern, noch Erwartungen zu hegen an große, von ihnen bewirkte Veränderung. Und wem es gelingt, eine solche Gelassenheit zu entwickeln, der erwirbt die seltene Fähigkeit, im Augenblick zu leben und zu erkennen, daß alle Ereignisse, alle Gefühle, alle Reaktionen gleiche Gültigkeit und gleichen Wert besitzen.

Diese Form der Gelassenheit, die mit Resignation wenig oder gar nichts zu tun hat, macht auf eine eigene Art und Weise glücklich. Sie ist Ausdruck einer besonderen Form von Neugier und erfüllt sich in der Betrachtung jeder einzelnen Facette des Alltäglichen und des Ungewöhnlichen als einer Manifestation des Allganzen. Ein Stoiker bleibt gelassen, ob er nun krank ist oder gesund, arm oder reich, froh oder traurig. Er bleibt in der Mitte. Er freut sich nicht, er grämt sich nicht. Er hat Interesse daran zu erforschen, wie sein Wesen auf die unterschiedlichsten Zustände und Erlebnisse antwortet. Er will nicht eingreifen in den Lauf der Welt oder seiner eigenen Geschichte.

Die Passivität des Gelassenen wirkt wie eine immense Ruhe, der eine bedeutende Wirkung nicht abgesprochen werden kann. Wirkung ist zu unterscheiden von aktiver Einflußnahme. Der Stoiker zeichnet sich ja gerade dadurch aus, daß er keinen Sinn darin sieht – weder einen unmittelbaren noch einen höheren Sinn –, die Geschehnisse zu beeinflussen. Er erkennt vielmehr das Potential des Soseins. Aktive Veränderung empfindet er als unzulässige Manipulation des offenbarten Willens. Und wenn er auf diese Einflußnahme bewußt verzichtet, bleibt er gelassen. Wenn er jedoch angesichts des von ihm wahrgenommenen herrschenden Ganzen nur Hilflosigkeit und Ohnmacht empfindet, wird seine Passivität zur Erschlaffung, Lethargie oder traurigen Resignation.

Gewiß kennt ein Mensch mit stoischer Mentalität beiderlei Zustände, beiderlei Empfindungen. Vor allem aber sieht er sich häufig konfrontiert mit den ängstlichen Reaktionen seiner Mitmenschen, die seine Grundhaltung – sei sie nun gelassen oder resigniert – kaum nachvollziehen können. Bisweilen wird er bewundert oder bemitleidet, doch meistens stößt er auf Unverständnis, da die Menschen seiner Umgebung glauben, Aktivität sei besser als Passivität. Der Stoiker jedoch erlebt seine Größe darin, Angst nicht durch Aktivität, nicht durch Aktionen zu bekämpfen oder zu überspielen – eine Haltung, die Respekt verlangt, auch wenn sie nur von wenigen geteilt wird.

Es gibt, so dürfen wir wohl sagen, viel mehr resignierte als gelassene Stoiker. Oft jedoch geschieht es, daß ein Mensch mit dieser Mentalität sich selbst in fortgeschrittenem Lebensalter aus einer langanhaltenden Resignation erlöst und zu einer gelassenen Haltung findet. Jugend und Gelassenheit vertragen sich schlecht. Und um gelassen zu werden, ist die Bewältigung einiger Herausforderungen eine notwendige Vorbedingung. Nur wer sich dem Leben und seinem Schicksal stellt, kann herausfinden, wie er reagiert. Oft wird ein Stoiker daher feststellen, daß er in seinem Leben stärker mit schmerzvollen Ereignissen konfrontiert wird als viele andere. Daran erst kann sich ja seine Fähigkeit, zwischen Gelassenheit und Resignation zu wählen, erproben.

Und wir möchten an dieser Stelle darauf hinweisen, daß eine gelassene Haltung als Ausdruck von Selbstliebe keineswegs auf Tränen oder Gelächter verzichtet. Nur der Resignierte vergießt trotz seines Schmerzes keine Tränen mehr, und deshalb kann er auch nicht mehr lachen. Ihm ist nicht im positiven Sinne alles gleichermaßen gültig, sondern er wird gleichgültig gegenüber allem, was geschieht.

Die stoische Mentalität mit der Ordnungszahl 1 gehört zum Archetypus des Helfers. Daher wird auch verständlich, daß der Stoiker die Geschehnisse des Lebens nicht manipulieren will und kann. Er fühlt sich als Diener des Lebens, als ein Mensch, der angewiesen ist, sich zu fügen in Freiheit oder Zwang, jedenfalls sich zu fügen den Weisungen, die ihm das Allganze zukommen läßt. Der Angsterfüllte wird die Weisung als Schicksalsschlag und Bestrafung auffassen. Der Mensch, der sich und das Leben liebt, empfindet bei den gleichen Ereignissen eine Geborgenheit, wie sie sich in einer liebevollen Beziehung zwischen Diener und Herrn entwickeln kann. Er muß nicht alles selbst entscheiden, er kann und sollte fragen und um Weisung bitten. Und wenn er seinen Herrn nicht nur im Menschen findet, sondern auch im liebenden Ganzen, kann er sich tragen lassen von den Wogen seiner Existenz wie ein Schiff, das sich aufs offene Meer begibt und dessen Passagiere sich dem Kapitän anvertrauen. Sobald sie einmal auf dem unsicheren Grund schwimmen, blicken sie gelassen allen Ereignissen entgegen, ohne das Vertrauen zu verlieren, daß sie zu gegebener Zeit im sicheren Hafen einlaufen werden.

Ebenso wie der Spiritualist ist auch der Stoiker überzeugt von einer Ordnung, die für ihn bereitgestellt ist, und Vertrauen in diese Ordnung ist sein Lebenselixier. Der Spiritualist fürchtet sich, seinen Glauben zu erproben und zu überprüfen. Diese Not kennt der stoische Mensch nicht. Er überprüft nicht selbst – er läßt sich auf die Probe stellen. Die Gelassenheit, die er zu seiner Mentalität erkoren hat, macht ihn mehr als andere zum nützlichen Werkzeug der Schöpfung. Der Stoiker verzichtet im großen und ganzen auf einen Willen, der sich gegen das Geschehen richtet. Er kämpft und rebelliert nicht. Er setzt seinen Willen ein für alles, was für ihn und mit ihm geschehen soll, und findet sich damit – sofern er die Liebe über die Angst stellt – im schönsten Einklang mit sich und der Schöpfung.

② Der Skeptiker

– mißtrauisch ←—————→ nachforschend +

Der Skeptiker sucht nach der Wahrheit, doch ist er sich nicht sicher, wie diese Wahrheit gestaltet ist, wo sie zu finden ist, was sie bedeutet und ob es sie überhaupt gibt. Er macht den Zweifel zu seiner Wahrheit, und so oft ihn der Zweifel auch aus seiner Not, nicht genau wissen zu können, erlöst, so oft führt er auch dazu, daß ein Skeptiker sich mehr und mehr verloren fühlt, da er alles anzweifelt, auch seinen Zweifel, und dadurch keine Orientierung mehr besitzt und das Vertrauen verliert, das jeder Mensch braucht, um ruhig zu sein. Und so ist ein Mensch, der zweifelt, zwar jemand, dem niemand etwas vormachen kann, der sich vor Illusionen bewahrt, der aber andererseits oft einen festen Bezugsrahmen vermißt und weder sich noch den anderen, weder dem Schicksal noch der Existenz einer größeren Ordnung traut.

Der Skeptiker möchte sich auf nichts verlassen, aber er kann sich auch auf nichts verlassen. Deshalb fühlt er sich von Gott und der Welt verlassen. Häufig jedoch hat er vergessen, daß es nur die Angst davor ist, sich auf irgend etwas verlassen zu müssen, die bewirkt, daß er sich so unsicher und allein fühlt. Er sucht nach der Wahrheit. Aber er ist nicht sicher, daß er sie finden kann, weil er daran zweifelt, daß es sie gibt. Doch durch seinen Zweifel, durch sein stetes Hinterfragen dringt er in Bereiche vor, die ihn die Wahrheit in einer Tiefe, mit einer Schärfe sehen lassen, die anderen oft verborgen bleibt.

Und wenn wir von Wahrheit sprechen, meinen wir sowohl die individuelle Wahrheit seiner selbst als auch die Wahrheit, die die Zusammenhänge kennzeichnet, denen er seine Betrachtungsweise widmet, als auch die übergeordneten, universellen Wahrheiten, die der Skeptiker zwar vermutet, denen er sich jedoch nicht ohne Frage unterwerfen möchte. Er ist ein Zweifler, und je nachdem, ob er aus Freiheit und Liebe zweifelt oder aus Angst, sind seine Fragen geprägt von einem nachforschenden Geist oder von einem zerstörerischen Mißtrauen.

Wenn ein Skeptiker sich mit der Frage beschäftigt »Was ist die Liebe?«, kann er dies auf zweierlei Weise tun. Er kann sich selbst und seine Mitmenschen beobachten und ihre Motivationen, ihre Handlungen, ihre Äußerungen erforschen, sie in Frage stellen, aus dem Wunsch heraus, das Wesen der Liebe zu ergründen. Er kann bei allem, was er wahrnimmt, fragen: »Ist das wirklich aus Liebe gesagt oder getan, oder verbirgt sich hinter der scheinbaren Äußerung von Zuneigung und Verständnis eine Schicht von Angst?« Wenn er selbst kein Zutrauen zur Liebe hat, wird er von vornherein in Frage stellen, daß es sie überhaupt gibt. Er wird seinen Gefühlen nicht trauen, jede Empfindung mißtrauisch beäugen, hinter jeder Liebesbezeugung eine Falschheit vermuten. Er wird sich sicherer fühlen, wenn er annimmt, daß niemand ihn lieben kann, da er in sich selbst keine wahre Liebe entdeckt, und er wird bestreiten, daß seine Wahrnehmung irrig sein könnte, da er ganz sicher ist, daß andere sich lediglich Illusionen machen.

Zweifel ist eine Gestalt des Denkens. Wir begrüßen die Möglichkeit des Zweifels und halten sie für einen der wichtigsten Aspekte menschlicher Ausdrucksfähigkeit, denn Zweifel führt zur Selbsterkenntnis, sofern er nicht als Instrument der Zerstörung eingesetzt wird, und Zweifel kreiert jene Distanz des Menschen zu sich selbst und zu seiner Welt, die Wachstum erst ermöglicht.

Der Skeptiker leistet also mit seiner Gewohnheit, nachzuforschen, Illusionen aufzudecken, auf Leichtgläubigkeit zu verzichten, einen äußerst wertvollen Beitrag, auch wenn er auf andere Mentalitäten verunsichernd wirkt, auch wenn er bohrende, oft lästige Fragen stellt, die geeignet sind, die Sicherheit des Idealisten und die Hoffnung des Spiritualisten zu erschüttern. Der Idealist ist unzufrieden, wenn er feststellt, daß seine Ideale so schwer zu erfüllen sind, doch zweifelt er nicht daran, daß sie unverrückbar vorhanden sind. Ein Skeptiker hingegen wird auf Grund seiner Mentalität die Fragen stellen: »Welche Gültigkeit hat das Ideal? Ist es überhaupt erreichbar? Ist es notwendig? Wozu soll es dienen? Welchen Schaden kann es anrichten? Wie kann es widerlegt werden? Wer kann es zerstören? Wozu braucht der Mensch Ideale? Ginge es ihm nicht viel besser, wenn er darauf verzichten würde?« Und bisweilen übersieht er über all seiner Skepsis, daß auch der Zweifel als solcher für ihn eine Idealhaltung repräsentiert. Er verwendet sie, um zu den tiefen Schichten von Wahrheit vorzudringen, und seine Skepsis kann ihre Funktionen nur erfüllen, wenn sie voraussetzt, daß es irgend etwas gibt, wonach es sich lohnt zu fragen.

Der Skeptiker kann ein zutiefst verbundener, religiöser Mensch sein, obgleich er dies selbst bezweifeln würde. Er empfindet das Göttliche dadurch, daß er es in sich selbst und außerhalb seiner selbst erforscht. Er entdeckt es, indem er die Schichten löst, die der Glaube, die Traditionen, die Wünsche der Menschen darübergelegt haben. Er kreiert durch seine unablässig forschenden Fragen eine höchst individuelle Vorstellung von dem, was für ihn Wahrheit bedeutet, und da er sich alles selbst erarbeitet hat, wird ihn auch niemand von seinen Ergebnissen abbringen können, es sei denn, er selbst entwickelt neue Zweifel und ent-deckt neue Schichten.

Der Skeptiker sehnt sich danach, den innersten Kern alles Seins zu erblicken. Sein ganzes Fragen, sein Nachforschen und sein Mißtrauen sind von dieser Sehnsucht geprägt. Seine Angst läßt sich beschreiben als die Angst davor, zu seinem eigenen Entsetzen feststellen zu müssen, daß seine Suche und seine Sehnsucht vergeblich waren.

Der Skeptiker mit der Ordnungszahl 2 repräsentiert den Archetypus des Künstlers. Da der Künstler sich um die Erarbeitung einer Gestalt bemüht, ist auch hier ersichtlich, daß Skepsis nach der reinen Form trachtet. So wie ein Bildhauer aus einem rohen Gesteinsblock in geduldiger und mühseliger Arbeit das Unnötige fortmeißelt, das Geformte im Ungeformten zu entdecken wagt, eine Idee hat von dem, was er herausholen möchte, und sich nicht zufriedengibt, bevor nicht die Vorstellung, die sich in ihm gebildet hat, eine konkrete Entsprechung im Materiellen erlangt, so arbeitet auch der Skeptiker geduldig – und manchmal bis zur Übermüdung – an dem ungeformten Block seiner Vorstellungen, bis er den Kern, der nicht mehr dem Zweifel anheimfällt, erblickt hat.

Sein Nachdenken, die Fähigkeit zu zweifeln, ist Freund und Feind. Da es ihm um Motivationen geht, ist er selbst aufgerufen, die Schwingungen von Angst und Liebe zu erkunden, die ihn zweifeln lassen, Wenn ein Mensch seine Skepsis an einen Punkt getrieben hat, wo er bezweifelt, daß es überhaupt Liebe und Wahrheit in der Welt gibt, ist es gut, wenn er nicht dort stehenbleibt, sondern sich gestattet, dieses Ergebnis seiner Forschungen anzuzweifeln. Dann ist es möglich, daß sich all seine Angst wie durch Magie wandelt in eine innere Gewißheit, daß er sich auch dieser desillusionierenden Erkenntnis nicht sicher sein kann, und sich wiederfindet in dem Zweifel, ob er nicht doch liebt und geliebt wird und Zugang zum Göttlichen besitzt.

③ Der Zyniker

− herabsetzend ◄─────────────► kritikfähig +

Viele von euch halten die Mentalität des Realisten für das Nonplusultra. Und ebensosehr wie ihr eine realistische Haltung hochschätzt, schätzt ihr die Haltung des Zynikers gering. Ihr fürchtet euch vor ihr, ihr verurteilt sie und haltet sie aus einem unvollkommenen Verständnis heraus für eine destruktive, geradezu pathologische Einstellung.

Unsere Anschauung weicht von der euren ab. Deshalb ist es notwendig, daß wir euch zunächst einmal bitten zu akzeptieren, daß die zynische Mentalität ebenso wichtig, ebenso wertvoll ist wie alle anderen Mentalitäten, die Aspekte des Seelenmusters bilden. Dem Zyniker geht es darum, Wahrheit und Wirklichkeit in Einklang zu bringen mit Wissen. Sein mentaler Ansatz, das, was ist, zu begreifen, lautet: »Ich weiß nicht.« Und er hofft, über das Nichtwissen zu einer tieferen Gewißheit zu gelangen.

Er steht deshalb allen Formen des Hoffens, Glaubens und Vermutens sehr kritisch gegenüber. Er kann kaum verstehen, wie ein Mensch etwas glauben kann, was er nicht ganz sicher weiß. Und um aus dieser Spannung erlöst zu werden, zieht er es vor, nichts zu wissen, jeder beliebigen Position seine Kritik entgegenzusetzen. Solange er dies aus einem authentischen Erkenntnisinteresse heraus tut und dabei liebevoll und zugewandt bleibt, wirkt er wie ein Rebell, dem es gelingt, seine Mitmenschen aufzurütteln, zum Nachdenken zu bringen und sie mit ihren Urfragen zu konfrontieren.

Fühlt sich jedoch ein Zyniker seiner Angst ausgesetzt, das Nichtwissen endgültig bestätigt zu finden, verliert er den Boden unter den Füßen, leugnet die Existenz dessen, was er für wertvoll hielt, und das Wissenkönnen überhaupt, und er schmäht auch jene, die zu wissen glauben. So wird aus einem Kritiker ein Kritikaster. Er hat dann aus seiner Angst heraus an allem und jedem etwas auszusetzen – auch an sich selbst. Er wird unzufrieden, verkniffen und zerstörerisch, da er nichts gelten läßt, was ihn davon überzeugen könnte, daß es überhaupt Liebenswertes, Wissenswertes, Lebenswertes geben könnte außer der Einsicht, daß alles überflüssig, vergeblich, unwichtig ist. Diese Haltung scheint für ihn eine Rettung vor dem Untergang zu sein, und er kämpft um sein Überleben, indem er alle von sich fortstößt, die sich einbilden, etwas zu wissen, was ihm helfen könnte.

Ebenso wie der Realist ist der Zyniker davon überzeugt, daß er die einzig wahre, die einzig wirkliche Weltsicht vertritt und daß alle anderen sich naiv oder böswillig Illusionen machen. Und er sieht in seinen Mitmenschen, solange er sich in der Nähe seines Angstpols aufhält, lauter Feinde, die ihn aufs Glatteis der Gewißheit locken wollen, um ihn dann um so unsanfter stürzen zu lassen. Ihr kennt den Zyniker vorwiegend aus den Manifestationen seines Minuspols. Der liebevolle Zyniker wirkt auf euch wie ein Paradoxon. Doch ist es auch für Menschen mit dieser Mentalität durchaus möglich, ihrer Liebe über ihre mentale Grundeinstellung Ausdruck zu verleihen, indem sie ihre Kritikbereitschaft und Kritikfähigkeit auf jene Bereiche der Existenz richten, die ihnen unklar, verlogen und schädlich erscheinen, um sie zu läutern.

Ein Zyniker geht im positiven Sinne davon aus, daß er gar nichts glaubt, bevor er sich nicht vollständig davon überzeugt hat, daß das, was sieht oder was ihm angeboten wird, sich tatsächlich so verhält, wie es scheint. Und naturgemäß ist er davon nicht leicht zu überzeugen. Das macht ihn zu einem Menschen mit wertvoller Standhaftigkeit. Jene, die ihn überzeugen wollen, sehen sich stets genötigt, ihrerseits Klarheit zu entwickeln, ihre Standpunkte zu festigen, schlüssige Beweise zu erbringen, um eine Festigkeit des Standpunkts zu entwickeln, die ihnen unter normalen Umständen gar nicht notwendig erscheint, da niemand außer einem Zyniker ihnen so viel Kritik und Widerstand entgegensetzt.

Der Zyniker ist aktiver als der Skeptiker. Er greift an, er bohrt und stochert und gibt keine Ruhe, bevor er nicht eine Antwort bekommen hat, die seine Kritik verstummen läßt und seinen wissensdurstigen Geist zufriedenstellt. Während der Skeptiker zweifelnde Fragen stellt, hält sich der Zyniker mit Fragen nicht auf. Seine Methode besteht darin, unmittelbar zu provozieren und zu verneinen. Damit veranlaßt er sein Gegenüber zu einer Beweisführung. Und es ist ihm ein großes Anliegen, Sein und Schein voneinander zu trennen. Der Zyniker ist dabei oft auf seine eigenartige Weise gerechter als Vertreter der anderen Mentalitäten, da für ihn das Sein weder offensichtlich ist noch einfach strukturiert. Vielmehr besteht es aus vielerlei Aspekten und schillernden Facetten.

Der Zyniker ist mit seiner Grundhaltung der einzige, der es für möglich und natürlich hält, daß Wahrheit und Wirklichkeit von verschiedenen Standpunkten aus gesehen unterschiedliche Qualitäten haben können und daß es deshalb mehr als eine Wahrheit gibt. Solange es ihm gelingt, mit der Unsicherheit des Nichtwissens zu leben, und es ihm Vergnügen bereitet, sich nicht festzulegen, wird ihn seine Negativität nicht übermannen. Sobald er jedoch sich und die Welt dafür haßt, daß es keine Gewißheit gibt, da er meint, daß die Wahrheit gar nicht existiert, weil er sie nicht finden kann, wird er zu einem verzweifelten, harten, scharfzüngigen Menschen, der alles niedermacht und herabsetzt, was andere erfreut und bewegt.

Ein Zyniker in seiner Angst kann schwer ertragen, daß sein Mitmensch zufrieden oder glücklich ist. Er wird versuchen, durch direkte Leugnung dieses Zustands, ganz ohne Argumente, das subjektiv empfundene Glück als verlogen zu entlarven, wie denn überhaupt die Technik der Entlarvung vom verängstigten Zyniker gerne angewandt wird. Da er sich keinesfalls Illusionen machen will, die die eigentliche Wahrheit überdecken oder verfälschen könnten, stellt er – solange er nicht destruktiv denkt und handelt – eine massive Herausforderung für alle jene dar, die sich als Idealisten, Spiritualisten und Realisten in den Minuspolen ihrer Matrix bewegen. Er wirkt beunruhigend auf sie, da er ihnen keine eigene Wahrheit im konkreten Sinne als Ersatz für verlorene Illusionen anbieten wird. Das macht ja gerade seine Mentalität aus, daß der Zyniker das Nichtwissen, das Prinzip der Ungewißheit, des Ertragens von Unsicherheit zu seiner Leitidee erhoben hat.

Der Zyniker trägt die Ordnungszahl 3 und repräsentiert den Archetypus des Kriegers. Daher ist er angriffslustig und verhält sich oft verletzend. Er will überzeugen und überzeugt werden, notfalls mit Gewalt. Es ist sein Wunsch, sich aktiv auseinanderzusetzen. Sein Bohren, Löchern und Insistieren zeigt die maskuline Stoßkraft dieser Haltung. Und wie eine Metallsäge auch Materialien von großer Härte und starkem Widerstand aufbrechen kann, so gelingt es dem Zyniker, selbst psychisch tief verborgene Widerstände oder Selbsttäuschungen freizulegen, solange er nicht allzu bedrohlich und zerstörerisch auf die Ängste und Empfindlichkeiten seiner Mitmenschen prallt. Doch wenn der Zynismus sich gegen ihn selbst richtet und er seine eigenen inneren und äußeren Werte in einem fort niedermacht, wird die kriegerische Haltung so abwehrend und verletzend, daß der Zyniker allein bleibt und sich in sein eigenes Schwert stürzt.

Ein zynischer Mensch hat stets ein Messer zur Hand. Damit kann er sowohl schneiden, um zu heilen, als auch stechen, um zu töten. Er schneidet alles fort, was krank macht und wuchert und nicht zum Eigentlichen des Menschen gehört. Er ist ein großartiger mentaler Chirurg und trägt damit das Seine zur Gesundung der Menschheit bei. Da sich die Menschen jedoch vor ihm und seinem Messer fürchten, werden sie ihm nur vertrauen, wenn er seine Schnitte mit ruhiger, liebevoller Hand führt und wenn er bereit ist, die Wunden, die er aus gutem Grund zufügt, wieder zu schließen. Dann wird er von all jenen aufgesucht werden, die sich befreien wollen von Überflüssigem und Schädlichem, die die Wahrheit über sich erfahren möchten und wünschen, zu ihrer unmaskierten Wahrheit vorzudringen.

④ Der Pragmatiker

| – stur ◀ | ▶ praktisch + |

Wie es seiner Position 4 im Gefüge der Matrixvariablen entspricht, betrachtet der Pragmatiker die unterschiedlichen Mentalitäten der anderen, und nicht nur diese, sondern alle Phänomene des Lebens, besonders aber die Glaubenssysteme, mit denen Wahrheit und Wirklichkeit auf unterschiedlichste Weise erfaßt werden, aus einer gewissen Distanz. Er beobachtet sie also und fragt sich dann: »Was nützt das? Wozu ist das gut? Was kann ich damit anfangen? Was bewirkt es, und was wird es verändern?« Denn die Haltung des Pragmatikers stellt die Wirkung und die Anwendbarkeit einer Einstellung in den Vordergrund. Eine Idee, die nicht angewandt werden kann und keine greifbaren Konsequenzen zeitigt, ist ihm nichts wert.

Die Mentalität des Pragmatikers ist also weder auf Glauben noch auf Wissen, noch auf Zweifel ausgerichtet. Er konzentriert sich auf das Handeln. Es geht ihm weniger darum, sich alle möglichen Gedanken zu machen. Er möchte von den vielen verschiedenen Möglichkeiten, Wahrheit und Wirklichkeit zu erfassen, diejenigen nutzen, die ihm tatsächlich anwendbar erscheinen, ihm seine Existenz begreifbar machen und seinen Alltag erleichtern. Er sucht nach einer praktikablen Lösung für das Dilemma, in dem sich der Mensch grundsätzlich befindet, das Dilemma nämlich zwischen den Erfordernissen seiner körperlichen Manifestation und seinen Ideen, den Erwartungen und Erinnerungen, die er mit seinem Menschsein verknüpft.

Der Pragmatiker ist bereit, das, was erdacht oder tradiert wird, an sich selbst auszuprobieren. Er experimentiert, beobachtet und notiert wie ein Wissenschaftler im Selbstversuch. Doch wird er auch Interesse zeigen, die konkreten Erfahrungen anderer in seine Untersuchungen mit einzubeziehen. Sofern er also feststellt, daß es einem Idealisten, Spiritualisten oder Stoiker mit seiner Weltanschauung gutgeht, wird er neugierig werden und sich erkundigen, die Erfahrungen systematisieren, sie auswerten und in eine übertragbare, anwendbare Form bringen. Wenn der Pragmatiker jedoch für sich selbst feststellt, daß irgendeine Methode – sei sie erdacht zur Bewußtseinserweiterung oder zur Gewichtsreduzierung – keinen Erfolg zeitigt oder zu kompliziert in der Anwendung ist, wird er sie kategorisch ablehnen und sie weder für sich noch für andere zur Anwendung empfehlen.

Der Pragmatiker gerät in Ekstase, wenn er feststellt: Es funktioniert! Dann spürt er, daß der Welt ein neuer Reichtum geschenkt wurde, ein Geschenk von bleibendem Wert, das nicht nur theoretisch interessant ist, sondern praktisch erprobt und somit verankert in der Realität als überprüfte, empirisch bewiesene Wahrheit.

So funktionsorientiert der Pragmatiker auch sein kann, so ist er doch in Versuchung, alles auf Funktionen zu reduzieren, wenn er ängstlich wird und seinen neugierigen Blick verliert, wenn er seinen globalen Ansatz reduziert auf das unmittelbare Jetzt und für ihn Machbare. Die Enge seines Horizonts, die dadurch offenbar wird, daß er nicht mehr neutral betrachten und beobachten kann, ob das, was er untersucht, bei anderen Wirkung zeigt, auch wenn der Erfolg bei ihm selbst ausbleibt, macht ihn zu einem verdrossenen, verschlossenen und für Neues unzugänglichen Menschen, der sich verkapselt in der Vorstellung, daß Experimente sinnlos sind, da sich die Welt doch niemals ändern wird, daß es nicht notwendig ist, irgend etwas auszuprobieren, weil das bewährte Alte schlecht und recht seinen Dienst tut. Und das Alte kann eine Gewohnheit sein, die beibehalten wird, auch wenn sie keine positiven Wirkungen mehr hat, keine frischen Impulse aussendet, keine Gefühle von Glück und Zufriedenheit mehr hervorbringt.

Die Sturheit, mit der ein Pragmatiker an Traditionen oder Gewohnheiten festhält, wenn er allzu große Angst vor Veränderungen spürt, kann sich ebenso in einer verdrießlichen Meditationspraxis – jeden Tag zur selben Zeit, am selben Ort, über Jahre hinweg praktiziert – zeigen wie auch am Festhalten an Ernährungsweisen, Arbeitsstellen, Beziehungen, Kleidungsgewohnheiten und Moden, die allesamt zu einem lange zurückliegenden Zeitpunkt gültig und funktionell adäquat waren, ihre Funktion jedoch längst verloren haben und dadurch zu überflüssigem Ballast geworden sind. Es kann auch gelten für eingefahrene Reaktionen und automatisch produzierte Gefühlshaltungen, die sich seinerzeit bewährt hatten, aber inzwischen der Wirklichkeit und inneren Wahrheit der Persönlichkeit nicht mehr gerecht werden. So bewegt sich der Pragmatiker zwischen den Polen seiner Experimentierfreudigkeit einerseits, die auf die praktische Erprobung von Neuem gerichtet ist, und einer ängstlichen Haltung andererseits, die das Neue ablehnt, sich am bereits Erprobten festklammert, um nur ja nicht dem Ungewissen allzuviel Raum zu schenken.

Der Pragmatiker liebt seine Gewohnheiten, und er liebt auch sich selbst, wenn er alte Gewohnheiten durch neue ersetzen kann. Wenn Gewohnheiten ihn aber beherrschen, ohne daß er es bemerkt, hat er seine Selbstliebe weitgehend vergessen. Daher tut es ihm wohl, wenn er sich dazu bereit erklärt, freiwillig seine Gewohnheiten zu verändern – zum Beispiel auf Reisen oder durch einen Umzug oder Arbeitsplatzwechsel. Um nicht in ritualisierten Handlungsabläufen zu erstarren, wird der Pragmatiker gut daran tun, seine gewohnte Lebensweise nicht ungebrochen weiterzuführen.

Solange er darauf besteht, am Urlaubsort dieselben Bedingungen vorzufinden wie daheim, oder wenn er merkt, daß ihm an seinem Arbeitsplatz das Auswechseln von Kollegen, die Installation neuer Maschinen oder eine strukturelle Veränderung massive Schwierigkeiten bereiten und starke Ängste auslösen, kann er erkennen, daß seine Sturheit ihn vom Leben mit seinen ständigen Pulsationen abschneidet.

Ein Mensch mit pragmatischer Mentalität leistet ebenso wie alle anderen einen herausragenden Beitrag zum Funktionieren des Ganzen. Denn wenn auch der Realist oder der Zyniker, der Skeptiker und der Stoiker stets geneigt sind, Wirklichkeit und Wahrheit auf ihren Gehalt hin zu überprüfen, so bleibt doch dem Pragmatiker die Aufgabe, das Theoretische zu konkretisieren, es zu verallgemeinern, die Essenz der Theorie herauszufiltern und auf ihre Anwendbarkeit zu testen.

Dem Pragmatiker geht es in der Tat um das Essentielle, das er destilliert, um es von der Gültigkeit des Augenblicks zu befreien und ihm eine Zeitlosigkeit zu verleihen, die grundsätzlich Wert behält. Aus diesem Grund erforscht er auch gerne Methoden und Errungenschaften der historischen Vergangenheit, um sie aus den Nebeln des Vergessens zu befreien und sichtbar zu machen, daß sie ihre Gültigkeit nicht verloren haben. Ein Pragmatiker ist somit stets auch Historiker. Er liebt das Bewährte, muß aber achtgeben, daß er sich nicht zum Gefangenen des Bewährten macht.

Die Mentalität des Pragmatikers entspricht dem Archetypus des Gelehrten. Der Gelehrte ist ein Beobachter. Er bleibt neutral, und deshalb will er sich in die mentale Auseinandersetzung, die die übrigen Mentalitäten untereinander führen, nicht einmischen. Ihn interessiert nur, welche Gültigkeit die verschiedenen Grundeinstellungen der Wirklichkeit gegenüber enthalten. Wahr ist, was der Mensch anwenden kann. Der pragmatische Mensch ist Protokollant und Historiker der vielfältigsten, unterschiedlichsten Erkenntnisse. Ohne seinen Einsatz, seine ehrlichen, unparteiischen Dienste bliebe manches Theorie oder ideale Wunschvorstellung. Er aber stellt das Werkzeug zur Verfügung, das Gedachtes in Tat, Handlung und Wirkung umsetzt.

⑤ Der Idealist

− abgehoben ◄——————► verschmelzend +

Für den Idealisten ist das Seiende nicht vollkommen. Er nimmt es billigend in Kauf, fühlt sich aber nicht befriedigt, wenn er es akzeptiert. Seine Befriedigung und Erfüllung erfährt der Idealist in der Überhöhung des Seienden, in der Vorstellung, daß es seine Perfektion noch nicht erreicht hat, also verbesserungsfähig und auch verbesserungswürdig ist.

Der Idealist schaut voraus und schaut hinauf. Er hat eine mehr oder minder deutliche Vision von dem, was möglich, erreichbar, wünschenswert und beglückend ist. Das gilt sowohl für ihn selbst als auch für seine Mitmenschen. Und es gilt für die Welt der Materie wie für die Welt der immateriellen Werte.

So wie alle Mentalitäten Versuche sind, Wahrheit zu fassen, zu beschreiben, zu integrieren und zu formen, so sieht der Idealist die Wahrheit nicht dort, wo er ist, sondern stets dort, wo er nicht ist. Aber die Wahrheit existiert für ihn wie eine leuchtende Schrift am Himmel. Sein Bemühen besteht darin, sie lesen zu lernen und die Lehre, die darin enthalten ist, auf sich anzuwenden. Er hegt keinen Zweifel daran, daß Wahrheit, Klarheit, Gerechtigkeit und Liebe existieren. Aber er sieht sich von den Werten, die er als bestimmend für alle Existenz empfindet, entfernt, bisweilen sogar ausgeschlossen. Dennoch ist er ihnen nicht entfremdet.

Je größer die Distanz zwischen ihm und seinen Idealen ist, um so schwieriger wird es für den Idealisten, mit sich selbst und mit dem Seienden zufrieden zu sein. Der Idealist ist ein ewiger Sucher. Es ist nur sein Geheimnis, daß er nicht finden möchte. Denn zu finden würde seine Sehnsucht stillen. Und ohne Sehnsucht mag der Idealist nicht leben. Wann immer eines seiner Ideale Wirlichkeit geworden ist, schafft er sich ein neues und rückt es möglichst weit fort, damit er unablässig auf dieses Ideal zustreben kann. Denn wahrlich gilt für ihn: Der Weg ist das Ziel.

Unglücklich ist der Idealist also in zweierlei Situationen: Es geht ihm nicht gut, wenn es nichts mehr gibt, worauf er seine Ideale richten kann, weil er sich vorübergehend in Umständen wiederfindet, die all seinen Wunschträumen entsprechen. Und dann auch ist ihm unwohl, wenn er sich selbst allzuweit von seinen Idealen entfernt sieht, so daß sein Wertgefühl darunter leidet und er damit seiner eigenen Verachtung anheimfällt.

Der Idealist ist häufig gefangen zwischen dem Wunsch oder Zwang, all seine ethischen Ansprüche zu erfüllen, und der Erkenntnis, daß er nicht in der Lage ist, es zu tun, und auch kaum jemand in seiner

Umgebung es schafft, den Normen, die er setzt, zu entsprechen. Dann empfindet er Verbitterung, Trauer und Enttäuschung. Er kann sich streng bestrafen für alle Verfehlungen, die er an sich selbst im Hinblick auf seine Idealvorstellungen registriert. Und so wirkt er oft sich selbst wenig zugetan, findet sich erst wieder, wenn er einen neuen Zugang zu seinen eigenen ethischen oder auch praktischen Normen gefunden hat, spürt erst wieder ein wenig Glück, wenn er sich bestätigen kann oder von anderen bestätigt bekommt, daß er schließlich doch nicht so weit vom Himmlischen entfernt ist, wie er befürchtet.

Da ein Idealist nicht gern »hier« ist, versucht er »dort« zu sein. Das bewirkt, daß er aus lauter Angst, seinen eigenen Vorstellungen nicht zu entsprechen, aus einer trotzigen Willensbekundung heraus trotzdem sein Tun wenigstens äußerlich dem Ideal anzupassen versucht. Dann wirkt er abgehoben wie einer, der viele Luftballons in der Hand hält und sich von ihnen tragen läßt. Er hat keinen Kontakt mehr mit dem Boden seiner Realität. Er wirkt abgehoben, da er nicht wahrhaben mag, daß die Distanz nun einmal vorhanden ist. Der Idealist ist oftmals auch ein Illusionist. Er macht sich Illusionen über die Position, in der er sich in bezug auf sein himmlisches Ideal befindet.

Wenn der Idealist jedoch mit sich selbst im reinen ist, seine Ideale als Ideale identifiziert und sich nicht verurteilt, wenn er sie nicht erreicht, wenn er auch seine Mitmenschen nicht verurteilt, wenn sie seinen persönlichen Normen nicht entsprechen, dann sieht man ihn umgeben von einem hellen Glanz, dem Glanz des Einsseins. Er verschmilzt, er löst die Grenzen seiner Individualität im Ganzen auf, ohne seine Identität zu verlieren. Einssein mit sich selbst bedeutet nicht, daß er auf sein Suchen und Streben verzichtet. Es bedeutet vielmehr, daß er erfaßt, bei welcher Station er sich auf der langen Reise zwischen seiner Angst und seiner Liebe befindet.

Der Idealist schaut in die Ferne, und er schaut empor. Deshalb erkennt er auch, was möglich ist. Er erfühlt besser als die anderen Mentalitäten das gesamte große Potential von Mensch und Welt. Und wenn es niemanden gäbe, der dieses Potential intuitiv erfaßt und einen Zugang zu ihm für möglich hält, blieben auch den anderen Menschen die Tore verschlossen. Der Idealist also kennt das Ziel, weist den Weg und öffnet die Tore.

Die Ordnungszahl 5 zeigt, daß die Mentalität des Idealisten archetypisch für die Energie des Weisen steht. Der Weise erkennt, daß es mehr gibt, Größeres, Weiteres, Besseres und Höheres, und daß es möglich und wünschenswert ist, zu diesen entfernten Bereichen Zugang zu finden. Der Weise jedoch ist deshalb weise, weil er sich liebevoll dazu bekennt, daß er – obgleich sein Ideal ihm in seiner verklärten Form unablässig vor Augen steht – doch selbst nur ein Zuschauer, ein Betrachter ist, das heißt ein Mensch in seiner ganzen Menschlichkeit.

Der weise Idealist liebt seine Schwächen. Wenn er seine eigenen Schwächen lieben kann, fällt es ihm leicht, auch seine Mitmenschen so zu akzeptieren, wie sie sind, ohne sie dort festhalten zu wollen. Er zeigt ihnen das, was sie erreichen können, und geleitet sie sanft auf der Straße zum Licht. Er nimmt sie bei der Hand, nicht indem er sich zum unnahbar strengen Vorbild macht und andere glauben läßt, daß er die Normen und Vorstellungen bereits erfüllt habe, sondern indem er von dort aus winkt, wo er steht und seine Brüder ermuntert, mit ihm gemeinsam zu wandern.

⑥ Der Spiritualist

| – leichtgläubig ◄——————————► überprüfend + |

Idealismus wünscht und hofft. Skepsis zweifelt und hofft. Der Spiritualist glaubt. Er glaubt fest an die Wahrheit. Er glaubt, daß sie in jeder Erscheinung von Existenz enthalten sei und daß es für ihn – ebenso wie für alle anderen – darum gehen muß, sie zu enthüllen.

Der Spiritualist kennt oft die Wahrheit nicht. Er ist dennoch von ihrer Präsenz in allen Dingen überzeugt. Wenn ein Mensch die Mentalität des Spiritualisten erwählt hat, um die Welt zu betrachten, wenn er also einer spiritualistischen Grundhaltung huldigt, bedeutet das für ihn eine unmittelbare Berührung mit den Dimensionen des Geistigen.

Spiritualismus steht auch für das Empfinden unablässiger Behauchtheit durch den Geist der Schöpfung. Der Spiritualist fühlt sich eins mit ihr. Er empfindet keine Trennung zwischen dem, was ihn inspiriert, und dem, was er ist. Er sieht sich als Rädchen im universellen Uhrwerk. Er fühlt sich geführt und geleitet. Er glaubt, daß er niemals allein ist.

Das Göttliche, das geistige Prinzip, der universelle Wille sind für ihn vertraute Vorstellungen, und nichts verunsichert ihn mehr als die Vorstellung, daß ein anderer Mensch auf diese universelle Einbindung bewußt verzichten könnte, daß jemand leugnen möchte, in einem vom geistigen Prinzip erfüllten Kontext zu stehen, den er – der Spiritualist – für unabweisbar und bewiesen hält.

Und damit ist bereits gesagt, wovor der Spiritualist am meisten Angst hat: Er fürchtet, eines Tages entdecken zu müssen, daß er trotz allem allein ist, daß er getrennt ist vom Ganzen, und daß das Ganze am Ende doch nicht wie eine mütterlich-väterliche Instanz über ihm wacht, ihn behütet und beschützt vor allen Fährnissen des Lebens. Und weil er einerseits von dieser Angst heimlich bedrängt wird, andererseits aber keinen Zweifel an seinem Glauben aufkommen lassen darf, da dies seiner Mentalität zuwider wäre, beschließt er, gläubig zu sein. Er will sich eben einer Überzeugung, einer Vorstellung, die ihm tröstlich erscheint, hingeben, ausliefern ohne Skepsis, ohne den leisesten Zweifel. Denn nur, wenn er jegliche Verunsicherung ausschließt, kann er seine Angst vor einem unliebsamen Erwachen beherrschen.

Wir sehen den Spiritualisten als einen Menschen, der sich aus lauter Angst vor der Wahrheit in eine Glaubensvorstellung rettet, in ein Bezugssystem, das ihm Sicherheit vor seinen eigenen Zweifeln verspricht. Deshalb ist er häufig autoritätsgläubig, dogmengläubig, systemgläubig. Es geht ihm keineswegs nur um spirituelle Dimensionen. Er ist vielmehr geneigt, alles zu glauben, was ihm überzeugend vorgetragen wird. Ein Spiritualist wird, ohne es zu ahnen, jeglicher Beteuerung von Sicherheit verfallen, ganz gleich, ob sie sich auf partnerschaftliche Liebe, auf finanzielle Abmachungen, auf eine glückliche Zukunft, auf Weissagungen, auf Angebote von Versicherungsgesellschaften, Freundschaftsangebote oder die Diagnose eines Arztes bezieht.

Der Spiritualist also ist leichtgläubig und naiv. Er glaubt, seine Gutgläubigkeit könne ihn schützen vor Enttäuschung. Er nimmt lieber in Kauf, auf alles mögliche hereinzufallen, als sein persönliches Absicherungssystem aufzugeben oder in Frage zu stellen. Aus diesem Grunde ist er auf Beteuerungen äußerst angewiesen. Er braucht Zusicherungen. Er will ja glauben. Er sehnt sich nach Versprechungen, die niemals gebrochen werden, weder von Gott und den Heiligen noch von den eigenen Eltern, noch vom Partner, noch von den Versicherungsgesellschaften. Wer immer bereit ist, ihm etwas zuzusichern, findet in ihm einen willfährigen Anhänger, einen Menschen, der große Erwartungen und Hoffnungen auf ihn richtet und ihm unablässig signalisiert, auf mancherlei Art und Weise: »Ich bitte dich, enttäusche mich nie, damit ich weiter an dich glauben kann!«

Da er jedoch trotz allem die Erfahrung macht, daß die Gelöbnisse der Menschen nicht zuverlässig sind, richtet er seine Glaubenshoffnung, sein Bedürfnis nach Gläubigkeit, auf eine Instanz, die er für zuverlässiger hält, weil sie über dem Menschen steht. Er glaubt an die liebende Zugewandtheit des Lebens oder seines Gottes, nicht weil er wahrhaft Vertrauen hätte, sondern weil er die Idee, die Vorstellung, das Gefühl, sich auf nichts verlassen zu können, einfach nicht ertragen kann.

Nun könnt ihr euch denken, daß wir unsererseits keineswegs die Existenz einer liebevoll zugewandten, den Menschen leitenden und schützenden Instanz leugnen. Wir wollen es nicht, und wir können es nicht, da wir uns von ihrem Sein überzeugt haben. Nicht daran also leidet der Spiritualist, daß es diese Instanz nicht gibt, sondern an seinem Wunsch, zu glauben. Er leidet darunter, daß er es vorzieht, gläubig zu sein, naiv zu bleiben, anstatt zu fragen, weil er mit einer Frage auch eine Antwort hören müßte. Und vor dieser Antwort fürchtet er sich. Der Spiritualist scheut das Risiko. Er vermeidet es, herauszufinden, ob dieser Schutz, diese Führung, diese All-Liebe wirklich existieren. Deshalb muß er glauben.

Das gilt jedoch nur für Zeiten, in denen die Angst über seine Fähigkeit, zu vertrauen, siegt. Wenn ein Mensch mit einer spiritualistischen Mentalität sich wohl fühlt, wenn er in seiner Liebe geborgen ist, fühlt er sich durchaus in der Lage, gewisse Risiken einzugehen, um zu erproben, ob die Brücke, die zwischen ihm und dem all-liebenden Geist liegt, auch ihn selbst trägt. Sein Wanderstab, der ihn an das Ufer wahrhaft inspirierter Geborgenheit trägt, ist der Wunsch und der Wille, das, was er glaubt, zu überprüfen, zu erfahren. Und Überprüfung ist nur möglich, wenn Fragen gestellt werden dürfen.

Solche Fragen sind nicht identisch mit den Zweifeln des Skeptikers. Der Spiritualist fragt nicht: »Kann ich dir wirklich vertrauen? Vielleicht sollte ich dir doch nicht vertrauen? Wer weiß, ob du meines Vertrauens würdig bist? Wer weiß, ob ich mir Illusionen mache?

Möglich, daß es gar nicht gut ist zu vertrauen?« Der Spiritualist muß auf andere Weise riskieren. Der Skeptiker bleibt vor der Brücke und zieht die Existenz der Brücke selbst in Zweifel. Dem Spiritualisten wird wohler, wenn er sich auf den Weg macht und erprobt, ob es die Brücke wirklich gibt, ob sie fest oder brüchig ist. Und indem er einen Schritt vor den anderen setzt in all seiner Angst, am anderen Ufer niemals anzukommen oder dort entdecken zu müssen, daß nichts und niemand auf ihn wartet, verschafft er sich Gewißheit.

Für den Spiritualisten gilt es, von seiner Gläubigkeit nach und nach Abschied zu nehmen und herauszufinden, ob das, was er glaubt, wirklich da ist, auch für ihn. Diese Verunsicherung kann ihm niemand abnehmen. Darin liegt sein Wachstum. Auch wenn er es vorziehen würde, die Angst vor der Wahrheit durch Gläubigkeit zu neutralisieren und damit seine eigene Wirklichkeit zu schaffen, wird er Fragen stellen müssen, um gültige Antworten zu erhalten. Nun bedeuten eine solche Verunsicherung, ein solches Risiko für ihn einen großen Schmerz, denn er hat seiner Gläubigkeit einen immensen Wert zugeschrieben, der ihn über die Masse der ungläubigen Zeitgenossen erhebt. Er stand, solange er gläubig war und keine Fragen stellte, auf einem Fels in der tosenden Brandung. Er war in Sicherheit, vergaß jedoch darüber, daß er auf diesem Fels ganz allein saß. Und wie ein Schiffbrüchiger, der sich soeben gerettet hat, noch nicht auf den Gedanken kommt, zu fragen, welches Schiff ihn von seinem Rettungsfelsen zurück zu den anderen Menschen bringen wird, ist auch der Spiritualist in Gefahr, zu vergessen, daß es noch Besseres gibt als seine Isolation.

Der Spiritualist, der sich auf den Weg des liebenden Risikos machen will, nimmt also Abschied vom Fels seiner Gläubigkeit und öffnet sich für eine neue, vertrauensvolle Frage. Diese Frage zweifelt nicht an der Möglichkeit von Hilfe, sondern lautet: »Bin ich bereit, mich tatsächlich einmal leiten zu lassen? Will ich die Hilfe, an die ich glaube, auch wirklich einmal in Anspruch nehmen, anstatt sie in der Reserve zu halten für den Tag, von dem ich hoffe, daß er nie eintritt, den Tag nämlich, an dem ich Hilfe brauche? Habe ich den Mut, herauszufinden, ob sie mir dann gewährt wird?« Dann erst kann er die für ihn so wichtigen Erfahrungen machen.

Die Mentalität des Spiritualisten steht archetypisch für das Energieprinzip des Priesters. Es trägt die Ordnungszahl 6. Und wenn ihr diese Mentalität mit eurer Vorstellung von der Rolle des Priesters verbindet, wird euch aufgehen, warum der Spiritualist so große Angst hat, eines Tages erkennen zu müssen, daß sein Glaube ihn getäuscht hat, daß er allein ist. Denn die Essenz des Priesters lebt in jedem Augenblick aus der Idee der göttlichen Führung, der Inspiration, der Verbindung mit dem Höheren, der Existenz einer allumfassenden Wahrheit. Und wenn eine Priesteressenz beginnt zu fragen, worauf sie sich eigentlich so blind vertrauend verläßt, sieht sie sich mit ihrem eigenen Mißtrauen – ein anderes Wort für die naive Gläubigkeit, es klingt nur anstößiger – so sehr konfrontiert, daß sie an ihrer Essenz selbst verzweifeln möchte. Die Haltung des liebenden Spiritualisten jedoch nähert die Seelenrolle des Priesters und jeder anderen Essenz, die sich für ein bestimmtes Leben der Mentalität des Spiritualisten verschrieben hat, der Wirklichkeit des Göttlichen oder Höheren an. Vertrauen und Überprüfung schließen einander nicht aus. Vertrauen ist ein Geschenk der Liebe, Gutgläubigkeit ein Ausdruck von Angst.

Blinder Glaube zerstört Vertrauen.

Die Wahrheit existiert. Sie ist zugänglich und scheut keinerlei Fragen. Alle Matrixelemente mit der Ordnungszahl 6 kennzeichnen Menschen, die fürchten, mit Fragen die Aura des Heiligen zu zerstören. Sie meinen, pietätlos zu wirken, wenn sie das Geglaubte überprüfen. Doch Wahrheit wird klarer und schöner, wenn ihr Antlitz von den Schleiern der Angst und von der Trübheit blind-ängstlicher Gläubigkeit befreit wird. Der Spiritualist wird Momente größter Glückseligkeit empfinden, wenn er sich getraut, Vertrauen zu riskieren und auf die Sicherheit seiner naiven Bereitschaft zur Gläubigkeit zu verzichten.

⑦ Der Realist

− mutmaßend ←————→ wahrnehmend +

Ebenso wie alle anderen Mentalitäten setzt sich auch der Realist mit Wahrheit und Wirklichkeit auseinander. Und er ist Realist, weil er Wahrheit und Wirklichkeit dort vermutet, wo er selbst sich gerade befindet. Wirklichkeit ist für ihn nicht in der Ferne, nicht über oder unter ihm, nicht innerhalb seiner selbst oder außerhalb von ihm. Er erlebt sich in einer vollkommenen Einbindung in das Reale. Daher ist er überzeugt davon, daß es nur eine einzige Dimension von Wirklichkeit gibt, und zwar diejenige, die er in ihren Zusammenhängen erkennen kann. Auch seine Umwelt betrachtet ihn deshalb als einen Realisten, weil zu spüren ist, daß er sich keinerlei Illusionen hingibt, daß er stets bemüht ist, Ereignisse, Erlebnisse, aber auch Wünsche und Pläne auf ihren Realitätsgehalt hin zu überprüfen.

Der Realist nimmt wahr, wo andere wünschen, zweifeln, glauben oder erdulden. Er nimmt wahr und erlangt in seiner Wahrnehmung eine Weite und Klarheit, die äußerst hilfreich sein kann bei der Bewältigung vieler Phänomene des Lebens. Doch eines nimmt der Realist nicht wahr: die Begrenzungen seiner eigenen Wahrnehmungsfähigkeit. Das führt dazu, daß er geneigt ist, anderen Mentalitäten ihr Wahrnehmungspotential abzusprechen. Er hält sie für Träumer, die zwar liebenswerte Eigenschaften besitzen, jedoch mit der Wirklichkeit nicht in Kontakt sind. Er nimmt nicht wahr, daß es außer der von ihm als real erkannten Ebene noch andere Wirklichkeiten gibt, die andere Sichtweisen erfordern als diejenigen, die er einbringen kann. Und noch ein zweites entgeht ihm häufig: Es ist für den Realisten schwierig, wahrzunehmen, wann seine Wahrnehmungsqualität ihre Klarheit und Reinheit verliert und zur Mutmaßung wird. Deshalb geschieht es häufig, daß er etwas Zutreffendes und Richtiges erkennt, jedoch diese Erkenntnis erweitert um einen schmückenden Kranz von Mußmaßungen, die keineswegs mehr dem entsprechen, was real ist.

Die Grenzen zwischen Wahrnehmungen und Mutmaßungen, zwischen realer Sicht und Unterstellung sind fließend, solange sie aus der Perspektive des Realisten betrachtet werden. Andere Mentalitäten jedoch spüren unmittelbar, wann die Grenze überschritten wird und der Realist anfängt, abzuleiten oder gar zu phantasieren. Da ein Mensch mit realistischer Mentalität so unabweisbar davon überzeugt ist, daß seine Weltsicht die einzig wahre und wirkliche ist, täuscht er sich selbst über das Ausmaß seiner Klarsicht hinweg. Er sieht dann mehr, als tatsächlich vorhanden ist – wir sagen nicht, er sieht etwas anderes –, er sieht mehr. Das bedeutet, daß er etwas Richtiges erfaßt hat und daraus im Überschwang seiner Erkenntnisfreude mehr macht, als es hergibt.

Dann beginnt er alles für wahr und wirklich zu halten, was er wahrnimmt, und es ist schwer, ihn davon wieder abzubringen, da er, wenn er in Angst und Not gerät, geneigt ist, die zu verachten, die die Wirklichkeit nicht so sehen wie er. Er hält sie für naiv oder überängstlich, für dumm oder eben unrealistisch, was aus seiner Perspektive einem Schimpfwort gleichkommt.

Ein Realist also hat die Schwierigkeit, andere Wahrnehmungsbereiche neben dem seinen gelten zu lassen. Doch ist auch seine Bemühung, Realität als solche zu erfassen und sich selbst als einen Teil dieser Wahrheit und Wirklichkeit zu begreifen, ausgesprochen real, und wenn er in Betracht zieht, daß seine Wahrnehmung durch Angst getrübt sein könnte, wird seine Sehweise wieder klar, und er erkennt Zusammenhänge, Kausalketten, Motivationen, Heuchelei, Illusionen und Lebenslügen schneller als jede andere Mentalität.

Der Realist hat eine große Sehnsucht nach Freiheit von falschen Vorstellungen. Alles, was falsch ist oder in seinen Ohren falsch klingt, bekümmert ihn, und er möchte es von seinem Leben fernhalten. Wenn er klar sieht und seine Wahrnehmungsfähigkeit von Liebe erfüllt ist, stellt er seinen Mitmenschen eine überaus wertvolle Hilfe zur Verfügung, und er selbst legt größten Wert auf Ehrlichkeit. Ehrlichkeit bedeutet für ihn, das Wirkliche vom Erträumten zu scheiden.

Wie der Skeptiker stellt auch er gerne die Frage: »Ist es wirklich so?« Doch spürt er dabei nicht den nagenden Zweifel, sondern einfach nichts als das Bedürfnis, die Wahrheit, die für ihn absolut vorhanden ist, aufzudecken. Der Skeptiker zweifelt letztendlich daran, ob es die Wahrheit überhaupt gibt, obgleich er Angst hat davor, eine negative Antwort zu erhalten. Der Realist zweifelt selten. Zweifel hat in seinem System wenig Raum. Er bemüht sich, das, was ist, so lange zu betrachten, bis er es erkannt hat. Dabei sucht er nicht Hilfe außerhalb seiner selbst, sondern er vertraut darauf, daß er alle Möglichkeiten in sich trägt, um mit der Wirklichkeit in einen unmittelbaren Kontakt zu treten.

Ein Realist stellt sich leicht über andere Mentalitäten, da seine Vorstellungskraft nicht ausreicht, um den Wert von Betrachtungsweisen zu schätzen, die von der seinen abweichen. Er kann sie einbeziehen als Aspekte von Realität, so wie er sagen kann: »Die Vielfalt hat ihren Platz in meiner Weltsicht.« Doch erscheint ihm die Haltung des Idealisten, Spiritualisten oder Stoikers wie eine exotische Beigabe, die ihre Berechtigung nur als Schmuck des Eigentlichen besitzt. Mit der Haltung des Skeptikers und der des Pragmatikers fühlt er sich verwandter, doch kann er oft nicht verstehen, warum der Skeptiker fragt, wo ihm selbst schon alles klar ist, und was der Pragmatiker meint, wenn er das, was er selbst als wirklich erkannt hat, noch auf seine Durchführbarkeit hin überprüfen will.

Dem Realisten geht es nicht darum, aus der Realität etwas zu machen. Es genügt ihm, sie zu betrachten und sich an ihr zu freuen. Ein Realist verfügt über eine lebhafte Phantasie, die dem Pragmatiker ein wenig unheimlich ist. Dem Realisten selbst ist seine Phantasie auch nicht ganz geheuer, da er ja ahnt, daß er geneigt ist, sie für real zu halten. Sehr schnell ordnet er die Produkte seiner Vorstellungskraft unter das Wirkliche ein. Er mutmaßt gerne in Zukunft und Vergangenheit und stellt dann wie durch einen unbemerkten Kurzschluß fest: »So ist es.« Wenn ein Gedanke, eine Begebenheit, eine Handlung für ihn selbst reale Aspekte entwickelt haben, sind sie für ihn wirklich, und diese Betrachtungsweise überträgt er auf sein Verständnis von Wahrheit. Deshalb ist er vollständig verwirrt, wenn er daran erinnert wird, daß der Ausgangspunkt seiner vermeintlich unverrückbar realistischen Haltung oder Betrachtungsweise ein Produkt seiner eigenen Phantasie gewesen ist.

Die realistische Mentalität ist archetypisch der Seelenrolle 7, der Essenz des Königs, zugeordnet. Ein König nun kann Realpolitik betreiben, oder er kann sich eine Welt kreieren – weil er ja mächtig ist –, in der er seine eigenen Vorstellungen und Gesetzmäßigkeiten walten läßt und darin eine geschlossene Systematik entwickelt. Wirklichkeit ist für den König entweder eine absolute Übertragung seiner Wahrnehmung oder das Ergebnis eines Konsensus. Er kann, wenn er in Liebe seine Welt betrachtet, die Wahrheit der Zusammenhänge und Äußerungen erkennen, vor allem die Angst seiner Untertanen, die sie dazu verleitet, etwas anderes zu sagen und zu tun, als sie denken. Hat jedoch der König selbst Angst und fürchtet er um sein Prestige und um seine Autorität, wird er die Lügen nicht mehr als solche erkennen und mutmaßen, daß es sich um Wahrheit handelt.

Es gibt noch eine weitere Variante von Realitätsbetrachtung. Das ist die Unterstellung unwahrer und unrealistischer Motivationen aus lauter Angst, mit dem eigenen Weltbild in Frage gestellt zu werden. Der archetypische König ist geneigt, seine eigene Betrachtungsweise absolut zu setzen und anderen ihre Erkenntnis abzusprechen oder sie lügenhaft zu schimpfen.

So hat ein Mensch mit der Mentalität des Realisten ein weites Betätigungsfeld, auf dem er die Klarheit seiner Wahrnehmung erproben kann. Ein Realist, der bereit ist, die eigene Klarsicht immer wieder in Frage zu stellen, sich sozusagen die Brillengläser sauber zu wischen und noch einmal und noch einmal hinzuschauen, wird einen unersetzlichen Beitrag zum Wohle des Ganzen leisten.

Wahrheit und Wirklichkeit, in Liebe erkannt, wirken befreiend, unterstützend und nährend. Die Manipulation von Wirklichkeit durch Unterstellung einer absolut gültigen Wahrheit, die andere Sichtweisen verleugnet und verachtet oder für ungültig erklärt, wirkt zerstörerisch und führt zu einer mentalen Erblindung, die ein Realist doch gerade vermeiden möchte.

Ebenso wie der Spiritualist setzt der Realist seine Hoffnung auf die konkrete Erfahrung. Doch ist er weniger besorgt, daß ihn die Berührung mit der Wirklichkeit tödlich enttäuschen könnte. Das, wovor sich der Realist am meisten fürchtet, ist das Unwirkliche. Alles, was er nicht greifen oder begreifen kann, ist ihm unheimlich. Er wehrt es von sich ab und läßt es nicht gelten. Dabei vergißt er, daß er selbst oft mehr sieht, als vorhanden ist. Doch sieht er nur auf der Ebene der Wahrnehmung, nicht aber auf der Ebene von Hoffnung, Zweifel, Glauben oder unhinterfragter Akzeptanz.

Ein Realist kann sich selbst sehr gut helfen, in Kontakt mit wirklicher Wirklichkeit zu bleiben, wenn er bereit ist, seine Sichtweise zu reinigen, indem er seine Wahrnehmungsfähigkeit erweitert durch die Betrachtung all jener positiven Wirkungsweisen, die die Pluspole der anderen Mentalitäten auf Mensch und Welt zeigen. Ein Realist hält sich für weitblickend und tolerant. Er kann es werden, sein und bleiben, wenn er sich nicht aus dem großen Gesamtgefüge menschlicher Wahrheiten ausschließt, indem er sich selbst für den einzigen hält, der sie erkennen kann.

VI
Das Zentrum und das Reaktionsmuster

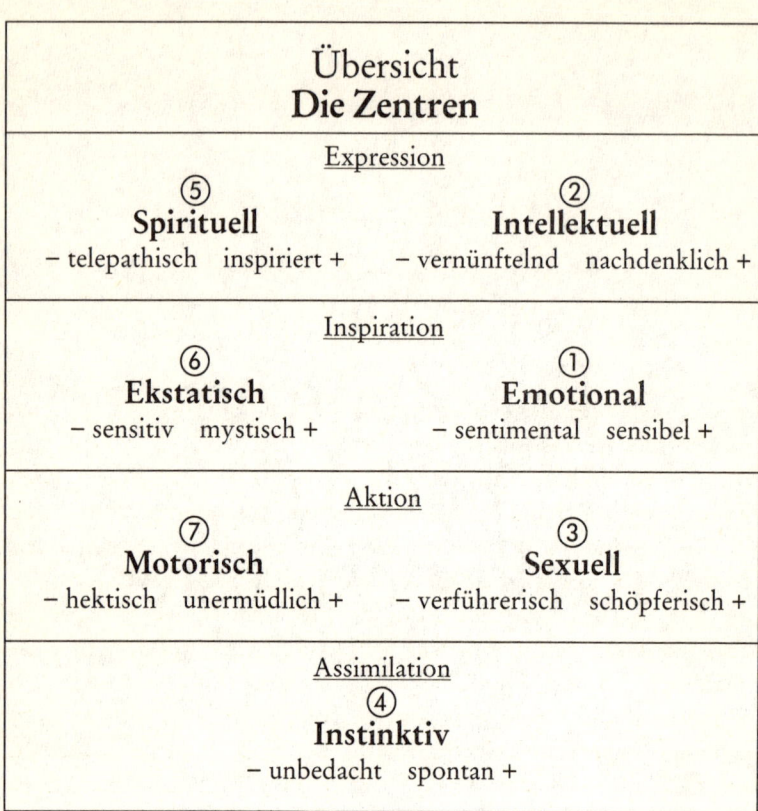

Übersicht
Die Zentren

Expression

⑤
Spirituell
– telepathisch inspiriert +

②
Intellektuell
– vernünftelnd nachdenklich +

Inspiration

⑥
Ekstatisch
– sensitiv mystisch +

①
Emotional
– sentimental sensibel +

Aktion

⑦
Motorisch
– hektisch unermüdlich +

③
Sexuell
– verführerisch schöpferisch +

Assimilation

④
Instinktiv
– unbedacht spontan +

Wichtig: Die Kombination von Zentrierung und Orientierung ergibt das **Reaktionsmuster**.

Über das Zentrum
und das Reaktionsmuster

Das Betonen eines Ortes, aus dem ein Mensch unmittelbar auf seine Umwelt, all das, was außerhalb ist, reagiert, der Ort also, wo das, was er ist, in Verbindung tritt mit dem wie er ist, beschreibt das Wort »Zentrierung«. Es handelt sich also in erster Linie bei der Zentrierung um eine Anbindung des Seelenmusters im eigentlichen Sinne an die Physis, an die körperliche Realität des Menschen. Es treffen sich hier zwei Ebenen: die energetische und die physische. Die beschriebenen Elemente lassen sich in gewisser Weise vergleichen mit den Energiezentren des Körpers, die »Chakras« genannt werden. Es handelt sich bei den genannten Orten jedoch nicht nur um Energiezentren, sondern auch um körperliche Lokalitäten, die bei dem einen oder anderen Menschen in verschiedenartiger Weise betont sind. So wie ein Chakra sich mit einer bestimmten Drüse in Beziehung setzen läßt, so ist das Zentrum oder der Ort, aus dem ein Mensch in erster Instanz reagiert, an einen bestimmten Ort in seinem Körper gebunden.

Mit »Reaktion« ist eine unmittelbare Antwort auf eine noch ungewohnte, neue oder auch Angst erregende Situation gemeint, eine Antwort, die der Mensch aus den Zentren heraus gibt, die bei ihm am allerbesten und am reibungslosesten funktionieren. Das kann eine Lokalisierung im Bereich des Kopfes sein, im Bereich der Brust oder im Bereich des unteren Leibes. Das Reaktionsmuster besteht aus einer Kombination von zwei Zentren, der »Zentrierung« und der »Orientierung«, in einem Verhältnis von etwa siebzig zu dreißig Prozent. So kann ein Mensch zum Beispiel intellektuell-emotional oder motorisch-emotional oder emotional-instinktiv reagieren. Die Zentren 5 und 6 haben keinen Anteil am Reaktionsmuster, werden jedoch in Situationen von starker Intensität aktiv, besonders bei Tiefenentspannung und extremem Streß.

In der Regel sind die Lokalisierungen der spontanen Reaktion auch in dem Radix-Horoskop auffindbar. Ihr werdet kaum einem Menschen begegnen, der emotional zentriert ist, aber das Element Wasser in seinem Horoskopbild vermissen läßt. Ebensowenig werdet ihr auf einen Menschen stoßen, der intellektuell reagiert, aber in seinem Geburtsbild nicht über das Element Luft verfügt. Die sexuelle und motorische Energie spiegelt sich in den meisten Fällen in einer erheblichen Betonung des Erdelements wider. Diese Analogien sind nicht in jedem Fall gültig, aber doch in den meisten.

Es gibt noch einen weiteren Aspekt, der in manchen Fällen Gültigkeit erlangt, und das ist der Aspekt der Kompensation. Wenn ein Mensch sich eine Zentrierung in den oberen Körperbereichen gewählt hat und daher sehr wenig geerdet ist, wird er sich zum Ausgleich manchmal als Gegengewicht um eine starke Erdung im Geburtshoroskop bemühen. Die Lokalisierung des Reaktionsmusters, wie es sich aus dem Hauptzentrum und dem sekundären Zentrum zusammensetzt, demjenigen Zentrum also, mit dem die unmittelbare Reaktion vollzogen wird und demjenigen Zentrum, mit dem dieser Reaktion Ausdruck verliehen wird, dieses Muster also hat die Funktion, die energetischen Vorgänge in körperliche Empfindungen umzusetzen und so dem Menschen eine besondere Form von Identitätsgefühl zu vermitteln.

Die Lokalisierung des Reaktionsmusters im Körper gibt dem Reagierenden die Vorstellung, daß er in seiner Stärke und in seinen besten Talenten gefordert ist, wenn ihm eine Situation begegnet, die zu bewältigen er aufgerufen ist. Die körperlichen Aspekte des Reaktionsmusters und damit seine Lokalisierung im Leib stehen auch in Verbindung mit den ursprünglichen Überlebensmechanismen, die vom Stammhirn ausgehen. Das Stammhirn steht in Verbindung mit allen endokrinen Drüsen und war ursprünglich dazu geeignet, auf unmittelbarste und schnellste Weise alle auftretenden Situationen zu bewältigen, indem es die adäquaten Körperzentren aktivierte.

Nun ist heute das Überleben der Menschen in der westlichen Welt nicht mehr häufig unmittelbar gefährdet, und so kann sich eine typengemäße Differenzierung herausbilden, die nicht mehr darauf angewiesen ist, daß alle Körperzellen gleichermaßen schnell funktionieren. So wurde eine Differenzierung des kulturellen Milieus hervorgebracht, denn nur die Ausrichtung der verschiedenen Körperzentren mit ihren deutlich unterschiedenen Energien läßt eine Vielfalt von Möglichkeiten entstehen, die darauf abgestellt ist, so unterschiedlich kreative Reaktionen wie künstlerische, philosophische oder heilende Impulse entstehen zu lassen.

Wir schlagen euch den Begriff »Reaktionsmuster« vor, um die Kombination der beiden jeweils sich ergänzenden Elemente von Zentrierung und Orientierung deutlich zu machen. Es mag sich als wichtiges Element in eurem Bewußtsein zusätzlich verankern, daß mit dem Reaktionsmuster eine Lokalisierung im Körper einhergeht. Noch einmal deutlicher als bisher sei gesagt, daß das Reaktionsmuster ursprünglich dem Überleben diente, in vielen Fällen inzwischen seine ursprüngliche Funktion verloren hat und dadurch für Aufgaben frei wurde, die das Ausdrucksvermögen eines Menschen in die Gesellschaft hineintragen.

Die Vielfalt eurer kulturellen Leistungen basiert vorwiegend auf der Unterschiedlichkeit und Differenzierung eurer Muster. Wenn ihr auf ein und dieselbe Situation nicht so extrem unterschiedlich reagieren würdet, wäre eine Deutung dieser Situation, im kulturellen Sinne eine Bewältigung, die beim einen emotional, beim anderen intellektuell, beim dritten motorisch, beim vierten instinktiv und so weiter vorgenommen wird, nicht möglich.

Es ist euch andererseits nicht selten unmöglich, die Zentrierung, die Muster der Reaktion eines anderen Menschen wirklich nachzuvollziehen. Ihr kommt da häufig an eure instinktiven Barrieren, die damit zusammenhängen, daß ihr auf Grund eurer evolutionären Geschichte überzeugt davon seid, daß nur euer eigenes Reaktionsmuster Überleben wirklich gewährleistet und daß alle anderen, die von euch abweichende Reaktionsmuster besitzen, sich weniger gut in dieser Welt behaupten können.

Da aber jeder von euch dies glaubt, scheint es uns inzwischen angemessen, auf diesen offensichtlichen Irrglauben mit einigem Humor zu reagieren. Es ist gar nicht nötig, daß jeder von euch jeden anderen so gut versteht, als ob er der andere sei; viel wichtiger und notwendiger ist es, zu erkennen und zu achten, daß jeder in seiner Art einzigartig ist und durch diese Einzigartigkeit eine fundamentale Berechtigung zur Existenz besitzt.

Die Zentren laden auch besonders ein, der Versuchung zu erliegen, das, was ihr nicht so gut könnt wie ein anderer, zu verachten und zu entwerten. Der Intellektuelle ist also leicht geneigt, den Emotionalen herabzusetzen; der Emotionale hingegen bildet sich viel ein auf seine Gefühle und straft den Intellektuellen mit Verachtung. Derjenige, der bewußt und lustvoll in seinem Körper lebt, beneidet vielleicht den Intellektuellen um seine Leistungen, aber er wird ihm auch das Gefühl vermitteln, daß er sich in Regionen bewegt, die im eigentlichen Sinne irreal sind. So fördern die Reaktionsmuster, wenn sie aus ihren negativen Polen heraus an die Außenwelt dringen, viel Mißverständnis und heimliche Herablassung, die wir gerne abgemildert sähen und die uns nicht nötig erscheinen, obwohl wir sie aus eurer Stammesgeschichte her begreifen.

Aber ihr habt euch in so vielen Bereichen eurer Existenz von den ursprünglichen Funktionen eures Seins fortentwickelt, daß es uns an der Zeit zu sein scheint, auch die negativen Pole der Reaktionsmuster mit einer gesunden Selbstkritik zu betrachten. Andererseits wird euch durch die Tatsache der körperlichen Anbindung verständlicher, warum ihr euch so stark mit euren eigenen Reaktionsmustern identifiziert und so selten die Reaktionsmuster der anderen wirklich achten könnt. Ihr identifiziert euch nach wie vor äußerst stark mit eurem Körper. Und immer da, wo ihr befürchten müßt, daß das Überleben dieses Körpers auch nur im geringsten bedroht ist, werden alle eure Abwehrmechanismen herausgefordert.

Das Reaktionsmuster dient wohl noch deutlicher als viele andere Elemente der Matrix der Selbstbeobachtung und dem wachsenden Selbstverständnis. Leichter als andere Elemente der Matrix könnt ihr es jeden Tag verstehend einordnen und überprüfen. Das Reaktionsmuster stellt in der Regel kein Problem dar. Ihr könnt euch sehr leicht als Wesen akzeptieren, die emotional oder intellektuell oder motorisch reagieren. Das Reaktionsmuster ist also leicht zugänglich für eine Selbstliebe, die damit beginnen kann, sich in der Weise zu akzeptieren, wie die spezifische und individuelle Lokalisierung des betonten Körperzentrums und Energiezentrums es verlangen.

Es ist dabei hilfreich, sich niemals den Vorwurf zu machen, daß man auf eine bestimmte Situation in eben dieser ureigensten Weise reagiert hat, daß es viel besser gewesen wäre, anders zu reagieren. Das wird nur die spontane Antwort behindern und wird euch verleiten, eine Maske aufzusetzen, die eure Unmittelbarkeit verzerrt und euch im letzten Sinne für andere unglaubwürdig macht. Steht also dazu, wie eure Reaktionsmuster in eurem Körper lokalisiert sind, achtet diese Lokalisierung, fördert sie, ohne den Eindruck zu gewinnen, daß ihr anders sein müßtet. Die Zentren und ihre Lokalisierung sind ein Geschenk, das eure Seele euch gemacht hat, indem sie eurem Leib dort eine besondere Betonung gab, wo sie sicher sein konnte, daß es ihr gelingen wird, ihr Anliegen am besten und am deutlichsten zu artikulieren.

Wir haben euch erklärt, daß die Zentren eine Verbindung herstellen zwischen den seelischen Energien der Matrix und eurer Körperlichkeit, die naturgemäß während einer Inkarnation eine besondere und besonders wichtige Rolle spielt. Zentrierung und Orientierung bilden das Reaktionsmuster. Die Zentren 1 bis 4 vermitteln euch an die Erde, an den Planeten und seine Bedingungen, die ihr für euren Weg gewählt habt. Sie stellen den Kontakt zum Irdischen und zu euren Mitmenschen her. Sie setzen euch entscheidende, wohltuende Grenzen, über die ihr in der Regel wie selbstverständlich verfügt und die ihr auch annehmen könnt, weil sie euch äußerst menschlich machen.

Die Zentren 5, 6 und 7 hingegen haben die Funktion, diese Grenzen nicht zu Mauern werden zu lassen, über die ihr nicht hinausblicken könnt, und die auch keinen Durchlaß besitzen. Das spirituelle, das ekstatische und auch das motorische Zentrum bewirken, wenn sie aktiviert und offen sind, eine Durchlässigkeit im Sinne einer Entgrenzung. Sie kann jedoch nicht ununterbrochen aufrechterhalten werden, ohne daß die notwendige Anbindung des Menschen an seinen Körper, an die Erde Schaden nimmt. Das motorische Zentrum 7, das im Gegensatz zu den Zentren 5 und 6 Bestandteil eines Reaktionsmusters sein kann, kann bei ausdauernder Bewegung diese Entgrenzung ebenso herbeiführen wie die Zentren 5 und 6 und läßt einen motorisch Zentrierten plötzliche, vorübergehende Bewußtseinsveränderungen erfahren, z.B. über einen Tanz, eine lange Wanderung oder sportliches Training.

Der Aufenthalt in den Pluspolen der beiden Zentren 5 und 6 führt nicht selten zu Schwäche und Erschöpfungszuständen, und als Nachhall kommt es oft zu psychischen Auflösungserscheinungen, die ihrerseits wieder äußerst sorgfältig verarbeitet oder verkraftet werden müssen. Körper und Geist sind nicht mehr vollständig in der Lage, für die Notwendigkeiten der Existenz zu sorgen, wenn diese Zentren arbeiten und die damit verbundenen Chakras offen sind. Ein weiterer wichtiger Grund ist, daß die Fähigkeit, diese Zentren im Minus- und im Pluspol immer wieder zu öffnen, damit verbunden ist, daß dabei eine natürliche Rhythmik von Anspannung und Entspannung eingehalten wird. Selbst ein außerordentlich sensitiver Mensch sollte nur in Ausnahmefällen mit diesen Fähigkeiten mehr als zwei Stunden am Tag arbeiten.

Es ist wichtig zu beachten, daß die Zentren 5 und 6 aus diesem entscheidenden Grund keinen Anteil an den allgemein verbreiteten Reaktionsmustern der Matrix haben. Zentrum 7 mit seinen Entgrenzungsmöglichkeiten ist etwas besser zu integrieren, und deshalb kann es Teil eines Reaktionsmusters, sowohl als Zentrierung wie auch als Orientierung, sein.

Somit stellen die Zentren 5 und 6, das spirituelle und das ekstatische Zentrum, eine Ausnahme dar. Und um ihre Funktion zu erläutern, möchten wir euch einen Einblick in ihre Gesetzmäßigkeiten geben. Entscheidend bleibt, daß jeder Mensch – unabhängig von dem gewählten für eine Einzelinkarnation gültigen Reaktionsmuster – Zugang erfahren kann sowohl zum spirituellen als auch zum ekstatischen Zentrum.

Wir möchten euch jedoch darauf hinweisen, daß die entgrenzenden Energiezentren in eurem Körper zwar jederzeit bereit sind, sich anrühren und öffnen zu lassen, daß ihr aber nichts Aktives dazu tun könnt. Ihr könnt es nur geschehen lassen. So wie es nicht möglich ist, einen meditativen Zustand aktiv herbeizuführen durch Technik oder Willenskraft, sondern lediglich die Umstände für eine solch besondere Qualität des Erlebens vorbereitend hergestellt werden können, so mögt ihr auch für die Öffnung der Zentren 5 und 6 nur vorbereitende Maßnahmen treffen. Das Eigentliche aber zu veranlassen ist nicht möglich. Es geschieht von selbst. Ihr könnt nicht bestimmen, wann sich eine Blüte öffnet. Ihr könnt aber dabeisein und abwarten. Ihr könnt sie in warmes Wasser stellen, ihr eine schützende Umgebung bereiten, sie vor Frost bewahren. Ebenso dürft ihr die für euch richtigen und passenden Bedingungen herstellen, unter denen ihr euch öffnen könnt. Doch ob euer Wunsch erfüllt wird, ist nicht sicher. Wenn es geschieht, ist es ein Geschenk, und dieses Geschenk läßt sich nicht fordern.

Wir können es euch so beschreiben, daß diese zwei Zentren in jedem von euch allzeit bereit sind, zusätzlich aktiviert zu werden, um eine inkarnierte Seele über ihre Begrenzungen zeitweilig, zumeist kurzzeitig, hinauszuführen, damit ihr ihre Verwandtschaft zu den außerirdischen Dimensionen und ihre Bande an die große Zahl von Seelengeschwistern oder alten Freunden aus vergangenen Existenzen nicht verlorengehen, sondern bewußt bleiben.

Diese beiden entgrenzenden Energiebereiche fordern das inkarnierte Einzelwesen dazu heraus, über sich selbst, den Alltag und das Naheliegende hinauszufühlen und hinauszudenken. Sie werden lediglich unter nicht alltäglichen Bedingungen aktiviert, in Situationen extremer Intensität, durch Anstrengung, starke Angst oder starke Freude, durch angenehmen oder unangenehmen Streß sowie durch ungewöhnlich große Entspannung. Und wenn sie einmal, bedingt durch die beschriebenen auslösenden Faktoren, zu arbeiten beginnen, ist häufig nicht nur das eine unter Ausschluß des anderen Zentrums funktionsfähig, sondern beide Bereiche, der spirituelle und der ekstatische, können sich berühren und vermischen, abwechselnd Impulse vermitteln und wie mit einer kräftigen Pendelbewegung sowohl den Pluspol als auch den Minuspol beider Zentren berühren.

Dennoch wird zu beobachten sein, daß abhängig von den Auslösern – aber auch abhängig von der Persönlichkeitsstruktur und entsprechenden Übungen, denen sich ein Mensch unterzogen hat – vorzugsweise das spirituelle oder aber das ekstatische Zentrum zu arbeiten beginnt. Die entsprechenden Drüsen, die Hypophyse und die Zirbeldrüse, sind, ähnlich wie es für die Thymusdrüse beobachtet wird, nicht bei allen Menschen in gleicher Weise entwickelt, und sie können, wenn sie nie oder nur höchst selten in dem von uns beschriebenen Sinne benutzt werden, auch nach und nach verkümmern.

Kinder, die für die scheinbar merkwürdigsten Inspirationen und Visionen noch zugänglich sind und auch durch schiere, ausgelassene Bewegung in außerordentliche Zustände geraten können, Kinder, die noch starke Emotionen und einen unverbildeten Wissensdrang besitzen, weisen in aller Regel auch Drüsen im Kopf auf, die noch flexibel sind und unverdrossen arbeiten. Doch so wie alles, was nicht benutzt wird, seinen Dienst im Körper einstellt, kann auch die Aufgabe der Zirbeldrüse und der Hypophyse ihrer eigentlichen Tätigkeit entfremdet werden.

Und wiederum ist es möglich, die schon fast verkümmerten Drüsen und ihre Funktionen zu aktivieren durch verstärkte Aufmerksamkeit, Energiezufuhr und Bereitschaft, das, was sie vermitteln können, zu wollen und zu schätzen. Wenn ihr also euch nicht fürchtet vor den mehr oder minder starken Zuständen außergewöhnlicher Bereitschaft, mit den Bereichen der Entgrenzung in Berührung zu kommen, könnt ihr die Fähigkeiten des 5. und 6. Zentrums schulen. Ihr könnt mit den unterschiedlichsten Methoden und Übungen, die alle Religionen entwickelt haben, die Möglichkeiten fördern, die auch diese Zentren bieten, und zurückfinden nicht nur zu den Zuständen von Inspiratio-

Entsprechung der Zentren, Chakren und Drüsen

Zentrum	Chakra	Drüse
1. Emotionales	4. Herz	Thymusdrüse
2. Intellektuelles	5. Kehle	Schilddrüse
3. Sexuelles	2. Nabel	Keimdrüsen
4. Instinktives	1. Basis (Sitzfläche)	Nebennieren
5. Spirituelles	6. Stirn	Hypophyse
6. Ekstatisches	7. Scheitel	Zirbeldrüse
7. Motorisches	3. Sonnengeflecht	Bauchspeicheldrüse

Chakra	Zentrum	Drüse
1. Basis (Sitzfläche)	4. Instinktives	Nebennieren
2. Nabel	3. Sexuelles	Keimdrüsen
3. Sonnengeflecht	7. Motorisches	Bauchspeicheldrüse
4. Herz	1. Emotionales	Thymusdrüse
5. Kehle	2. Intellektuelles	Schilddrüse
6. Stirn	5. Spirituelles	Hypophyse
7. Scheitel	6. Ekstatisches	Zirbeldrüse

nen und mystischer Vereinigung, die viele von euch aus der frühen Kindheit erinnern, sondern darüber hinaus zu den Bereichen eurer eigenen Göttlichkeit, die für euch gültig bleiben, auch wenn ihr Materie seid.

① Das emotionale Zentrum

– sentimental ◄──────────────► sensibel +

Alle Menschen haben Gefühle, Empfindungen, Emotionen. Doch nur ein Teil von ihnen ist emotional zentriert oder orientiert. Eine emotionale Zentrierung bedeutet, daß ein Mensch auf Geschehnisse oder auf andere Menschen in erster Linie und unmittelbar emotional und somit aus dem vierten Chakra (Herzchakra) heraus reagiert und damit sein Fühlen vor dem Handeln und vor dem Denken eine charakteristische, wenn auch individuell verschiedene Antwort gibt auf alles, was ihm widerfährt.

Es bedeutet auch, daß die mentalen Fähigkeiten oder die Bewegungen des Körpers erst einsetzen, wenn das Fühlen die Situation eingeordnet hat. So geschieht es, daß wenn ein freudiges oder ein bestürzendes Ereignis den emotional zentrierten Menschen betrifft, er sich zunächst einmal weder äußern noch bewegen wird. Er kann erst sprechen und seine Gedanken ordnen, wenn er gefühlt hat, und er bewegt sich erst, wenn seine Gefühle Ausdruck verlangen.

Emotional zentrierte Menschen sind gesprächig und lebhaft nur dann, wenn ihre Emotionen nicht in vollem Maße betroffen und aktiviert sind. Je stärker hingegen das emotionale Zentrum angesprochen wird, um so stummer reagiert ein solcher Mensch, und es mag sein, daß er wie festgenagelt oder erfroren erscheint, da seine Glieder sich erst lösen können, wenn die primäre Reaktion eingetreten ist. Allenfalls kann es zu unwillkürlichen Ausrufen oder heftigen instinktiven Gebärden kommen, Gebärden der Freude oder des Schreckens, die jedoch nicht zu verwechseln sind mit den Bewegungen jener Menschen, die primär motorisch reagieren. Es handelt sich vielmehr um ruckartige oder zuckende Gesten, die einer starken Emotion Ausdruck verleihen und sogleich wieder erstarren, ohne zu weiteren Bewegungen zu führen.

Der emotional Zentrierte verfügt über ein reiches, oftmals geheimes und noch öfter unbewußtes Innenleben, das er um so mehr behütet, je intensiver und stärker es ihn berührt. Zwei Grundtypen sind zu unterscheiden: Der Typus, der sein Fühlen nach außen ableiten kann durch Weinen, Lachen, Wüten. Er wirkt oftmals unbeherrscht auf Menschen, die intellektuell zentriert sind, doch ist er in mancher Hinsicht gelassener und freier als der zweite Typus, dessen Fühlen so intensiv, so überwältigend ist, daß er schwerlich damit gelockert umgehen kann, denn die Emotionen drohen ihn zu verschlingen oder zu ertränken; und deshalb ist er darauf bedacht, sie unter Kontrolle zu halten, um sich von ihnen nicht ständig beherrscht und bedroht zu fühlen.

Da er stets zuerst fühlt und dann denkt oder sich bewegt, braucht er Möglichkeiten des Rückzugs. Er kann und muß immer wieder allein sein, um die Fülle der Eindrücke zu verarbeiten, sonst leidet er bald an psychischen und physischen Verdauungsbeschwerden, denn ihm wird schnell etwas zuviel; und doch sucht er gleichzeitig jede Gelegenheit, um noch mehr zu fühlen, noch mehr zu empfinden und auf den Wogen seiner Emotionen zu reiten.

Die intellektuell Zentrierten empfindet er als kühl, wenn auch als bewundernswert vernünftig. Er fragt sie gerne um Rat und fühlt sich doch selten verstanden. Es fällt ihm schwer, emotionale Distanz zu ertragen und aufrechtzuerhalten, da er sich mit seinen Emotionen in einer Weise identifiziert, daß für ihn Leben und Fühlen gleichbedeutend sind.

Und trotzdem ist es für jeden Menschen mit einer emotionalen Zentrierung ein wichtiger und notwendiger Schritt in seinem Lernprozeß, diese Gleichung nicht aufrechtzuerhalten und von seinem Fühlen nicht alles zu erwarten, es nicht mit Forderungen zu überfrachten, die es nicht leisten kann. Deshalb ist es von wohltuender Wirkung, wenn es ihm gelingt, im Laufe seiner Lebensjahre zu seinen Emotionen – gerade auch denen der Vergangenheit – einen kleinen oder größeren Abstand zu gewinnen und sie nicht absolut zu setzen. Der eher temperamentvolle, nach außen gewandte emotionale Typus findet sich oft unter der Seelenrolle des Weisen, während der stille, verschlossene, schüchterne sich nicht selten der Rolle des Helfers zuordnet, der das emotionale Zentrum mit der Ordnungszahl 1 ja archetypisch auch angehört.

Beide sind warmherzig und verfügen über eine Ausstrahlung, die andere nicht nur einlädt, ihren eigenen Emotionen ein wenig näherzukommen, sondern sie auch lehrt, wie gut es tut, mit spontanem Verzeihen und unmittelbarem, durch keinerlei Argumente überlagertem Verständnis in Berührung zu kommen. Denn der emotional zentrierte Mensch versteht es, große Nähe herzustellen und aufrechtzuerhalten, auch wenn sie ihm oft Angst bereitet. Er ist auf sie angewiesen, und die Intimität mit einem anderen Menschen bedeutet ihm viel. Er versteht, ohne Gründe dafür finden zu müssen. Sein Begreifen, sein Erfassen eines anderen, ist rasch und direkt, und diese Fähigkeit verleiht ihm eine Sicherheit, die auf sein Gegenüber zurückstrahlt. Aber ebenso stark können seine Ablehnung, sein Vorurteil, sein Widerwille sein, wenn er sich angegriffen fühlt, wenn seine Empfindlichkeiten berührt werden und seine Angst aktiviert ist. Dann reagiert er genauso unmittelbar, ohne sich Rechenschaft darüber abzulegen und ohne seine Ablehnung mental zu überprüfen, und er ist ein erbitterter Feind, ganz wie er ein warmherziger, verzeihender Freund sein kann.

Grundsätzlich sucht ein emotional zentrierter Mensch mehr die Zärtlichkeit und das Verstehen als eine Sexualität, die ihren eigenen Zweck erfüllt. Für ihn wird die Nähe, die sich aus einer sexuellen Umarmung ergeben kann, stets wichtiger sein als die Aktivität selbst. Jede Berührung, jedes ineinander Eindringen ist in erster Linie dazu angetan, eher seine Emotionen zu wecken, ihn in Hoffnungen, Träumen, Erinnerungen und anderen Bildern schwelgen zu lassen, als seine elementare Lust zu befriedigen. Seine Herzenssehnsucht, den Partner zu erreichen und von ihm erreicht zu werden, um sich nie wieder von ihm trennen zu müssen, steht im Vordergrund seiner Lustempfindungen. Nur emotional zentrierte oder orientierte Menschen kennen diese extremen Bedürfnisse nach romantischer Herzensbindung und Ewigkeit, nach Verschmelzung und Einheit. Deshalb sind sie in ihren Gefühlen um so leichter verletzt, wenn sie feststellen müssen, daß nicht jeder Partner diese Sehnsucht teilt.

Obgleich der emotional zentrierte Mensch unmittelbar verstehen kann und gefühlsmäßig Zugang zu seinen Mitmenschen findet, fehlt ihm doch auf der anderen Seite ein einfühlendes Verständnis für jene, die ganz anders fühlen als er. Er ist schnell verwirrt, seine Fähigkeiten reichen oft nicht aus, um sich in einen anderen hineinzuversetzen, da er nicht neutral genug ist und keinen Abstand einhält. Dann setzt bald, bedingt durch das mangelnde unmittelbare Verständnis, Ablehnung ein, die jedoch als aktive Ablehnung durch den anderen empfunden und als Verletzung registriert wird.

Ein emotional zentrierter, zusätzlich *intellektuell orientierter* Mensch wird es mit seinem Reaktionsmuster leichter haben, sein Fühlen mit der äußeren Wirklichkeit in Übereinstimmung zu bringen. Er wirkt weniger unmittelbar und kontrollierter als der emotional zentrierte und zugleich *motorisch orientierte* Typus, der sehr stark in die Äußerung seiner Emotionen verfällt, ihnen mit heftigen Bewegungen Ausdruck verleihen muß, mit Sport, intensiver Gestik, lebhaften Grimassen. Die intellektuelle Orientierung läßt den Emotionalen zurückhaltender wirken, verführt ihn jedoch auch dazu, seine Emotionen zu leugnen und um so mehr zu verdrängen, je stärker und verletzender sie ihn betroffen machen.

Zentrierung – das sollte an dieser Stelle gesagt werden – hat nichts mit Intelligenz zu tun. Damit ist festgestellt, daß ein emotional Zentrierter, ganz gleich, ob er motorisch oder intellektuell orientiert ist, über eine ebenso hohe Intelligenz verfügen kann wie ein primär intellektuell Zentrierter. Doch wird sich diese Intelligenz anders äußern – nicht in erster Linie in intellektuellen Bereichen, sondern in all jenen, die ein feines und unmittelbares Gespür voraussetzen.

Emotional Zentrierte nehmen sich alles zu Herzen, das Freudige und das Leidvolle, und deshalb sind auch sie es mehr als andere, die unter Herz- und Kreislaufkrankheiten leiden, Beschwerden, die auf die starken Stimmungsschwankungen und die damit verbundenen unregelmäßigen Pulsationen des Organismus zurückzuführen sind.

Auch die Lunge ist oft in Mitleidenschaft gezogen, da Emotionen und Atmung unmittelbar miteinander zusammenhängen und der stille Typus seine Atmung verflacht oder anhält, um nicht von seinem Fühlen überwältigt zu werden. Dem emotionalen Zentrum ist die Thymusdrüse zugeordnet.

Die Verbindung von emotionaler Zentrierung und *sexueller Orientierung* im persönlichen Reaktionsmuster verlagert die Emotionen auf einen höchst schöpferisch-kreativen Sektor, der von einer großen Kinderliebe bis hin zu der Züchtung neuer Pflanzen reichen kann, von der Komposition gewaltig anrührender Musik bis hin zur Neugestaltung ganzer Landschaften. Obgleich der emotional Zentrierte in erster Linie auf Nähe und Verschmelzung bedacht ist, fördert doch eine sexuelle Orientierung das unmittelbare Erleben körperlicher, sinnlicher Empfindungen ohne die Überbetonung der romantischen Komponente, so daß eine erhebliche erotische Aktivität zu einer Erdung führen kann, die dem emotional-intellektuellen Menschen in dem Maße abhanden kommt, je stärker er sich mit seiner Vernunft aus der Bedrohlichkeit seiner emotionalen Anteile befreien möchte.

Der *emotional-instinktive* Mensch ist der direkteste und spontanste von allen. Doch fällt es ihm am schwersten, eine Distanz zu seinen Empfindungen einzunehmen. Er ist höchst impulsiv in seinen Gefühlsreaktionen und bereut dann nicht selten die Schnelligkeit seiner Äußerungen und Handlungen. Andererseits verfügt er auch über die größte instinktive Menschenkenntnis, über eine emotionale Intuition, die sich elementar äußert – elementar in dem Sinne, daß es ihn ohne Wenn und Aber hinzieht zu allem, was positiv und angenehm zu sein verspricht, und mit ebenso deutlichen Signalen abhält von allem, was gefahrvoll sein könnte.

Emotional Zentrierte lieben stark und hassen stark. Sie können kaum verstehen, wie andere so leichtherzig über Liebe und Haß sprechen können, und noch weniger ist ihnen begreiflich, wie es Menschen geben kann, die mit vernünftigen Argumenten vor sich selbst und vor anderen ihre Emotionen im Zaum halten können. Doch kennen sie selbst auch zur Genüge Verfahren und psychische Techniken, um ihre Gefühle nicht zu fühlen, wenn es ihnen aus diesem oder jenem Grund nicht opportun oder allzu gefährlich erscheint.

Die oft chaotische, im besten Sinne ungeordnete Empfindungsfähigkeit dieses emotionalen Menschentypus versetzt ihn in die Lage, das Leben in seiner ganzen ungeordneten Fülle zu empfangen. Er sieht und erkennt Zusammenhänge, die sich außerhalb der logischen Systeme ergeben, und er ist zugänglich für die Schönheit und die Faszination des Urtümlichen, Unmittelbaren und Widersprüchlichen.

Das Herzchakra ist bei emotionalen Menschen ganz besonders aktiv im Offen- und Verschlossensein. Oft fällt eine Verbreiterung des Brustkorbs auf, eine Vollbusigkeit bei Frauen oder eine breite Brust mit kräftigen Armen selbst bei zierlichen Männern – ein Ausdruck ihres Wunsches, alle Welt in ihr Herz zu schließen und das Universum in seiner chaotischen Fülle zu umarmen.

Die überaus hohe Sensibilität des emotional zentrierten Menschen macht ihn ebenso empfänglich wie verletzlich. Sie schenkt ihm die beglückendsten Augenblicke von Offenheit, wenn er gelernt hat, seinen Emotionen nicht nur zu vertrauen, sondern sie auch zuzulassen und zu äußern. Wenn ein emotionaler Mensch sich vor seinen Gefühlen fürchtet und nicht wagt, sie ungefiltert zu empfinden, verfällt er leicht in Sentimentalität. Er verfälscht das Gefühlte und überdeckt es mit allerlei schützenden Hüllen, die aus moralisierenden, religiösen, romantischen Versatzstücken komponiert sind, die das große Bedürfnis, stets auf den Wogen intensiver Gefühle zu schweben, befriedigen. Die unmittelbare Identifikation von Fühlen mit Lebendigsein verleitet ihn, Erregendes überall zu suchen und sich vom Augenblick abzuwenden, um mit seinen Sehnsüchten in der Vergangenheit und in der fernen Zukunft zu schwelgen.

② Das intellektuelle Zentrum

– vernünftelnd ←——————→ nachdenklich +

Wenn bei einem Menschen die obere Region des Körpers – der Kopf, die Sprechwerkzeuge, das Gehirn, die Augen, Ohren und der Hals – besonders stark von Energie erfüllt sind, sprechen wir von einer intellektuellen Zentrierung. Diese Zentrierung bedeutet nicht, daß ein Mensch nicht gut fühlen kann; sie beschreibt lediglich eine Verschiebung der Akzente. Ausdruckskraft und schöpferische Fähigkeit sind verlagert auf intellektuelle Bereiche. Sie manifestieren sich vorwiegend in den Produkten des Denkens und mit den Werkzeugen der Sprache. Das intellektuelle Zentrum entspricht dem Halschakra und steht in Verbindung mit der Schilddrüse. Das Stirnchakra hingegen betrifft das 5. oder spirituelle Zentrum, die Fähigkeiten des Dritten Auges, jedoch wird es in seiner vollen Ausdruckskraft nicht von jedem und nicht in alltäglichen Situationen genutzt.

Intellektuell zentrierte Menschen haben Lust am Denken, am Nachdenken, am Argumentieren und Diskutieren. Sie freuen sich über jede neue Idee, die sie aufgreifen, selbst produzieren oder auch sezieren können. Sie verspüren ein exquisites Vergnügen, wenn sie sich daranmachen, Gedankengebäude zu errichten oder einzureißen, Zusammenhänge herzustellen oder genau zu analysieren. Sie sind beweglich im Geiste. Und sie haben Interesse, die Welt zu verstehen und die Botschaften des Seienden zu entziffern in einer Weise, die ihnen die Befriedigung vermittelt, sie nicht nur verstanden zu haben, sondern auch in Gedanken und Worte fassen zu können.

Während der emotional zentrierte Mensch oft Schwierigkeiten hat, sich auszudrücken und diese Schwierigkeiten um so größer werden, je stärker er sich in seiner Gefühlstiefe betroffen fühlt, ist es dem intellektuellen Menschen ein Leichtes, das, was er begriffen hat, nach außen zu bringen, darüber zu sprechen, es zu vermitteln und dadurch seine Mitmenschen anzuregen, mit ihm zu denken, seine oft erstaunlichen Gedankenverbindungen nachzuvollziehen.

Gewiß will der intellektuell Zentrierte meistens für seine Brillanz bewundert werden. Aber es gibt auch hier einen Typus, der seine Gedanken für sich behält oder zu viel denkt und sich nicht traut, die Ergebnisse seiner Analyse von sich zu geben, so daß sie sich einer Überprüfung stellen müßten.

Intellektuelle im Sinne einer Körperzentrierung haben für alles und jedes gute Gründe zu bieten. Kausale Ketten von angeblich eindeutigen Ursachen und Wirkungen scheinen sie zu beruhigen, und sie bemerken selten – meistens erst im nachhinein –, daß sie sich damit etwas vorgemacht oder vorgestellt haben, um ihre Angst vor dem Unlogischen, dem Chaotischen vernünftelnd zu bewältigen. Sie spüren auch, ohne es recht begreifen zu können, daß sie an ihrer eigenen menschlichen Wirklichkeit vorbeiargumentiert haben. Sie sind stets bestrebt, ihre eigenen Empfindungen und Gefühle zu rationalisieren oder durch »vernünftige« Maßnahmen zu neutralisieren. Sie suchen für alle Schmerzen des Körpers und der Psyche eindeutige, einsichtige Argumente und Erklärungen. Das scheint sie zu beschwichtigen, und dennoch bleibt ein Rest von Unruhe, der sie verwirrt, weil sie spüren, daß sie ihm in Wahrheit mit ihrer Vernünftelei nicht beikommen können.

Der intellektuell zentrierte Mensch braucht viel Zeit zum Nachdenken. Diese Zeit kann er allein oder mit anderen verbringen. Wenn er sich zurückzieht, um seine Gedanken zu ordnen, bereitet er sich in der Stille darauf vor, seine Ergebnisse zu präsentieren und dann in die Tat umzusetzen. Oft jedoch ist es für ihn ebenso befriedigend, im Austausch, im Dialog, in der Diskussion mit anderen die Anregungen zu empfangen, die seine Gedanken erfrischen, sie mit neuen Impulsen versehen und schärfen, so daß er die Bereicherung, die er durch den Austausch erfährt, wiederum verwenden kann, um sich in der Stille zu nähren und seine Ideen mit denen der anderen zu vergleichen oder sie zu integrieren.

Wenn er keine Zeit findet oder sich keine Zeit nimmt, um nachzudenken, ist er häufig gezwungen, seine Fähigkeit in einer Weise zu schulen, daß er blitzschnell überlegen kann; seine natürliche Nachdenklichkeit wandelt sich dann zu einer angstvollen intellektuellen Getriebenheit mit dem Ziel, möglichst schnell zu einem Ergebnis zu kommen, um Fehler zu vermeiden und somit Angst zu dämpfen. Seine Nachdenklichkeit, die Ausdruck seiner höchsten Bereitschaft ist, sich selbst und die Welt zu lieben, kommt zu kurz. Dennoch glauben viele intellektuell Zentrierte, daß in der Schnelligkeit, mit der sie ihre Gedanken ordnen, die Zusammenhänge erfassen und Entscheidungen treffen, ihre größte Stärke liegt und höchste Brillanz sichtbar wird.

Wir deuteten bereits an, daß manche dieser Intellektuellen – seien sie nun gebildet oder nicht – sich eines übermäßig angestrengten Nachdenkens befleißigen. Das bedeutet auch, daß ihnen Logik und Vernunft als höchstes Gut erscheinen und sie sehr unruhig und unsicher werden, wenn sie an die Grenzen ihrer logischen Analyse stoßen. Dennoch – und um so mehr, je ängstlicher und unruhiger sie dabei werden – beharren sie auf der Allgültigkeit logischer Ideenfolgen und Gedankenzusammenhänge, so daß sie sich zunehmend verwehren, alogische Systeme in ihre Überlegungen mit einzubeziehen oder, was darüber hinausgeht, dem chaotischen Fühlen sein Recht einzuräumen. Sie halten sich fest an den vermeintlichen Regeln der Vernunft. Sie erheben die Ratio zu ihrer Gottheit, halten sie für das Maß aller Dinge und schreiben ihr eine Heilkraft zu, über die Menschen mit nichtintellektueller Zentrierung nur den Kopf schütteln können.

Die zwei Hemisphären des Gehirns sind beim intellektuell Zentrierten nicht gleichmäßig aktiv; die linke Hälfte arbeitet stärker, während die rechte Hälfte bei denen, die emotional zentriert sind, besser arbeitet und stärker durchblutet ist. Das intuitive Zentrum in der Mitte zwischen den Brauen ist beiden gleich zugänglich, doch richten sich seine Erkenntnisstrahlen einmal mehr auf die Klarheit der Gedanken, ein andermal mehr auf die Integration von Gefühlen.

So ist es vornehmlich das Halschakra, das den intellektuell Zentrierten zur Verfügung steht. Es regelt das Aufnehmen und Abgeben von Informationen, das Verarbeiten von Eindrücken und die Klärung und Ordnung der empfangenen Kenntnisse, die durch Sprache als Ausdruck von Denken vermittelt werden.

Und da diese Bereiche häufig übermäßig stark in Anspruch genommen sind und um so mehr strapaziert werden, als die Angst eines intellektuell Zentrierten, nicht zu verstehen und sich nicht verständlich machen zu können, anwächst, liegen auch hier die Möglichkeiten physischer Schwächung am deutlichsten zutage: Erkrankungen der Ohren, der Sprechwerkzeuge, Verspannungen der Nackenwirbel, Sehstörungen, Kopfschmerzen und Veränderungen im Gehirn sowie Beschwerden im Bereich von Riechen und Schmecken haben häufig ihre Ursache in einer Überbetonung mentaler Energien als Vernünftelei und in der Vorstellung, daß die Kräfte des Verstandes in erster Linie oder ausschließlich dazu vorhanden sind, die Probleme des Lebens zu lösen und das Menschsein zu bewältigen, ohne darauf Rücksicht zu nehmen, daß Menschsein mehr bedeutet, als denken zu können und leichtverständliche Erklärungen für die Geheimnisse des Lebens zu finden.

Der intellektuelle Mensch fürchtet sich heimlich vor dem vollen Gebrauch seiner Sinne. Er benutzt sie vorwiegend, um seine Gedanken in Ordnung zu halten und sich zu vergewissern und abzusichern, daß er seine Welt noch gedanklich im Griff hat und daß nichts passiert, das er nicht vernünftig einordnen und regeln kann. Dadurch beschneidet er sich ihnen die Möglichkeit, die Welt in ihrer Fülle und Gesamtheit wahrzunehmen, und er vergißt, daß Wahrnehmung mehr als intellektuelle Einordnung und geistiges Verstehen bedeutet.

Um den Unterschied des Reaktionsmusters zwischen einem intellektuell Zentrierten und zugleich *emotional orientierten* Menschen und einem emotional zentrierten, aber intellektuell orientierten zu begreifen, ist es gut, sich vorzustellen, daß die Anteile in einem Beziehungsverhältnis von siebzig zu dreißig stehen.

Dann wird es leichter, zu erkennen, daß ein intellektuell Zentrierter mit emotionalen Anteilen zunächst auf alles, was ihm begegnet, mit Nachdenken reagiert und erst anschließend seine dazugehörigen Gefühle betrachtet oder überhaupt registriert, während es für den anderen Menschentypus umgekehrt ist. Er reagiert zunächst emotional und versucht erst hinterher, zu klären und zu verstehen, warum er so reagiert hat. Nachdenken und Analyse setzen erst ein, wenn die Gefühle sich bewegt haben, während der Intellektuelle anfängt zu fühlen, wenn seine Gedanken und sein fieberhafter Versuch, alles einzuordnen und zu verstehen, zur Ruhe gekommen sind.

Der Intellektuelle mit emotionaler Orientierung fühlt dann am besten, wenn er sich in den gedanklich freieren Phasen befindet, zum Beispiel vor dem Einschlafen, nach dem Aufwachen, während motorischer Tätigkeiten oder beim Hören von Musik. Auch ist es ihm leicht zu fühlen, wenn er sich lesend mit den Gefühlen anderer vergleicht oder identifiziert.

Ein intellektueller Mensch, der zur Ergänzung eine *motorische Orientierung* gewählt hat, neigt dazu, nach starken und gleichmäßigen Bewegungen zu verlangen, um seine Gedanken in die rechte Bahn zu lenken und sie zu ordnen. Er kann am besten sinnieren, räsonieren, schlußfolgern, wenn er auf und ab geht, wandert, reist, Sport treibt oder auch Haushaltsarbeiten verrichtet. Viele Frauen können zum Beispiel beim Staubsaugen oder Bügeln zu den besten Ergebnissen ihres Nachdenkens gelangen. Sie würden unruhig, wenn sie sich zum Nachdenken still hinsetzen müßten. Und ähnlich geht es anderen beim Autofahren. Das motorische Zentrum verlangt Bewegung nicht nur im körperlich aktiven, sondern auch im passiven Sinne als Bewegtwerden. Am besten geeignet für einen Menschen, der ein intellektuell-motorisches Reaktionsmuster hat, sind Sportarten, die gleichmäßige Bewegung voraussetzen, zum Beispiel Radfahren, Wandern oder Rudern, während Tanzen eher für emotional-motorische Menschen geeignet ist.

Wer *intellektuell-sexuell* reagiert, setzt seine Gedanken mit Vorliebe ein, um etwas Neues zu erschaffen, um das Unerhörte, das bislang Ungedachte hervorzubringen. Er ist auf den von ihm erwählten Gebieten schöpferisch tätig in dem Sinne, daß er unbekannte oder gar revolutionäre Ideen mit einer großen Vitalität im Durchsetzen verbindet, und oft ist ein solcher Intellektueller auch sexuell besonders aktiv, nicht weil ihm so sehr an der körperlichen Begegnung liegt, sondern weil die Anspannung zuvor und die Entspannung danach für ihn besonders kreative Phasen sind, in denen er spürt, wie Neues in ihm spielerisch wächst und daß er es nur noch in fest umrissene, klare Gedanken fassen muß.

Der *intellektuell-instinktive* Typus ist ein kluger oder schlauer Mensch, der kein Interesse an komplexen Gedankengängen hat, wohl aber daran, seine Gedanken und Ideen für Handel und Gewinn einzusetzen. Sein Denken, Sinnen und Trachten ist auf alle Bereiche der Materie orientiert. Er überlegt, wie er zu Bequemlichkeit, Ruhm und Wohlstand gelangen kann und da seine Gedanken stets um die bestmöglichen Methoden kreisen, um das Gewünschte zu erreichen, gelingt es ihm auch meistens – sofern nicht die Umstände des Kollektivs ihn daran hindern –, nicht nur besser als andere zu überleben, sondern auch den günstigsten Handel abzuschließen, ganz gleich, unter welchen Umständen. Er erfaßt unmittelbar, was der Markt verlangt, was die Mitmenschen brauchen und wollen, und er hat viele kluge Ideen, um sie damit zu versorgen.

Wenn ein intellektuell zentrierter Mensch sich mit Bereichen befaßt, die seine Angst nicht berühren, sondern seine Liebesfähigkeit aktivieren, kann er mit den Flügeln seines Geistes in die höchsten Regionen der Welt- und Selbstbetrachtung fliegen. Er hat im wahrsten Sinne einen philosophischen Zugang zum Universum, denn er ist ein Freund von Wissen und Weisheit. Er kann das Zusammenspiel aller Erscheinungsformen nicht nur erforschen, sondern auch erkennen und beschreiben, soweit sie der Spezies Mensch überhaupt zugänglich sind.

Er ist großartig im Klären und Erläutern, in der sauberen, systematischen Analyse, und er läßt sich nicht leicht täuschen, wenn es gilt, Wunschvorstellungen, Phantasien, Ideologien oder geschlossene Glaubenssysteme zu unterscheiden von einer kritischen, auf eigenem Denken und Überprüfen beruhenden Beurteilung der erkennbaren Faktoren. Seine Kritikfähigkeit erlaubt ihm, bereits Gedachtes auf seinen Wahrheitsgehalt zu überprüfen und gegebenenfalls festzustellen, daß es überholt, begrenzt oder von Glaubensvorstellungen geprägt ist. Den emotionalen Menschen kümmert dies wenig. Der Intellektuelle hingegen ist tief bekümmert, wenn er durch eigenes Nachdenken erkennen muß, daß er sich getäuscht hat, aber er zieht die Enttäuschung einer Haltung vor, die sich auf einmal festgelegte Ergebnisse von Gedachtem verläßt.

Sein Geist ist rege, er ist ein lebhafter und anteilnehmender Beobachter. Diese Komponente seines Wesens befähigt ihn auch, in einer Weise zu meditieren, die die Bewegungen seines Denkens betrachtet. Obgleich es ihm schwerfällt nicht zu denken, gelingt es ihm doch häufig, einen Abstand zu seinem Denken zu gewinnen und über das Denken nachzudenken, manchmal sogar seine Begrenzungen zu erfassen. Und oft sehnt er sich danach, nur noch zu fühlen, während der emotional Zentrierte vom Sturm seiner Gefühle erlöst werden möchte und den Intellektuellen um die Klarheit seiner Sichtweise beneidet.

Ein Mensch mit intellektueller Zentrierung stellt viele Fragen. Er ist neugierig, möchte begreifen und in die Geheimnisse des Lebens eindringen, indem er über sie nachdenkt. Er sucht die Zusammenhänge von Welt und Gott, von Mensch und Kosmos zu durchdringen, indem er sie in das Gefäß eines philosophischen Systems oder einer Weltanschauung umleitet, um sie zu sammeln und betrachten zu können. Die Schärfe seines Blicks, die Unbestechlichkeit seines Urteils und sein Wunsch nach intellektueller Redlichkeit machen ihn zu einem Zeitgenossen, der seinen Mitmenschen helfen kann, sich nicht den Illusionen hinzugeben, die eine sentimentale Emotionalität, eine hektische Betriebsamkeit oder eine unbedachte Handlungsweise sowie die Verführungen des Alltags nach sich ziehen können.

Sofern ein intellektuell Zentrierter seine Erkenntnisfähigkeit, seine Nachdenklichkeit auf das positive Wünschen und Wollen richtet und er der Liebe in seinen Gedanken den ihr gebührenden Platz einräumt, ist er nicht in Gefahr, seine geschärfte Denkfähigkeit gegen sich selbst und seine Mitmenschen einzusetzen, indem er alles zu rechtfertigen weiß. Wenn er hingegen vernünftelt, ist er oft eklatant unglücklich. Wer ihm nahesteht, kann ihm helfen, zu seiner Klarheit zurückzufinden, indem er ihn behutsam darauf aufmerksam macht, daß der Verstand nicht in der Lage ist, alles zu verstehen.

③ Das sexuelle Zentrum

– verführerisch ◆━━━━━━━━━━➤ schöpferisch +

Obgleich fast jeder Körper Keimdrüsen besitzt, die funktionsfähig sind oder funktionsfähig waren, und obwohl nahezu alle Menschen sich in der einen oder anderen Weise geschlechtlich betätigen, ist doch nur ein anteilmäßig geringer Prozentsatz von Menschen sexuell zentriert. Das sagen wir gleich zu Anfang unserer Ausführungen, um klarzustellen, daß eine sexuelle Zentrierung, das heißt eine Betonung des Reaktionsmusters auf dem Zentrum der Aktionspolarität, nicht dasselbe ist wie sexuelle Aktivität.

Fast jeder ist zeugungsfähig oder ist es gewesen, und dennoch sind sich die wenigsten Menschen bewußt, welche Kraft in einer sexuellen Betonung oder Zentrierung liegen kann, eine Kraft, die handlungsfähig und dynamisch macht, eine Kraft, die auf einer ganz elementaren Ebene kreativ ist, eine Kraft, die unerhört Neues hervorbringen kann, wenn das Zentrum bewußt aktiviert und genutzt wird. Doch wie die meisten anderen Zentren wird auch dieses Zentrum in der Regel, wenn es geöffnet ist, nicht bewußt wahrgenommen, sondern nur unbewußt eingesetzt und besonders beim weiblichen Geschlecht eher als Bedrohung oder Einschränkung oder Peinlichkeit empfunden, die es zu verbergen gilt, anstatt daß die Potenz, die sich in diesem Zentrum bündelt, als elementare Lebensäußerung eingesetzt wird.

Dieses Zentrum nennen wir sexuell, aber das bedeutet nicht, daß seine Betätigung immer genital-sexuell sein sollte oder sein wird. Sexualität ist in unserem Sinne viel weiter, viel tiefer, viel umfassender gemeint als Äußerung elementarer Lebenskräfte, als Äußerung elementarer Zeugungskräfte, sei es im geistigen, sei es im künstlerischen oder auch im vitalen Bereich.

Das sexuelle Zentrum befindet sich auf der Aktionspolarität und hat deshalb zu tun mit Handeln und mit Bewegung. Der sexuell zentrierte Mensch muß sich also bewegen und betätigen, er muß sich in Fluß bringen, um diese elementare Zeugungskraft, die sich auf alle Bereiche des Lebens erstrecken kann, in Schwung zu halten, um sie nutzen zu können. Der sexuell zentrierte Mensch wird unmittelbar und aus dem

Bauch heraus handeln und reagieren können, wenn er sich dieser Kraft mehr und mehr bewußt wird. Es handelt sich um eine enorme Bündelung von Energien, die auch um ihn herum viel in Bewegung setzen können und andere Menschen mit Vitalkräften und Basisenergie, also Lebensenergie, aufladen ohne Anstrengung, denn sexuelle Energie, die sich nicht sexuell ausdrückt, sondern als Energieform eingesetzt wird, hat einen breiten Radius, der sich unmittelbar mitteilt und überträgt. Damit soll nicht gesagt sein, daß diese Treibkraft nur zum Tragen kommt, wenn auf sexuelle Betätigung im eigentlichen Sinne verzichtet wird. Im Gegenteil, Menschen, die sexuell zentriert sind, brauchen die Belebung durch geschlechtliche Aktivität oder zumindest durch die damit verbundenen Phantasien, aber auch die körperliche Aufladung, die ihnen erst gestattet, im eigentlichen Sinne Zeugungskraft zu entwickeln, eine Zeugungsfähigkeit, die über die biologische Zeugungsfähigkeit weit hinausreicht.

Sexuell zentrierte Menschen sind in der Regel stärker mit ihrem Körper in Kontakt und enger mit ihrem Körper befreundet als Menschen, die emotional oder intellektuell zentriert sind. Darin stehen sie den instinktiv Zentrierten nahe und auch den motorisch Zentrierten, denn alle drei erkennen die Gültigkeit der Materie aus lustvoller Erfahrung an und wissen sie zu nutzen, ohne in den Irrtum zu verfallen, Materie für etwas Niederes oder zu Vernachlässigendes zu halten, wie es die emotional oder intellektuell Zentrierten allzuleicht tun.

Wenn ein sexuell zentrierter Mensch mit der Materie, das heißt mit allen Bereichen des Stofflichen, auch mit Geld, mit Nahrung oder mit seinem Körper, auf Kriegsfuß steht, also ein gestörtes Verhältnis zu der Quelle des Stofflichen hat, gleich aus welchem Grund, wird auch seine Vitalkraft geschwächt sein oder sich in Kanälen Ausdruck suchen, die sozusagen Notventile darstellen für die Potenz, die sich Bahn zu brechen versucht. Darum ist es für Menschen mit einer sexuellen Zentrierung besonders wichtig, eine gute Beziehung zu aller Materie herzustellen. Sie fühlen sich dann verwurzelter und zufriedener, sie fühlen sich heiler und ganzer, wenn sie das, was ihnen an gesunder Orientierung möglich ist, pflegen und bejahen, anstatt es zu leugnen.

Wir sagten schon, daß in der sexuellen Zentrierung eine elementare Schöpferkraft steckt, ihr innewohnt und deshalb kommt es nun bei der Kombination des sexuellen Zentrums mit einem weiteren Zentrum darauf an, diese elementare Schöpferkraft zu nutzen in dem Bereich, der darüber hinaus aktiviert wird, sei es der mental-intellektuelle oder der emotionale, sei es der motorische oder der instinktive.

Ein sexuell zentrierter Mensch sollte in allem, was er tut und unternimmt, auf seine Lustgefühle achten. Immer dann, wenn er körperliches Wohlempfinden zu seinem Maßstab macht, nicht als neutralen Zustand, sondern als merkliches Lustempfinden, befindet er sich mit seinem Zentrum in Einklang, und dieser Lustgewinn kann sowohl aus den anderen Zentren bezogen werden als auch aus dem sexuellen Bereich selbst.

Eine Person mit *sexuell-motorischem* Reaktionsmuster wird niemals wirklich körperliche Befriedigung empfinden, wenn sie sich stets passiv verhält und abwartend; sie muß in Bewegung kommen und sich aktiv mit dem Leben auseinandersetzen, aktiv im Sinne von körperlicher und geistiger Bewegung. Die beiden Zentren verstärken sich gegenseitig und führen zu starkem Aktivitätsdrang, der befriedigt werden muß, bevor Ruhephasen eintreten können.

Wenn eine Person das sexuelle Zentrum mit einer *emotionalen Orientierung* kombiniert, ist die Aktivität gedämpft, und mehr Ruhe ist vonnöten, um die Lustgefühle wahrnehmen zu können. Die Lustgefühle werden sich in Wärme und in Entspannung äußern, nicht so sehr in Bewegung.

Der *intellektuell orientierte*, sexuell zentrierte Mensch erfährt seine lustvolle Befriedigung im Errichten und Betrachten von Gedankenstrukturen. Er wird seine Kreativität richten auf die immer überraschenderen und ungewöhnlicheren Verbindungen von Gedanken, die bislang isoliert nebeneinanderstanden, auf die geradezu partnerschaftliche Vereinigung des bislang Unverbundenen im Reich der Ideen. Das wird ihm eine besondere, fast körperliche Befriedigung verschaffen. Das Neue ist es, das Unerhörte, das Außergewöhnliche, das ihn befriedigt und mit aktiver Schöpferkraft erfüllt.

Physiognomisch sind die Menschen mit einer sexuellen Zentrierung oft erkennbar an einer Betonung des Unterkörpers, einer ausladenden und einladenden Breite, die Raum schafft für die Breite lustvoller Empfindungen im erdigen und feurigen Element. Je weiter die Zentren im aufrechten Stand von der Erdoberfläche entfernt sind, um so höherfrequent ist ihre Energie, aber auch um so weniger direkt schöpferisch.

275

Sie sublimiert sich in dem Maße, wie sie sich in die höher gelegenen Chakras verteilt.

Der sexuell zentrierte Mensch ist in vieler Hinsicht androgyn, da er sowohl aktiv zeugt, als auch passiv empfängt. In jedem Fall entspringt dem Akt der Zeugung ein neues Produkt. Er ist in der Lage, aus sich heraus zu kreieren, da er sich selbst befruchten kann. Dieses Zentrum ist dem Chakra im Unterbauch (Sexual- oder Sakralchakra) zugeordnet, das unter dem Nabel gelegen ist und in Verbindung steht mit den Keimdrüsen, mit Samenleiter oder Eileiter.

Wir haben bis jetzt vorwiegend von der sexuellen Zentrierung gesprochen. Hinzufügen möchten wir noch, daß Menschen mit einer solchen Zentrierung sich gerne und mit triebhafter Lust der körperlichen, geschlechtlichen Sexualität hingeben, daß es für sie die Voraussetzung für alle anderen elementaren Formen der Schöpferkraft darstellt, sich mit ihrem Körper zu betätigen und zu zeugen. Dieses Bedürfnis ist bei sexueller Orientierung als zweitem Bestandteil eines der übrigen Reaktionsmuster wesentlich gemildert, ohne zu verschwinden.

Die Zentrierung drückt sich in einer Triebhaftigkeit, die kaum kontrolliert werden kann, aus, wenn die Ängste und Einschränkungen, die ein Mensch sich auferlegt, ihn beherrschen, besonders auch Verbote oder Tabuisierungen, die er keineswegs einzuhalten vermag. Wenn aber die Angst schwindet oder nicht mehr gefördert wird, kann sich der sexuell Zentrierte zu einer befreiten und befreienden, von moralischen Schranken nicht mehr behinderten, körperlichen Ekstase emporschwingen, die ihm ein physisch integriertes, leuchtendes und hingebungsvolles Aussehen verleiht, ein Erscheinungsbild von ungewöhnlicher Gelöstheit und eindrucksvoller Vitalität, das nicht in Muskelverspannungen und Charaktermasken gefangen bleibt, sondern sich mitteilt als eine Körperlichkeit, die wie das ungestörte Lustempfinden eines Säuglings in Verbindung mit einem gereiften Geist wirkt.

④ Das instinktive Zentrum

– unbedacht ◄─────────────► spontan +

Ursprünglich vor Jahrtausenden waren alle, die sich im Körper befanden und auch ihr selbst, viel enger mit dem instinktiven Zentrum in Kontakt, als ihr es heute seid. Das instinktive Zentrum garantierte euer Überleben, garantierte schnelle, lebensrettende Reaktionen. Und auch heute noch tritt es dann in Aktion, wenn wirklich elementare Lebensgefahr droht.

Wenn eine Situation eintritt, in der einer von euch ganz plötzlich vom Tode bedroht ist und ihm nur wenige Augenblicke verbleiben, um Rettung zu suchen, wird ihm sein intellektuelles oder emotionales Zentrum wenig nützen, das instinktive aber und auch die beiden aktiven Zentren, das motorische und das sexuelle, werden sehr stark und unmittelbar aktiviert.

Mit dem motorischen Zentrum werdet ihr in der Lage sein fortzulaufen. Mit dem sexuellen Zentrum wollt ihr das Überleben der Gattung sichern. Deshalb bekommen Männer so häufig im Augenblick ihres Todes eine Erektion. Das instinktive Zentrum jedoch ist es, das alle anderen dominiert, wenn eine Gefahrensituation gegeben ist. Aber es ist nicht nur dazu da, euch einen Ausweg zu zeigen, wenn der Intellekt oder die feineren Gefühle versagen. Das instinktive Zentrum ist der Bereich eures Körpers, der all die vielfältigen unartikulierten Informationen aufnimmt und umsetzt, die sich auf physischer Ebene auf euch ergießen, denen ihr auf körperlicher Ebene ausgesetzt seid. Denn es wäre unmöglich für euch, mit mentalen oder emotionalen Kräften all diese Einflüsse, denen ihr jede Sekunde eures Lebens unterworfen seid, zu verarbeiten.

Das instinktive Zentrum reagiert zum Beispiel auf eine Strahlenbelastung, die sich im Körper auf irgendeine nicht faßbare Weise unangenehm anfühlt. Es reagiert auf unangenehme Gerüche, aber auch auf angenehme. Es empfängt Schwingungen und leitet sie weiter als Informationsquelle über die Stimmung derer, die euch umgeben, aber auch die kollektive Stimmung derer, die ihr nicht sehen könnt. So wißt ihr zum Beispiel, ob eine aggressive Stimmung in einem Saal herrscht, obwohl ihr gerade erst zur Tür hereingekommen seid und die Diskussion nicht habt verfolgen können. So wißt ihr über euer instinktives Zentrum auch, ob ein Gewitter im Anzug ist, eine Kriegsgefahr droht, obwohl ihr weder Radio hört, noch euch durch die Zeitung besonders gut informiert habt.

Je besser das instinktive Zentrum funktioniert, um so stärker lebt ein Mensch aus seinen unreflektierten Reaktionen heraus. Das kann von Vorteil sein, aber auch von Nachteil. Denn immer dann, wenn er aufgefordert wird zu erklären, warum er dieses so tut oder jenes so angeordnet hat, wird er darauf nicht antworten können, da er zu seinen eigenen Entscheidungen kaum einen mentalen Zugang hat. Er wird aber mit großer Sicherheit seine Entschlüsse fassen und sich durch nichts und niemanden davon abbringen lassen, daß das, was er beschlossen hat, für ihn richtig ist, ohne daß er begründen kann, warum. In mancher Hinsicht sind also die, die stark in ihrem instinktiven Zentrum betont sind, zu beneiden, denn sie tun häufig das Richtige, wo andere sich mit Entscheidungsschwierigkeiten herumplagen.

Kaum jemand ist in seinem instinktiven Zentrum zentriert, denn fast immer lebt der Mensch in eurer Welt aus einem Reaktionsmuster heraus, das das instinktive Zentrum nur als zweiten Bestandteil integriert. Wenn ein Mensch das instinktive Zentrum zu seinem Hauptzentrum gewählt hätte, wäre er nicht in der Lage, überhaupt einen logischen Gedanken zu fassen, geschweige denn, sich in der Gesellschaft normal zu bewegen, ohne als völlig unkontrolliert aufzufallen. Es gibt zwar in der Tat auch Menschen, die in diesem instinktiven Zentrum ihre Betonung besitzen, aber ihr werdet sie in der Regel nicht in eurer näheren Umgebung antreffen. Es sind diejenigen, die es vorziehen, einmal im Laufe ihrer Inkarnationen keinerlei Verantwortung zu übernehmen, die wie animalisch Aussehende und sich Gebende, oft Geistesgestörte, sich aus der Gesellschaft mit ihren Zwängen zurückziehen und so dafür sorgen, daß sie von anderen gepflegt werden. Denn ihre Instinkte sind wie unkontrollierte Triebe, die ihnen nicht gestatten, sich in eine Gemeinschaft zu integrieren oder auch nur irgendeine Befriedigung aufzuschieben, wodurch sie sich außerstande fühlen, einen Beruf zu ergreifen oder eine Schule zu besuchen.

Es ist sehr selten, daß ein Mensch, der sich eine instinktive Zentrierung wählt, einem fortgeschrittenen Seelenalter angehört. In der Regel sind die instinktiv zentrierten Menschen entweder Säugling-Seelen oder Kind-Seelen. Ihr wißt, daß auch das kleine Kind noch wesentlich stärker aus seinen Instinkten heraus lebt und zum Beispiel ganz genau weiß, welche Nahrung gut oder heilsam ist, ähnlich wie ein Tier. Und die Erziehung ist weitgehend darauf ausgerichtet, diese Instinkte zu verwirren und an die Stelle von Instinkten Regeln zu setzen. Wir kritisieren dies nicht, wir halten es für eine zulässige Form von Sozialisierung, denn es ist nicht sinnvoll, daß ein heranwachsender Mensch vollkommen auf seine Instinkte angewiesen bleibt, da sie vorwiegend einem Entwicklungsstand der Menschheit entsprechen, der jener Gesellschaft, in der er aufwächst, nicht mehr angemessen ist.

Dennoch glauben wir, daß es allen, die hier beisammen sind, guttäte, sich ein wenig mehr auf die reichen Gaben, die das instinktive Zentrum allen vermitteln kann, zu besinnen. Wie ihr wißt, entspricht das instinktive Zentrum der neutralen Position, und deshalb steht es nicht nur allen zur Verfügung, sondern ihr alle könnt auch darauf zurückgreifen.

Ihr seid seelisch weit entwickelt und sehnt euch sehr stark nach einer Ausbildung eurer Intuition und Inspirationsfähigkeiten. Das freut uns sehr, und wir schätzen eure Bemühungen. Aber wir möchten euch auch daran erinnern, daß zum Beispiel die Intuition eine höhere Oktave des Instinkts ist. Wer seinen Instinkten nicht vertrauen mag, wird selten oder nie einen Zugang zu seiner Intuition gewinnen. Ebenso ist die Inspirationsfähigkeit eine höhere Oktave der Intuition. So ergibt sich ein Dreiklang von Instinkt, Intuition und Inspiration, und alle drei sind wie mit einer Schnur miteinander verbunden, so daß auch Inspiration nur dann wirksam werden kann, wenn Instinkt wirklich bejaht wird. Instinkt ist wie die Füße, und Inspiration ist wie der Kopf, Intuition wie ein Magen. Wer möchte ohne Füße leben, wer ohne Kopf, wer ohne Magen? Erst die Dreiheit aller Organe und Fähigkeiten macht den Menschen ganz.

Wenn ein Mensch das instinktive Zentrum zum zweiten Teil seines Reaktionsmusters erwählt hat, wird er oft unbedacht sein und unbedacht entscheiden aus Angst, allzu lange mit einem Entscheidungszwang konfrontiert zu werden. Er zieht sich dann schnell zurück auf seinen Instinkt – wir könnten auch sagen: vorschnell –, nur um die Plage der Entscheidungsnot loszuwerden, und er reagiert unbedacht, womit nicht eine positive Reaktion aus dem Urgrund der Instinktsicherheit gemeint ist, sondern vielmehr eine vorschnelle, angstgesteuerte Reaktion, die ebenfalls die Instinkte befriedigt, aber nicht wirklich weiterführt und so das Wachstum eher bremst als fördert.

⑤ Das spirituelle Zentrum

– telepathisch ◄─────────────► inspiriert +

Das spirituelle Zentrum stellt eine entgrenzte Qualität des Expressiven und des Mentalen dar. Die Qualität, die beschrieben werden soll, hat mit Geistigkeit, mit dem Erfülltsein durch den Geist und dem geistigen Energieprinzip zu tun, und deshalb ist der Name »spirituelles Zentrum« angebracht.

Wenn wir von einem spirituellen Zentrum sprechen, verwenden wir den Begriff »spirituell« oder »Spiritualität« in einer eingegrenzten, eng definierten Bedeutung. Wir meinen damit nicht die Bereiche von Glauben und Religiosität, von Esoterik oder Okkultismus. Vielmehr bezeichnet diese Vokabel den Bereich des vorübergehend von seinen Beschränkungen befreiten menschlichen Geistes, eines Geistes, der nicht mehr berührt wird von den Zwängen des Verstandes und des konditionierten Denkens, eines Geistes, der sich gelöst hat von den Erfahrungen und Erinnerungen des Individuums, um mit dieser plötzlich ungewohnten Neutralität und Reinheit für Inspirationen durch Energien außerhalb seiner selbst zugänglich zu werden. Das schließt jene Kräfte und Stimmen aus, die wir als das »Innere Selbst« bezeichnen im Unterschied zum »Höheren Selbst«*, denn sie gehören noch zum Individuum. Sie befinden sich nicht außerhalb von ihm.

Es kommt darauf an, was ein Mensch in einer solchen Situation empfangen kann und möchte. Der Pluspol dieses Zentrums, »inspiriert«, bedeutet: bedingungslose geistige Offenheit und Bereitschaft zu empfangen, gnadenvolle Auflösung mentaler Grenzen. Das kann ein Mensch nicht aktiv bewirken, er muß es zulassen können. Daneben ist

---

* Siehe *Welten der Seele*, S. 165 ff.

es ihm jedoch möglich, selbst auf den telepathischen Bereich einzuwirken, ihn zu gestalten unter Mithilfe seiner menschlichen Partner, während der inspirierte Bereich nicht mehr seinem Wollen unterworfen ist, sondern, da er die nichtphysische Dimension erreicht, in einem Wechselspiel steht mit dem Inspirierungswunsch der außerkörperlichen Quellen.

Der Pluspol, den der Mensch als Inspiriertheit, das heißt als geistige Behauchtheit, erlebt, ist frei von jeglicher Angst. Solange das Zentrum mit dem Pluspol geöffnet bleibt, erfährt man dabei weder Panik noch Besorgnis, noch Zweifel. Diese Reaktionen können jedoch später als Gegenbewegung zu der großen Offenheit einsetzen, wenn das Zentrum wieder verschlossen ist.

Inspiriertheit bedeutet Klarheit, Bewußtheit, Gewißheit. Sie ist nicht durch einen Aufruhr von Gefühlen gekennzeichnet, sondern gänzlich frei von ihm. Es handelt sich um einen emotionslosen und gerade deshalb in höchstem Maße bewußten Zustand, den die Abwesenheit von allen Gefühlen, die die Inspiriertheit beurteilen oder auf sie reagieren, sie einordnen oder abwehren könnten, charakterisiert. Mit Hilfe dieser Merkmale ist der Pluspol zu erkennen: frei von Gefühlen, frei auch von Gedanken, Überlegungen, von jeder Zielrichtung. Er ist zeitlos, ungefiltert, intensiv, erfüllt von Helligkeit, lautlos, bewegungslos, teilnahmslos, gerade weil die Teilhabe einer externen Kraft voll und ganz zugelassen wird.

Naturgemäß können solche Phänomene in einem menschlichen Körper nur in begrenzter Dauer ertragen werden. Es mag euch Ermunterung und Trost zugleich sein zu erfahren, daß jene, die die Helligkeit der spirituellen Zentrierung länger als nur einige Stunden ertragen können, zu den Erleuchteten gezählt werden. Und auch von ihnen ist niemand in der Lage, ununterbrochen für den Rest seines Lebens inspiriert zu sein.

Der Pluspol schließt die außerkörperlichen Welten mit ein. Der Minuspol, »telepathisch«, besitzt eine ähnliche Qualität, ist aber nur auf die Physis und den irdischen, mitmenschlichen Bereich bezogen. Wenn hier mit »telepathisch« lediglich die Übermittlung von mentalen Daten aus Quellen eurer Erfahrungswelt beschrieben wird, ist dieser Begriff angemessen und korrekt. Daran ist gar nichts negativ. Es handelt sich dennoch um einen Minuspol, wenn auch nur im Vergleich mit dem Pluspol. Mit Minuspol ist gemeint: weniger Energie, weniger Offenheit, eine niedrigere Frequenz, weniger Entspannung.

Ein Zustand telepathischer Offenheit kann geschult werden, wenn einmal der dazu notwendige Frequenzbereich identifiziert wurde und sich im mentalen System verankern konnte. Und dann kann ein solcher Zustand auch genutzt und benutzt werden, um Kontrolle in unterschiedlicher Art und Weise auszuüben. Deshalb ist der damit verbundene Zugang zum spirituellen Zentrum dem Minuspol zugeordnet. Denn Kontrolle besitzt auch in ihrer höchsten Verfeinerung und scheinbar edelsten Ausprägung einen Hauch von Angstspannung.

Der Aufenthalt im spirituell-mentalen Zentrum 5 ist dann nachweisbar, wenn es sich um abstrakte, nicht emotionale Durchgaben und Informationen handelt. Wann immer ihr jedoch von den mehr emotionalen Schwingungen der bedingungslosen Liebe angerührt seid, sind auch die Kanäle des Zentrums 6 geöffnet. Es wird euch vielleicht überraschen, daß beide gleichzeitig, also simultan, zugänglich sein können. Wir möchten betonen, daß diese Simultaneität sogar alle vier Pole dieser Zentren 5 und 6 betreffen kann, beziehungsweise die vier Kanäle in so raschem Wechsel öffnet, wie es für eine flexible mediale Übermittlungsarbeit notwendig ist.

Jedem von euch ist dieses spirituelle Zentrum zugänglich, unabhängig von seinem individuellen Reaktionsmuster, vorausgesetzt, er überwindet seine Furcht vor dem Kontakt mit Kräften und Energien außerhalb seiner Grenzen. Und das wird nicht möglich sein vor dem Erreichen des Zyklus der Jungen Seele. Und auch der Jungen Seele macht es noch angst festzustellen, daß sie auf telepathischem Wege von anderen Menschen erreichbar ist, daß etwas Fremdes in ihren Geist eindringt, ihre Gedanken formt und ihr Impulse übermitteln kann, die ihr die Illusion der uneingeschränkten Macht über sich selbst nehmen. Und so wird eine telepathische Fähigkeit bei einer Jungen Seele sich vornehmlich darauf konzentrieren, andere zu erreichen und zu beeinflussen. Der Kanal wird mehr auf das Senden als auf das Empfangen eingestellt sein.

Sucht jedoch ein Mensch bereits in diesem Seelenalter nach entspannten, entgrenzten, meditativen Zuständen des Geistes im Gebet, bei innerer Sammlung oder während gemeinschaftlich erlebter Phasen der vertrauensvollen Öffnung, kann er ohne weiteres auch inspiriert werden durch einen anderen menschlichen Geist sowie durch den Geist jener, die zwischen ihren Leben in der astralen Welt weilen, oder auch durch den der entkörperten Instanzen der kausalen Welt. Das schließt die Mitglieder der jeweiligen Seelenfamilie und alle Menschen mit ein, denen ein Individuum in Liebe verbunden ist.

In seltenen Fällen sind für sehr Alte Seelen in spirituellen Ausnahmezuständen inspirierte Kontakte mit noch höheren Frequenzen und Quellen göttlicher Inspiration möglich. Doch möchten wir euch darauf hinweisen, daß bereits die Verbindung mit allen anderen Dienern des Göttlichen eine beseligende Qualität besitzt, die ihr immer dann erlebt, wenn ihr bereit seid, euch ihr hinzugeben.

⑥ Das ekstatische Zentrum

– sensitiv ◄─────────────────────► mystisch +

Ekstase ist ein Zustand entgrenzter, unkontrollierter Empfindungsbereitschaft. Dieser Zustand tritt ein, wenn alle persönlichen Gefühle und Gedanken, Erinnerungen und Schmerzen den Menschen verlassen und er somit empfänglich wird für Empfindungen, die aus Quellen außerhalb seines Selbst herrühren.

Wir machen zwischen den Begriffen »Gefühl« und »Empfindung« einen erheblichen Unterschied, denn Empfindungen sind befreit von den Stürmen der Erregung, die jeden Abstand zum eigenen Selbst verhindern. Gefühle sind nach unserer Definition stets mit Erinnerungen verbunden, während Empfindungen auf reiner unmittelbarer Wahrnehmung im erlebten Augenblick beruhen.

Ekstase als Entrückung meint auch das Abrücken von der verstrickten Gefühlswelt. Ekstase bedeutet bedingungslose Bereitschaft, geliebt zu werden, eine grundlose Freude. Das kann nur dann eintreten, wenn nichts mehr bestimmt, geplant, gewollt wird. Diese Empfindungen sind nicht einklagbar. Sie können nicht hervorgebracht werden. Sie geschehen, wenn ihr sie geschehen laßt, und das kann nicht ständig der Fall sein. Sie ergreifen euch, aber ihr könnt sie nicht festhalten.

Ekstase wühlt einen Menschen bis in sein Innerstes auf, ohne daß er sich veranlaßt fühlt, seine Empfindungen sogleich zu dämpfen, zu beurteilen. Sie manifestiert sich als reines Erleben des Einsseins, der Ungetrenntheit. Die Entrückung in die Dimensionen der entgrenzten Empfindung gestattet das Erleben einer Aufhebung von Zeit und Raum, doch nicht in Klarheit und Stille wie im spirituellen Zentrum, sondern in einer ungeheuren Bewegtheit. Diese Bewegtheit spielt sich im Inneren ab. Nicht die heilsame Klarheit, sondern eine heilsame Verwirrung ist ihr Ziel.

Nie zuvor Empfundenes wird fühlbar. Neuartige Verbindungen sind zu spüren, doch ihre Einordnung und Auswertung können erst später erfolgen. Denn während eines Aufenthalts im ekstatischen Zentrum sind keinerlei Denkvorgänge möglich. Das Wort »Verzückung« weist auf ein von jedem Gedanken ungetrübtes ekstatisches Entzücken an der eigenen Empfindungsfähigkeit hin. Aber wenn ihr von »mystischer Verzückung« sprecht, ohne diesen Zustand in aller Regel selbst erfahren zu haben, stellt ihr euch meistens eine Zeitspanne völliger Unbewußtheit vor, in der ein Mensch seine Identität verliert und sich vorübergehend auflöst. In der Tat sind Individualitätsverlust und Auflösung charakteristische Merkmale für die Öffnung des ekstatischen Zentrums, doch gehen sie keineswegs mit einer Unbewußtheit einher. Jedoch wird der Begriff »Bewußtheit« von euch grundsätzlich dem mentalen Bereich zugeordnet. Wir unterscheiden deshalb zwischen einer vollkommenen mentalen Bewußtheit und einer vollkommenen empfindenden Bewußtheit, zwischen der Fähigkeit zu erkennen und der Fähigkeit zu schauen.

Ein Aufenthalt im spirituellen Zentrum 5 gestattet blitzartige mentale Erkenntnis des Allganzen, während ein Aufenthalt im ekstatischen Zentrum 6 ein intensives, unmittelbares Schauen aller Einheit und der universellen Liebe ermöglicht. Das gilt insbesondere für den Pluspol, die mystische Vereinigung, in der all die Grenzen aufgelöst sind, die sich üblicherweise aus Angst vor den Gefühlen anderer Menschen und aus der Furcht vor dem heiligen Schrecken, den eine Berührung durch die Diener des Göttlichen auslösen kann, bilden.

Der Minuspol umschreibt eine mehr oder minder umfassende Sensitivität, die jedoch gegebenenfalls willentlich ein- und ausgeschaltet werden kann und im Normalfall unter der Kontrolle des Individuums bleibt, wenn auch der in diesem Zentrum befindliche Mensch ebenfalls große Mühe hat, sich abzugrenzen. Er ist um so empfindsamer, je häufiger er sich in diesem Pol aufhält. Eine solche Sensitivität führt wegen der Furcht, in den mystischen Bereich überwechseln zu müssen, wider Willen hinübergesogen zu werden, zu einer oft als qualvoll empfundenen Empfindlichkeit, die jedoch unbewußt dafür eingesetzt wird, den Übergang zum Pluspol, der mystischen Vereinigung, zu verhindern.

Sensitivität ist nichts Negatives. Sie kann im besten Sinne dazu eingesetzt werden, um die Verbindung zwischen Mensch und Mensch, Mensch und Natur, Mensch und Kosmos zu spüren, zu bejahen, zu begreifen. Das unermeßliche Netzwerk von Beziehungs- und Berührungsmöglichkeit wird zwar im Minuspol dieses Zentrums, der Sensitivität, nicht vollständig erfahrbar, doch sind die Möglichkeiten des Zugangs ausreichend, um die Menschen den unermeßlichen Reichtum in der universellen Einheit und seine Auswirkungen auf den einzelnen ahnen zu lassen.

Wann immer das 6. Zentrum sich öffnet – wir können hier nicht mehr von Aktivierung sprechen –, geschieht es in der Regel, daß zunächst der Minuspol seine Arbeit tut. Die Sensitivität mit all ihren Auswirkungen ist von dem Betroffenen und auch von seinen Mitmenschen spürbar. Sie läßt sich noch beschreiben und ausdrücken, doch ist auch hier zu beachten, daß *niemand*, wir betonen dies ausdrücklich, anstreben oder versuchen sollte, sich möglichst häufig oder gar ununterbrochen in diesem Pol aufzuhalten. Wir weisen darauf hin, wie wichtig und notwendig es ist, daß eine Schließung, die auf die spontane oder zuweilen auch durch bestimmte Techniken bewirkte Öffnung erfolgt, bewußt vorgenommen wird, da die Offenheit des Kronenchakras, ganz gleich in welcher Polarisierung, über eine gewisse Zeit pro Tag hinaus eine Schwächung und Verwirrung zur Folge hat, allein schon deshalb, weil das über die Matrix gewählte Reaktionsmuster dadurch außer Kraft gesetzt wird. Wir bitten euch im übrigen, eine erhöhte Kränkbarkeit und Empfindlichkeit auf allen Ebenen eurer Lebendigkeit nicht ohne weiteres gleichzusetzen mit der Sensitivität, die durch die Öffnung des 6. Zentrums bewirkt wird.

Wir sagten: Das mystische Erleben gleicht einem Schauen, doch nicht mit den Augen des Körpers. Es hängt mit der Fähigkeit der inkarnierten Seele, ihre Verknüpfung mit dem Allganzen zu ertragen, zusammen. Ertragen werden muß die überwältigende Wahrheit, die sowohl im Gedächtnis der Seele als auch in ihrer Vision des Möglichen verborgen liegt. Sie kommt aus dem Ganzen und geht in das Ganze. Doch davon weiß sie nichts außerhalb des entrückten, mystisch verhüllten Zustands. Und wenn wir »wissen« sagen, so sprechen wir weder von einer Ahnung noch von einer theoretischen Vorstellung, noch von dem starken Wunsch, es zu glauben. Wer jedoch einmal, wenn auch nur für Sekunden, den Pluspol des 6. Zentrums bewohnt hat, weiß, was er zuvor nur ahnte, hoffte oder glaubte.

Während ein Aufenthalt im spirituellen Zentrum 5, im Pol der Inspiriertheit, im nachhinein noch einmal Zweifel aufkommen lassen kann an der Gültigkeit der erfahrenen mentalen Kraft, der Erkenntnis und ihrer Übermittlung, ist in der Folge einer mystischen Vision kein Zweifel möglich. Sie ist in ihrer Einprägsamkeit unauslöschlich. Der Mensch, der sie geschaut hat, kennt später nur die eine Schwierigkeit: Er kann sich nicht darüber mitteilen. Seine Vision und die Veränderungen, die sie bewirkt, sind nicht in Worte zu fassen und auch so einmalig, daß sie unübertragbar bleiben. Da es sich um postverbale Empfindungen handelt, die in ihrer Intensität den präverbalen Gefühlen ähnlich sind, werden oft Versuche unternommen, sie in irgendeine Form zu gießen, sei sie poetisch, sei sie musikalisch. Doch wird der Dichter oder Komponist, der dies versucht, stets einen Eindruck von unzureichender Umsetzungsfähigkeit zurückbehalten.

Das Chakra, das mit dem Zentrum 6 korrespondiert, ist das siebte Chakra, Scheitel- oder auch Kronenchakra genannt. Es bindet sich über die Zirbeldrüse an den Körper an. Die Zirbeldrüse gewährleistet die Anbindung der Seele an den Körper. Eure Traditionen versuchen diese Anbindung darzustellen als eine nichtmaterielle Schnur, die aus der Brust, dem Mund oder der Stirn entspringt und die Seele mit dem Körper verbindet. Es handelt sich um eine Energiespirale, einen feinen und doch sehr dichten Wirbel, der von einigen Sensitiven oder visuell Begabten als silberne Schnur oder Leine wahrgenommen wird. Wenn die Seele in den Körper eingefahren ist, wird diese Schnur unsichtbar. Erst wenn sie ihn verläßt, ist der Energiewirbel wieder zu beobachten, solange sich die Seele noch nicht ganz von ihrer Hülle getrennt hat.

Wenn die Seele den Körper am Ende einer Inkarnation verläßt, so verlassen nicht nur Atem und Herzschlag die materielle Hülle, sondern als allererstes stellt die Zirbeldrüse ihre Tätigkeit ein. Sie durchtrennt die Verbindung der Seele mit der Leiblichkeit. Ihre Funktion während des Lebens ist gleichbedeutend mit der Aufrechterhaltung der Beseelung für die Dauer einer Inkarnation. Sie unterhält mit ihrer Fähigkeit, außerkörperliche Verbindungen herzustellen, auch eine Kontinuität in der Kommunikation mit ihrer göttlichen Herkunft.

Das Zentrum 6, verbunden mit dem siebten Chakra, ist archetypisch der Seelenrolle des Priesters zugeordnet. Da jedoch allen sieben Seelenrollen zu gegebener Zeit und in den jedem Menschen beschiedenen Ausnahmesituationen Zugang zum ekstatischen Zentrum gewährt ist, hat auch jeder im Laufe seiner Inkarnationen die Fähigkeit, alle Möglichkeiten dieses Zentrums auszuschöpfen. Die Sehnsucht nach einer Vereinigung der Seele mit ihrer Heimat wohnt in jedem Körper.

⑦ Das motorische Zentrum

| – hektisch ◆——————————————————▶ unermüdlich + |

Eine Zentrierung im motorischen Bereich kennzeichnet Menschen von großer Beweglichkeit. Diese Beweglichkeit kann sich in allen Formen ihrer Existenz manifestieren: in einer Flexibilität des Körpers, in starken Bewegungen des Geistes und der Emotionen, aber auch in einem Wunsch, viel unterwegs zu sein, häufig die Wohnung zu wechseln oder den Kreis von Bekannten.

Beweglichkeit und Motorik meinen also nicht nur den Wunsch und die Notwendigkeit, die Glieder zu regen mit physischer Aktivität, sondern auch das Bedürfnis, sich im mentalen und emotionalen Bereich häufig von einem Ort zum anderen zu begeben.

Die motorische Zentrierung gehört der Aktionsebene an, und somit sind motorisch betonte Menschen von unermüdlicher Aktivität. Sie finden schwerlich Ruhe, sind immer auf dem Sprung, wollen alles auf einmal machen, sind stets bereit, sich an einen neuen inneren oder äußeren Standpunkt zu begeben mit einer Geschwindigkeit, die für andere oftmals verblüffend und verwirrend ist. Ihnen selbst jedoch kommt der Standortwechsel nicht ungewöhnlich vor, sie sind daran gewöhnt – es ist ihnen ohnehin, als wären sie stets an mehreren Orten zugleich –, und die Mühelosigkeit, mit der sie ihre Konzentration an wechselnde Themen oder Schauplätze verlagern können, verleiht ihnen ein subjektives starkes Empfinden von Lebendigkeit.

Und so, wie die intellektuell Zentrierten sich nach mehr Gefühlssicherheit sehnen und die emotional Zentrierten sich wünschen, klarer ihre Gedanken ordnen zu können, strebt der motorisch Zentrierte danach, weniger unruhig zu sein, und oft hat er geradezu eine Scheu, seine Unruhe in körperlicher Bewegung auszudrücken, sie als Energie abzuleiten, denn er fürchtet, dadurch in noch größere Unstetigkeit, in einen Strudel zu geraten, den er nicht mehr kontrollieren kann. Wer motorisch zentriert ist, ist also keineswegs immer ein begeisterter Sportler. Im Gegenteil: Er kann sich, um nicht vollständig in die Gefahr seiner Lebendigkeit zu geraten, eher träge und müde verhalten, um seine ganze Beweglichkeit auf innere Bereiche zu konzentrieren.

Leben ist Bewegung. Das gilt besonders für die motorische Seelenpersönlichkeit. Doch wird es häufig geschehen, daß ein motorisch zentriertes Kind von seinen Eltern als unruhig und unerträglich lebhaft empfunden wird, daß seine Motorik eingedämmt wird und es bald erfahren muß, daß seine spezifischen Äußerungen von Beweglichkeit und Lebendigkeit in der Familie unerwünscht sind. So wird es versuchen, sich ruhig zu halten, nur um – wenn ihm dies nicht gelingt – in eine Hyperaktivität umzuschlagen, die weiteren Unmut und Bestrafungen nach sich ziehen.

Ein motorischer Mensch mit einer unterdrückten Bewegungslust wird unweigerlich nervös. Denn die Spannung, die ihn lebendig macht und die in nach außen hin sichtbare Bewegungen abgeleitet werden muß um angenehm zu fließen, nimmt er als Muskelspannung nach innen, und er verlagert seine Beweglichkeit auf die Nebenzentren, erscheint dann rastlos und wirkt oftmals hektisch in seiner Betriebsamkeit. Seine Unruhe teilt sich allen mit, doch nimmt er selbst sie nur undeutlich zur Kenntnis, denn er glaubt sich immer noch eins mit seinen Grundbedürfnissen, ohne sich darüber im klaren zu sein, daß seine Hektik Ausdruck seiner Angst ist, seine Motorik nicht unter Kontrolle halten zu können.

Der motorisch zentrierte Mensch hat stets etwas vor. Langeweile ist ihm nicht nur unerträglich, sie ist ihm fast unbekannt. Der Tag ist ihm viel zu kurz. Seine vielen Aktivitäten auf allen Gebieten halten ihn in Atem. Ein Gefühl von Befriedigung nach abgeschlossener, getaner Arbeit stellt sich selten ein, weil sein Geist schon längst vorausgeeilt ist zu neuen Projekten, sein Körper schon Bewegungen ausführt, bevor die alten abgeschlossen sind, seine Gefühle sich bereits auf zukünftige Wonnen oder Gefahren richten, die er mit großer Eilfertigkeit durchspielt, um allen möglichen Möglichkeiten mit hoher Reaktionsschnelligkeit begegnen zu können.

Er ist stets bereit, unmittelbar zu handeln und schnell zu reagieren, und läßt sich nur von einer erheblichen Angst, das Falsche zu tun, davon abhalten. Nur eine solche Panik kann seine Bewegung zum Stillstand bringen und sie vorübergehend lähmen. Doch diese Lähmung wird nie lange anhalten, sondern sich lösen in einem gedanklichen oder emotionalen Sturm, bevor neue Handlungsweisen in Kraft treten.

Das motorische Zentrum hat seine körperliche Lokalisierung in Oberbauch, Magen und Sonnengeflecht, und da es die Beweglichkeit reguliert, ist es auch zuständig für die stärksten Bewegungen des Gemüts – unkontrollierter Zorn, Haß und Wut –, die mit Handlungen verbunden sind, aber auch für all jene Gefühle von Angst, die entfacht werden durch tätliche Bedrohung, durch aktive Angriffe mit Worten, Vorwürfen und Beschimpfungen.

Wenn dieses Chakra (Solarplexus- oder Nabelchakra) sich vollkommen schließt, fühlt ein von ohnmächtiger Wut oder heilloser Angst ergriffener Mensch mit motorischer Zentrierung sich völlig unfähig, irgendeine Bewegung zu vollziehen. Er kann vorübergehend weder etwas tun, noch etwas empfinden. Auch seine Denkfähigkeit ist gelähmt, und erst wenn sich diese Starre wieder löst, ist er in der Lage, sich zu äußern. Es tut ihm dann gut, sich zu bewegen, zu weinen oder auch zu brüllen, je nachdem, wie sein Reaktionsmuster beschaffen ist.

Die Unermüdlichkeit, mit der ein motorischer Mensch, der mit sich im Einklang steht, bei einem Vorhaben aktiv verharren kann, die Zähigkeit, mit der sein Körper auch auf größere Anstrengungen antwortet, sind darauf zurückzuführen, daß sein Geist stets das Ganze und besonders das Ziel im Auge behält, so daß eine starke Dynamik ihn auf das Ziel hintreibt. Er glaubt stets zu wissen, was er erreichen will oder kann, und solange er nicht hektisch wird und damit seine Konzentrationsfähigkeit gefährdet, ist es ihm auch möglich, seine Beweglichkeit mit tänzerischer spielerischer Sicherheit einzusetzen.

Eine gewisse Grazie und Würde teilt sich seinen Handlungen mit, wenn er die innere Anspannung nicht überhandnehmen läßt. Nur wenn er in Hektik verfällt, quält er sich und andere mit einer übermäßigen Betriebsamkeit. Dann will er alles zugleich und an allen Orten zugleich erledigen und findet doch für keines seiner Vorhaben mehr die ausreichende Muße, um sich ihm wirklich zu widmen und auch die Ergebnisse seines Denkens, Fühlens und Handelns lustvoll auszukosten. Hektik kann und mag nicht verweilen, während Unermüdlichkeit die Kunst des Verweilens beherrscht, so lange, bis eine natürliche neue Bewegung einsetzt.

Je mehr ein Mensch mit motorischer Zentrierung unter Anspannungen auch im muskulären Bereich leidet, um so deutlicher zeigt sich, daß er mit seiner natürlichen Beweglichkeit nicht gut umgeht, sondern sie als Hektik, als innere Getriebenheit lebt. Dann gibt es zwei Möglichkeiten, ihn wieder ins Gleichgewicht zu bringen. Die eine besteht darin, daß er seine Unruhe auch durch starke, ausdauernde Körperbewegungen zum Ausdruck bringt. Wenn die Hektik ihn schon an den Rand der Erschöpfung gebracht hat, tut es ihm als zweite Möglichkeit gut, seinen Körper trotz allen Widerstands zur Ruhe zu bringen. Je stärker die Erschöpfung ist, um so länger muß geruht werden, oft sogar tagelang, bis die Spannung abgebaut ist und ein natürlicher, wie von selbst entstehender Bewegungsdrang sich wieder bemerkbar macht.

Nervöse Erschöpfung und auch Überarbeitung mit ihren Folgen sind die typischen Krankheiten eines motorisch zentrierten Menschen, auch Störungen des Bewegungsapparates wie Rheuma, Arthrosen, Wirbelsäulenbeschwerden, sodann Magengeschwüre, Entzündungen der Bauchspeicheldrüse, Verdauungsschwierigkeiten durch allzu schnelles und unkonzentriertes Essen und auch Kopfschmerzen, die sich einstellen, wenn zu vieles auf einmal erledigt werden soll. Der Kopf ist von allzu vielen Aufgaben und Vorhaben überfordert, oder die Gefühlswelt ist überlastet von allzu vielen Kontakten, die der motorische Mensch gern pflegt, ohne sich klarzumachen, daß er auch dort irgendwann an die Grenzen seiner Belastbarkeit kommt.

Er hat meistens viele Freunde und Bekannte, mit denen er in vielfältiger Verbindung steht. Die Unermüdlichkeit, mit der er sich seinen

Beziehungen widmen kann, schlägt bei Überreizung um in eine vollständige Kontaktverweigerung und Lustlosigkeit, da – wie bereits anläßlich körperlicher Überlastung angedeutet – eine längere Ruhepause notwendig ist, die in Hektik erschöpften Kräfte wieder zu stärken.

Das motorische Zentrum 7 ist im Unterschied zu den Zentren 5 und 6 dauerhaft zugänglich. Doch gerade diese Dauerhaftigkeit an Intensität bewirkt viele der damit verbundenen Schwierigkeiten. Das spirituelle, das ekstatische und auch das motorische Zentrum sind Bereiche der Entgrenzung. Deshalb neigt gerade der motorische Mensch dazu, sich zu überfordern und zu überreizen. Er will und kann seine Grenzen schlecht anerkennen. Immer bewegt er sich am Abgrund der Erschöpfung; da er seine Lust in unermüdlicher Bewegung, Handlung und emotionaler oder geistiger Aktivität findet, sucht er entsprechend viel Anregung, und er findet sie dort, wo das Außergewöhnliche, Abenteuerliche, Unkonventionelle, Erregende auf ihn warten. Der motorische Mensch ist auf der Suche nach Spannung. Je größer die Spannung, um so intensiver ist sein Lebensgefühl. Doch er macht sich nicht klar, daß er Intensität in diesem hohen Maße nur ertragen kann, wenn er sich auch Perioden der absoluten Spannungslosigkeit gönnt, Zeiten, in denen nicht besonders Intensives geschieht, damit er sich anschließend wieder in die hohen Regionen intensiv erregender Bewegung begeben kann.

Wir haben bereits angedeutet, daß das Reaktionsmuster die Art der Motorik mitbestimmt, und so ist es notwendig, die jeweilige Orientierung des motorisch zentrierten Menschen zu berücksichtigen. Das *motorisch-intellektuelle* Muster zeigt vornehmlich die Beweglichkeit aller Verstandeskräfte, die Fähigkeit, binnen Bruchteilen von Sekunden auch Widersprüchliches zu erfassen, Schlüsse zu ziehen, zu kombinieren, mentale Angebote zu erwidern. Auch die Fähigkeit, die Gedanken eines anderen aufzunehmen, ohne daß er sie verbal äußert, und sie mit den eigenen blitzschnell in Verbindung zu bringen, eignet einem motorisch-intellektuellen Menschen. Die Beweglichkeit und Schnelligkeit der Reaktionen unterscheidet ihn von einem intellektuell Zentrierten, der sich vornehmlich in den Höhen und Tiefen des Denkens aufhält, sein Interesse jedoch nicht auf die Breite und die rasche Kombinationsfähigkeit konzentriert.

Der motorisch-intellektuelle Mensch ist in der Lage, nicht nur viele Aufgaben gleichzeitig zu bewältigen, sondern auch viele Gedankeneinheiten zugleich in seinem Bewußtsein zu speichern und im Überblick zu halten. Sein Denken findet simultan auf mehreren verschiedenen Ebenen statt, und er liebt es, zwischen diesen Ebenen hin und her zu springen – ein Prozeß, der ihm selbst viel Freude macht, andere, nicht motorisch Zentrierte jedoch beunruhigt und verwirrt, da sie nie wissen, von welcher der vielen mentalen Schichten die nächste Antwort oder das folgende Argument kommen wird.

Ein motorisch-intellektueller Mensch braucht die Bewegung des Körpers, um sich innerhalb seiner Gedankenwelt selbst zu befruchten. Die besten Ideen, die kreativsten Einfälle werden sich ergeben, nicht wenn er ruht, sondern wenn er sich bewegt und scheinbar mit diesen Bewegungen beschäftigt ist, während sein Geist seinen eigenen Bewegungen folgt und dadurch zu Gedankensprüngen gelangen kann, die durch noch so großes Nachdenken nicht ermöglicht werden.

Das Planetenprinzip des Uranus spielt mit seiner schöpferischen Dynamik und Unruhe meistens eine erkennbare Rolle im astrologischen Bild eines motorisch-intellektuellen Menschen. Seine Einfälle haben nicht selten eine geniale Komponente, die daher rührt, daß abenteuerliche, geradezu waghalsige Ideen seinen Verstand in Schwingung bringen und ihn dadurch in Ekstasen der Phantasie versetzen, die nur noch ein wenig heruntertransformiert werden müssen, um konkrete Gestalt annehmen zu können und Durchführbarkeit zu erlangen.

Das *motorisch-emotionale* Reaktionsmuster hingegen sucht die große, oftmals erschütternde, nicht selten dramatische Bewegung im Bereich der Empfindungswelt. Innere Revolutionen, extreme Schwankungen, alles oder nichts mit Hochgefühlen und Depressionen in schnellstem Wechsel, Wandelbarkeit der Einstellungen bei gleichzeitigem Empfinden von Kontinuität, aber auch ein stets vorhandenes Gefühl von Unruhe, nicht am rechten Ort zu sein, noch nicht das Rechte gefunden zu haben – ein Lebensgefühl, das mit einem chronischen Mangel an Gelassenheit gepaart ist, kennzeichnet diesen Menschentypus.

Sein Reaktionsmuster steht in Verbindung mit plutonischen Einflüssen, den Prinzipien des jähen Wandels, der tiefen, existentiellen Verunsicherung, gefolgt von höchster innerer Gewißheit, unter dem Schutz der Existenz zu stehen. Ein motorisch-emotionaler Mensch fühlt sich getrieben und gebeutelt, ausgesetzt und ausgeliefert, und es fällt ihm schwer, wahrzunehmen, wie sehr er selbst mit den Minuspolen seiner Matrixelemente zu einer Gestaltung und einer Interpretation der Zusammenhänge beiträgt. Andererseits ist er zu unermüdlichen Freundschafts- und Liebesbindungen in der Lage. Seine Sensibilität ist von seiner Fähigkeit geprägt, mit großer Geschwindigkeit die emotionalen Signale anderer aufzufassen und sich darauf einzustellen. Er besitzt auch ein äußerst feines Gespür für die Möglichkeiten, Menschen zu motivieren, sie mitzureißen, eine Führung in den Bereichen des Gefühls zu übernehmen, die überzeugend ist und auf eine verhaltene Art charismatisch wirkt.

Die motorische Zentrierung, verbunden mit einer emotionalen Orientierung, versetzt die dafür empfänglichen Mitmenschen in eine Gefühls-Bewegung, die in ihnen unvergeßliches Angerührtsein und tiefe Veränderungen bewirkt. Bewegung teilt sich mit, und so ist ein motorisch-emotionaler Mensch in der Lage, nicht nur Individuen, sondern auch große Gruppen von Menschen aufzurütteln und sie positiv zu erschüttern.

Körperliche Bewegung ist auch für dieses Reaktionsmuster von erheblicher Bedeutung, doch scheut der motorisch-emotionale Mensch häufig die übermäßige Aktivierung seiner Gefühle, die mit kräftiger Bewegung unweigerlich einhergeht. Er fürchtet, die Kontrolle über sie zu verlieren und durch die Beschleunigung seines Stoffwechsels und seiner Atmung schnell an den Punkt zu gelangen, wo wieder einmal alles, was er gerade zur Ruhe gebracht hat, von neuem aufgewühlt wird. Dennoch sollte er die Möglichkeit einer regelmäßigen Durchlüftung seiner Emotionen nicht ganz meiden. Die erhöhte Sauerstoffzufuhr im Blut, die sich aus einer – wenn auch oft nur kurzfristig erträglichen – körperlichen oder sportlichen Aktivität ergibt, leistet ihm bessere Dienste als stundenlanges Nachspüren oder Hin- und Herwälzen seiner Empfindungen.

Motorisch-sexuelle Menschen sind die aktivsten im Bereich des sexuellen Austausches. Sie sind unermüdlich auf der Suche nach erotischer Spannung und Entspannung, haben das Bedürfnis, sich ständig auf die unterschiedlichste Weise zu stimulieren und leiden darunter, daß die Normen der Gesellschaft häufig ein so bewegtes erotisch-sexuelles Leben, wie es ihnen guttun würde, mit strengen Sanktionen belegt. Die Mißbilligung, der sie sich ausgesetzt sehen, treibt sie dann dazu, ihren Drang nach schnellem Wechsel der Partner oder intensivem Säftetausch in einer für sie schädlichen Weise zu unterdrücken. Sie beginnen, ihre Grundenergie zu beherrschen, zerstören damit jedoch eine ihnen besonders eignende herrliche Kreativität und Vitalität. Niemand kann so starr und erkaltet wirken wie ein motorisch-sexueller Mensch, der aus vielerlei sozialen oder persönlichen Gründen sein Reaktionsmuster verneint. Und so kann es leicht geschehen, daß seine Bedürfnisse sich verdrehen und Ventile suchen, die der Mißbilligung der Gesellschaft noch viel stärker anheimfallen.

Dieser Reaktionstypus wirkt besonders rastlos, aber auch ganz besonders bezaubernd und verführerisch. Er hat eine überaus starke Anziehungskraft, eine Ausstrahlung von ganzheitlichem Interesse an seinen Mitmenschen. Die motorisch-sexuell Zentrierten konzentrieren sich nicht wie die meisten anderen vorwiegend auf einen intellektuellen oder emotionalen Austausch, sondern beziehen stets den ganzen Körper mit ein. Sie lieben Berührungen, die stets einen Hauch von Erotik enthalten, ohne daß sie unmittelbar auf sexuelle Erfüllung drängen. Ihre Gesellschaft ist anregend, da ihre Energie in der Lage ist, alle Körpersäfte, alle Drüsenfunktionen in Bewegung zu bringen. Sie sind oft sehr schönheitsliebend, ästhetisch und künstlerisch begabt. Ihr Auge, ihr Herz, ihr Leib weiden sich an der Herrlichkeit der Schöpfung in all ihren Formen und Farben. Sie wirken vollblütig, sinnlich und oft temperamentvoll. Motorisch-sexuelle Menschen sind starke Persönlichkeiten, die Konventionen am liebsten verlachen und mit großer Direktheit auf die Befriedigung ihrer Wünsche zusteuern.

Unter den *motorisch-instinktiven* Reaktionstypen finden sich die bewundernswertesten Sportler, die unermüdlichsten Arbeiter und Handwerker, die geduldigsten, ausdauerndsten Menschen, die keine Scheu vor körperlichem Einsatz haben und durch ihrer Hände Arbeit eine Befriedigung erlangen, die vielen Menschen in dieser elementaren Weise verwehrt bleibt. Ein motorisch-instinktiver Mensch braucht einen Beruf, der ihn unablässig in Bewegung hält, sei es durch die Regung der Glieder oder durch ein passives Bewegtwerden. Es kann sich dabei um einen Tanzlehrer oder um eine Balletteuse handeln, um einen Kranführer, Lastwagenfahrer, Rennstallbesitzer oder Langstreckenläufer.

Die Lust an der Bewegung als solcher kennzeichnet die motorisch-instinktiven Menschen. Jedoch sind ihre motorischen Reaktionen oft so schnell und vom Instinkt gesteuert, daß sie sich unmittelbar genötigt fühlen zuzuschlagen, wann immer ihre Gefühle oder ihr Verstand sich verletzt fühlen. Da sie instinktiv reagieren, denken oder fühlen sie erst anschließend, und die Bewegung geschieht so direkt, daß sie nicht mehr zu bremsen ist. Auch kann ein motorisch-instinktiver Mensch schneller auf einen anderen zugehen oder vor ihm weglaufen, je nachdem, ob er sich durch Sympathie angezogen oder durch Antipathie fortgetrieben sieht. Er neigt dazu, seine Mitmenschen herzlich zu umarmen oder ihnen entgegenzulaufen, kann ihnen aber genauso unvermittelt den Rücken zuwenden und aus der Tür gehen, wenn seine Motorik eine solche Reaktion verlangt.

Eine motorische Zentrierung ist grundsätzlich Ausdruck einer schwingungsreichen Dynamik im Ausdruck einer Persönlichkeit. Aber sie trägt auch wesentlich dazu bei, daß die Bewegungen der Seele in ihrem übergeordneten Wachstum eine neue Schwungkraft erhalten. Ein Mensch, der in einer bestimmten Inkarnation Stagnierendes umwälzen oder Festgefahrenes in Bewegung bringen möchte, wählt häufig eine motorische Zentrierung. Sie garantiert, daß er im Laufe seines Lebens niemals wirklich steckenbleiben wird. Seine Unermüdlichkeit oder seine Hektik wird ihn weitertreiben, ihm keine Ruhe lassen auf seiner Suche nach Neuem, dem anderen, dem Wandel, und die Orientierung seines Reaktionsmusters zeigt den Bereich an, in dem er eine tiefgreifende Erneuerung und Veränderung erzielen möchte.

So ist eine motorische Zentrierung für all jene von Vorteil, die sich über mehrere Leben hinweg mit einer bestimmten Thematik befaßt haben und nun zu einem Abschluß gelangen möchten, der sie befreit von verkrusteten Strukturen und festgefahrenen Verhaltensweisen. Die Lebhaftigkeit eines Menschen mit motorischer Zentrierung treibt ihn dazu, Menschen zu erkunden und Länder aufzusuchen, die seinen seelischen Zielen entsprechen. Er ist beweglich und bewegt andere. Sein Beitrag liegt in seiner Fähigkeit, Grenzen zu überschreiten, seine eigenen und auch die seiner Mitwelt.

VII
Das Seelenalter

Übersicht
Das Seelenalter

Expression

⑤
Alte Seele

②
Kind-Seele

Inspiration

⑥
Transpersonale Seele

①
Säugling-Seele

Aktion

⑦
Transliminale Seele

③
Junge Seele

Assimilation

④
Reife Seele

Die fünf Seelenzyklen
im Körper

Wir sprechen zu euch als Menschen. Eure Seele, die nicht zum erstenmal in einem menschlichen Körper weilt, hat sich erneut mit einem Leib verbunden. Jedesmal, wenn dies geschieht, wird nicht nur ein Plan für ein weiteres Leben in die Wirklichkeit des Leiblichen umgesetzt, sondern eure Seele spürt sich auch entlang ihres Entwicklungsweges auf einer neuen Ebene der Erkenntnis.

Wenn wir die Spanne des vollständigen Inkarnationsweges einer menschlichen Seele beschreiben, sprechen wir von fünf Seelenzyklen im Körper. Diese fünf Zyklen beschreiben wir euch entsprechend eurer Erfahrung mit den Bildern und Inhalten der Verwirklichungsmöglichkeiten, die ein menschlicher Körper von seiner Geburt bis zu einem natürlichen Tod erlebt. Ebenso aber, wie es nach dem leiblichen Tod für jeden Menschen nichtkörperliche Existenzformen gibt, die ihm offenstehen und auch zustehen, müssen die fünf Seelenzyklen ergänzt werden durch zwei weitere seelische Erscheinungsformen im Körper, die ihre Charakteristik aus einem Wechselspiel zwischen körperlichen und nichtkörperlichen Dimensionen beziehen.

Die fünf Zyklen der Seele im Körper benennen wir folgendermaßen:
* das Säugling-Alter der Seele (1),
* das Kind-Alter der Seele (2),
* die Jugend der Seele (3),
* die Reifezeit der Seele (4),
* das Alter der Seele (5).

Wir sprechen auch von der Neugeborenen, der Kindlichen, der Jungen, der Reifen und der Alten Seele. Diese fünf Zyklen entsprechen in ihren Bedingungen und seelischen Ergebnismöglichkeiten weitgehend dem, was ein Mensch während seiner individuellen Inkarnation erfährt, sofern er ein Alter von siebzig bis achtzig Jahren erreicht. Außerdem gibt es – wie bereits angedeutet – zwei weitere beseelte Zustände eines Körpers, die – und das sei hier ausdrücklich gesagt – nicht zum Entfaltungsplan der Einzelseele gehören. Es handelt sich um die Transpersonale Seele mit der Ordnungszahl 6 und die Transliminale Seele mit der Ordnungszahl 7.

Bei allem, was wir euch zu den einzelnen Seelenzyklen zu sagen haben, ist uns nichts wichtiger und wesentlicher, als euch mit aller Liebe und allem Nachdruck darauf hinzuweisen, daß eine Alte Seele nicht besser und auch in qualitativer Hinsicht nicht weiter ist als eine Junge Seele, ebenso wie ein siebzigjähriger nicht selbstverständlich »besser« ist als ein zwanzigjähriger Mensch. Wir betonen dies, da wir wohl wissen, wie außerordentlich schwer es euch, die ihr euch mit den Aspekten seelischen Wachstums und den Themen der nichtmateriellen Welt beschäftigt, fällt, angesichts all der Anstrengung und Arbeit, die ihr in eure geistig-psychische Entwicklung investiert, auf die Zinsen des Selbstlobes zu verzichten und euch von dem trügerischen Hochgefühl des spirituellen Fortschritts und der Wunschvorstellung, bereits angekommen zu sein, zu befreien, und wir sagen euch dies, um euren Ehrgeiz zu besänftigen. Jeder, ganz gleich, in welchem Seelenzyklus und auf welcher Stufe seine Seele sich aufhält, befindet sich ganz genau an der richtigen Stelle. Es gibt weder die Möglichkeit eines forcierten Überspringens der einzelnen Lern- und Wachstumsabschnitte, noch gibt es den Rückschritt als Strafe für spirituelle Trägheit oder sogenannte böse Taten.

Und jeder von euch gelangt in seinem eigenen, selbstbestimmten Rhythmus, in seiner individuellen Zeit, je nach seinen seelischen Bedürfnissen, ein wenig früher oder ein wenig später als die übrigen Geschwister seiner Seelenfamilie an das Ende des fünften Zyklus. Jede Seele war einmal eine Säugling-Seele, und jede wird ohne Ausnahme einmal eine Alte Seele werden. Darum hütet euch vor heimlichem Hochmut über eure natürlichen Fortschritte auf dem Pfad der Erkenntnis und vor heimlicher Verachtung für all jene, die hinter euch auf dem Pfad schreiten, denn das liegt nur daran, daß sie mit ihrer Wanderung später begonnen haben.

Die letzte große Flut inkarnierter Seelen auf euren Planeten, die zum erstenmal einen Körper für ihre Ziele benutzten, vollzog sich um das Jahr 1680 eurer Zeitrechnung. Zuvor gab es mehrere globale Ausschüttungsphänomene von Seelen aus der astralen Welt, die eure seelische Entwicklung, eure Kulturen und Religionen geprägt haben. Sie fanden statt in einem Rhythmus von gut zweitausend Jahren, beginnend mit ungefähr 6500 vor Christus, dann etwa 4300, 2600 und rund 500 Jahre vor eurer Zeitrechnung. Selbstverständlich gab es zuvor eine Reihe anderer Inkarnationswellen.

Von der ersten oben genannten Inkarnationsflut sind nur noch sehr wenige sehr Alte Seelen übriggeblieben, die zum Teil auf eurer Erde große und wichtige – wenn auch nicht immer öffentlich bekannte – Aufgaben übernommen haben und mit erfahrener Hand die Geschicke großer Seelengruppen lenken. Seelen, die jetzt dem Zyklus des Alters und der Reife angehören, entstammen zum Großteil der zweiten Flut. Die Seelen, die zum jetzigen Zeitpunkt eurer Rechnung Junge Seelen sind, haben sich vor etwa zweitausendfünfhundert Jahren zum erstenmal eingekörpert. Die meisten von euch, die ihr unseren Worten lauscht und unsere Informationen aufnehmt, gehören der zweiten Inkarnationsflut an. Daraus erklärt es sich, daß die große Mehrzahl derer, die uns jetzt hören und verstehen können, inzwischen zu den späten Jungen, Reifen und Alten Seelen gerechnet werden können.

Die Anzahl ausgeschütteter Fragmente war jeweils sehr unterschiedlich, denn Leben ist abhängig von der verfügbaren Nahrung, dem Schutz, der gesucht und gewährt werden kann, von klimatischen Bedingungen. Deshalb besteht kein Anlaß zur Verwunderung, wenn ihr beobachtet, daß zu euren Lebzeiten eine globale Bevölkerungsexplosion stattfindet. Denn ihr stellt mit zunehmenden technologischen Möglichkeiten entsprechend viel Nahrung und Schutz zur Verfügung, so daß immer mehr Seelen immer häufiger einen Körper suchen, um sich unter diesen im wesentlichen angenehmen, im historischen Vergleich günstigen Bedingungen materiell manifestieren zu können. Seit 1680 hat keine neue Ausschüttung mehr stattgefunden und wird auch aller Voraussicht nach nicht vollzogen werden, da der Planet Erde müde ist und zu seiner Erholung einige hunderttausend Jahre benötigen wird, falls nicht einem Verglühen der Vorzug gegeben wird.

Wir versichern euch aber, daß alle Seelen, die sich jetzt im Zyklus der Säugling- und Kind-Seele befinden, in der einen oder anderen Weise

Existenzmöglichkeiten auf eurem Planeten finden werden. Es besteht kein Grund zur Sorge. Das menschliche Bewußtsein hat Anteil an den großen evolutiven Prozessen des Kosmos. Niemand wird um seine seelische Entfaltung betrogen. Gewiß werden diese Seelen nicht dieselben Erfahrungen machen können und wollen wie ihr. Sie haben das Recht darauf, ihre eigenen Lernschritte zu gestalten.

Ein Inkarnationszeitraum von der ersten bis zur letzten fleischlichen Manifestation mit ihren fünf körperlichen Zyklen dauert nach eurer Zeitrechnung zwischen sechs- und achttausend Jahre, selten sind es mehr, zuweilen sind es weniger. Die Intensität der essenznahen Verwirklichung, verbunden mit den bestimmten Charakteristiken des beschrittenen Weges, kann den Ablauf beschleunigen oder verzögern. Jedoch ist Beschleunigung – und auch das möchten wir nachdrücklich euch ans Herz legen – kein Qualitätsmerkmal, ebenso wie Verzögerung nicht von Nachteil ist. Ohnehin wird die auf die physisch-astrale Schwingungswelt folgende Ebene von Schwingung nur dann erreicht, wenn alle Geschwister einer Seelenfamilie ihren Zyklus der Fleischwerdung abgeschlossen haben.

Nicht die fragmentierte Einzelseele also ist allein für die Möglichkeiten ihrer Entfaltung verantwortlich, sondern auch das Gefüge ihrer Seelenfamilie, und die Möglichkeiten, die eine solche Familie auf dem Planeten vorfindet, um ihren Aufgaben gerecht zu werden, tragen dazu bei. Die Einzelseele kann sich noch so sehr bemühen, sich zu entfalten, zu wachsen, mehr Erkenntnisse zu erwerben oder ihre Bewußtheit zu fördern – wenn zeitweilig die Gegebenheiten eine gezielte Arbeit an der Aufgabe der Seelenfamilie verhindern, wird sie warten, bis sich eine neuerliche Gelegenheit ergibt. Das Warten kann sich während einer körperlichen Manifestation ereignen, häufiger jedoch geschieht es zwischen den Verkörperungen, in den von Zeit und Raum erleichterten Regionen der astralen Welt.

① Die Säugling-Seele

Wenn eine Seele zum allerersten Male einen Körper gewählt hat und sich in ihm manifestiert, fühlt sie sich ganz wie ein menschlicher Säugling in den ersten Wochen und Monaten seines Lebens: so empfindsam, so schutzlos, so unselbständig, so angewiesen auf Versorgung, Berührung und Gemeinschaft.

Die Seele, die sich nun in einem neuen Körper erstmals manifestiert, ist wie ein Säugling überwältigt von den Empfindungen, die nur der Körper kennt und die der Seele so lange unbekannt bleiben, als sie sich in körperlosen Regionen bewegt.

Da sind die Empfindungen von Wärme und Kälte, von Lust und Schmerz, von Hell und Dunkel, von Berührtwerden und Unberührtbleiben, von Hunger und Durst und den Funktionen der Ausscheidung. Da geschieht zum erstenmal ein Wachstum in materieller Form, und all dies ist beängstigend, verwirrend, verstörend. Deshalb inkarniert sich eine Säugling-Seele, wann immer es nur möglich ist, unter Umständen und in menschlichen Gemeinschaften, die zweierlei Bedingungen erfüllen.

Erstens die Möglichkeit, ohne großes Aufsehen den Körper wieder verlassen zu können und ohne daß allzu viele Empfindungen von Angst und Schrecken damit verbunden sind. Und zweitens die Möglichkeit, ein Leben zu führen, das in einer engen sozialen und vor allem auch körperlichen Gemeinschaft seine Ausdrucksform findet. Beides ist auf der Erde gegeben in Ländern und bei menschlichen Gruppen, die von euch, die ihr dies hört, als »primitiv« bezeichnet werden. Doch diese Primitivität, die wir als ein neutrales Qualitätsmerkmal aufgefaßt sehen möchten, erfüllt die Wünsche und Notwendigkeiten einer Säugling-Seele in hohem Maße und verdient daher weder Verachtung noch Mitleid.

Stellt euch vor, wie lebensrettend im psychischen Sinne für die Säugling-Seele die Gewohnheit vieler Mütter primitiver Stämme ist, ihr Kind zwei bis drei Jahre lang nicht aus den Augen zu lassen oder es an ihrem Körper zu tragen, so daß der Säugling, und später das Kleinkind, unausgesetzt die sichere und beruhigende Nähe der Mutter spürt. Für eine Säugling-Seele ist der Wunsch, gehalten, getragen und jederzeit genährt zu werden, von immenser Bedeutung.

Diese Seele kann sich nur weiterentwickeln, wenn die allergröbsten Bedrohungen von ihrer neuartigen Existenzform abgewendet werden. Gleichzeitig jedoch sprachen wir davon, daß in eben diesen primitiven Gesellschaften eine zweite Bedingung erfüllt wird, nämlich die unmittelbare Nähe des Todes, der durch kriegerische Handlungen, durch Krankheit und eine allgemein verbreitete Säuglingssterblichkeit herbeigeführt werden kann. Die Säugling-Seele braucht, um überhaupt in einem Körper leben zu wollen, eine Art Rückversicherung, die ihr gestattet, sich jederzeit wieder zurückziehen zu können. Sie wird dieses Angebot oft nicht in Anspruch nehmen, aber es hilft ihr, sich auf dieses Neue, Beängstigende und Unbekannte überhaupt einzulassen.

Etwa 15% der jetzigen Weltbevölkerung besteht aus Säugling-Seelen. In Deutschland leben etwa 6% Seelen dieser Entwicklungsstufe. China und Indien sind Länder mit einem hohen Anteil an Säugling-Seelen.

Die ersten Inkarnationen auf eurem Planeten begannen vor mehr als dreihunderttausend Jahren. Seinerzeit wurden nur wenige Verbände von Seelenfamilien ausgeschüttet, die die Aufgabe übernommen hatten, die Möglichkeit einer seelischen Entwicklung auf dem Planeten Erde zu prüfen. An verschiedenen Orten des Planeten bildeten sich Gruppen, die einige Jahrtausende lebten und sich vermehrten in auch seelisch geschlossenen Verbänden, um dann auf die Astralebene zu gehen, sich zu vereinen und aus dem entkörperten, geläuterten Zustand heraus denen, die noch niemals versucht hatten, sich einen Körper zu schaffen oder einen vorhandenen Körper zu benutzen, Mut zu machen und Auskunft zu geben über die Möglichkeiten und Gefahren, die damit verbunden sind.

Der Beginn der eigentlichen großen Inkarnationswelle war vor etwa neunzigtausend Jahren. Zu diesem Zeitpunkt waren bereits so viele Seelenfamilien, die einen irdischen Zyklus abgeschlossen hatten, in der kausalen Welt angekommen, daß sie über eine erheblich größere Anzahl neu inkarnierter Seelen wachen konnten. Im übrigen waren die einzelnen eingekörperten Existenzen von relativ kurzer Dauer. Die Lebenserwartung war begrenzt. Die Zyklen wurden schneller durchschritten, so daß ein beschleunigter Austausch von Seelenfamilien stattfinden konnte. Doch auch zu jener Zeit bildeten einzelne Gruppen von Inkarnierten noch rassisch und kulturell isolierte Einheiten, die sich auch während der Inkarnationszyklen kaum mit anderen vermischten. Dieses Stadium der Möglichkeiten brach erst später an, als gewährleistet war, daß das in einem Bereich Gelernte auch in einem anderen Bereich von Gültigkeit sein konnte. Gelernt worden waren auf kultureller und auf seelischer Ebene Formen des Zusammenlebens, Überlebenstechniken, Möglichkeiten von Angstbewältigung, Kanalisation von Liebesgefühlen, Rituale und Ausdrucksformen von Kreativität.

Wenn sich jemand über Jahrhunderte oder Jahrtausende in den Pyrenäen verkörpert, kann er anfangs nicht ohne weiteres einfach ein Leben im Euphrattal oder in Afrika wählen, weil das Gelernte ihn nicht genügend vorbereitet hat auf einen solchen Wechsel. In dem Maße aber, wie einzelne Seelengruppen ihre innere Festigkeit finden, können sie auch ein Leben hier und ein Leben dort wählen oder ein Leben hier und zwanzig Leben dort. Und auch das wird nur einigen besonders mutigen beschleunigenden Seelenfragmenten möglich und interessant erscheinen.

Nun gibt es jedoch Säugling-Seelen keineswegs nur in der Frühzeit der menschlichen Stammesentwicklung oder in Ländern mit einfachen, technisch und medizinisch unterentwickelten Kulturen, sondern durchaus auch, wenn auch zu einem geringen Prozentsatz, in den Gesellschaften der Industrienationen, vor allem dort, wo ihr feststellen könnt: Da ist ein Mensch, der ganz abhängig und ganz auf Hilfe angewiesen ist, nicht nur in seinen frühen Lebensjahren, sondern bis weit in sein Erwachsenenalter hinein.

Hier handelt es sich zu einem Teil um körperlich und geistig Behinderte. Doch sollte aus einer solchen Behinderung nicht ohne weiteres der Rückschluß gezogen werden, daß es sich hier unbedingt um eine Säugling-Seele handeln muß. Denn auch die Alte Seele wählt diese Form der Existenz nicht selten, um bestimmte Erfahrungen zu machen, die mit Abhängigkeit und Hilflosigkeit einhergehen.

Dennoch sind viele von denen, die zeit ihres Lebens gepflegt werden müssen, Seelen im Zyklus des Säugling-Alters, die nicht gewillt sind, die soeben gewählte Existenz unmittelbar wieder zu verlassen. Denn das müßte fast unweigerlich eintreten, wenn sie als spastisch Gelähmte, Hirngeschädigte oder schwer Körperbehinderte in einer urtümlichen Stammesgemeinschaft das Licht der Welt erblicken würden.

Wenn also eine Säugling-Seele ihren ganzen Mut zusammennimmt, um sich endlich zu inkarnieren und auch zum Beispiel den Modus der Ausdauer oder das Ziel der Beschleunigung gewählt hat, wird sie es vorziehen, sich dort zu verkörpern, wo medizinische Hilfeleistungen und Kenntnisse in einem Maße vorhanden sind, daß sie das dreißigste oder auch vierzigste oder gar fünfzigste Lebensjahr erreichen kann. Denn wenn eine Säugling-Seele über die Hälfte der durchschnittlichen Lebensjahre erreicht hat, gewöhnt sie sich leichter an die Bedingungen des Körpers und benötigt daher weniger Einzelleben in diesem Zyklus, als wenn sie mehrere Versuche machen muß, sich an einen Körper überhaupt anzupassen, um ihn dann gleich im ersten Lebensjahr oder vor dem Erreichen des zehnten Jahres wieder zu verlassen.

Die Säugling-Seele scheut noch die Tatsache, daß sie jetzt getrennt vom Ganzen, körperlich getrennt von den Geschwistern ihrer Seelenfamilie, vereinzelt als Individuum und abgegrenzt durch ihre Haut leben muß. Sie fühlt sich verlassen und verloren und greift deshalb nach jeder Möglichkeit, dieses Gefühl zu überwinden oder auch zu verleugnen. Ihr ist am wohlsten, wenn sie so viel Körperkontakt wie nur irgend möglich genießt. Sie empfindet es als unerträglich, allein in einem Raum zu schlafen, sie sucht die Nähe von Tieren und Pflanzen, da sie die Erinnerung an das Eingebundensein in der Gesamtheit aller Manifestationen und Erscheinungen noch nicht ganz verloren hat.

Sie braucht den Kontext gemeinschaftlicher Handlungen und Verantwortungen, da sie als Individuum weder in der Lage noch willens ist, selbständigen Impulsen zu folgen oder eigene Verantwortung zu tragen. Alles, was sie von ihrer Gruppe, von ihrer Familie oder ihrem Stamm trennt, macht ihr so unerträgliche Angst, daß sie es vorzieht, keinen Augenblick ihres Lebens allein mit sich zu sein. Dies geschieht nur, wenn sie todkrank ist oder aus irgendeinem sozialen Grund von der Gemeinschaft ausgesondert wird. Aber dann ist der Tod eine unausweichliche Folge für die Säugling-Seele, da sie nicht imstande ist, sich fern von den anderen zu bewegen, zu ernähren und zu schützen. Aber auch die Bindung an die Gewohnheiten und Rituale der Rasse oder des Stammes sind so stark, daß eine Säugling-Seele in vereinzelter Existenz nicht überleben kann.

Sie ist nur noch wie durch eine Nabelschnur verbunden mit dem

Allganzen – allerdings ist die Nabelschnur schon abgestorben. Und diese Verbindung ist auch zu beobachten in ihrem Verhältnis zum Göttlichen, so wie sie es versteht. Das Göttliche ist für sie immer und überall vorhanden, aber nicht als Manifestation von Liebe, sondern als angst- und grauenerregende Instanz, die in einem fort begütigt werden muß.

Die Säugling-Seele hat vergessen, daß sie ihre Menschwerdung selbst gewählt hat. Sie fühlt sich verstoßen, sie fühlt sich bestraft dadurch, daß sie jetzt in einem hilflosen, verletzbaren Körper wohnen muß, anstatt sich schwerelos und mühelos in der astralen Welt aufhalten zu können, und sie entbehrt der Gewißheit, daß sie ein Fragment des Ganzen und des göttlichen Geistes ist, denn sie kann und darf sich jetzt nicht mehr an das erinnern, was sie hinter sich gelassen hat, sondern muß ihren Blick auf ihre Aufgaben und ihre Pläne richten.

Das Göttliche wird als allgegenwärtig, jedoch als strafend und böse empfunden, und deshalb kann die Säugling-Seele nicht anders, als die vermeintlich rächende, widrige Instanz durch Blutopfer zu besänftigen und sie zu begreifen als ein Abbild der eigenen Angst und Bedrohtheit, als ähnlich und doch anders. Sie opfert die Körper von Tieren stellvertretend für den eigenen. Darum werden auch den Symbolen des Göttlichen, den Kultfiguren, den Totems, den Steinen und furchterregenden Naturgewalten Speise- und Trankopfer angeboten, denn Speise und Trank und auch der Schutz einer Höhle oder Hütte sind das, was die Säugling-Seele am dringendsten braucht und was sie wirklich nur unter großen Opfern der Göttlichkeit anbieten kann.

Angst und Hilflosigkeit bestimmen die ersten Leben einer neu inkarnierten Seele. Diese Angst, diese Hilflosigkeit zeigen sich in ihrem Gesicht und vor allem in ihren Augen. Die Augen sind entweder weit geöffnet, und dabei meistens von einem dunklen Entsetzen erfüllt, oder aber zusammengekniffen, da die verschreckte Seele glaubt, sich durch ein fundamentales Mißtrauen, durch eine Abwehrhaltung schützen zu müssen, die dadurch aufgebaut wird, daß der Mensch im Stadium der Säugling-Seele die Welt gar nicht erst einer Prüfung unterzieht, sie nicht betrachtet, sondern versucht zu verhindern, daß die Eindrücke der Welt in ihn eindringen.

Er glaubt, wenn er die Augen verschließt vor all dem, was ihn zu sehr bedroht, die Angst besser bewältigen zu können. Die Augen sind deshalb auch häufig von Krankheiten befallen, die zu einer extremen Sehschwäche oder gar Blindheit führen, womit zweierlei erreicht wird: ein offiziell anerkannter Zustand der Hilflosigkeit und die Unmöglichkeit, Realität mit den Augen wahrzunehmen.

Ein Drittes jedoch ist von ebenso großer Bedeutung. Denn obgleich die Säugling-Seele auf Kontakt wie auf eine lebenserhaltende Maßnahme angewiesen ist, möchte sie doch diesen Kontakt vor allem mit geschlossenen Augen oder im Dunkeln genießen. Wovon sie sich besonders verstört fühlt, ist ein offener Augenkontakt mit ihren Mitmenschen, denn ein solcher Kontakt erschreckt sie bis ins Mark. Er erinnert sie daran, daß es doch noch Verbindungsmöglichkeiten zu dem soeben Verlorenen geben könnte. Aber die Säugling-Seele ist »böse« auf die Geborgenheit der Astralwelt, die sie selbst verlassen hat, und will nicht erinnert werden an die Ungetrenntheit, die hinter ihr liegt. Ein Augenkontakt, der mehr als eine Sekunde aufrechterhalten wird, ist für eine solche Seele Anlaß für Angst- und Haßgefühle. Er wird deshalb gemieden oder als »böser Blick« interpretiert.

Politik interessiert die Säugling-Seele nicht. Es ist ihr unvorstellbar, daß sie einen Einfluß ausüben könnte auf die Geschicke ihrer Gruppe, ihres Volkes oder der Erde. Es ist ihr nicht möglich, etwas über ihre eigenen, engen Bedürfnisse Hinausreichendes zu wünschen und über ihren Horizont hinauszublicken. Sie empfindet gegenüber jenen, die über ihren Tagesablauf oder ihr Berufsschicksal bestimmen, eine ebenso große Hilflosigkeit wie dem Göttlichen gegenüber. Sie fühlt sich zwar nicht mehr als Teil des Ganzen, auch nicht bewußt als Mitglied einer Gesellschaft oder Gruppe, die bestimmte Anliegen vertritt oder Veränderungen wünschen könnte. Trotzdem: Gerade weil die Säugling-Seele so ungeheuer abhängig ist von der Führung und Begleitung anderer Seelen, ist sie abhängig auch im Bereich menschlicher, sozialer und kultureller Zusammenhänge. Sie läßt sich hin und her schieben und gehorcht, ohne eine eigene Meinung entwickeln zu können. Sie versteht auch nicht, wofür sie benutzt wird, da sie übergreifende Zusammenhänge nicht zu erkennen vermag.

Die Säugling-Seele ist in einer Lebensform, in der sie sich um möglichst wenig mehr als um ihr unmittelbares physisches Überleben und die Fortpflanzung kümmern muß, von großer Zufriedenheit erfüllt. Mehr strebt sie nicht an. Sie ist bereit zu arbeiten, soweit es ihre

Bedürfnisse nach Hilflosigkeit und Abhängigkeit zulassen, verläßt sich aber passiv auf die Unterstützung der Familie, des Stammes oder des Staates, sobald sie ihr unmittelbares Überleben und ihre Belange bedroht fühlt. Es fällt ihr schwer, für jemanden da zu sein, doch sie wünscht sich, alle anderen mögen für sie da sein.

Der Körper braucht in diesem Stadium der seelischen Entwicklung sehr viel Schlaf, weil der Mensch nur über sein Unbewußtes Zugang zu außerkörperlichen Dimensionen finden kann. Während des Schlafs holt die Säugling-Seele sich den Trost und die Geborgenheit, die ihr im Leben notwendig erscheinen und doch oft fehlen.

Ihre Sexualität ist auf möglichst häufige und wahllose Befriedigung angewiesen und auf möglichst zahlreiche Nachkommenschaft orientiert, denn die Säugling-Seele ist in ihrem Körper ungern allein. Die Sicherung einer großen Anzahl Blutsverwandter und Abhängiger vermittelt ihr die Gewißheit, nie einsam zu bleiben und auch im Alter gepflegt und versorgt zu werden.

Wirklich glücklich ist die Seele während ihrer allerersten inkarnierten Phase, wenn sie umgeben von vielen vertrauten, möglichst engverwandten Menschen eine Mahlzeit einnehmen kann und sich anschließend schlafen legt, ohne sich von der Wärme und Fürsorge der anderen trennen zu müssen. Nichts ist schöner für sie, als die Grundbedürfnisse an Nahrung, Sicherheit und sexueller Befriedigung unmittelbar und häufig erfüllt zu finden. Sie fühlt sich nicht bedroht und tut niemandem etwas zuleide. Und trotzdem spürt diese Seele, daß sie – um ihren Aufgaben im gesamten Inkarnationszyklus gerecht zu werden – in diesem Zustand schlichter Seligkeit nicht mehr lange verharren kann. Sie macht sich nach etwa zehn Leben darauf gefaßt, daß sie sich aus der Enge der abhängigen Geborgenheit lösen muß und bereitet sich vor auf das Stadium der Kind-Seele, das sie hinausführen wird aus der bislang noch dankbar empfundenen Hilflosigkeit.

② Die Kind-Seele

Das Stadium der Kind-Seele kennzeichnet einen Abschnitt der seelischen Entwicklung, der geprägt ist von einer Ambivalenz und einem Konflikt zwischen einer schmerzlich empfundenen Abhängigkeit auf der einen Seite und einem Wunsch nach Selbständigkeit auf der anderen.

Die Kind-Seele spürt sehr deutlich ihre Neugier, ihr Bedürfnis, sich Unbekanntem zu nähern und dafür eine Trennung von der Gruppe mit ihrer Geborgenheit in Kauf zu nehmen. Sobald aber die Neugier mit der damit verbundenen Trennung einen kritischen Punkt erreicht hat, an dem durch die Loslösung Angst erzeugt wird, empfindet die Kind-Seele ihre Wünsche nach Selbständigkeit als schuldhaft und wendet sich zurück in den Schoß der seelischen oder sozialen Gemeinschaft, um sich selbst und anderen zu versichern, daß sie doch noch bereit ist, Abhängigkeit als etwas Gutes und Schönes zu empfinden. Sie gesteht reumütig ein, daß es vermessen gewesen sei, ein Abenteuer zu suchen, sich in Gefahr zu begeben oder Risiken einzugehen, die nichts anderes zur Folge haben können als eine kritische Distanz zu der in Aussicht gestellten Geborgenheit, die sie hofft, für immer erleben zu dürfen, wenn sie sich nicht löst.

Aber sie will sich lösen, und sie muß sich lösen. Die körperlichen Existenzphasen, die diesem Abschnitt der seelischen Entfaltung gewidmet sind, führen nach und nach in immer größere Entfernung vom Kollektiv, die zwar weiterhin angstvoll erlebt wird, andererseits so reizvoll ist, daß ein Verzicht auf die Exkursionen in das Reich der Unabhängigkeit immer seltener möglich erscheint.

Alle Leben in diesem Zyklus der Kind-Seele dienen dem Experiment, Ablösung unter gleichzeitiger Inanspruchnahme der noch wichtigen Rückversicherung in der Geborgenheit zu erproben, alle Kräfte in den Dienst eines erwachenden Selbstverständnisses zu stellen und sich mit der Tatsache anzufreunden, daß die Fragmentierung der Seelenfamilie, der ursprünglich seelischen Ganzheit, wirklich vollzogen wurde. Die Säugling-Seele konnte und wollte dieses Faktum nicht anerkennen. Die Kind-Seele spürt es, und sie gewinnt nach und nach eine Freude, ja eine Lust daran, vereinzelt zu sein.

Aber so wie ein Kind bei seinen ersten Ausflügen in die Bereiche der selbständigen Erfahrung sich der Möglichkeit, jederzeit an die Hand des Vaters oder den Rockzipfel der Mutter zurückkehren zu können, vergewissern muß, so ist auch die Kind-Seele in ihren ersten Leben dieses Zyklus auf die Gemeinschaft als beständigen Hintergrund angewiesen. Und damit meinen wir nicht nur die soziale Gemeinschaft, sondern auch die Gemeinschaft derjenigen Seelen, die sich in demselben Entwicklungsstadium befinden und dieselben Bedürfnisse haben, so daß sich ein passender Gleichklang ergibt und eine Gelegenheit der Zuflucht.

Die Kind-Seele ist neugierig. Sie möchte die Welt, das Du vorsichtig erkunden. Sie will wissen, wer sie ist, wenn sie sich nicht festhält, und sie erhält darauf die allerersten Antworten. Aber diese Antworten lösen zugleich Verstörung aus, denn sie bringen mit den ersten Einsichten in die Tatsächlichkeit der Fragmentierung auch eine Schmerzlichkeit mit sich und eine Ausweglosigkeit, die eine Rückkehr in das Ganze als Sehnsucht spürbar macht und zugleich ihre Unerfüllbarkeit unwiderruflich festlegt.

Jetzt erkennt die Seele, daß sie nur noch vorwärtsschreiten kann, und weil der Schmerz, der durch die Sehnsucht nach einer Rückkehr in die Geborgenheit entsteht, unerträglich wird, gelobt sie sich, nicht mehr zurückzuschauen, sich nun also freiwillig oder willensmäßig abzutrennen. Die Freiwilligkeit ist scheinbar, doch die Kind-Seele besteht darauf, daß sie nunmehr eigene Entscheidungen trifft.

Neu ist für sie die Erkenntnis, daß sie Schuld entweder auf sich nehmen oder auf andere abladen kann. Und je nachdem, wie die Matrix des Fragments in einem bestimmten Leben strukturiert ist, wird der eine oder andere Weg beschritten. Die Fähigkeit, Opfer zu sein oder Opfer zu kreieren, ist erstmals in diesem seelischen Entwicklungsstadium gegeben. Nun werden auch die ersten karmischen Bande geknüpft. Während die Säugling-Seele noch Tiere opferte, um sich von ihrer Angst und ihren unbewußten Schuldgefühlen zu entlasten, ist die Kind-Seele jetzt bereit, sich selbst oder ihre Mitmenschen als Opfer anzubieten. Wenn sie es vorzieht, andere für ihre Ängste büßen zu lassen – und das ist im Laufe dieses Entwicklungszyklus unausweichlich –, bedeutet es zugleich, daß andere sich in die Opferrolle begeben. Dadurch werden Verbindungen geknüpft, die in einem späteren Stadium, meistens erst im Zyklus der Reifen oder der Alten Seele, aufgelöst werden müssen.

Die Kind-Seele braucht, um diesen Zyklus mit Gewinn für ihre Evolution durchschreiten zu können, die Möglichkeit, Schuld von sich zu weisen und sie anderen Menschen zuzuschieben. Da sie jedoch weder für ihre eigenen Motivationen noch für ihren eigenen Schmerz

Verständnis aufbringen kann, weil ihr die Bewußtheit dafür noch fehlt, geht sie nach dem Schema von Strafe und Belohnung vor und vollzieht die Strafen an anderen, um sich selbst besser zu fühlen. Sie überläßt die Bestrafung nicht einer höheren Instanz, weil sie das Göttliche nicht mehr als eine Präsenz empfindet, an die sie sich wenden kann, um ihre Schwierigkeiten zu bewältigen. Sie muß also die Waffen, die geistigen oder die materiell konkreten, selbst in die Hand nehmen, um zu vollziehen, was nach dem Stand ihrer Einsicht notwendig ist. Sie tötet, um selbst zu überleben – nicht aus moralischen Gründen, nicht aus dem Wunsch heraus, einem Ideal zum Sieg zu verhelfen, sondern deshalb, weil sie sich dadurch einen Freiraum für ihre eigenen Handlungs- und Entwicklungswünsche schafft.

Die Kind-Seele ist weder in der Lage noch bereit, die Verantwortung für das zu übernehmen, was sie – um sich selbst durchzusetzen und sich der Selbständigkeit zu nähern – anrichtet. Verantwortung ist für sie ein Begriff, der sich allenfalls in materiellem Sinn verstehen läßt. So wie ein Bauer sich für seine Kuh verantwortlich fühlt, weil sie ihm dient und ihn ernährt, und er sie verliert, wenn er sie nicht melkt, so betrachtet auch die Kind-Seele Umwelt und Mitmenschen als Diener ihrer Bedürfnisse und übernimmt Verantwortung für sie nur insoweit, wie sie eine Funktion in bezug auf ihre eigenen Wünsche erfüllen. Im Bereich von gesellschaftlicher Gestaltung und Politik führt die Haltung der Kind-Seele zu einer grundsätzlichen, von Hilflosigkeit geprägten Empörung, die dadurch gekennzeichnet ist, daß »die anderen« oder »die da oben« immer Schuld haben, wenn irgend etwas die Kind-Seele stört oder beschädigt.

Die Säugling-Seele nimmt keinerlei Einfluß. Die Kind-Seele hingegen artikuliert sich durch Klagen und Aufbegehren, ohne daß damit eine Konsequenz oder verändernde Handlungsweise verbunden wäre. Es geht der Kind-Seele niemals darum, selbst etwas zu verändern. Sie möchte die ihrer Meinung nach Verantwortlichen nur auffordern, etwas zu unternehmen. Daß Veränderung im großen Veränderung im kleinen voraussetzt, ist ihr nicht einsichtig. Wenn die Dinge nicht so stehen, wie sie es sich wünscht, hat das immer mit den anderen zu tun und ist deren Schuld. Sie selbst ist das Opfer der Verhältnisse, zumindest empfindet sie sich so, da sie auch hier nicht in der Lage ist, Verantwortung für das Gesamtgefüge zu übernehmen.

Aber gegen Ende dieses Entwicklungszyklus der Seele ändert sich die Perspektive, und die Kind-Seele beginnt zu erkennen, daß auch sie ihren Beitrag zur Gestaltung ihres eigenen Lebens leisten kann. Und sie entwickelt eine neue Lust daran, nicht nur alles abzulehnen, was ihr zugemutet wird, sondern eigene neue Vorschläge für eine Veränderung zu machen. Sie entwickelt auch Ideale und kann sich nun vorstellen, wie die Welt sein könnte, wenn sie nur nicht so wäre, wie sie ist. Dabei richtet sie ihre Sehnsucht auf das Vollkommene, das sie mit dem, was sie wahrnimmt, in einen unüberbrückbaren Konstrast stellt. Sie bittet und betet nun häufig ihre göttliche Instanz an, um ihrer Hoffnung auf eine Veränderung der bestehenden Lebens- und Existenzbedingungen Ausdruck zu verleihen. Doch immer noch ist es eine Kraft außerhalb ihrer selbst, die als einzige ihr Los verbessern könnte.

Die Religiosität der Kind-Seele ist auf eine Vielzahl von göttlichen Figuren gerichtet. Das Böse ist ebenfalls aufgesplittert in eine Reihe von Repräsentanzen. Die Kind-Seele schafft sich ein Pantheon von Instanzen, an die sie sich wenden kann und von denen sie sich auch beherrscht fühlt. Der Götterhimmel und die Tempel sind gefüllt von Gestalten und Statuen, die sowohl zu einer Beruhigung als auch einer Verwirrung beitragen. Die Beruhigung entsteht dadurch, daß die Kind-Seele für jeden ihrer Wünsche die passend zugeschnittene gottähnliche und doch menschengleiche Figur ansprechen kann. Die Verwirrung wird durch die unbeantwortbare Frage gestiftet, ob die Heilige, die Einzelgottheit oder die Manifestation eines Boddhisattva wirklich die Wünsche und das Flehen vernommen hat, ob die angebetete Gestalt sich des verängstigten Seelenfragments wahrhaft annimmt oder stumm, unbeweglich und unbarmherzig bleibt.

Verantwortlichkeit wird auch in diesem Sinne von der Kind-Seele ganz und gar abgegeben. Doch wenn die Gebete nicht erhört werden, weist sie sich selbst einen Teil der Schuld dafür zu und fühlt sich zu gesteigerten Maßnahmen der Unterwerfung oder Besänftigung aufgerufen. Die Gottheit oder der Heilige soll gezwungen werden, das zu bewirken, was die Kind-Seele sich selbst nicht zutraut. Und sie wird darauf so lange beharren, bis sie in das Stadium der Jungen Seele überwechselt und nun als Gegenbewegung sich vornimmt, alles ganz allein zu machen, um auf niemandes Hilfe mehr angewiesen zu sein.

Die Kind-Seele spielt gern mit dem Leben und den Möglichkeiten, die ihre Existenz formen. Sie bewegt sich dabei am liebsten in den Regionen des »als ob« und »was wäre, wenn«. Wichtig ist ihr, etwas auszuprobieren, ohne allzu große Risiken oder Konsequenzen bewältigen zu müssen. Sie greift aus, braucht jedoch die Möglichkeit, sich auch jederzeit wieder zurückziehen zu können. Ihre Wünsche und Phantasien sind überwältigend, doch macht sie wenig Anstalten, sie in Realität umzusetzen. Es genügt ihr oft, mit dem Gedanken das Potential zu durchwandern, das sie sich als erstrebenswert vorstellt. Sie spielt auch mit Beziehungen, nicht aus böser Absicht oder einem Mangel an Liebe, sondern aus dem Bedürfnis heraus, sich nicht festlegen zu müssen. Sie denkt sich nichts dabei und fühlt auch nichts dabei, sich kurzfristig mit einem Menschen zu verbinden und ihn dann wieder fallenzulassen, gleich ob es ein Partner, ein Freund oder ein Kind ist.

Die Kind-Seele kann sich nicht sehr lange auf ein und denselben Strang ihrer Entwicklung konzentrieren. Wie eine junge Katze, die noch nicht recht weiß, was sie mit einer Maus, die sie zunächst beobachtet und dann gepackt hat, anfangen soll, stößt die Kind-Seele ihre Erfahrungen an, läßt sie hin und her rollen, beobachtet sie neugierig, und läßt sie dann laufen, wenn diese Neugier gestillt ist.

Die Sexualität der Kind-Seele zeichnet sich ebenfalls durch diese Haltung aus. Phantasien spielen eine überaus große Rolle, doch werden sie nur selten mit dem Partner geteilt. Sie beschränken sich auf »was wäre, wenn«, Verspieltheit und infantilen Rückzug. Angst vor Entgrenzung und Verlust der soeben erst erahnten Individualität bestimmen das Geschlechtsleben. Die Scheu vor allzu großer Verantwortlichkeit bringt es mit sich, daß nun nicht mehr eine möglichst zahlreiche Nachkommenschaft gezeugt und geboren wird, dies jedoch nicht aus dem Wunsch heraus, mehr Verantwortung für die wenigen übernehmen zu können, sondern um sich nicht überfordert zu fühlen. Die Kind-Seele ist ja nun bereit und fühlt sich aufgerufen, bewußter selbstbewahrende, begrenzende Vorkehrungen zu treffen, um die noch instabile Identität nicht wieder zu verlieren. Sie ist dafür bereit, erste willentliche Beschränkungen auf sich zu nehmen. Das Du wird als Du begriffen, aber als fremd und grundsätzlich abgespalten erlebt.

Weil die Kind-Seele im Körper kaum Hoffnungen hegt, ihr verunsichertes Inneres mit irgendeinem anderen Menschen teilen zu können, verzichtet sie auf den Ausdruck ihrer Gefühle, so daß der Außenwelt nur die Ergebnisse oder Ausdrucksformen der bereits verarbeiteten oder verdrängten Emotionen sichtbar werden.

Die körperliche Gesundheit des Menschen mit einer Kind-Seele ist in der Regel robust und stabil. Sie wird nur beeinträchtigt durch scheinbar zufällige, schicksalhafte, von anderen verschuldete Einwirkungen, durch Unfälle, Gefangenschaft, Naturkatastrophen oder medizinische Falschbehandlungen. Die Kind-Seele geht grundsätzlich davon aus, daß ihrem Körper gar nichts passieren kann, wenn sie vorsichtig genug ist, sowohl das Äußere zu beobachten, als auch instinktiv vor Gefahren zurückzuschrecken. Und da sie überzeugt davon ist, durch den Einsatz ihrer Ich-Kräfte unverletzlich, sogar unsterblich sein zu können, setzt sie sich unbewußt allen möglichen Interventionen aus, die ihr ermöglichen, das Unberechenbare und Unbegreifliche zu erleben, wenn auch die beeinträchtigende Wirkung stets nach außen projiziert wird. Sie selbst hat mit all dem nichts zu tun. Ihr widerfährt Schreckliches, sie ist Opfer und kann auch nichts dagegen tun.

In den Augen der Kind-Seele zeigen sich eine charakteristische Arglosigkeit und oft auch eine Verletzlichkeit, die mit der beschriebenen unbewußten Opferhaltung in Verbindung stehen. Die Kind-Seele strahlt zwei Botschaften aus. Die erste lautet: »Mir kann niemand etwas antun.« Die zweite lautet: »Das kannst du mir doch nicht antun!« Und ebenso reagieren die Mitmenschen auf diese Mitteilungen. Sie fühlen den Impuls, einen Menschen mit Kind-Seele zu schonen und werden doch immer wieder von dieser Arglosigkeit und Schutzlosigkeit in einer Weise gereizt, daß sie – ohne es bewußt zu wollen – zuschlagen, wie um die Haltung der Kind-Seele zu bestätigen, daß sie selbst rein und unschuldig sei und das Böse nur außerhalb ihrer selbst zu finden sein wird.

Im Verhältnis zur Gesamtbevölkerung des Planeten Erde macht der Anteil der Kind-Seelen im späten zwanzigsten Jahrhundert ca. 18 % aus. Der afrikanische Kontinent sowie einige südostasiatische Nationen – Indonesien, Thailand, Korea, Burma, Vietnam – sind zu einem großen Teil von Kind-Seelen bevölkert. Auch in Südamerika und Polen leben bis zu einem Drittel Seelen in diesem Zyklus. In Deutschland ist der Typus der Kind-Seele mit 16 % vertreten.

Um alle Erfahrungen dieses Zyklus zu machen und zu integrieren, braucht eine Seele zwischen fünfzehn und zwanzig eingekörperte Existenzen. Gegen Ende des Zyklus entwickelt sie eine zunehmende Bereitschaft, Verantwortung für sich selbst und andere zu übernehmen. Sie erfährt durch mancherlei Schmerzen, daß das Leben nicht nur ein Spiel ist. Sie beginnt die Gestaltung ihres Lebens als Teil ihrer Eigenverantwortlichkeit zu sehen. Sie versteht, daß es Arbeit und Mühe kostet, zu formen und zu wollen. Sie wird sich nun bald nicht mehr damit zufriedengeben, ihr Schicksal passiv hinnehmend zu erleben. Sie bereitet sich vor auf eine Phase großer Aktivität und Selbstbestimmung, die ihr der lange Zyklus der Jungen Seele bereiten wird.

③ Die Junge Seele

Wenn ihr die rund siebzig Leben, die ein Inkarnationszyklus durchschnittlich in Anspruch nimmt, als siebzig Lebensjahre eines Menschen versteht, währt der Zyklus der Jungen Seele etwa vom fünfzehnten bis fünfunddreißigsten Lebensjahr, gut zwanzig Leben lang.

Die Junge Seele ist kein »Kind« mehr. Sie ist auch noch nicht gereift. Wohl aber wird sie während des Jungen Zyklus erwachsen. Erwachsensein und Reifsein sind zweierlei Dinge. Nach dem Stadium der Säugling-Seele und der Kind-Seele beginnt nun ein Abschnitt, der verhältnismäßig lange währt und deshalb viel Raum zur Entfaltung bietet. Kein anderer Zyklus dauert so viele Leben lang, denn die Junge Seele legt in dieser Periode die Grundlagen für die weitere Entwicklung. Sie bestehen in einer vorläufigen Orientierung, im Herausbilden eines Wertesystems, im Erproben der Kräfte, in der Auseinandersetzung mit der Welt, im Erfüllen von Wünschen und in der Herausbildung der Verständniskräfte.

Die vielen Leben werden eingesetzt, um die Beziehungen zwischen dem Ich und der Welt zu erkunden, um auszuloten, wie weit die Möglichkeiten reichen, was benötigt wird und was genügt, um sich selbst und die Welt unter Kontrolle zu bringen.

So wie im Märchen der junge Held Vater und Mutter verläßt und in die Welt hinauszieht, um Fehler zu machen und Erfolg zu haben, verläßt auch die Junge Seele die Geborgenheit ihrer Abhängigkeiten, macht sich selbständig, nimmt den Wanderstab und erobert die Welt. Sie zieht auf Abenteuer aus und ist durchaus bereit, zu straucheln und zu scheitern und alle möglichen Gefahren in Kauf zu nehmen, um diese Abenteuerlust zu befriedigen. Das bedeutet nicht, daß sie sich der Gefahren und Widrigkeiten wirklich bewußt wäre. Sie hält sie für möglich, versucht jedoch – gerade zu Beginn dieses Zyklus –, sie zu ignorieren, weil sie sonst den Mut nicht aufbrächte, sich dem Abenteuer zu stellen. Daher ist die Junge Seele im ersten Abschnitt des Zyklus noch von nahezu kindlicher Naivität erfüllt, die sie zugleich vor mancherlei Schwierigkeiten bewahrt und die ihr auch suggeriert, daß alles, was ihr an Unangenehmem widerfährt, nicht allzu schlimm ist und sie sich davon leicht erholen kann.

Die Junge Seele strebt nach dem sichtbaren, äußeren Erfolg. Sie möchte – um in dem Bild des Märchens zu bleiben – siegreich heimkehren und den Eltern den Triumph über das, wovor sie gewarnt wurde, präsentieren. So ist die Junge Seele ein mutiger Drachentöter, ein Mensch, der sich aufmacht, um die Früchte vom Baum des Lebens zu pflücken und sie auch zu essen, um Reichtum und Macht zu erwerben – und wir sprechen ausdrücklich von Reichtum und Macht und nicht von Wohlstand und Einfluß. Wohlstand und Einfluß sind Begriffe, die eher den Bedürfnissen der Reifen Seele zugeordnet werden müssen. Die Junge Seele ist mit Wohlstand nicht zufrieden. Sie ist entschlossen, an die Grenzen des Machbaren zu gehen, um sie gegebenenfalls noch zu überschreiten. Und Macht auszuüben ist für sie reizvoll. Sie will ja handeln und sich bewegen, stets aktiv über ihr Leben bestimmen und nimmt nicht davon Abstand, ebenso aktiv in das Schicksal anderer einzugreifen, wenn sie die Möglichkeit dazu hat.

Ihr wißt aus den vielen verschiedenen Variablen der Matrix, daß alles, was ist, in positiver oder negativer Weise eingesetzt werden kann. Das gilt auch für Reichtum und Macht. Die Junge Seele ist keineswegs darauf aus, Böses zu tun oder Errungenschaften zu mißbrauchen. Ganz im Gegenteil: Sie wünscht sich, ganz ohne schuldig zu werden, durch die Leben zu gehen. Gerade das zeigt ihre Naivität, denn in diesem Zyklus wird und muß sie erfahren, daß sie schuldlos schuldig wird, daß sie sich in Situationen verstrickt, in denen sie wählen muß, und daß karmische Bindungen unausweichlich sind.

Obgleich die Junge Seele das Beste will, begeht sie doch unausweichlich die gröbsten Fehler, da ihr die Erfahrung, die Gelassenheit und Weisheit noch fehlen, die dem Reifen und Alten Zyklus nach und nach zu eigen werden. Der Zyklus der Jungen Seele also ist ein Abschnitt in der Entfaltung, der notwendigerweise die Berührung mit Unrecht, Rechtsmißbrauch, Grausamkeit, Egoismus, Ruchlosigkeit und Fanatismus mit sich bringt. Es bedeutet auch, daß die allermeisten karmischen Bande in dieser Periode geschlossen werden. Die Verpflichtungen, die eine Seele durch karmische Handlungsweisen eingeht, sind notwendig, da sie eine Vorbedingung für die Einsicht in die Gesetzmäßigkeiten des Ganzen und das Wachsen der Liebesfähigkeit darstellen. Es handelt sich um eine Zeit der Turbulenzen, von Aufstieg und Fall, von großen Kontrasten. Alle Grenzmarken werden abgeschritten, nicht nur im aktiven Bereich des Tuns, sondern auch im passiven des Leidens. Doch nicht nur Leiden und Leidzufügen werden erprobt, sondern auch die ersten bewußten Akte der Liebe und der Lieblosigkeit.

Die Säugling-Seele und die Kind-Seele tun vieles, was liebevoll ist oder lieblos, doch sind sie sich dessen in keiner Weise bewußt. Im besten Sinne kann von ihnen gesagt werden: Sie wissen nicht, was sie tun. Die Junge Seele hingegen beginnt zu erkennen, daß Handlungen Konsequenzen haben im Guten wie im Schlechten. Sie kann zwar das Ausmaß der Folgen noch nicht absehen und versucht auch, ihre Augen davor zu verschließen. Dennoch ist die Haltung nicht mehr eindeutig. Die allerersten Sicherheiten geraten ins Wanken. Doch da sich die Junge Seele allmächtig vorkommt und tatsächlich Großes erreicht in der Beherrschung der eigenen Welt, kann und will sie sich nicht vorstellen, daß sie tatsächlich eines Tages für das, was sie tut, geradestehen muß. Und weil nun diese letztendliche Konsequenz verleugnet wird, spielt die Vorstellung von Schuld, Strafe, Sünde und Sühne in der Gedankenwelt, der Ethik und Moral der Jungen Seele eine so große Rolle. Denn da es ihr nicht möglich ist, einen Ausgleich in einem späteren Seelenzyklus in Betracht zu ziehen, sorgt sie dafür, daß alle Strafe im Diesseits erfolgt. Sie erläßt strengste Gesetze und huldigt auch religiösen Prinzipien, die ebenso wie ein unerbittlicher Richter jeden Fehltritt auf der Erde, im Jenseits oder seitens der Götter mit schwerer Sühne belegt. Buße muß am eigenen Leib erfahren werden durch die Schmerzen des Körpers, durch Tod und Folter, das Abhacken von Gliedmaßen, schweren Kerker oder ewiges Höllenfeuer.

Die Junge Seele kann sich selbst noch nicht recht verzeihen, daß sie nicht vollkommen ist, und aus dieser Spannung heraus tut sie vieles, was andere Vollkommenheit lehren will, Vollkommenheit jedoch in dem Sinne, daß kein Fehler vorkommen darf. Und wenn er vorkommt, wird er mit drakonischen Strafen belegt. Auch sieht sich die Junge Seele genötigt, all jene von sich fernzuhalten, die sie an ihre eigenen Mängel erinnern könnten. Hat sie einmal Macht und Reichtum mit den entsprechenden Statussymbolen erlangt, bewegt sich die Junge Seele gerne nur noch unter ihresgleichen. Sie möchte nicht sehen, daß es anderen schlechtgeht, daß sie hungern und frieren, krank sind oder unglücklich. All das würde sie viel zu sehr bedrohen und sie in ihrem Glauben erschüttern, daß sie selbst wegen ihrer Rechtschaffenheit und ihres richtigen Handelns von einer göttlichen Instanz mit Wohlergehen belohnt wurde. Daraus leitet sie ab, daß diejenigen, denen es schlechtgeht, nicht nur ihren Zustand selbst zu verantworten haben, sondern auch noch auf Erden und im Jenseits für ihr Fehlverhalten bestraft werden sollten.

Das macht es der Jungen Seele einfach, zwischen Gut und Böse zu unterscheiden. Und so stürzt sie auch tief hinab, wenn ihr das Glück einmal nicht mehr hold ist, wenn sie erkrankt oder verraten wird. Sie fühlt sich dann selbst vom Schicksal gebeutelt, fühlt sich schuldig, obgleich sie nicht weiß wofür, und trägt dann ihre Schuldgefühle und ihren Selbsthaß an anderen, Schwächeren aus, die als Sündenböcke herhalten müssen für die Schwierigkeiten, denen sich die Junge Seele ausgesetzt sieht.

Dieser Zyklus dauert sehr lange – wie wir bereits sagten –, und er ist dabei, eher noch länger zu werden, noch mehr Leben als vorher in Anspruch zu nehmen. Denn zugleich mit dem Wunsch vieler Menschen auf eurer Erde, möglichst lange jung zu bleiben, sich möglichst lange auf den Höhen des Erfolgs zu bewegen, immer mehr Reichtümer zu erwerben, entwickeln sich Bedürfnisse, an den Werten dieses Zyklus noch länger festzuhalten. Der Reife Zyklus kann erst beginnen, wenn einer Seele oder auch einem Menschen die Errungenschaften, die seinerzeit als erstrebenswert galten und für die alle Kraft eingesetzt wurde, nicht mehr so segensreich erscheinen wollen, wenn die Seele beginnt, das äußere Glück in Frage zu stellen, und eine Unlust verspürt, sich weiter darum zu bemühen. Solange jedoch die allgemeinen Werthaltungen eurer Gesellschaften Jugend, Erfolg, Reichtum und Gesundheit über alles stellen, wird die Mehrzahl der Seelen sich nicht vom Jungen Zyklus endgültig lösen können, obgleich er schon reichlich lange angedauert hat.

Eine Seele in diesem Stadium ihrer Entwicklung wünscht sich nichts so sehr wie eine gültige Bestätigung ihrer Existenz. Die Säugling- und die Kind-Seele existieren, doch haben sie weder Zweifel daran noch ein Bewußtsein davon. Die Junge Seele gewinnt nun langsam eine innere Distanz zu sich selbst und zum erstenmal erhebt sich die Frage: »Wer bin ich? Wozu bin ich?« Und: »Bin ich überhaupt?« Deshalb ist sie in verstärktem Maße auf Spiegelung und Bestätigung angewiesen, sozusagen als Beweis für ihr Dasein. Sie sucht Spiegelung und Bestätigung durch äußere Faktoren, da ihr diese am greifbarsten und beweiskräftigsten erscheinen. Sie weiß von sich selbst erst, wenn sie sich durch die Augen anderer Menschen betrachtet. Ganz gleich, ob es sich um einen Schuhputzer handelt, der seinen ganzen Stolz in den Glanz fremder Schuhe legt und sich identifiziert mit dem Lob, das er erhält, wenn er seine Arbeit zur Zufriedenheit der Kunden verrichtet, oder um einen Politiker, der seinen Wert an der Anzahl der Wählerstimmen oder seinem Renommee innerhalb seiner Partei mißt: Der äußere Glanz ist es und der Widerhall, der dazu dient, das Selbstwertgefühl der Jungen Seele zu stärken, und dieser Glanz muß ständig durch eifriges Polieren aufrechterhalten werden.

Das zeigt sich in der Begrifflichkeit, die ihr mit dem Wort »Selbstbild« verbindet. Sein Selbstbild poliert auch der populäre Gesangskünstler, der Erweckungsprediger, der Anführer einer Jugendbande oder der Klassenbeste. Alle sind auf die aufbauende, bestätigende Verehrung der Umwelt angewiesen, und diese Verehrung sollte sich möglichst auch in Sachwerten manifestieren, denn Sachwert und Selbstwert hängen in der Betrachtungsweise der Jungen Seele unmittelbar zusammen.

Die Junge Seele braucht also den Mitmenschen, um sich ihrer Existenz ständig zu vergewissern. Das tut sie gelegentlich auch, wenn sie sich in angstvollem Stolz von allen Bindungen zu befreien versucht, um herauszufinden, ob sie auch ohne die Nahrung der Bestätigung leben kann. Die Zurückweisung von Lob, das übermäßige Abgrenzungsbedürfnis und die Sehnsucht nach unbedingter Autonomie zeigen die Not, die hinter dem Wunsch steckt, von niemandem abhängig zu sein. Die Junge Seele legt sehr viel Wert auf Fortschritt, auf Verbesserung, auf den Aufstieg. Ihr Weg gleicht nicht einer Straße in der Ebene, sondern stellt sich als steile Treppe oder Leiter dar. Sie empfindet das Klettern als mühsam, ist jedoch sehr stolz und zufrieden über jegliche Bewältigung dieser Mühsal.

Sie richtet ihren Blick immer auf die nächsthöhere Stufe und auf jene, die sich bereits auf ihr befinden. Fortschritt bedeutet hier immer ein Mehr: ein Mehr an Ruhm, Erfolg, Anerkennung und Bestätigung. Und da sie stets ihre Augen in die Höhe gerichtet hält, leidet sie auch unter Neidgefühlen, die niemals nachlassen, solange noch Steigerungen und Stufen erkennbar sind, die noch nicht erklommen wurden.

Die Junge Seele ist sich ihres Wertes als einzigartiges Individuum noch kaum bewußt, und deshalb vergleicht sie sich unablässig mit anderen, um sich zu definieren. Um nicht bei diesen Vergleichen ständig schlecht abzuschneiden – denn stets gibt es Menschen, die mehr haben, mehr darstellen –, greift die Junge Seele zur Schutzhaltung der Verächtlichkeit und setzt den Nachbarn, der größere Felder oder ein teureres Auto oder eine schönere Frau hat, heimlich oder öffentlich herab, um sich nicht ständig im Selbstvergleich demütigen zu müssen. Sie hat Schwierigkeiten, sich zu ihren Neidgefühlen zu bekennen. Sie hofft vielmehr, daß es immer irgend jemand anderen geben wird, der auf sie neidisch ist. Und da nun die Junge Seele über so starke innere Motoren verfügt, die sie zum Handeln anspornen und ihr die Kraft verleihen, etwas erreichen zu wollen, gelingt ihr auch wirklich Großes und Eindrucksvolles – was immer in ihrem Kontext als großartig und eindrucksvoll gelten mag. Im Gestalten gesellschaftlicher Zusammenhänge, in Familie und Verwaltung, in Handel und Politik lenkt sie aktiv ihre eigenen Geschicke und die Geschicke derer, die sich ihr anvertrauen. Die Junge Seele pocht auf ihr Recht auf Gefolgschaft und unterscheidet sehr penibel zwischen Feind und Freund. Wer ihr Freund ist, wird von ihr unbedingt viel Gutes zu erwarten haben. Ein Feind wird die ungebrochene Feindschaft zu spüren bekommen, weiß aber stets, woran er ist.

Die Junge Seele braucht und schafft Klarheit. Ihr ist am wohlsten, wenn sie ihre Belange übersichtlich geordnet hat, wenn sie genau weiß, wer wohin gehört, auf wen sie sich verlassen kann, was als nächstes zu tun ist und wo ihr Ziel liegt. Unsicherheit macht ihr Schwierigkeiten. Sie ist in höchstem Maße dynamisch und bewegt entsprechend viel.

Der klassische Typus der Jungen Seele ist der Tellerwäscher, der zum Millionär aufsteigt, oder der Müllersbursch, der die Prinzessin zur Frau gewinnt. Das Leben, so wie die Junge Seele es wahrnimmt, läßt alle Möglichkeiten offen. In der bestaunenswerten Dynamik liegt auch eine unmittelbare Kreativität, die sich auf einen elementaren Ideenreichtum stützt, elementar deshalb, weil er dem siegreichen Überleben, der triumphalen Durchsetzung dient. Die Junge Seele ist beflügelt von dem Gedanken »Ich werd's euch zeigen!«

Dieser Gedanke mobilisiert alle vorhandenen Energien und stärkt die Willenskraft. Die Hoffnung auf eine Verbesserung der Umstände, auf eine letztendliche Befriedigung und ein Erklimmen der Erfolgsleiter versiegt nie. Und wenn das aktuelle Leben die Verwirklichung dieser Hoffnung nicht manifest zeigt, so daß die Junge Seele fast an ihren Idealen verzweifeln möchte, richtet sie ihre Ansprüche auf Erhöhung in die Regionen nach dem Ableben. Dort, nach dem Tod, tritt dann gewißlich alles ein, was sie sich auf Erden erhofft hatte: Glanz und Gloria, goldstrotzende Pracht, immerwährende Gesundheit und Herrlichkeit, aber auch die Befriedigung aller sinnlichen Sehnsüchte, die ihr aus schier unerfindlichen Gründen während der Existenz im Körper versagt blieben.

Die sexuelle Prägung der Jungen Seele, die sich in einer starken Körperlichkeit, die unmittelbar nach Befriedigung der Wünsche strebt, ausdrückt, ist gepaart mit der Grundvorstellung, daß das Vorhandene nicht genug ist und daß die Erlösung in der quantitativen Steigerung liegt. Deshalb braucht die Junge Seele sehr viele sexuelle Kontakte oder viele verschiedene Partner. Der Wille zur Eroberung, das Streben nach Bestätigung, läßt sie besonders solche Menschen begehren, die sich ihr widersetzen oder entziehen, da ihre innere Dynamik durch das Nicht-sofort-haben-können angeheizt wird und einen enormen Drang nach Befriedigung freisetzt. Je nachdem, ob in der Gesellschaft, der sich die Junge Seele zugehörig betrachtet, eine solche Haltung bewundert oder tabuisiert wird, ist die öffentliche Zurschaustellung der eroberten Sexualpartner oder die offizielle Geheimhaltung der eigenen Begierden von großem Belang. Zu unterdrücken ist das Verlangen nicht, und wenn es mit Sanktionen belegt ist, bleibt doch die Phantasie als Ventil, eine Phantasie, die sich mit der Thematik von Eroberung, Erniedrigung, Erzwingung und Triumph auseinandersetzt, denn die Junge Seele will in allen Bereichen ihres Lebens um etwas ringen, was ihr erstrebenswert erscheint, und nichts macht sie unzufriedener als eine zeitweilige Zufriedenheit.

Da sie unruhig ist und sich auch grundsätzlich unsicher fühlt, sucht sie unablässig nach Sicherheiten. Sicherheiten glaubt sie zu finden in Grundbesitz, Anhäufung von Geldern, die nicht verbraucht werden dürfen, unantastbaren Ehe- und Verwandtschaftsverhältnissen und in religiösen Kontexten, die einen eindeutigen dogmatisch abgesicherten Schatz von Richtlinien aufweisen, an denen sich die Junge Seele orientieren kann. Sie will wissen, was sich gehört und was verpönt ist, sie braucht Gesetze und Vorschriften, die sagen, was richtig und falsch ist, und sie will jederzeit auf das Gewohnte als Sicherheit zurückgreifen können.

Je stärker eine religiöse Haltung mit Geboten, Verboten und Tabus behaftet ist, um so mehr kommt sie den Bedürfnissen der Jungen Seele entgegen. Sie kann ihre Unruhe im spirituellen Bereich damit dämpfen, daß ihr jederzeit deutlich vor Augen steht, was erlaubt und erwünscht oder sündhaft und damit strafbar ist. Während die Säugling- und Kind-Seele mit Vorliebe Naturreligionen oder schamanistischen Kultformen mit Beschwörungsritualen und Tieropfern, mit Tanzbewegungen und Rauchzeremonien, körperlichen Ekstasen und einer Vielzahl von Gottheiten huldigt, die sehr deutlich in böse oder gut, als heil- oder unheilbringend zu unterscheiden sind, neigt die Junge Seele aus Sicherheitsgründen zu monotheistischen Religionen, in denen eine strenge Vater- oder Muttergottheit über alles wacht, genau bestimmt, was ihrer Besänftigung dienen kann und was gegen ihre Regeln verstößt.

Die Festlegung klarer Grenzen und deutlicher Definitionen enthebt jedoch die Junge Seele nicht ganz ihres Zweifels ob ihres Wohlverhaltens, denn es bleibt immer ein Rest, der unbegreiflich und damit verunsichernd wirkt, sei es als Ausdruck von Gnade oder als Form der willkürlichen Strafe. Die Gottheit, die alles lenkt und alles sieht, ist auf ihre Weise unberechenbar, da ihr ein Wille und eine Allmacht zugeschrieben werden, die die Junge Seele als überaus verwirrend empfindet und denen sie sich hilflos ausgeliefert fühlt. So sehr sie also darauf achten mag, nicht gegen die göttlichen Gebote zu verstoßen, so sehr ist sie sich doch stets bewußt, daß ein einziger unachtsamer Fehltritt genügen kann, um die Verdammnis auf sich zu ziehen. Das bewirkt in

vielen Fällen, daß die Junge Seele sich sagt: »Wennschon, dennschon!«
und rigoros gegen die Vorschriften handelt, da sie sich auf etwas so
Unsicheres wie Gnade und Verzeihen gar nicht erst einlassen mag.

Sie hat auch noch keinen rechten Zugang zu den karmischen Gesetzen des Ausgleichs. Da sie so sehr aus dem Materiellen und Körperlichen heraus lebt, ist für sie mit dem Vergehen des Körpers alles zu
Ende. Warum sich denn anstrengen, gut zu sein, wenn es von Gott
vielleicht doch nicht anerkannt wird? Auch hier sind Anerkennung
und Bestätigung von höchster Bedeutung. Wenn die Junge Seele ihren
Glauben ans Jenseits im Sinne einer religiösen Dogmatik, als Himmel
oder elysische Gefilde, Hölle und Fegefeuer verstanden, nicht aufrechterhalten kann, sieht sie sich nicht veranlaßt, die Vorschriften
einzuhalten. Ganz im Gegenteil möchte sie herausfinden, ob das, was
ihr verheißen wird, tatsächlich stimmt, und das kann sie ihrer Meinung
nach nur, indem sie eine handfeste Stichprobe macht, trotz aller Angst
vor der Hölle.

Sicherheit und Unsicherheit als zwei Aspekte desselben Bedürfnisses werden auch hier sichtbar. Die Junge Seele sehnt sich nach
Gültigkeit und vollkommener Absicherung. Sie möchte sich auf alle
Versprechen hundertprozentig verlassen können, auch auf die Verhei-
ßungen der Priester. Um herauszufinden, ob sie gültig sind, muß gegen
die Gesetze verstoßen werden. Damit läßt sich die Junge Seele auf
starke Verunsicherung ein, die wiederum zu einem verstärkten Bedürfnis nach Sicherheit führt.

Die Einhaltung sinn- und sicherheitsstiftender Rituale verschafft ihr
ebenfalls große Befriedigung und bettet sie ein in das erstrebte Sicher-
heitsgefüge. Rituale in der Familie, im Kontext der Religion, aber auch
im Geschäftsleben, an der Börse, im Ablauf des Alltags, in Kleidung,
Körperpflege und Ernährung bestimmen ihr Leben und geben ihr
Halt. Sie braucht den Halt und sucht ihn in Formen des Handelns, da
sie ihn in sich selbst nur selten findet. Rituale gewähren ihr den Schutz
der Gemeinschaft und die Möglichkeit, sich als Mitglied einer Familie,
einer Gruppe, eines Stammes oder Volkes zu definieren. Die Definition der eigenen Identität ist noch gebunden an die Normen der
Gemeinschaft. Der Halt kommt von außen. Ein anderer Halt wird
nicht gesucht.

Die Arbeit, die eine Junge Seele in den Aufbau und in die Aufrechterhaltung ihrer Welt steckt, macht sie zufrieden, und wenn diese Welt aus irgendeinem Grunde zusammenbricht, wird sofort damit begonnen, sie erneut zu errichten. Die Junge Seele arbeitet gerne. Arbeit vermittelt ihr die Sicherheit, daß sie den Lauf der Existenz beeinflussen kann, und dieses Empfinden wird sie stets beglücken. Sie findet sich mit Schicksalsschlägen deshalb leichter ab als die Reife Seele, geht darüber hinweg, krempelt die Ärmel hoch und beginnt von neuem.

Sie wird niemals aufgeben und bis zum letzten Atemzug nicht an der Machbarkeit ihres Glückes zweifeln. Und weil sie nach Zufriedenheit im Erreichten strebt, verbucht sie alle Errungenschaften und Erfolge ganz allein auf ihr eigenes Konto und ist auch bereit, Fehler als solche anzuerkennen und dafür zu büßen. Sie ist stolz auf alles, was sie geschaffen hat. Das Schicksal, die verschlungenen Wege des Lebens, die Macht der unbewußten Motivationen und auch die Pläne der eigenen Seele bleiben dabei nicht selten unberücksichtigt. Sie werden beiseite geschoben oder ignoriert, damit im Bewußtsein nur die eigene Leistung als strahlender Glanz erhalten bleibt. Doch bewirkt dies auch, daß es der Jungen Seele gelingt, Zustände von Zufriedenheit zu erreichen, die einzigartig sind und in dieser Weise später nicht mehr eintreten können. Im Hochgefühl ihrer Macht über das Leben erfreut sie sich einer großen Selbstgewißheit, und sie wird sie so lange genießen, bis sie die Schwelle zum Zyklus der Reifen Seele überschritten hat.

Gegen Ende des zwanzigsten Jahrhunderts eurer Zeitrechnung sind auf der Erde die Jungen Seelen insgesamt mit 41 % vertreten. Die meisten davon leben auf dem nordamerikanischen Kontinent und in Europa, aber auch in Japan, Thailand und Malaysia sowie in Australien finden sich unter der Bevölkerung ein größerer Anteil von Menschen, deren Seele sich in diesem Zyklus verwirklicht. Auch die Länder der ehemaligen UdSSR beherbergen einen Anteil von 20 % Junger Seelen. In Deutschland beträgt der Anteil Junger Seelen 45 %.

④ Die Reife Seele

Die Reife Seele entdeckt eine neue Welt. Während die Zyklen der Säugling-Seele, der Kind-Seele und der Jungen Seele ganz der Erforschung und Aneignung der äußeren Bedingungen und Möglichkeiten einer Inkarnation gewidmet sind, stößt die gereifte Seele nun auf Schichten von Wirklichkeit, die ihr bis dahin unbekannt waren und sie auch nicht interessieren konnten. Die Vorstellung, eine Psyche zu besitzen und eine Seele zu haben, wird jetzt greifbare Wirklichkeit. Die Reife Seele erlebt sich nun zwar in einem fundamentalen Zwiespalt, aber auch in einem ununterbrochenen Zwiegespäch zwischen ihrem äußeren und inneren Erleben.

Wir sagten, die reifende Seele entdeckt eine neue Welt. Dabei geht es ihr so wie einem Menschen, der sich mit einer Taucherausrüstung versehen in die Fluten des Meeres fallen läßt und zu seinem unermeßlichen Staunen, aber auch mit einem gewissen Grad an Beklommenheit, zum erstenmal die phantastische, farbenreiche, von Formenvielfalt erfüllte Sphäre der Unterwasserwelt erblickt. Vieles macht ihn neugierig, doch anderes bedroht ihn. Er weiß es nicht einzuordnen, er fühlt sich geängstigt, dem Unbekannten ausgesetzt. Er ahnt nicht, wo Gefahren drohen und wo er sich sicher fühlen darf. Er möchte tiefer eindringen, kennt jedoch nicht alle Bedingungen und Gesetzmäßigkeiten, die in dem Reich der Tiefe, in dem von heimlichem, unerforschtem Leben gefüllten Raum, den er betritt, gültig sind.

Und so wie der Taucher immer wieder an die Oberfläche zurückkehren muß, um Luft zu schöpfen, seine Sauerstoff-Flasche aufzufüllen oder um sich den Druckverhältnissen der Tiefe nicht allzu lange auszusetzen, wird auch der Mensch, der nun das Stadium der Reifen Seele erreicht hat, mit den zu erforschenden Bedingungen seiner neugewonnenen Dimensionen vorsichtig umgehen lernen müssen. Er darf sich der Tiefe seiner inneren Realität nicht unausgesetzt nähern. Gerade zu Anfang dieses Zyklus achtet er sorgfältig darauf, daß er sich noch vorwiegend in den Sphären der äußeren Wirklichkeit aufhält, die er während der ersten drei großen Seelenzyklen so gut kennengelernt hat. Sie stehen ihm ja zur Verfügung, er kann sie handhaben, und er beherrscht sie, soweit sie irgend zu beherrschen sind.

Die Reife Seele beginnt, überall dort Probleme zu erkennen, wo vorher keine Schwierigkeiten vorhanden zu sein schienen. Eine Junge Seele ist ja stets bereit, alle Konflikte, Probleme und Schwierigkeiten entweder zu leugnen oder mit großem Schwung beiseite zu fegen. Ihr kommt stets alles lösbar und alles machbar vor, und was immer ihrem Zugriff entgleiten will, ignoriert sie, da sie sich mit einer Verunsicherung ihres Glaubens an ihre eigenen Kräfte nicht auseinandersetzen mag. Die Reife Seele kann sich nun ihrer Angst vor Problemen ein wenig besser stellen, und deshalb sind auch mehr Probleme vorhanden. Und da ihr Blick beginnt, sich von außen nach innen zu wenden, entdeckt sie jetzt auch Abgründe und Dunkelzonen, die ihrer Seele vorher unsichtbar waren. Sie kann jetzt nicht mehr ignorieren, was nach oben drängt, und sie gestaltet auch mit zunehmendem Mut ihr Leben derart, daß die Problematik von Beziehungen, Arbeit, Besitz, Gesundheit und Erfolg eine immer größere Rolle spielen darf.

Und je häufiger eine Reife Seele in ihrer Auseinandersetzung mit sich selbst und mit den Kräften ihrer Existenz in Berührung kommt, um so schmerzhafter werden auch die Auseinandersetzungen mit ihrer Identitätsstruktur. Sie steigt in die Tiefe, in die Dunkelheit ihrer Psyche hinab und taucht dann wieder auf, um sich und das Leben besser kennenzulernen. Sie entdeckt die tiefe Verunsicherung, die in der Frage »Wer bin ich?« enthalten ist. Aber sie hört auch neue Antworten, die ihr wenigstens vorübergehend Trost schenken und die Gewißheit geben, daß sie auch unabhängig von der Bestätigung durch andere Menschen, die soziale Norm, die Nation oder die Rasse existiert.

Mit wachsender Bewußtheit ihrer selbst erkennt die Reife Seele übergreifende Verbindungen auf körperlicher, psychischer, geistiger und seelischer Ebene. Sie sucht jetzt nicht mehr wie selbstverständlich nur nach denen, die genauso sind wie sie, sondern sie nähert sich Menschen, die durch ihre Andersartigkeit einen wachstumsfördernden Reiz auf sie ausüben. Eine Unterschiedlichkeit in der Weltanschauung, der Lebensführung oder der Gestaltung von Beziehungen wird von der Reifen Seele nicht mehr grundsätzlich als Bedrohung empfunden oder mit Verachtung gestraft. Ein Mensch mit einer Reifen Seele sucht neue Verbindungen und spürt auch eine neue Verbundenheit.

Doch nicht nur Menschen in ihrer bunten Vielgestaltigkeit zu erkunden befriedigt eine Seele in diesem Zyklus, auch ihre Naturverbundenheit erhält neue Aspekte. Die Welt der physikalischen, chemischen, biologischen oder geologischen Erscheinungen nötigt ihr einen bislang nicht bekannten Respekt ab. Sie beginnt, die Zusammenhänge von Mikrokosmos und Makrokosmos zu erforschen, da ihr Blick hinausreicht über das unmittelbar Wahrnehmbare. Sie erkennt nach und nach, daß eine geistige Kraft alle Phänomene ihrer Existenz vereint und kann jetzt auch sich selbst als ein sinnstiftendes Partikel der gesamten Existenz sehen.

Die Junge Seele erfuhr sich noch vorwiegend in ihren Handlungen. Die reifende Seele sieht das Tun als eine Notwendigkeit an, die jedoch nicht an sich sinnstiftend wirkt. Und so oft, wie die Reife Seele auf der Suche nach ihrer Sinnhaftigkeit alle Bereiche ihres Daseins durchstreift, die sichtbaren und die unsichtbaren, so oft verzweifelt sie auch daran, diesen Sinn finden zu können. Sie nimmt ihr Leben im Körper ernster als zuvor, und der Ernst ihres Lebens wird ihr auf andere Weise bewußt als der Jungen Seele. Sie versteht nämlich jetzt erst, daß Leid, Hoffnungslosigkeit, Qual nicht unliebsame oder durch Sündhaftigkeit bedingte Phänomene sind, sondern daß sie unmittelbar zu ihrer Lebens- und Erfahrungsreise gehören. Es ist für die Reife Seele nicht leicht, sich mit diesen Schattenseiten ihres Daseins zu befassen. Sie erfährt sie aber in diesem Zyklus tiefer als je zuvor und hernach. Sie erwirbt sich mit der Erfahrung von Leid auch ein großes Verständnis für den Gram ihrer Mitmenschen. Deshalb wählt die Reife Seele oft Tätigkeiten, die sie mit jenen in Verbindung bringen, denen es schlechtgeht: den Armen, den Kranken, den Unglücklichen und den Verzweifelten, denen, die Verluste erleiden oder die benachteiligt sind. So erfährt die Seele in diesem Zyklus viel von den Schattenseiten der Existenz, ohne sich in jedem körperlichen Leben erneut unmittelbar persönlich damit konfrontiert zu sehen.

Die Weltsicht verändert sich. Nicht mehr der äußere Erfolg steht als Leitstern über allen Wünschen und Handlungen, sondern eine innere Befriedigung oder Erfülltheit, die auf eine eigene Wertschätzung des Vollbrachten ausgerichtet ist. Ethik und Moral werden persönlicher, und auch der künstlerische Ausdruck, so zerrissen und gequält er oft sein mag, huldigt nicht mehr der Masse, sondern ist Spiegel eines Bewußtseins von der Mangelhaftigkeit, der nackten Menschlichkeit, der Vergänglichkeit allen Seins im Körper.

Nun wird auch Verantwortung übernommen in einem Ausmaß, das

der Jungen Seele noch fremd war und das die Alte Seele später wieder abstreifen wird. Während die Junge Seele Pflichten in der äußeren Welt gerne übernimmt, ist die Reife Seele eher geneigt, soziale Lasten zu tragen. Sie kümmert sich um das Wohl der Gemeinschaft und innerhalb dieser Gemeinschaft gerade nicht um die Erfolgreichen, sondern um jene, die aus eigener Kraft nicht für sich sorgen können. Verantwortung, Verantwortlichkeit spielen jedoch auch im psychischen Bereich eine maßgebliche Rolle. Da die Reife Seele eine große Bereitschaft zeigt, ihre eigenen Wünsche und Motivationen zu beobachten und sich auch ihrer Schwächen erstmals bewußt wird, ist sie mit dem, was ihr möglich oder unmöglich ist, nun besser in Kontakt. Häufig jedoch geschieht es, daß diese Bereitschaft zur Verantwortung umschlägt in eine Überverantwortlichkeit, die aus Angst entsteht, aus einer Hemmung, auch anderen Verantwortung zuzugestehen. Und wenn dann etwas geschieht, was nicht geplant war, schreibt die Reife Seele sich übermäßig viel Schuld zu. Sie leidet stark an ihrem Versagen, sie verfällt in Selbstbezichtigungen und Depressionen, weil sie nicht erkennt, daß sie sich zuviel zugemutet hat. Sie sehnt sich nach einem Halt, so wie sie ihn während des vorausgehenden Seelenzyklus erworben hatte, doch sie findet ihn nicht mehr in der Sphäre des grundsätzlich Machbaren. Sie findet ihn nur dann, wenn sie in ihrem eigenen Inneren nach dem Kern ihres Wesens forscht und sich dort verankern kann, wo sie ihre Identität erfüllt.

Euch ist schon deutlich geworden, daß dieser Zyklus der seelischen Entwicklung nicht leicht zu bewältigen ist. Er stellt für die Seele eine Feuerprobe dar, in der sie die Erfahrungen und Erlebnisse der ersten drei Zyklen erhärten möchte. Es ist eine Phase großer Herausforderungen und kommt einer Prüfung gleich, die sich über viele Leben hinzieht. In der Regel braucht eine Seele etwa fünfundzwanzig Inkarnationen, um zu voller Reife heranzuwachsen.

Diese Inkarnationen sind auch dadurch gekennzeichnet, daß erst jetzt die karmischen Verbindungen aus früheren Leben anerkannt werden. Die Seele beginnt damit, sie nach und nach durch entsprechende bewußte Handlungsweisen und Einstellungen aufzulösen. Was einst Schmerz bereitete, wird, so gut es geht, wiedergutgemacht. Die Liebesfähigkeit der Reifen Seele wächst Schritt für Schritt und Stufe für Stufe dadurch, daß Karmaverpflichtungen dieser Art empfunden und bejaht werden. Gerade weil die Reife Seele sich auch nicht mehr, wie zuvor, hauptsächlich in der Geborgenheit des Kollektivs bewegt, sondern mehr und mehr die Vereinzelung betreibt, ist sie überaus dankbar für jede Begegnung mit einem Menschen, dessen Seele sie bereits von früheren Inkarnationen kennt, sei es aus guten oder aus schmerzhaften Erfahrungen.

Noch ist ihr nicht in jedem Fall das unmittelbare Erkennen einer vertrauten Schwingung möglich, doch gegen Ende dieses Zyklus häuft sich das Empfinden eines seelischen Wiedererkennens. Aber auch wenn die Begegnungen nicht bewußt erlebt werden, so sind sie dennoch gültig und in diesem Zyklus häufiger als in den vorangehenden. Und die Reife Seele erlebt sie mit einer ungekannten Intensität. Sie ist ja grundsätzlich bereit, sich auf Freud und Leid gleichermaßen einzulassen und sich selbst darin zu erfahren, ihre Grenzen auszumessen und auch zu akzeptieren, wenn sie erreicht sind. Fast jede Inkarnation ist nun der Aufgabe gewidmet, wenigstens eine karmische Fessel des Bewußtseins oder auch mehrere dieser herzbetrübenden Bindungen zu lösen. Dadurch kommt die reifende Seele immer aufs neue an einen Punkt, wo sie zwar gut und liebevoll, verzeihend und gebend sein möchte, es ihr jedoch nicht gelingen will, weil sie selbst so bedürftig ist in ihrer Empfindsamkeit und ihrem Kummer über die Grenzen ihrer Liebe.

Obgleich wir sagten, daß die Seele im Zustand der Reife ihr Heil nicht mehr im äußeren Erfolg und in der Bewältigung der Herausforderungen in der äußeren Welt sucht, sondern sich nach innen wendet, um zu erkennen, daß die Suche nach ihrer individuellen Wahrheit und authentischen Persönlichkeit ihr Dimensionen erschließt, die bislang unerforscht waren, bedeutet doch eine solche Wendung hin zu den Tiefen der eigenen Psyche nicht, daß die Reife Seele auf materielle Sicherheit, auf Wohlstand und Bequemlichkeit gerne verzichtet.

Im Gegenteil: Sie braucht Sicherheit im Bereich ihrer äußeren Lebensführung, um sich ihrem Inneren zuwenden zu können. Und da sie bereit ist, große Verantwortung ernsthaft zu übernehmen, findet sie sich auch häufig in einflußreichen gesellschaftlichen Positionen wieder, die es ihr ermöglichen, über Gut und Geld zu verfügen. Im Unterschied zur Jungen Seele jedoch identifiziert sich die Reife Seele nicht mehr unmittelbar mit dem, was sie erreicht oder angehäuft hat.

Ein gewisses Maß an Anerkennung und Wohlstand genügen ihr. Sie kann wahrhaft genießen, was ihr zur Verfügung steht, aber sie könnte ebensogut mit weniger auskommen. Sie weiß ja, daß der materielle Rahmen ihrer körperlichen Existenz eben nur ein Rahmen ist und nicht Ziel, Zweck oder Inhalt selbst. Und weil sie nicht mehr so am Materiellen hängt und sich von Erfolg und Reichtum nicht mehr in ihrer ganzen Existenz, auch der psychischen, abhängig fühlt, kann sie mit dem, was ihr gehört oder zufließt, ganz anders umgehen. Sie wird oft freigebig und großzügig sein, wenn nicht ein Matrixelement wie das Hauptmerkmal der Gier es ihr verwehrt. Und sie wird jetzt viel von dem, was sie besitzt, ausgeben, um sich nichtmaterielle Güter zu erwerben: Wissen, Erfahrungen, Kenntnisse und Eindrücke.

Damit wollen wir wiederum nicht sagen, daß alle Reifen Seelen wohlhabend sind. Wir sprechen hier ohnehin nur von einer relativen Wohlhabenheit, die sich auf den jeweiligen sozio-kulturellen Kontext bezieht, in dem die Reife Seele sich körperlich manifestiert. Doch weil es zu ihren Lernschritten gehört zu erkennen, daß ihre psychische und geistige Existenz anderen Gesetzmäßigkeiten folgt als die Welt des Erwerbs und der materiellen Sicherheit, ist es notwendig für sie, den Kontrast zwischen den beiden Sphären, dem Innen und dem Außen, persönlich zu erleben. So geschieht es oft, daß eine Reife Seele in ein Elternhaus hineingeboren wird, das eine materielle sorglose Kindheit garantiert, sie aber später erleben muß, wie alles verlorengeht und nichts mehr übrigbleibt als die Gewißheit, daß die eigene Menschlichkeit in ihrem ganzen Wert unangetastet geblieben ist. Oder ein Mensch wächst in ärmlichen Verhältnissen auf und kommt später zum lang ersehnten Wohlstand. Zugleich muß er feststellen, daß er für die Annehmlichkeiten eines solchen Lebens zwar dankbar ist, jedoch nicht verhehlen kann, daß aller Wohlstand ihm nur Mittel zum Zweck, nicht aber Selbstzweck ist. Niemand weiß besser als die Reife Seele, daß Geld nicht glücklich macht. Denn sie erlebt bei sich selbst und bei vielen anderen Menschen in ihrer Umgebung, daß oft gerade das Gegenteil der Fall ist.

Deshalb ist ein Mensch im Stadium seelischer Reife für jeden Augenblick des Glücks zutiefst dankbar. Er lebt diese Stunden oder Zeiten intensiver als die Junge Seele oder auch die Alte Seele, denn die Junge Seele glaubt immer, daß das wahre Glück in einer noch unerreichten

Zukunft liegt. Und die Alte Seele sehnt sich so sehr nach einem Glück, das nicht von dieser Welt ist, daß sie selten mit dem zufrieden sein kann, was gerade geschieht. Nur die Reife Seele kennt im Laufe ihrer vielen Inkarnationen bewußt erlebte Zeiten stiller und glückvoller Besinnlichkeit.

Sie braucht auch die Familie und ihre Freunde, um dieses Glück zu spüren. Doch selbst wenn sie von vielen ihr wohlgesonnenen Menschen umgeben ist, wird sie sich doch innerlich immer ein wenig isoliert vorkommen, da ihre Bedürfnisse auf der Ebene der Seele – und damit oft auch der Psyche – von denen ihrer Lieben verschieden sind. Da sie sich so sehr bemüht, bewußter zu fühlen und bewußter zu handeln als in früheren Stadien ihres seelischen Wachstums, liegt ihr sehr viel an der Erziehung ihrer Nachkommen, an der geistigen Bildung von Schülern, an einer Wirkung ihres Seins auf die Menschheit im allgemeinen. In allen Sparten des menschlichen Lebens finden sich Reife Seelen als Lehrer, Erzieher, Künstler, Wissenschaftler und Politiker, als Ärzte und Priester, als Handwerker und Techniker, wenn sie nicht nur durch ihr Tun, sondern auch durch ihr Sein einen prägenden, verändernden Einfluß auf die Mitmenschen ausüben können. Immer geht es ihnen dabei in erster Linie um die Erkenntnis, die durch irgendein Tun ermöglicht wird.

Ein Mensch mit einer Reifen Seele ist auf eine eigene, individuelle Art religiös. Da er sich nicht mehr unmittelbar vom Kollektiv leiten läßt, sucht er in der religiösen Bindung seine eigenen Wege der Erkenntnis. Eine monotheistische oder auch atheistische Haltung, die selten militant ist, bietet ihm die beste Möglichkeit, die Resonanz des göttlichen Prinzips in sich selbst aufzuspüren. Er findet seine eigenen unverwechselbaren Formen des Kontakts und der Anbetung. Gehört er irgendeiner Glaubensgemeinschaft an, so ist er stets sehr ernsthaft bemüht, die persönliche oder spirituelle Wahrheit hinter den Dogmen und Glaubensinhalten zu erforschen. Zweifel und Sehnsucht beherrschen ihn gleichzeitig. Niemand stellt so viele Fragen wie ein seelisch reifender Mensch. Und niemand findet so selten eine befriedigende Antwort. Das Suchen, das Zweifeln und das Verzweifeln am Nicht-Finden führt bisweilen dazu, daß ein solcher Mensch von sich sagt: »Ich glaube an gar nichts mehr.«

Doch gerade darin manifestiert sich eine für diese Periode seelischen

Erwachens bezeichnende Bewußtseinsstruktur. Denn die Reife Seele läßt vieles hinter sich, was im Stadium der Jungen Seele Halt versprach und Halt gab. Es kennzeichnet den neuen Zustand, daß Festigkeit, Trost und Geborgenheit nicht mehr ausschließlich in traditionellen Ritualen in gemeinschaftlichen Glaubensüberzeugungen, in institutionell verordneten ethischen Richtlinien gefunden werden kann. Eine Reife Seele kann nicht mehr handeln, ohne das Handeln in Frage zu stellen. Sie kann nicht mehr denken, ohne über ihr Denken nachzudenken. Sie hat ein Stadium erreicht, wo ihr das, was sie geworden ist, nicht mehr selbstverständlich erscheint.

Die Gesundheit ist jetzt weniger stabil als während des Zyklus der Jungen Seele, denn die Reife Seele will Erfahrungen machen, die mit der Vergänglichkeit alles Körperlichen und seiner Fragilität zu tun haben. Schmerzhafte Krankheiten, Behinderungen und Unfälle, die schwerwiegende Folgen haben, werden in diesem Zyklus in Kauf genommen, um die Grenzen der eigenen Identifikation mit dem Körper zu erforschen. Gerade langwierige Leiden dienen nun dazu, sich darin zu erproben, ob die innerlich gewonnene Stabilität auch angesichts einer körperlichen Bedrohung standhält.

Schmerz ist in diesem Zyklus ein wichtiges Thema, und das gilt sowohl für die Psyche als auch für den Leib. Da der Mensch mit einer Reifen Seele nunmehr bereit ist, Verantwortung auch für Körper und Gesundheit zu übernehmen, erkennt er auch zum erstenmal, daß er selbst für sein Wohlbefinden etwas tun kann und aufgerufen ist, manches Opfer zu bringen, um seine Gesundheit zu bewahren. Er kann sich nun keineswegs mehr soviel zumuten wie in den Inkarnationen des Jungen Zyklus. Sein Energiegefüge verfeinert sich, er braucht andere Nahrung, mehr Ruhe, mehr Schutz. Er wird anfälliger für die Einflüsse, die von außen auf ihn einströmen und ist auch empfindlicher allen Giftstoffen gegenüber, denen sein Körper ausgesetzt wird.

Doch muß auch erwähnt werden, daß Menschen mit einer Reifen Seele oft über ihr an Problemen reiches Leben so bestürzt sind, daß sie sich geradezu gezielt allen möglichen Giften aussetzen und ganz besonders jenen, die versprechen, sie die Qualen ihrer Existenz vergessen zu machen. Dazu gehören nicht nur die vielen sogenannten Genußgifte, sondern auch alle Tabletten und Drogen, die Schlaf und Vergessen oder eine Veränderung des Bewußtseins herbeiführen. Hier ist wichtig zu verstehen, daß Drogen der Reifen Seele einen psychischen Ausblick gestatten in Bereiche, die ihr erst im Laufe des Alten Zyklus auf natürliche Weise zugänglich werden. Der Wunsch nach Bewußtseinserweiterung ist allerdings bereits jetzt sehr groß, doch ist die Angst, die ein verfrüht entgrenztes Bewußtsein auslöst, ebenso groß.

Da der Lebensalltag als unerträglich anstrengend empfunden werden kann, zieht manche Reife Seele vor, ihn zu leugnen oder als langweilig abzulehnen. Oft wählt die Reife Seele auch einen Ausweg aus ihrem Dilemma, indem sie es gänzlich aufgibt, ihren Alltag verstehen und bewältigen zu wollen. Es ist in diesem Zyklus häufig notwendig, auch die Sphären des Irreseins zu erkunden, den Verstand zu verlieren. Nicht jede Seele muß diesen Weg im Stadium der Reife gehen. Er kann auch bereits im Zyklus der Säugling-Seele oder später, während der letzten Inkarnationen, beschritten werden. Da es sich jedoch um eine für die Gesamtentwicklung der Seele unerläßliche Erfahrung handelt, muß sie in einem der genannten Entwicklungszyklen gemacht werden.

Wir möchten betonen, daß es sich bei Menschen mit Reifen Seelen fast immer um überaus mutige Individuen handelt, die mit großer Ernsthaftigkeit ihre seelischen Ziele verfolgen, die bereit sind, sich den Schwierigkeiten ihrer Existenz auszusetzen und sie auch zu bewältigen. Da sind Themen wie chronische Krankheiten oder frühe Trennung von den Eltern, Tod von Kindern, Heimatverlust, ungerechte Verurteilung und Freiheitsberaubung, plötzlicher Verlust des geliebten Lebenspartners, erbitterte Auseinandersetzungen mit dem Seelenzwilling, allerlei schwierige karmische Absprachen, Verpflanztwerden in eine fremde kulturelle Umgebung, Partnerschaft mit Menschen anderer Rassen, Verlust von Besitz, unerwarteter Erwerb von Reichtum, künstlerische Ausdrucksfähigkeit ohne unmittelbare Wertschätzung. Dazu gehören zum Beispiel auch die langjährige, opferbereite Pflege eines Angehörigen, Geburt und Betreuung eines behinderten Kindes, Ausbruch aus den Konventionen und Traditionen der Familie, auch in beruflicher Hinsicht, und die ganze Thematik des unschuldig Schuldigwerdens: unbewußte Brandstiftung, fahrlässige Tötung in Verkehr oder Krieg und der treue Dienst unter einem schlechten Herrn.

Es kann gesagt werden, daß fast jede Inkarnation in diesem Zyklus

mit einem akzeptierenden Verstehen der jeweils vorgefundenen angst-
erregenden Lebenssituation abgeschlossen wird. Menschen im Reifen
Seelenzyklus sterben oft friedvoll nach einem erfüllten, turbulenten
Leben, wobei Erfüllung nicht als Kennzeichen eines stets harmonischen, glücklichen, nahezu ereignislosen Daseins zu verstehen ist.
Weisheit und Liebesfähigkeit wachsen jetzt stetig mit der Anerkennung und Bewältigung von Problemen. Die Beschränkungen und fundamentalen Ängste der frühen Zyklen entfallen. Selten lädt die Reife
Seele noch neues Karma auf sich. Vielmehr arbeitet sie nachhaltig
daran, ihre seelische Vergangenheit zu verstehen und zu bejahen.

Die Reife Seele liebt tief und ausdauernd. Sie ist bereit, ihrer Liebe
Opfer zu bringen. Es gehört zu den Themen dieses Zyklus, ganze
Leben mit einer Person – Partner, Elternteil oder Kind – zu verbringen
und diese Verbindung nicht einfach hinzunehmen, sondern mit Liebe
und Sinnhaftigkeit und Bewußtheit zu erfüllen. Doch kann es auch
geschehen, daß eine Reife Seele nach einer ganz bestimmten anderen
Seele für eine Partnerschaft sucht, weil sie es ihr zwischen den Leben
gelobt hat, und deshalb mehrfach den Ehegatten oder Partner wechseln muß, solange die entscheidende Begegnung sich nicht vollzogen
hat.

Die Sexualität dient in weitaus höherem Maße als je zuvor dazu,
einem anderen Menschen wirklich nahezukommen, sich zu öffnen, die
eigene Verletzlichkeit zu spüren und zu zeigen. Sie wird aber auch
eingesetzt, um Partner anzuziehen, die in früheren Inkarnationen bereits Verbindung mit der eigenen Seele gehabt haben. Die Kinder, die
aus solchen Verbindungen hervorgehen, sind jetzt nicht selten ebenfalls verwandte oder vertraute Seelen, mit denen Absprachen getroffen
wurden, oder die sich zwischen den Leben, in der astralen Welt bereit-
erklärt haben, den zukünftigen Eltern bei bestimmten wichtigen Ent-
wicklungsschritten behilflich zu sein.

Da die Menschen in diesem Seelenzyklus viele Tränen vergießen, um
sich von Angst und Beklemmung zu befreien, sind ihre Augen meistens klar. Die Augen eines Menschen mit einer Reifen Seele blicken
selbstkritisch und gütig. Sie vermitteln immer den Eindruck, daß sie
etwas suchen, daß sie in die Ferne spähen. Bisweilen scheint aus ihnen
ein fast metallischer Glanz. Ihr Blick dringt tief, doch ist die Augen-
muskulatur selten entspannt, und der Blickkontakt kann nicht beson-

ders lang ertragen werden, obschon die Intensität von Sekundenbruchteilen genügen kann, um einer Reifen Seele Zugang zu der Seele eines anderen Menschen zu gestatten. Wenn auch ihr menschliches Herz nicht ununterbrochen von Liebe erfüllt sein kann, so gibt es doch in jedem einzelnen Leben dieses Zyklus viele Stunden, in denen die Augen solcher Menschen weich und dunkel von Liebe strahlen.

Zum Zeitpunkt unserer Durchgabe weilen auf der Erde 22 % Reife Seelen. Sie bevorzugen Länder, die ihnen entweder massive Herausforderungen an Neuerungen bieten können, wie einige Nationen des Westens, oder ihnen Ruhe und Beschaulichkeit gestatten, wie manche Provinzen Chinas oder die weniger bevölkerten Landstriche Indiens und Indonesiens, aber auch Island, Portugal und Neuseeland. Der Libanon, Israel und die Türkei hingegen sind bevorzugte Inkarnationsorte für jene Reifen Seelen, die sich zwischen ihren anstrengendsten Inkarnationen einen Rückzug gönnen müssen, ohne daß gleich alle bedrohlichen Herausforderungen aus ihrem Leben verbannt wären. Eine Reihe hochentwickelter Industrienationen beherbergen ebenfalls Reife Seelen in größerer Anzahl. Italien, England, Frankreich, Ungarn, die Schweiz und Schweden bieten Menschen mit Reifen Seelen reiche Möglichkeiten, ihr Potential der Verinnerlichung zu entfalten. In Deutschland sind diese Seelen mit 27 % vertreten.

⑤ Die Alte Seele

Der Zyklus der Alten Seele ist einer Thematik gewidmet, die sich mit den Worten Einsamkeit und Verbundenheit beschreiben läßt. Während alle vorangehenden Zyklen der Loslösung vom Kollektiv galten und die zunehmende Individualisierung, Freiheit und Bewußtheit der Seele anstrebten, nähert sich die Bewußtheit jetzt ihrem Höhepunkt im Körper, und die Seele erkennt unwiderruflich ihre Fragmentierung. Sie versucht zu Beginn dieses Zyklus diese Erkenntnis noch zu leugnen, sie zu überspielen, doch will es ihr nicht mehr gelingen, ihre Augen vor ihrer essentiellen Wahrheit zu verschließen. Und diese essentielle Wahrheit lautet: Sie ist auf der Ebene des Körpers allein.

Zunächst einmal ist sie vereinzelt, weil es in ihrer unmittelbaren Umgebung nur wenige andere Menschen geben wird, die ebenfalls eine Alte Seele besitzen und die mit ihr die Erfahrungen, die Seligkeiten und die Schmerzen dieses Stadiums teilen können. Darum stößt ein Mensch mit einer Alten Seele in seiner Umgebung von seiner Geburt an auf Unverständnis, auf Fremdheit, auf Distanz. Alle Kraft ist gefordert, um in diesem Stadium den Kontakt zum eigenen Inneren, der die einzige Verankerung zu bieten scheint, aufrechtzuerhalten.

Es wäre jedoch bedauerlich, wenn sie aus lauter Furcht vor den Schmerzen der Auflösung den Kontakt mit dem Leben, so wie sie es sich gewählt hat, meiden wollte. Denn eine Alte Seele darf niemals vergessen, daß sie die bestehende Inkarnation so – und nicht anders als sie ist – gewünscht hat, daß es ihr ein wichtiges Anliegen war, an diesem Ort, unter diesen Umständen zu leben und sich damit auseinanderzusetzen. Sonst wäre sie nicht hier.

Aber es gibt nun auch etwas anderes, etwas Neues, das den Zyklus der Alten Seele kennzeichnet, und das ist das Empfinden und reale Erfahrungen einer zunehmenden Verbundenheit – nicht auf der physischen Ebene, sondern auf der Bewußtseinsebene der astralen und auch der kausalen Welt. Diese Verbundenheit kann und wird erst dann eintreten, wenn die Vereinzelung wahrhaft erkannt und bejaht wurde. Sie entsteht aus einer neuen Orientierung. Sie ergreift das Bewußtsein und das Unbewußte in einer zuvor nie gekannten Weise und manifestiert sich in einer telepathischen, visionären und spirituellen Bereitschaft, Kontakt mit Kräften, die nicht unmittelbar dem Alltagsbewußtsein zugeordnet werden können, aufzunehmen.

Dies sind zunächst einmal die Figuren des Inneren Selbst, sodann die Beziehungen zu all jenen, die eine enge seelische Verwandtschaft mit dem vereinzelten Fragment aufweisen. Es sind die Seelengeschwister, aber auch Instanzen, die über den Bereich der eigenen Seelenfamilie hinausgreifen. Es wächst auch die Fähigkeit, höhere Bewußtseinsebenen intuitiv oder inspirativ zu empfangen, um von transpersonalen Wesenheiten zu lernen.

Die Alte Seele spürt allenthalben eine Sehnsucht nach Vereinigung mit ihrer seelischen Ganzheit, die sie auf der physischen Ebene vor einer ihr unendlich lang erscheinenden Zeit verlassen hat. Sie stellt diese Verbindung mit allen ihr zur Verfügung stehenden Mitteln und

Methoden her. Sie vollzieht sich in jedem Moment der Stille, während jeder Meditation, während des Schlafs, während der sexuellen Begegnung, in allen Stunden, wenn sich das Herz weitet und die Augen übergehen. Aber auch deshalb, weil die Seele in diesem Stadium ihrer Entfaltung erkennt, daß sie allein ist und allein nichts ist, ruft sie nach Hilfe, ruft sie diejenigen an, die ohnehin bei ihr sind. Und dadurch werden ihr Bereiche zugänglich, die sich im Laufe des Reifen Zyklus zu erschließen begannen, aber erst jetzt eine erfahrbare Realität darstellen.

Aus diesem Grunde erfährt die Alte Seele zu Beginn des Zyklus eine neue Verunsicherung. Ihr Empfinden ist durch starke Widersprüche gekennzeichnet. Sie ist ganz allein und doch nicht allein. Sie fühlt sich von den Menschen verlassen und gewinnt doch Liebe und Freundschaft, Wärme und Nähe von Wesen und Wesenheiten, die in einer körperlichen Realität nicht greifbar sind. Aber auch in der Welt der Physis erfährt die Alte Seele mit einer geringen Anzahl anderer eingekörperter Alter Seelen eine Liebe, die nicht mehr darauf angewiesen ist, daß zwei Menschen zueinander passen oder sich verstehen oder ihren Alltag miteinander teilen können.

Die Alte Seele kennt – im Vergleich mit den zuvor gelebten Entfaltungsphasen – einen neuen Konflikt. Sie bewohnt einen Körper und ist eindeutig ein Mensch, der unter den Gesetzmäßigkeiten der Physis existiert. Aber sie ist diesen Gesetzmäßigkeiten entfremdet und weiß nicht recht, wohin sie eigentlich gehört. Wie soll sie sich auf der Erde heimisch fühlen, wenn doch ihre Seele Verbundenheit, Liebe und Nähe in anderen Sphären spürbar deutlicher erfährt als dort, wo sich ihr Körper manifestiert? Soll sie hier sein oder dort sein? Will sie hier sein oder dort sein?

Ihr Körper wird nun häufig von allgemeinen, diffusen Schwächezuständen heimgesucht. Er ist nicht krank, und er ist nicht gesund. Er ist überaus empfindlich und stets geneigt, sich den Lasten und Lästigkeiten der körperlichen Existenzforderungen zu entziehen. Das Leben mit seinen täglichen Notwendigkeiten, die auch Essen, Trinken und Schlafen meinen, den Broterwerb, die Notwendigkeit von Beziehungen, den Wunsch nach Nähe und Anerkennung, scheint oft öde. Die Alte Seele hat die Neigung, diese Angelegenheiten zu vernachlässigen oder sich ihnen auf irgendeine Weise zu entziehen. Sie strebt nach größtmöglicher Distanz von ihrer Alltagsrealität.

Sie verachtet oder bespöttelt jene, die sich den sinnlichen Freuden des Lebens widmen. Sie sucht eine Bedürfnislosigkeit, die der einer körperlosen Existenz eher entsprechen würde, und muß doch zu jeder Stunde ihres Lebens erfahren, daß es nicht möglich ist, zu leben und gleichzeitig das Leben abzulehnen. Darin erkennt man die größte Schwierigkeit, die den Zyklus der Alten Seele kennzeichnet: Die Inkarnationen – zehn bis fünfzehn an der Zahl – müssen bewußt gelebt und erlebt werden. Sie müssen bejaht und genossen werden, um die einzelnen Stufen durchwandern zu können, die es ja erst ermöglichen, daß der Gesamtreigen der Inkarnationen abgeschlossen wird. Die Herausforderung für die Alte Seele besteht also darin, wahrhaft im Hier und Jetzt zu sein und sich dennoch mit ihrem Bewußtsein über die Grenzen des körperlich Erfahrbaren hinauszubegeben.

Alte Seelen sind es gründlich müde, um ihre materielle Existenz und ihre Lebensgrundlage in der realen Welt zu kämpfen. Sie haben so viel gemacht und haben so viel erlebt. So viel liegt hinter ihnen, daß sie sich am liebsten in eine kleine Nische zurückziehen würden, um sich versorgen und pflegen zu lassen, um nicht selbst das, was ihnen so lästig geworden ist, tun zu müssen, um irgendeine Lebensform zu finden, in der sie versorgt sind, eine Rente bekommen oder sich irgendeinem Menschen anvertrauen, der sie unter seine Fittiche nimmt und von der beängstigenden und belästigenden Aufgabe befreit, im Materiellen für sich sorgen zu müssen. Sie begeben sich gerne in unbedeutende und abhängige Positionen und frönen dann ihrer Neigung, ohne großes Aufsehen vor sich hin zu wursteln, ohne die Beachtung, die sie in früheren Jahren brauchten, ohne das Gefühl, sie müßten bekannt und berühmt werden, ohne die Absicht, noch weitere große Dinge zu leisten.

Sie sind mehr als andere, jüngere, Seelen aufgerufen, Dinge zu überprüfen, nichts mehr für bare Münze zu nehmen, sondern alles auf die Frage hin zu testen, ob es auch für sie selbst und nicht nur für andere das Richtige ist. Sie haben, bis auf Ausnahmen, immer Schwierigkeiten, sich mit fremden Autoritäten und Vorschriften abzufinden, die ihre ungewöhnliche Personalität in Grenzen und Bahnen weisen wollen. Andererseits brauchen auch Alte Seelen Richtlinien, aber sie müssen sich die Freiheit nehmen, sie je nach ihren momentanen Bedürfnissen zu bejahen oder zu verneinen.

Wir sagten bereits, daß Alte Seelen ihren Blick in ferne Dimensionen richten. Sie schauen oft mehr, als daß sie sehen, und sie scheinen in den Phänomenen des Lebens nicht nur das für alle Sichtbare zu erblicken, sondern transzendente oder symbolische Aspekte. Sie betrachten ihre Realität stets nur im Zusammenhang mit anderen Realitäten, und das bedeutet auch, daß sie zwischen scheinbar vereinzelten Erscheinungsformen der Existenz Bezüge und Beziehungen sehen, die nicht allgemein als gültig anerkannt werden. Bisweilen scheint es sogar, als knüpfe die Alte Seele wieder an die Praxis schamanistischer Bedeutungszuschreibungen oder kabbalistischer Betrachtungsweisen von Wirklichkeit an. Aber im Unterschied zu einer rein mentalen, gedanklichen Ritualisierung von Entsprechungen, die Junge und Reife Seelen faszinert, spürt die Alte Seele das alles durchwebende Bezugssytem als erfahrbares Energiephänomen.

Energie in ihren vielfältigen Manifestationen spielt im Leben eines Menschen mit einer Alten Seele eine beherrschende Rolle. So, wie dieser Mensch sein eigenes körperliches Energiesystem verfeinert hat und immer weiter verfeinert, wird er auch zugänglich für Energien, die ihn auf der nunmehr gewonnenen Schwingungsfrequenz erreichen können, und er wird empfindlicher für alle Ströme von Energien, die die seinen kreuzen oder stören.

Da nun auf einer bestimmten Ebene alles Energie ist, kann sich der Körper einer Alten Seele auch in dieses Spektrum von Schwingungen einordnen. Es wird ihr möglich, die unterschiedlichen Frequenzen ihrer eigenen Energie besser wahrzunehmen und damit zu spielen, sie zu verändern und zu nutzen. Das kann sie tun, indem sie meditiert oder ihre Träume beobachtet, indem sie sich tief entspannt und ihren Energiekörper als auch den ihrer Mitmenschen erkennen, sich auf Astralreisen begeben und die feinstofflichen Zusammenhänge nutzen kann, die zur Heilung des Körpers beitragen. Sie kann ihre Energie anderen physischen Körpern schenken und ihr Bewußtsein dafür einsetzen, die verschiedenen Gebrechen des Körpers in einer anderen Dimension zu spiegeln und zu begreifen.

Deshalb ist es gut und richtig für eine Alte Seele, im Fall einer körperlichen Krankheit vorzugsweise feinstoffliche Behandlungsweisen zu wählen. Das unterscheidet sie wesentlich von den Seelen der ersten drei Entfaltungszyklen. Allerdings ist es auch bereits für Reife

Seelen häufig günstiger, einen Übergang zu sanfteren Heilmethoden zu finden, da auch sie schon besonders anfällig für Gifte geworden sind.

Diese Sensibilität Schadstoffen gegenüber setzt sich im Stadium der Alten Seele noch verstärkt fort. Niemand leidet so sehr unter Schmutz und Lärm und schlechten Gerüchen, wird so gequält von angeblich harmlosen Substanzen, nirgends gibt es so viele Schwierigkeiten, das Immunsystem intakt zu halten, wie in diesem Zyklus. Denn der Körper einer Alten Seele wird zunehmend durchlässiger. Da sie sich einer letztendlichen Auflösung ihrer physischen Existenz nähert, erfährt sie schon einige Inkarnationen vor der letzten diese Transparenz, die sie jedoch auch gleichsam zu einem Filter werden läßt, der all das aufsaugt und dann wieder abgeben muß, was ihr an Energien zufließt.

Wenn nun jedoch eine Seele in diesem Stadium versucht, sich mit allen Mitteln zu schützen gegen die Einflüsse der Physis, der sie nun einmal ausgesetzt ist, tut sie sich nicht unmittelbar Gutes an. Wichtiger ist für sie zu lernen, das Unerwünschte durch sich hindurchfließen zu lassen und den Geist mit seinen überwältigenden Potenzen zu Hilfe zu rufen, um die Schadstoffe und die unliebsamen Energien herauszufiltern und auszuscheiden. Denn sonst müßte sie sich von allen und von allem fernhalten. Das täte ihr nicht wohl.

Es wäre bedauerlich, wenn sie aus lauter Furcht vor den Schmerzen der Auflösung den Kontakt mit dem Leben, so wie sie ihn sich gewählt hat, meiden wollte. Denn eine Alte Seele darf niemals vergessen, daß sie die bestehende Inkarnation – so und nicht anders, als sie ist – gewünscht hat, daß es ihr ein Anliegen war, an diesem Ort, unter diesen Umständen zu leben und sich damit auseinanderzusetzen. Auch darf sie sich daran erinnern, daß sie innerhalb ihres physisch-seelischen Kontexts Aufgaben übernommen hat oder übernehmen kann, die dazu beitragen können, ihr das Leben erträglicher zu machen. Gleichwohl mögen wir nicht verhehlen, daß eine Alte Seele unter ihren vielfältigen Sensibilitäten leiden wird und daß diese Empfindlichkeiten notwendige Entsprechung sind für eine gesteigerte geistige und spirituelle Sensitivität. Wir wollen damit nicht sagen, daß alte Seelen über hellseherische Kräfte oder visionäre Gedankenwelten ohne weiteres verfügen. Vieles bleibt unbewußt, obgleich das Bewußtsein sich gegenüber den vorausgegangenen Stadien erweitert hat. Vieles aber, was vorher im Dunkeln verborgen lag, wird jetzt erst erkannt und geschaut.

Doch werden Intuition und Inspiration durchweg dafür eingesetzt, die wichtigen geplanten und notwendigen Schritte zu machen, die jetzt jede eingekörperte Existenz mit großer Präzision anstrebt. Die wenigen Leben der Alten Seele bieten in einer besonders komprimierten Abfolge eine Fülle von Erfahrungen und Ereignissen, die aus Gründen der Vollständigkeit noch bewältigt werden sollen. Außerdem gilt es nun, den wichtigsten Mitgliedern der eigenen Seelenfamilie, die sich jeweils noch im Körper befinden, zu begegnen oder mit ihnen auf irgendeine Art und Weise, und sei es auch telepathisch, Kontakt aufzunehmen.

Da die meisten Menschen bis zu ihrem letzten Leben zwar ihren Intuitionen und den Anweisungen ihres Höheren Selbst folgen, dies jedoch selten bewußt erleben, erfolgt die Kontaktaufnahme zu den verschiedenen Seelengeschwistern und auch zu den wichtigsten anderen Seelengefährten, die in den vielen vergangenen Leben einer nunmehr Alten Seele eine große Rolle gespielt haben, auf einer halbbewußten oder unbewußten Ebene. Und Bewußtheit im umfassenden, absoluten Sinne ist auch keineswegs zwingend notwendig, um die letzte Inkarnation hinter sich zu lassen. Jede Seele, ganz gleich, wie sie den Weg wählt, kommt ans Ziel. Wichtig ist nur, daß sie ihren Weg und keinen anderen geht.

Die allerletzten karmischen Bindungen werden aufgelöst. Je älter eine Seele wird, und je mehr sie sich dem letzten, dem allerletzten Leben auf der Erde nähert, um so häufiger werden diese Kontakte mit altvertrauten und innig liebgewonnenen Weggefährten. Die Begegnungen nehmen die große Wiedersehensfreude bei der Vereinigung der Seelenfamilie vorweg, die erst eintreten kann, wenn alle individuellen Mitglieder dieser Familie ihre Reise durch die Inkarnation beendet haben.

Die transzendente Dimension, die sich der Alten Seele nun Schritt für Schritt erschließt, und auch das transpersonale Energiefeld, das sie um sich herum aufbaut, bewirken eine Ausdrucksfähigkeit ihrer Augen, die sich als wirklich seelenvoll bezeichnen läßt und die auch eine Kontaktfähigkeit ganz ungewöhnlicher Art mit sich bringt, die wir als »Herzblick« bezeichnen möchten. Die Alte Seele kann ja zurückfinden zu einer Arglosigkeit und Verletzlichkeit, wie sie die Säugling-Seele einstmals besaß, aber im Zuge der Fragmentierung verlieren mußte. Diese neue Arglosigkeit entsteht aus einer ungeschützten Offenheit, verbunden mit einer in Jahrtausenden erworbenen Weisheit. Die Alte Seele kann die Herzen anderer Menschen berühren, indem sie über die Augen ihr Herz sprechen läßt und einen langwährenden Blickkontakt mit ihren Mitmenschen herstellt. Damit wollen wir nicht sagen, daß jede Alte Seele stets und ständig diesen freien, verletzlichen und arglosen Blick besitzt. Wir meinen nur, daß sie ihn haben kann, wenn sie sich von ihrem ängstlichen Mißtrauen befreit, das aus der Furcht entstanden ist, ungeschützt allen Unbilden der Welt ausgeliefert zu sein.

Religion bedeutet der Alten Seele grundsätzlich eine Absage an alle etablierten Formen von Glauben und Dogma. Glaube wird ersetzt durch Gewißheit, doch muß eine Seele, um Gewißheit zu erlangen, durch viel Ungewißheit hindurchgehen. Sie sucht nach dem Vereinigenden, Übergreifenden. Sie spürt das göttliche Prinzip in sich selbst manifestiert, weiß jedoch nicht immer, wie sie es fassen oder begreifen kann. Sie sucht nach Verbindungen mit dem Allganzen und findet die Brücken zu den Kräften, denen sie sich anvertraut, doch nur in wenigen anderen Menschen, in der Natur oder im eigenen Herzen.

Die Sehnsucht nach einer neuerlichen Geborgenheit, die kaum etwas gemein hat mit der Sicherheit, nach der die Säugling- oder Kind-Seele sucht, ist übermächtig und wird doch so selten befriedigt. Die Alte Seele weiß, daß alles Manifeste, und auch ihre eigene Existenz, vom großen Geist durchwoben ist, und sie möchte sich von diesem Geist tragen lassen. Doch spürt sie auch, daß ein solches Vertrauen für eine im Körper befindliche Seele nicht selbstverständlich oder leicht zu erlangen ist. So vergehen manche Leben in diesem Zyklus in einer Spannung zwischen dem Verlangen nach einem unendlichen Eingebundensein und dem Hader darüber, daß die *religio* nicht unmittelbar – und selten nur über lange Zeit hinweg – zu spüren ist. Die Seele in diesem letzten Stadium ihrer Entfaltung in der Welt der Physis sieht das Göttliche immer und überall im Sinne eines Pantheismus. Aber sie leidet an einem Ausgeschlossensein, das sie selbst kaum begreifen kann. Es läßt sich erklären durch die Diskrepanz zwischen innerseelischem Wissen und einer Wahrnehmung, die durch Angst eingeschränkt ist.

Wovor hat die Alte Seele Angst? Sie fürchtet sich vor der Auflösung, obgleich sie unablässig danach strebt. Sie fürchtet sich vor der Entgrenzung und übt sie doch täglich. Sie schreckt vor der Erkenntnis von Verbundenheit zurück und will doch nichts anderes. Sie weiß jetzt nahezu alles und flüchtet sich doch in scheinbare Unwissenheit. Sie fühlt sich weise und beklagt doch ihre Unzulänglichkeit. Ihre Maßstäbe sind hoch, daher verurteilt sie sich für jeden Anflug von Lieblosigkeit. Sie will Frieden und bekämpft doch ihr Sosein. Sie ahnt die Nichtigkeit aller Probleme, aber selbst ist sie sich ein großes Problem. Und obgleich sie davon überzeugt ist, daß alle Facetten ihres Daseins auf eigenen seelischen Entscheidungen beruhen und sie selbst darüber befindet, welchen Schritt sie in welche Richtung tut, fürchtet sie sich vor den Folgen einer so eindeutig definierten Realität.

Je näher sie aber dem Ende ihrer Inkarnationsreise kommt, um so deutlicher treten die Gesetzmäßigkeiten ihrer Existenz zutage. Die Bereitschaft zu lieben wächst unaufhaltsam. Die Bedingungslosigkeit dieser Liebe wird zum zentralen Anliegen der Alten Seele, und damit verbunden ist auch die Objektlosigkeit ihrer Gefühle. Denn die Alte Seele will und muß erkennen, daß alles, auch die Sehnsüchte und Hoffnungen, letztendlich Schimären der Körperlichkeit sind.

Daher kann sie sich nur noch spielerisch auf die Dramen, Ekstasen und Tragödien zwischenmenschlicher Beziehungen einlassen. Partnerschaften stehen jetzt nicht mehr im Mittelpunkt ihrer Bemühungen. Ihre Liebe ist auf viele Menschen gerichtet und verteilt. Sie mag sich nicht mehr ein Leben lang an einen Menschen binden, obschon sie eine Treue des Herzens besser kennt als jüngere Seelen. Sie ist kaum noch bereit, viel Kraft in die Aufrechterhaltung einer Ehe oder langjährigen Partnerschaft zu investieren. Lieber gesellt sie sich zu Partnern, mit denen eine Verbindung entweder ohne übergroßen psychischen Einsatz aufrechtzuerhalten ist, oder sie wählt Beziehungen, die ihr ein großes Maß an persönlicher Freiheit und Entfaltungsmöglichkeit bieten.

Die enge Kanalisierung und Konzentration der Gefühle auf einen einzigen anderen und die aus dieser Verbindung entstehenden Kinder ist die Form, die vor allem die Junge und Reife Seele brauchen, um sich in der Liebe zu üben. Doch sobald eine Seele diesen letzten Abschnitt der körperlichen Entfaltung erreicht hat, werden ihr ausschließliche enge persönliche Bindungen wenig bedeuten. Die Alte Seele verströmt ihre Liebe, die sich mehr und mehr löst von den früher empfundenen

Emotionen, auf alle in ihrer unmittelbaren und weiteren Umgebung, ohne sich auf einen einzigen Menschen besonders zu konzentrieren. Auch wenn sie es nicht immer vermag – sie hat diesen Wunsch.

Die dritte Möglichkeit, die nun mit großer Bereitschaft angenommen wird, ist das gelassene Alleinsein, der Verzicht auf ständige Nähe und sexuelle Befriedigung – nicht aus einem Mangel an Beziehungsfähigkeit, sondern aus der Erinnerung heraus, daß alle Formen von Begegnungen und Beziehungen viele Leben hindurch ausgekostet und erfahren wurden.

Es ist nicht mehr nötig, Kinder zu zeugen, um entscheidende Erfahrungen zu machen. Vielmehr wird es wünschenswert, sich selbst in der Liebe zu begegnen, die gesammelten Kräfte der eigenen Psyche wieder zufließen zu lassen und sich darauf zu konzentrieren, innige Verbindungen auch zu Menschen aufzunehmen, die als Geschlechtspartner nicht geeignet sind – Kinder, alte Menschen, eine Vielzahl von Freunden. Voraussetzung ist lediglich, daß diese Menschen eine Schwingung und ein Energiefeld besitzen, die es gestatten, die Energie der Alten Seele ohne Anstrengung fließen zu lassen. Dann ergießt sie ihre Wärme und Herzensliebe bedingungslos für alle, die sich daran laben mögen.

Wir haben bis jetzt stets das reine Bild der Alten Seele beschrieben, möchten jedoch noch einmal auf ihre Angst zurückkommen, die häufig bewirkt, daß zwei Drittel oder drei Viertel ihrer Lebenszeit verstreichen mit starkem Hader und der Auseinandersetzung zwischen begrenzter Persönlichkeit und entgrenzter seelischer Identität.

Die Alte Seele läßt ab von der Geschäftigkeit, die sie noch in den vorausgegangenen zwei Stadien so unruhig gemacht hat. Sie spürt, daß es nur noch wenig zu tun und wenig zu erledigen gibt. Sie mag sich von nichts und niemandem mehr zur Eile antreiben lassen. Die großen Motoren von einst, die Jagd nach dem Geld und nach Erfolg oder Ruhm, treiben sie kaum noch an. Wenn sie sich die Mühe macht, einen anstrengenden Beruf zu erlernen, so doch nur, um mit seiner Hilfe noch einige wenige Ziele zu erreichen, um zum Beispiel ihren Seelengeschwistern bestimmte Hilfestellungen zu bieten oder karmische Verknüpfungen zu lösen, die anders nicht gelöst werden könnten. Lieber jedoch ist es ihr, sich nicht mehr anstrengen zu müssen. Sie genießt es nun mehr und mehr, wieder abhängig zu werden, andere für sie sorgen zu lassen oder einer geruhsamen, geradezu meditativen Tätigkeit nachzugehen, die sie nicht in den Strudel von Erfolgsstreben oder bitteren Enttäuschungen durch Mißerfolg hineinreißt.

Ein Mensch mit einer Alten Seele hat viele Begabungen und viele Talente. Die in vielen früheren Leben erworbenen Kenntnisse stehen ihm latent und unbewußt zur Verfügung. Er weiß daher oft nicht, welcher seiner Neigungen er am liebsten nachgehen möchte, und nicht selten ist es ihm geradezu ein Vergnügen, sich von einem sozialen Netz oder von seiner Familie unterstützen zu lassen, sich tragen zu lassen von der Tätigkeit anderer, und manchmal macht es ihm nicht einmal etwas aus, an einer Straßenecke zu sitzen und zu betteln oder sogar auf ein Dach über dem Kopf zu verzichten, um als Obdachloser von keinerlei Vorschriften und Instanzen mehr eingeschränkt zu sein.

So werdet ihr Alte Seelen gerade unter denen finden, die ihr glaubt bemitleiden zu müssen, und selten wird ein Mensch am Ende seiner Lebensreisen dem Bild entsprechen, das ihr euch von ihm macht. Er ist nicht immer nur glücklich und weise, er ist keineswegs gesünder als Jüngere Seelen, er ist auch nicht immer und überall gelassen und gütig. Zwar ist es möglich, daß ihr einen solchen Menschen in einem Moment erkennt, in dem er sich gerade in einer angstarmen, entspannten Phase befindet, doch werden diese Phasen nicht die Regel sein.

Weisheit, Güte, Gelassenheit, Offenheit, Demut und Hilfsbereitschaft sind einer Alten Seele zugänglicher als einer Jungen Seele. Gleichwohl schließt sie sich aus Angst vor den daraus folgenden Entgrenzungsprozessen häufig und immer wieder von einer Dauerhaftigkeit dieser Zustände aus. Gerade dies erlebt sie sehr bewußt, und gerade dies macht einen nicht unerheblichen Anteil ihrer Qual aus. Denn im Unterschied zu einer Jungen Seele weiß sie ja nun, was ihr möglich wäre, und sie hat es am eigenen Leibe erlebt. Deshalb stürzen sie der Verlust der liebenden Schwingung, die sie bisweilen, aber eben nicht immer, erfüllt, und die Erinnerung an das Verlorene in eine Leere, die in diesem Zyklus nicht leicht zu ertragen ist. Trotzdem muß sie ertragen werden.

Auch rauschhafte, ekstatische Erlebnisse werden nun immer häufiger, ganz von selbst, ohne Hilfsmittel und ohne besondere Übungen oder Techniken eintreten. Die Alte Seele ist der Methoden und ihrer Anwendung müde. Sie versucht noch einmal dieses und jenes und spürt doch, daß die Stille, die wahre Ekstase, die köstliche Übereinstimmung mit den Schwingungen der kosmischen Liebe jenseits aller Bemühungen liegt. In ihr selbst allein und in ihrem Mut, die Grenzen der Angst zu überschreiten, liegt die Erfüllung. Je näher das Ende der Reise rückt, um so selbstverständlicher und zahlreicher werden die kleinen und großen Augenblicke der ekstatischen Vereinigung mit dem Ganzen auf der Ebene der energetischen Verbindung und Entgrenzung.

Auch wenn der Körper noch weiterhin bewohnt wird, lösen sich doch energetische Schichten immer wieder von ihm ab. Entrückungen bedeuten nicht mehr unaufmerksame, unbewußte, erst im nachhinein deutbare Entfernungen und Transgressionen der Alltagspersönlichkeit, sondern werden bewußt erlebt als Augenblicke, Stunden oder Tage der höchsten Verzückung durch die Möglichkeit, die Einheit, das Eingebundensein, die Harmonie, die Liebe und den Frieden wahrhaft zu schauen, anstatt sich stets nur von der Sehnsucht danach leiten zu lassen, von einer Ahnung ihrer Existenz oder von einer mentalen Vorstellung, daß es sie geben müßte, wenn alles nur so wäre, wie es sein sollte.

Obgleich nun die Alte Seele oft selbst mit sich uneins ist und den Zwiespalt zwischen ihrer körperlichen Manifestation und ihrer geistig-seelischen Verfassung schmerzhaft empfindet, sehen doch all jene unter ihren Mitmenschen, die selbst Reife und Alte Seelen beherbergen, sehr deutlich den weichen hellen Schimmer, den lichten Schein, der eine solche Seele umgibt, je mehr sie sich dem Ziel nähert. Die Ausstrahlung kann als Wärme oder als Aura wahrgenommen werden. Sie ist unabhängig von der subjektiven Befindlichkeit, die sich in der Psyche oder im Körper eines Menschen mit einer Alten Seele niederschlägt. Doch wer das Glück hat, eine Seele auf der fünften, sechsten oder siebten Stufe des Alten Zyklus in einem Augenblick des Friedens oder der Entrückung zu erleben, wird einen unvergeßlichen Eindruck gewinnen von dem Potential, daß hier freigesetzt ist und das auch ihm selbst über kurz oder lang zur Verfügung stehen wird.

Das, was viele von euch »Erleuchtung« nennen – in einer temporären oder dauerhaften Erscheinungsform –, wird nun in den Stadien auf den letzten Stufen dieses Zyklus jederzeit möglich. Und wenn wir sagen jederzeit, bedeutet dies auch, daß eine Seele in diesem Abschnitt ihrer Entfaltung ganz ohne strikte Disziplin und ohne die Anwendung angeblich erleuchtungsfördernder Methoden jederzeit darauf gefaßt sein darf, die gleißende Helle ihrer eigenen Vollkommenheit zu schauen, ohne daran zu erblinden. Sie wird danach nie mehr dieselbe sein, und in den allermeisten Fällen wird sie auch keinen großen Anreiz mehr verspüren, weiterhin ein Leben im Körper zu führen. Doch kommt es vor, daß – abhängig von der Seelenrolle oder auch von den Aufgaben, die einem seelischen Individuum von seiner Seelenfamilie zugewiesen wurden – eine gewisse Lebensspanne noch im Körper verbracht wird, um den Glanz zu verbreiten, um andere daran teilhaben zu lassen.

Wie immer auch dies geschehen mag, das Eigentliche kann nicht vermittelt werden. Doch die Erkenntnis, das Geschaute, darf – so gut es geht – beschrieben und gelehrt werden. Sollte nun ein solches Ereignis der Erleuchtung vor dem letzten Leben, auf der siebten Stufe der Entfaltung im letzten Zyklus eintreten, bedeutet dies keineswegs, daß damit die Möglichkeit gegeben ist, den Zyklus der Verkörperung abzukürzen, denn die sechste und die siebte Stufe haben ihre eigenen unabdingbaren Qualitäten. Sie verfolgen und bieten Erfahrungsmöglichkeiten, die von der soeben beschriebenen Erlebnisstruktur der Erleuchtung unabhängig sind. Sie müssen gelebt werden. Ein Abschluß des Inkarnationszyklus ist nicht nur durch die Erkenntnis des Allganzen bedingt, und auch keineswegs nur durch die endgültige Auflösung aller karmischen Verstrickungen, sondern allein davon, daß eine Liebesfähigkeit umfassender Art erreicht, gespürt, erlebt und gelebt wird. Und da Liebe sich bis zuletzt auch im Kontakt und in der Intimität mit anderen eingekörperten Seelen erfährt, ist es bis zu allerletzt notwendig, daß eine Alte Seele sich für Begegnungen bereit hält, die ihr das geben können, was sie aus eigener Kraft noch nicht hervorbringen kann, weil es in der physischen Welt nicht möglich ist.

Auf der Erde existieren zum Zeitpunkt unserer Durchgabe insgesamt 4% Alte Seelen, aber in manchen Ländern ist ihr Anteil größer. Nirgends jedoch übertrifft er 10%. Dennoch werdet ihr die Präsenz auch nur von wenigen Hundert spüren können, wenn ihr euch darauf einschwingt. Denn das Energiefeld einer Alten Seele kann eine große Ausbreitung haben und prägt ein menschliches Umfeld in einem Maße, wie es einer Reifen oder Jungen Seele nicht möglich wäre.

Alte Seelen sind in Peru und Mexiko, auf Grönland, den nordschot-

348

tischen Inseln, im Baskenland, in der Schweiz und in Finnland, aber auch in den Baltischen Republiken besonders stark vertreten. Einen nicht unerheblichen Anteil könnt ihr auch in den Niederlanden, in Kaschmir, im Sudan und im Jemen antreffen. Der Anteil Alter Seelen in Deutschland beträgt etwas weniger als 6 %.

Einige versunkene Hochkulturen wurden von Reifen und Alten Seelen hervorgebracht. Darunter waren präkolumbianische, aztekische und ägyptische Volksgruppen. Wenn wir euch dies sagen, möchten wir euch davor warnen, technisch eindrucksvolle Errungenschaften alter Völker prinzipiell mit einem hohen Anteil Alter Seelen gleichzusetzen. Die genannten Kulturen verfügten über einen bis zu 70 %igen Anteil Alter Seelen, doch die eigentlich technischen Glanzleistungen wurden von den wenigen Jungen und Reifen Seelen vollbracht, die darin verblieben waren. Denn wie ihr gehört habt, kümmern sich Alte Seelen wenig um Äußeres. Sie wünschen nicht mehr, die Welt zu beeindrucken und ihnen große Bauten oder riesige Bewässerungssysteme zu hinterlassen. Wohl aber ist es ihnen ein Anliegen, denjenigen, die noch arbeiten und in der materiellen Welt etwas bewirken wollen, ihre geistige Potenz und ihre transpersonalen Kontakte, ihre Inspirationen und ihre spirituelle Weisheit zur Verfügung zu stellen und es sich selbst auf Erden angenehm zu machen.

Ihr fragt euch oft: Wie war denn damals so etwas möglich? Wir sagen euch, es war möglich, und es war nicht schwer, aber es muß euch unvorstellbar bleiben, solange nicht der Anteil Alter Seelen auf eurem Planeten die 50 %-Grenze überschritten hat. Und wenn es wieder soweit sein wird, daß einzelne Nationen oder Völkerschaften einen dermaßen hohen Bestandteil an Alten Seelen enthalten, werden noch ganz andere Möglichkeiten eröffnet werden, die vor Tausenden von Jahren nicht zur Verfügung standen.

⑥ Die Transpersonale Seele

Wenn nun mehr als die Hälfte aller Mitglieder einer Seelenfamilie ihren Weg abgeschritten hat und das Schwergewicht dieser Seelenfamilie nunmehr auf dem Nichtkörperlichen ruht, kann es geschehen, daß die vereinte Energie, die im dritten Territorium der astralen Welt* weilt, die Möglichkeit wahrnimmt, sich eines Körpers zu bedienen, um sich erneut zu manifestieren, nicht als Einzelseele, sondern mit der vereinten und gewohnten Kraft von vielen Hunderten. Sie fährt in diesem Kollektiv ein in den abgelegten Körper eines ihrer Seelengeschwister, das soeben den Abschluß der großen Inkarnationsreise vollzogen hat, also das letzte Leben auf der siebten Stufe des Alten Zyklus abgeschlossen hat.

So verwirklicht sich ein selten genutzter, nur in Ausnahmefällen sinnvoller und notwendiger Abschnitt seelischer Entfaltung. Er ist gelöst von den fünf Zyklen, die allen Seelen und allen Körpern zugänglich sind, weil hier eine Seelengemeinschaft, die in der Regel nach nichts anderem strebt, als sich in kausale Welten hinüberzuschwingen, aus besonderer Liebe zu den noch im Körper weilenden Geschwistern ihnen eine Unterstützung im Wachstum zuteil werden läßt. Diese Transpersonale Seele ist zu außergewöhnlicher Wirkweise innerhalb der Physis befähigt. Es wird sich dabei oft um nicht mehr als fünf bis zehn über den Erdball verteilte neubeseelte Wesen handeln, die – jedes auf seine Art – einen Kreis Alter Seelen unter ihre Fittiche nehmen, die in aller Regel sowohl aus der eigenen Seelenfamilie als auch aus verwandten Seelenfamilien desselben Verbundes stammen.

Von einem Zyklus kann jetzt im eigentlichen Sinne nicht mehr gesprochen werden, da sich die Manifestation einer solchen kollektiven Seelenkraft nicht über mehrere Existenzen hinwegzieht. Auch von »Inkarnation« kann nur bedingt die Rede sein. Selbst der Begriff »Leben« ist mit Vorbehalt zu verwenden, denn ein Seelenkollektiv, das den Leib eines bereits abgelebten Seelenfamilienmitglieds bezieht, erfüllt diesen Leib mit einer Schwingung und einem neuen Leben, die mit den Leben einer Einzelseele wenig gemein haben.

Für die Mitmenschen stellt sich dieser Vorgang so dar, daß ein Totkranker darniederliegt und wie durch ein Wunder wieder gesund wird, aber eine unbegreifliche Veränderung sichtbar werden läßt. Ihr sagt von einer solchen Veränderung, wenn ihr sie beschreiben sollt: Dieser Mensch ist völlig verwandelt. Was sich in Wirklichkeit vollzogen hat, ist ein unbemerktes Sterben und ein neues ebenso unbemerk-

---

* Siehe *Welten der Seele*, S. 142 ff.

tes Neubeseeltwerden in ein und demselben Körper. Meistens vollzieht sich dieser Vorgang in der Nacht, von allen Angehörigen unbemerkt.

Ihr kennt eine Neubeseelung nur in Zusammenhang mit einem neuen Körper, und wenn nun der von einer Einzelseele verlassene Leib mit der Kraft eines verschwisterten Seelenkollektivs neu gefüllt wird, ändert sich dementsprechend auch die Ausstrahlung. Ihr würdet meinen, die Persönlichkeit sei eine andere, wir jedoch weisen darauf hin, daß nach einer solchen Wandlung ein Leib keine Persönlichkeit, wie er sie vorher hatte, mehr besitzt. Die Ich-Kräfte scheinen euch immens verstärkt, in Wirklichkeit sind sie aufgelöst. Der neubeseelte Leib ist umgeben von einem Strahlen und Leuchten, das aber nicht alle Augen wahrnehmen können.

Die Transpersonalen Seelen sind Gestalten von hoher Empfindlichkeit und wirken nicht in der großen Öffentlichkeit. Sie verrichten eine Lehrtätigkeit, die nicht mehr auf Worte und mentale Inhalte angewiesen ist, sondern aus der unmittelbaren energetischen Übertragung lebt. Nur wenige Menschen sind in ihrer Nähe, weil die meisten dieses Energiefeld weder attraktiv – also im eigentlichen Sinne anziehend – finden, noch davon etwas annehmen können. Sie können sich davon nicht berühren lassen, sie können sich nicht durchdringen oder vermischen lassen und fühlen sich eher geängstigt, abgestoßen, gestört, allein schon durch das Energiefeld der den Lehrer umgebenden Adepten, der Schüler aus derselben Seelenfamilie, die einen Kranz um das Zentrum der Kraft bilden. Diese in gewöhnlichen Körpern Befindlichen können allerdings über Worte und Lehren ihre Empfindungen und Erkenntnisse weiterleiten. Aber sie müssen sie verdünnen und aufbereiten, um sich verständlich zu machen. Das Phänomen geschieht auch nur zu Zeiten, wenn viele Mitglieder einer Inkarnationsflut den Alten Zyklus erreicht haben und somit auf dem Planeten eine Schwingung bereitgestellt wird, die eine solche Lichterscheinung eines seelischen Kollektivs zuläßt.

Die Transpersonalen Seelen sind dazu dienlich, kleinen Gruppen von lernwilligen Individuen die letzten Möglichkeiten der Öffnung und Verschmelzung unter den Bedingungen der Physis zu weisen und ihnen gleichzeitig die natürliche Furcht vor den nichtkörperlichen Bereichen zu nehmen, die sie nach ihrer letzten Inkarnation erwarten.

Obgleich die Sehnsucht, den Körper endgültig zu verlassen, übermächtig wird, besteht zugleich eine namenlose Angst vor dem Aufgeben einer durch viele Leben und viele Jahrtausende vertraut geworde-
nen Existenzform. Da die Geschwister der Seelenfamilie, die bereits in
der astralen Welt weilen, diesen Sprung ins Leere bereits gewagt haben,
können sie ihren noch im Körper befindlichen Seelengeschwistern auf
energetische Weise zeigen und beweisen, daß die Seele ihre Existenzform zwar ändert, jedoch nicht aufgeben muß.

⑦ Die Transliminale Seele

Eine weitere seelische Erscheinungsform verbindet die kausale*mit der
physischen Welt auf eine machtvolle, ungeheuer wirkungsreiche
Weise, die nur selten im Laufe der universellen Entfaltungsgeschichte
der Welten der Seele in Anspruch genommen wird. Wiederum sind es
längst entkörperte, wiedervereinigte, nun aber bereits in der kausalen
Welt tätige Seelenfamilien, die sich aus Liebe zu sich selbst und zum
Menschen bereit finden, den irdischen Leib einer Alten Seele zu übernehmen, nachdem dieser Mensch die letzte seiner Inkarnationen abgeschlossen hat. Seine Seele wechselt in die astrale Welt, eine neue Beseelung findet statt, aber sie unterscheidet sich von der Beseelung der
Transpersonalen Seele dadurch, daß es sich hier nicht um Angehörige
der eigenen Seelenfamilie des Verstorbenen handelt, sondern um wei-
terentwickelte, ihm unvertraute Entitäten, die nicht anders auf dem
Planeten Erde wirken können als durch eine fleischliche Hülle, die in
der Lage ist, ihre gesammelte Energie zu beherbergen. Denn hohe
Energien in Menschengestalt mildern die Angst vor der Verwandlung.
Transliminale Seelen, die alle Grenzen sprengen und keine Grenzen
kennen, manifestieren sich auf dem einen oder anderen Planeten. Dies
geschieht nur selten und nur, wenn es für den geistigen Fortbestand
großer Gruppen von Seelen unbedingt erforderlich ist. Während
Transpersonale Seelen als Geburtshelfer für den Übergang großer
Seelengruppen von einem Seelenzyklus in den anderen behilflich sind,
wann immer eine Schar Alter Seelen den großen Sprung in endgültig

---

* Siehe *Welten der Seele*, S. 200 ff.

entkörperte Dimensionen wagen will, setzen Transliminale Seelenverbände ihre Kraft nur etwa alle zweitausend Jahre ein.

Es handelt sich nicht um eine Lebensform, sondern um die Beseelung einer ehemals lebenden Körperhülle durch eine kausale Entität, und das bedeutet auch, daß die Transliminale Seele von den üblichen Beschränkungen, denen lebende Menschen als inkarnierte Einzelseelen unterliegen, befreit ist. Der Körper der Transliminalen Seele besteht zwar aus Fleisch und Blut wie zuvor: Er bewegt sich, das Herz schlägt, die Augen sehen, der Mund spricht. Doch ist dieser Körper weder verletzbar noch sterblich. Er altert nicht, kennt keine sexuellen Bedürfnisse, muß weder Nahrung zu sich nehmen noch sie ausscheiden. Seine Funktion besteht lediglich darin, eine immense energetische Veränderung in allen Menschen zu bewirken, die ihn erblicken, berühren und ihm lauschen.

Die Fähigkeit eines solch neubeseelten, von den Kräften der kausalen Welt erfüllten Körpers besteht auch darin, sich nach Belieben materialisieren und entmaterialisieren zu können, denn die kausale Welt ist von den Gesetzmäßigkeiten von Raum und Zeit befreit. Ein solcher Körper kann, ohne sich der physischen Reise unterziehen zu müssen, an jedem Ort der Erde erscheinen, solange es für hilfreich und notwendig erachtet wird, doch ist er nicht allen Menschen sichtbar. Nur wer eine Energiestruktur besitzt, die ihn befähigt, Kontakt mit der überwältigenden Energie der Transliminalen Seele aufzunehmen, wird die Gestalt, die sich in diesem Körper birgt, erkennen können.

Von der Seelenfamilie des zuvor Verstorbenen, der den abgelegten Körper bewohnt hatte, ist ein großes Opfer gefordert, das jedoch in Liebe zum Ganzen erbracht wird. Denn sie kann ihre endgültige Wiederverschmelzung nicht vollziehen, um mit der erhöhten Energiefrequenz in die kausale Welt überzuwechseln. Das liegt daran, daß die Vereinigung nicht stattfinden kann, bevor die letzte Seele nicht endgültig Abschied genommen hat von ihrem Körper und alle Verbindungen zu ihrer letzten Inkarnation abgeschlossen wurden. Alle abschließenden Läuterungsprozesse müssen warten. Sie dauern nach der letzten Fleischwerdung eines Seelenfragments, wenn noch einmal der gesamte Verlauf aller Inkarnationen betrachtet werden soll, eher noch länger als zwischen den einzelnen Leben. Wenn das letzte Fragment seine letzte

Inkarnation hinter sich hat, will die Seelenfamilie noch einmal alles betrachten und sichten und verstehen. Das dauert länger als die Klärung und Planung zwischen den Leben. Der gesamte Inkarnationsverlauf soll ausgewertet werden. Die Erfahrungen müssen sich integrieren. Und solange der Letzte noch in irgendeiner Weise an seinen Körper gebunden ist, ist dies nicht möglich.

Wenn ihr Menschen die höchste Ausdrucksfähigkeit eines in einem menschlichen Körper befindlichen Bewußtseins beschreiben wollt, verwendet ihr den Ausdruck Buddha-Bewußtsein oder Christus-Bewußtsein oder Krishna-Bewußtsein, und diese Begriffe beschreiben sehr eindrücklich, was die Transliminale Seele auszeichnet. Ihr solltet stets zwischen Siddharta, dem Menschen, und der vom Transliminalen Bewußtsein erfüllten Hülle dieses Menschen und auch zwischen Krishna, dem Menschen, und dem Krishna-Bewußtsein unterscheiden, ebenso wie ihr zwischen Jesus und Christus einen klaren und deutlichen Unterschied macht.

Wenn ihr bestrebt seid, diese Art von Bewußtheit zu erlangen, werdet ihr unweigerlich an die Grenzen eurer Möglichkeiten als inkarnierte Einzelseelen stoßen. Ihr erfreut euch ehrfürchtig an der Vorstellung einer solchen Grenzüberschreitung. Wichtiger noch ist uns, euch zu sagen, daß ihr, die ihr jetzt den Planeten Erde bevölkert, von der Bewußtheit Transliminaler Seelen berührt wurdet und ihre Auswirkungen erlebt, auch wenn ihr euch darüber keine Gedanken macht.

Die Transliminale Seele wählt die Einkörperung, um das Bewußtseinsniveau der gesamten Bevölkerung eines Planeten unmittelbar anzuheben, und da es sich um einen energetischen Vorgang handelt, ist er nicht ungeschehen oder rückgängig zu machen. Er vollzieht sich immer dann, wenn eine proportional zur Erdbevölkerung hohe Anzahl von Alten Seelen den Planeten verläßt und ein neues Zeitalter anbricht. Die Fragmente, die nun ausgeschüttet werden, beginnen ihren Bewußtseinsweg nicht an derselben Stelle, wie die vorangegangenen, sondern dort, wo die Transliminale Seele die Möglichkeit formt, die die neuen Fragmente für die kommenden Jahrtausende ihres Inkarnationszyklus benötigen.

Es ist ein erheblicher Unterschied, ob eine Säugling-Seele auf der Zeitachse vor fünfzigtausend oder vor zweitausend Jahren ihren Weg begann. Die Bedingungen, die sie antrifft, wurden von einer Vielzahl

anderer Energien geprägt. Die inkarnierten und exkarnierten Seelenfamilien haben ihre Arbeit geleistet. Jedes Fragment hat das Seine dazu
beigetragen, daß Bewußtheit und Liebe sich entfalten können. Deshalb
ist es bedeutsam zu verstehen, daß das Geleistete nicht verlorengeht,
sondern eine Basis herstellt für alle, die neu beginnen.

Die sieben Stufen
der Entfaltung

Jeder einzelne der fünf Zyklen seelischer Entwicklung im Körper besteht aus sieben Entfaltungsstufen, die aus einer inneren Entwicklungskraft heraus erklommen werden, genauso, wie das Programm des gesamten Inkarnationsweges es enthält und vorschreibt.

Wir vergleichen diese fünf mal sieben Stufen mit dem biologisch-genetischen Programm einer Pflanze oder eines Lebewesens, das von seiner Entstehung oder Zeugung bis zu seinem natürlichen Vergehen seinen Weg geht, von der ersten Zellteilung bis zur Auflösung. Dazu bedarf es nicht besonderer Mühe, harter Arbeit oder gar ständig durch Anstrengung geförderter Bewußtheit. Die Wegstrecke führt von selbst zu mehr Liebesfähigkeit und Bewußtheit. Sie zu erlangen ist das Ziel, sie zu empfinden ist der Sinn.

Jede Stufe der Entfaltung nimmt im Schnitt zwei Erdenleben, oft aber auch drei und vier Inkarnationen in Anspruch. Die Seele verharrt so lange auf einer Stufe, bis sie alle Erfahrungen gemacht hat, die diese Stufe kennzeichnen, bis sie die entsprechenden Ängste erlebt und abgebaut hat, bis sie die Bewußtseinsstruktur, die dieser Stufe angemessen ist, entwickelt hat und die Aufgabe vollbringen konnte, die sie gemeinsam mit ihren Seelengeschwistern für diesen Abschnitt vorgesehen hatte.

In jedem neuen Zyklus beginnt die Seele wieder auf der ersten Stufe. Sie fühlt sich verunsichert, schwach und hilflos, nachdem sie zuvor die siebte Stufe des vorangehenden Zyklus bewältigt hat mit ihrer Sicherheit und Fülle, mit ihrer Befriedigung und Erfülltheit. Keine Stufe kann gemieden oder übersprungen werden. Wer stark beschleunigt auf einer Stufe, wird auf der nächsten oder übernächsten Stufe einem

Stufe 1
Ich sammle neuen Mut.

Stufe 2
Ich suche Stabilität.

Stufe 3
Ich werde unternehmungsfreudig.

Stufe 4
Ich ernte die Früchte.

Stufe 5
Ich werde unruhig.

Stufe 6
Ich brauche Ruhe und Harmonie.

Stufe 7
Ich wende an, was ich gelernt habe.

natürlichen Impuls zur Verzögerung folgen. Die Stufen unterliegen einem pulsierenden Wechsel von Extravertiertheit und Introvertiertheit. Die Stufen 1, 3, 5 und 7, also die Energien mit den ungeraden Ordnungszahlen, sind deutlich mehr in die Außenwelt, in den Kontakt mit dem aktiven Leben gerichtet als die Stufen 2, 4 und 6, die dem Sammeln von neuen Kräften, der Integration und der Bewältigung gewidmet sind.

Der Wechsel von einer Stufe zur anderen, von 7 auf 1, von 3 auf 4 oder von 5 auf 6, kann sowohl während einer leiblichen Inkarnation als auch in der astralen Welt vollzogen werden. Voraussetzung für diesen Wechsel der Entfaltungsstufe ist stets eine Phase der Besinnung und der Bilanz, verbunden mit Erkenntnis, dem Willen zur Veränderung, einer großen Anspannung und folgenden Entspannung. Konkret ist zu beobachten, daß der Wechsel von einer Entfaltungsstufe auf die nächste meistens einhergeht mit einer scheinbar überwältigenden Lebenskrise, mit Krankheit, Verlust, Schmerz, mit dem Empfinden einer unerträglichen Sinnlosigkeit, mit Depression und Verzweiflung. Nichts scheint in diesem Übergangsstadium mehr zu rechtfertigen, daß das Leben so, wie es war, überhaupt weitergelebt wird.

Der Übergang auf die folgende Stufe der Entfaltung gleicht dem Durchdringen einer Wand aus Feuer, mit einer darauf folgenden Häutung. Ein Mensch, der während einer irdischen Inkarnation von einer Stufe auf die nächste wechselt, empfindet sich stark verändert und wie neugeboren. Im Anschluß an eine solche Krise besteht zunächst eine große Empfindlichkeit angesichts der massiven Veränderungen im Energiegefüge, denn der Übergang ist in erster Linie ein Wechsel der Frequenz, und an eine neue Schwingung muß sich der Leib langsam und vorsichtig gewöhnen. Deshalb ziehen viele Seelen es vor, die Initiation auf die neue Stufe in der astralen Welt zu vollziehen. Die ungewohnte Schwingungsfrequenz ist dort leichter zu bewältigen. Es gibt Hilfe bei der Bilanzziehung durch die entkörperten Seelengeschwister und anderer Instanzen, die zu Einsicht verhelfen.

Jedes Seelenfragment nimmt so viel Zeit und so viel Raum, wie es braucht, um eine einzelne Stufe zu verstehen, die vorgesehenen Erfahrungen zu machen und sich in der gewonnenen Einsicht zu verankern. Das ist der Grund, warum die Anzahl der Einzelinkarnationen, die die Gesamtheit der fünf Zyklen mit ihren jeweils sieben Stufen ausmachen, so unterschiedlich ist. Es gibt kein Drängen und kein Zerren. Niemand hat es – aus der Gesamtheit des Inkarnationszyklus betrachtet – wirklich eilig, da Eile als Übereile einer der Seele fremden Angst entspringen würde.

Die Seele besitzt eine große Freiheit und eine ihr natürlich innewohnende Konsequenz im Beharren auf ihrem eigenen individuellen Weg. Die Seelengeschwister sind selbstverständlich und liebevoll bereit, nicht nur zu warten, sondern die eigenartige Entwicklung jedes einzelnen Fragments zu unterstützen, bis alle Erfahrungen gemacht und alle Möglichkeiten ausgeschöpft sind.

Jede der sieben Entwicklungsstufen innerhalb der einzelnen Seelenalter hat eine Devise:

Stufe 1
Motto: Ich sammle neuen Mut

Wo immer ihr auch steht, ob ihr euch gerade erst in eure erste Inkarnation begeben oder ob ihr die letzte große Hürde soeben genommen habt, die euch den Übergang vom Reifen Seelenalter in die Welt der Alten Seelen erlaubt, ist es ein gut Ding, euch einzugestehen, daß aller Anfang schwer ist.

Aller Anfang ist schwer, und deshalb braucht ein jeder von euch auf der ersten Stufe einer neuen Entwicklungsphase besonders viel Mut. Wir haben schon an anderer Stelle gesagt, wieviel Courage es erfordert, sich überhaupt zum erstenmal in einen menschlichen Körper zu begeben und die Schwierigkeiten der Inkarnation auf sich zu nehmen und sie auch noch zu bejahen.

Ebenso ist es für jeden Menschen in einem Körper beängstigend, sich auf eine neue seelische Herausforderung einzulassen, und am Anfang eines neuen Abschnitts – sei es nun beim Übergang von der Kind-Seele zur Jungen Seele oder wenn eine Reife Seele in das Stadium der Alten Seele eintritt – braucht die Seele entsprechend viel Zeit, um sich in dieser ungewohnten Welt zurechtzufinden. Sie wird sich auf der ersten Stufe des neuen Abschnitts oft zurücksehnen nach den alten Verhältnissen. Sie wird sich gespalten fühlen zwischen dem, was sie hinter sich gelassen hat und von dem sie erkannt hat, daß es nicht mehr taugt, und dem, was sie vor sich hat und von dem sie noch nichts weiß, außer daß es neu und schwierig sein wird.

Ihr könnt diese Stufe vergleichen mit dem Moment, an dem ihr einen neuen Arbeitsplatz zum erstenmal betretet und euch den neuen Aufgaben zu stellen bereit seid, ohne zu wissen, was von euch wirklich verlangt wird. Ihr habt eine allgemeine Vorstellung; man hat euch viele Dinge in Aussicht gestellt und einiges versprochen. Dennoch wißt ihr nicht, ob das, was euch erwartet, euch gemäß sein wird, ob ihr es schaffen werdet und ob das, was euch in Aussicht gestellt wurde, tatsächlich eintreffen wird. Und manches Mal werdet ihr unsicher werden und euch wünschen, ihr hättet euren alten Posten nie aufgegeben. Er erschien euch sicher – wenn auch ein wenig langweilig. Er hat euch keine große Freude mehr gemacht, dennoch wußtet ihr, woran ihr wart. Die alten Verhaltensweisen, die ihr euch über lange Zeit antrainiert hattet, sind zum Teil noch gültig, wollen aber nicht mehr recht greifen.

Ihr sammelt nun neuen Mut und müßt euch jeden Tag sagen: »Es wird schon irgendwie gehen, ich werde es schaffen.« Diese Phase, diese Stufe ist von besonderer Wichtigkeit, denn sie setzt die Zeichen für den weiteren Verlauf. Zwar ist nichts vergeudet, auch kein Moment des Zweifels oder der Verzweiflung, dennoch wird sich manches in dem Maße gestalten, wie ihr jetzt die Weichen stellt.

Denkt noch einmal an das Beispiel vom neuen Arbeitsplatz. So wie ihr ihn heute einrichtet, wird er euch lange dienen müssen. Die Kontakte, die ihr in den ersten Tagen knüpft und die sich als tragend erweisen, werden geprägt von wenigen, aber nachhaltigen Eindrücken. Nun wird das neue Seelenalter für euch ein langjähriger Arbeitsplatz werden.

Ihr tut also gut daran, euch Zeit zu nehmen, euch richtig umzuschauen, euch einzuarbeiten in die verschiedenen Aufgabenbereiche, und was immer ihr jetzt mit Muße und Betracht, mit frohem Mut und Umsicht beginnt, wird auch zu einem guten Ende geführt werden können.

Deshalb nimmt sich eine jede Seele für die erste Stufe eines neuen Abschnitts mehr Zeit als für die darauf folgenden. Wenn man im Durchschnitt sagen kann, daß zwei Leben auf eine Stufe verwendet werden, gilt für die erste Stufe, daß drei eine angemessene Spanne sind.

Das können kurze oder lange Leben sein. Es kommt nicht auf die Zahl der Jahre an, wohl aber auf die Qualität und die entspannte Muße, mit der ihr euch in diesem neuen Abschnitt mit der ersten Stufe eures neuen Seelenalters vertraut macht.

Stufe 2
Motto: Ich suche Stabilität

Während die erste Stufe eine Zeit der Verunsicherung war, in der viel Neues auf euch eingedrungen ist, weil ihr euch mit vielen unvertrauten Faktoren vertraut machen mußtet, dient die zweite Stufe dazu, daß ihr euch dort niederlassen könnt, wo ihr jetzt heimisch werden sollt.

Das wichtigste Ziel der zweiten Stufe ist die Feinarbeit, ist das detaillierte Ausloten eurer Möglichkeiten. Ganz gleich, ob ihr eine Junge, eine Reife oder Alte Seele seid – die zweite Stufe schafft euch die Möglichkeit, euch zu verankern oder Wurzeln zu schlagen. Erst jetzt wird euch so recht klar werden, wo ihr seid, und auch wer ihr seid, wird deutlicher als auf der ersten Stufe. Es ergeben sich die ersten Einblicke in den Sinn des neuen Lebensabschnittes, und die Bereitschaft zum Verharren, zum genau Hinschauen wird immer größer.

Die zweite Stufe ist eine Phase der Ruhe nach den Stürmen der ersten, die noch mit vielen Rückschlägen im Bereich des Bewußtseins behaftet ist. Die zweite Stufe läßt in eurem Bewußtsein Ruhe und Stabilität einkehren. Wir sprechen dabei nicht von der Ereignisebene und nicht von Beziehungen, sondern einzig und allein von der Bereitschaft des Bewußtseins, gleich in welchem Seelenalter, das an sich heranzulassen, was es in dem betreffenden Zyklus lernen will. Die Bejahung des Angestrebten wird größer, und der Mensch fühlt sich gesichert in dem, was er jetzt will und braucht.

Die zweite Stufe ist in aller Regel keine Stufe der großen Turbulenzen. Drama und tragische Ereignisse haben hier wenig Platz. Trauer wird jedoch eine größere Rolle spielen. Trauer bedeutet die Fähigkeit, das was ist, annehmen zu können. Es zu betrauern heißt nicht, es abzulehnen, und ist auch nicht zu verwechseln mit Resignation. Solidität, Verfestigung, ein Dortsein, wo man ist, kennzeichnen die zweite

Stufe. Ein Empfinden von Einsamkeit, das allerdings zum Beginn der zweiten Stufe das seelische Erleben prägt, führt direkt und indirekt hin zu einer neuen Betrachtung des Du. Eine zweite Kraft wird somit einbezogen in die Bereitschaft, das Ich und die Welt zu erleben und zu gestalten. Auf der zweiten Stufe tritt das Ich aus seiner Egozentrik heraus. Es kann sich nun einem Du wirklich zuwenden. Dieses Du ist der nahestehende Mitmensch, er bleibt begreifbar, nahe und identifizierbar. Zu Beginn der dritten Stufe wird diese Fähigkeit gesichert sein. Ein weiterer Faktor, etwas scheinbar Unberechenbares, wird hinzutreten.

Wer sich – gleich in welchem Seelenzyklus – auf der zweiten Stufe befindet, wird zwei oder drei Leben darauf verwenden, Mittel und Methoden zu entwickeln, um sich Sicherheit und Ruhe zu verschaffen, denn er will sich vorbereiten für die dritte, turbulentere Stufe. Die zweite Stufe ist, im Verhältnis zur vorangegangenen, mit Angst vorwiegend gegen Ende in Berührung, wenn die Beunruhigung über das leichte Fieber zunimmt und ihr euch entschließt, entsprechende Schritte, die zu einer Klärung des Zustandes führen, einzuleiten.

Auf der zweiten Stufe der Entfaltung fühlt ihr, daß ihr angekommen seid. Zwar noch nicht am endgültigen Ziel, jedoch an einer geborgenen Zwischenstation, die euch gestattet, neue Erfahrungen zu machen. Ihr seid angekommen, nun schaut ihr euch um und beginnt diesen neuen Ort zu erkunden. Ihr habt euch inzwischen an den veränderten, angehobenen Energiezustand gewöhnt. Dazu diente die erste Stufe. Jetzt könnt ihr euch darin einrichten.

Eure Existenz auf dieser Stufe der Entfaltung gleicht einem festen Wohnsitz, von dem aus ihr Ausflüge in die nähere oder fernere Umgebung machen könnt, ohne euren Bezugspunkt zu verlieren. Ihr schaut euch um, ihr lernt Neues und neue Menschen kennen, ohne den vertrauten Rahmen ganz verlassen zu müssen. Ihr findet neue Freunde, die ähnliche Erfahrungen machen wie ihr und mit denen ihr euch austauschen könnt. Ihr erkundet all die Möglichkeiten, die Vorteile und die Nachteile, die euch der neue Wohnsitz bietet.

Entscheidend ist in dieser Phase die feste Absicht, dort zu bleiben, wo ihr seid. Denn durch die Sicherheit, die euch diese innere Willensbekundung verschafft, eröffnen sich auch neue Perspektiven ins Innere. Nur weil um euch herum eine gewisse Beschaulichkeit herrscht, seid ihr veranlaßt, die feinen, kaum erkennbaren Unruheherde in eurem Inneren zu betrachten. Sie sind wie ein Zustand leicht erhöhter Körpertemperatur, keinesweg ein Grund zu ernsthafter Beunruhigung, wohl aber ein leiser Hinweis darauf, daß ihr über kurz oder lang weiterforschen solltet nach den Gründen für diese seelische Unpäßlichkeit.

Stufe 3
Motto: Ich werde unternehmungsfreudig

Wenn ein Mensch sich auf der zweiten Stufe gut verankert hat und sich eine Basis geschaffen hat von Besinnlichkeit, Ruhe und Stabilität, ist er bereit, auf dieser Grundlage erneut aus sich herauszukommen und Vorstöße zu wagen in Bereiche, die ihm nicht geläufig sind.

Um noch einmal auf das Bild vom Arbeitsplatz zurückzukommen: Nachdem der Mensch seinen Arbeitsplatz kennengelernt hat und sich an ihm sicher fühlt, kann er nun Verbesserungen einführen – nicht nur in seinem eigenen engeren Bereich, sondern auch im Interesse des Ganzen. Er kann investieren, er kann riskieren, und er kann aus der Sicherheit seiner soliden Verankerung heraus seine Fühler ausstrecken, um Neues dazuzulernen und sich auf Abenteuer zu begeben, die nur dann einen Sinn haben können, wenn er nicht ganz den Boden unter den Füßen verliert, sondern das, was er an Abenteuern erlebt, auch in seine Arbeit positiv integrieren kann.

Die dritte Stufe ist gekennzeichnet von einer gewissen Leichtigkeit, von einer Vielfalt der Interessen. Vieles wird jetzt ausprobiert. Jedes Leben auf dieser Stufe zeichnet sich aus durch eine große Zahl von Talenten und Fähigkeiten, die miteinander verwoben und verbunden werden. Es ist eine Periode des Sammelns von Eindrücken, eine Zeit der mehr oder weniger vorsichtigen Experimente, eine Zeit auch, in der der Mensch, der sich allzu waghalsig verhält, einige Fehler macht, um aus ihnen zu lernen, und auch begreift, wie wichtig es ist, echte Risiken zu wagen und die Rückschläge zu verarbeiten, die Enttäuschungen, die Schwierigkeiten, die sich aus einem echten Risiko ergeben.

Sicherheit wird in dieser Zeit keine große Bedeutung haben. Sie dient nur dazu, Experimente möglich zu machen. Sie hat den einzigen Zweck, Mittel zur Verfügung zu stellen, um auf Abenteuerreisen zu gehen. Diese Reisen können in der äußeren oder in der inneren Welt ihre Ziele haben, aber die Bedeutung der dritten Stufe liegt in erster Linie darin, die Sicherheit der zweiten Stufe mit der Bereitschaft, völlig Neues dazuzugewinnen, unbekannte Territorien zu erobern und den Horizont zu erweitern, zu integrieren.

Die dritte Stufe ist eine Phase der Erregung. Sie ist vergleichbar mit der Erregung, die einen Menschen befällt, wenn er das Elternhaus zum erstenmal verläßt und seine erste Reise macht. Er war noch nie allein fort, alles mögliche wird ihm widerfahren, auch existentielle Einsamkeit wird sich zum erstenmal in ihrer klarsten Form zeigen und ihre kreativen Kräfte entfalten. Schnelle Vorstöße, scharfe Rückschläge, die Wellenbewegungen von Schicksal und eigener psychischer Befindlichkeit sind nun Gegenstand eurer inneren Auseinandersetzung.

Auf dieser dritten Stufe der Entfaltung laßt ihr euch vieles einfallen, Kreativität wechselt ab mit langen Phasen der Stagnation. Wenn diese Stagnation nicht wäre, könnte euch nichts Neues einfallen. Vieles wird nur als Projekt erdacht, aber nicht durchgeführt. Ihr seid nun in verstärktem Maße auf Unterstützung durch andere Seelen angewiesen, denn nur eine groß angelegte Zusammenarbeit kann all die hochfliegenden Pläne und die das Einzelfragment übergreifenden Projekte verwirklichen helfen. Die dritte Stufe kommt somit einer Öffnung nach außen gleich. Das Ich und das Du stehen seit der zweiten Stufe in einer gefestigten Beziehung zueinander, sie sind berechenbar und ohne große Angst integrierbar. Die Öffnung nach außen, von der die Rede war, geschieht jetzt, indem das Seelenfragment nicht nur das nahestehende Du, sondern auch das chaotische, weil ihm noch gänzlich unbekannte, Kollektiv anderer Seelen an seinem Bewußtsein teilhaben läßt, indem es sowohl die kollektiven Kräfte des Mitmenschlichen als auch die Kräfte der Seelenfamilie verstärkt in die Aktion und die Erkenntnisprozesse des Seelenfragments mit einbezieht.

In jedem Zyklus ist die dritte Stufe der Entfaltung gekennzeichnet durch ein schöpferisches Chaos. Während ihr auf der zweiten Stufe meintet, euch und eure Identität gefunden zu haben, wird auf der dritten Stufe wieder alles in Frage gestellt, damit Unvorhergesehenes, Unberechenbares geschehen kann, damit Veränderungen eintreten können, die keiner von euch bewußt herbeiführen würde. Chaos, Regellosigkeit, Planlosigkeit scheinen diese Phase zu prägen. Jedoch entfalten sich hinter diesem vordergründigen Erleben ein Plan und eine Zielrichtung, die im nachhinein, auf der vierten Stufe, ihre vollständige innere Konsequenz beweisen.

Stufe 4
Motto: Ich ernte die Früchte

Die vierte Stufe eines jeden Seelenzyklus zeigt den Menschen, wie er von seiner Abenteuerreise heimkehrt und sich zunächst in seine Sicherheit einfinden muß.

Er wird wieder ruhiger, und die vierte Stufe dient dazu, all die Eindrücke zu verarbeiten, die Bilder zu sichten, zu erzählen von dem, was er erfahren hat, auszuwählen, was er beibehalten möchte von dem, was er gelernt hat, und all die vielfältigen Visionen, die seinen Geist erfüllen, in eine Form zu bringen, sie auszuwerten und zu integrieren. Diese Phase ist geprägt von einer Freude über das Erlebte und einer gleichzeitigen Freude über die sichere Heimkehr, von dem Vergnügen, daß von dem, was schon gesichert war, nichts verloren ist und jetzt viel Neues und Unerhörtes hinzukommen, um das Alte nicht nur als sicher, sondern auch als bereichert und bereichernd zu empfinden.

Die vierte Stufe ist die Stufe der Einkehr, die Stufe der Besinnung, die Stufe des Weitergebens von Erkenntnissen, Eindrücken und Erfahrungen. Die Menschen, die sich auf der vierten Stufe befinden, können nun im besonderen Maße hilfreich sein, um andere zu motivieren, ebenfalls eine Reise ins Unbekannte zu unternehmen.

Wie in diesem Falle der Mensch auf der vierten Stufe ein großer Freund und Helfer für jene sein kann, die sich auf der zweiten Stufe befinden, die noch nicht so weit sind, daß sie die große Reise wagen können, aber sich kurz davor befinden, so wird auch der Mensch auf der dritten Stufe für diejenigen, die sich auf der ersten Stufe befinden, besonders hilfreich wirken können. Der Mensch auf der vierten Stufe hat so viel zu berichten, hat so viel verstanden von allem, was er erfahren hat, daß er auch ohne viele Worte ein anregendes Beispiel bietet für jene, die dasselbe vorhaben wie er und nur noch eine letzte Ermunterung brauchen.

Die Bedingungen der vierten Stufe sind weniger erregend als beruhigend. Introspektion ist wichtiger als der Kontakt mit der Menge, aber Kontakt ist von großer Bedeutung, denn ohne ihn wird es dem Menschen auf der vierten Stufe nicht gelingen, seine Erfahrungen zu vermitteln und weiterzuleiten. Der Kontakt nimmt ganz neue Formen an. Da ist die Möglichkeit zu lehren, die Möglichkeit zu unterstützen, in jeder Hinsicht Hebammendienste zu leisten. Und niemand, der sich auf der vierten Stufe befindet, wird sich diesen Aufgaben ganz entziehen wollen, gleich wie seine Lebensumstände oder seine psychische Struktur beschaffen sind.

Die Menschen auf der vierten Stufe eines jeden Seelenzyklus erleben zum erstenmal innerhalb dieses großen Abschnitts Momente wahrer Zufriedenheit und Erfüllung, denn sie ernten die Früchte ihres Unternehmungsgeistes und ihrer mutigen Erkundungsfeldzüge von der dritten Stufe. Sie wissen, was sie haben, und sie sind sich gewiß, daß sie, nachdem sie einmal eine aufregende und nicht immer ungefährliche Reise erfolgreich abgeschlossen haben, auch noch zu weiteren Reisen bereit sind, die in noch unbekanntere oder unerforschtere Gebiete führen werden.

Stufe 5
Motto: Ich werde unruhig

Auf der vierten Entwicklungsstufe seiner langen Seelenreise war der Mensch heimgekehrt, zur Ruhe gekommen und bereit, von seinen Erlebnissen zu berichten. Die fünfte Stufe nun läßt ihn von neuem überlegen und planen. Er weiß ja, daß er noch nicht alles gesehen hat, obgleich die Reise aufregend gewesen war. Nun erfährt er von anderen, die schon innere Orte aufgesucht haben, die ihm zwar noch unbekannt sind, aber doch sehr reizvoll erscheinen, daß es keineswegs unmöglich ist, diese Orte zu erreichen, daß es jedoch einiger Mühe und Anstrengungen bedarf, um zu ihnen zu gelangen.

Und der Mensch auf der fünften Entwicklungsstufe eines jeden

Seelenzyklus wird unruhig. Er sehnt sich nach erneuter Bewegung, nach Aufbruch. Dennoch ist er sich nicht sicher, ob er die Strapazen, die er noch sehr wohl in Erinnerung hat, erneut auf sich nehmen sollte. Deshalb ist er in hohem Maße daran interessiert und auch motiviert, jene darüber zu befragen, die dort gewesen sind, wie er seine neue Ausfahrt vorbereiten muß, was er benötigt, wie seine innere und äußere Ausstattung sein sollte, und vor allem ist er neugierig, in Erfahrung zu bringen, was er dort erleben könnte.

Die fünfte Stufe macht also wißbegierig, macht neugierig. Sie gleicht der Zeit, in der ein Mensch, der einen Urlaub oder eine Forschungsreise – dieser Vergleich scheint uns in mancher Hinsicht angemessener – vorbereitet und dafür nicht nur Prospekte durchblättert, sondern sich gründlich mit den Gepflogenheiten jener Landstriche, die er erkunden will, vertraut macht, die Sprache lernt, die Impfungen vornimmt, die Geschichte des Volkes und die Geographie des Landes in Erfahrung bringt. Eine solche Vorbereitung erfordert viel Zeit, und wenn alles nur aus Büchern gelernt wird und nicht durch Befragung jener, die dort gewesen sind, wird sich das theoretische Wissen nicht wirklich verankern können.

Dennoch neigt der Mensch auf der Entwicklungsstufe 5 anfangs sehr stark dazu, sich aus zweiter Hand zu informieren. Er liest sehr viel über die Erfahrungen anderer. Er beschäftigt sich mit den Schriften derer, die diese inneren Orte erkundet haben, und ist erst gegen Ende dieser Stufe bereit zu unmittelbarem Kontakt mit denen, die einen lebendigen, frischen Eindruck von dort vermitteln können.

Dann aber packt ihn die Reiselust, und die lange, gründliche Vorbereitung ermutigt ihn, sich in die Fremde zu wagen. Ganz plötzlich entscheidet er, endlich das zu tun, was er sich schon so lange wünscht, und er fängt an, alle Bedenken abzuwerfen, mutet sich ein Risiko nach dem anderen zu, indem er sich mitten hinein stürzt, sich einläßt, sich mitreißen läßt vom Strudel der Ereignisse. Die anfängliche Vorsicht wandelt sich in Waghalsigkeit. Dennoch spürt er, daß seine Unruhe nur durch starke Aktivität besänftigt werden kann.

Nun kann es sein, daß er sich in einen Ashram begibt, um dort den Rest seines Lebens zu verbringen, oder seinen Beruf an den Nagel hängt, um engagierter Politiker zu werden. Was ihn auf der fünften Stufe aus seiner Reserve lockt und zu Begeisterungsstürmen veranlaßt, ist abhängig von seinem Seelenalter. Kennzeichnend jedoch ist, daß er keine Zurückhaltung mehr kennt, und vielfach wird sich die Dynamik der fünften Stufe auch in seinem Einzelleben spiegeln. Er wird nicht selten ein Mensch sein, der mehr als die Hälfte seines Lebens in Zurückgezogenheit verbringt, und dann plötzlich eine ungeheure Kraft in sich verspürt, die in jedem Bereich seines Lebens zum Tragen kommt.

Hier sehen wir auch jene, die lange Jahre allein waren und in fortgeschrittenem Alter eine tiefe und starke Beziehung eingehen, die oft einen karmischen Hintergrund hat, sowie diejenigen, die erst spät eine künstlerische Aktivität entfalten, einen neuen Beruf beginnen, als Rentner die Universität besuchen oder sich in einem fernen Land niederlassen, um sich dem Abenteuer der Verunsicherung zu stellen.

Auch auf dieser Stufe werden Menschen zu Vorbildern. Sie wirken anregend, wenn auch verstörend auf manche. Doch erfahren sie ihre Vorbildfunktion nicht bewußt. Sie wundern sich nur, daß andere, die weniger Mut haben oder sich in einer Phase der Ruhe befinden, sie bewundern. Sie selbst sind getrieben von starken inneren Kräften und haben nicht den Eindruck, daß sie etwas Besonderes tun, das andere zur Nachahmung auffordern könnte.

Die Menschen auf der Stufe 5 eines jeden Seelenalters sind ausgesprochene Individualisten. Sie ziehen sich zurück von allen Gewohnheiten und Aktivitäten der Masse. Sie wollen etwas anderes, etwas Neues, wagen aber lange Zeit nicht, ihre Träume wahrzumachen. Die spätere Dynamik entspricht der vorbereitenden Unruhe. Diese Seelen finden zu einem späten Glück und erfahren ihr Leben als deutlich zweigeteilt in ihrer Energiewahrnehmung. Es ist ihnen so, als wären sie zwei Menschen in ein und demselben Leben. Sie erkennen sich kaum wieder, wenn sie in der zweiten Phase ihrer Entwicklung angelangt sind.

Sie gehören auch zu jenen, die stets aufgesucht werden. Sie sind nicht willens, sofern sie ihren Luftsprung bereits getan haben, sich selbst zu jenen zurückzubegeben, die sich noch vor dem Risiko scheuen, oder zu anderen, die gerade von dieser Reise heimgekehrt sind. Sie sagen sich deshalb oft los von ihrer Vergangenheit und von denen, die sie in der ersten Phase ihrer Entwicklung auf Stufe 5 gekannt haben.

Um so deutlicher ist es zu beobachten, daß sie nach dem großen

Sprung, der erregend und beruhigend zugleich wirkt, vielfach Seelenkontakt haben mit denjenigen, die sie auf der dritten Stufe der seelischen Entfaltung gekannt haben. Stufe 5 ist erfüllt von der Macht der gebremsten Erwartung und der erlösten Spannung. Die Befreiung ist ungeheuer und wirkt lange nach. Vieles, was ewig aufgeschoben schien, wird nun erledigt, und weil die fünfte Stufe, wenn sie erfolgreich bewältigt wird, viel Kraft kostet und zu einer gewissen natürlichen Ermüdung führt, folgt auf der sechsten Stufe eine neue Phase des Rückzugs und der Besinnung.

Stufe 6
Motto: Ich brauche Ruhe und Harmonie

Es gibt eine Ruhe vor dem Sturm, und es gibt eine Ruhe nach dem Sturm. Vor dem Sturm ist alles Spannung und Erwartung. Nach dem Sturm jedoch setzt eine große Entspannung ein, auch wenn die Empfindungen noch in Aufruhr sind von der Erinnerung und die Gefühle sich erst nach und nach in einen dauerhaften Zustand der Ausgeglichenheit begeben können. Die sechste Stufe eines jeden Seelenalters ist vergleichbar mit dieser Ruhe nach dem Sturm, während die fünfte Stufe in ihrer ersten Phase die Spannung beschreibt, die vor dem großen Sprung und dem damit verbundenen Aufruhr naturgemäß einhergehen muß.

Die sechste Stufe ist getragen von einem heiteren Glücksgefühl aus der Freude über das Erreichte. Sie ist eine Zeit der Ernte, nicht in dem Sinne, daß Ernte viel Arbeit macht, sondern deshalb, weil ein Mensch sich nun der Früchte seines Tuns wahrhaft erfreuen kann. Und wenn ein Mensch sich freuen will, kann er nicht gleichzeitig mit ständigen Bedrohungen leben. Er ist nicht in der Lage, sich zugleich anzuspannen und sich zu entspannen. Doch ist es auf dieser Stufe der Entwicklung notwendig, Entspannung überhaupt erst wirklich zu lernen. Deshalb wenden viele sich nun allen möglichen Formen von Meditation zu, seien es strukturierte oder unstrukturierte, solche, die von gewissen fremdartigen Schulen verbreitet werden oder den heimischen Traditionen angehören.

Meditation ist hier alles, was die Bedürfnisse einer Seele auf der sechsten Stufe nach Ruhe und Harmonie erfüllt. Es kann ein Stündchen auf einer Bank am Waldesrand sein oder der Besuch eines Konzerts, das Wachen am Bett eines kranken Kindes ebenso wie eine konzentrierte Form körperlicher Betätigung, die den Geist in gewisse Bahnen lenkt und ihm hilft, nicht von einem Gedanken zum anderen zu schweifen. Ebenso jedoch gibt es eine große Zahl von bewußt eingeleiteten und gelenkten Meditationen, die von vielen in Anspruch genommen werden, deren Erziehung oder Prägung es selten oder nie erlaubt, einen Moment der Ruhe in ihren Tagesablauf einzuplanen. Wir sprechen hier nicht nur von Menschen im Westen, sondern von Menschen schlechthin. Ebenso wie ein afrikanischer Bauer, der von morgens bis abends schwer arbeitet, um seinen Lebensunterhalt zu bestreiten, zu Formen von Meditation entweder gelangt, wenn er hinter seinem Ochsen einhergeht und sein Feld pflügt oder des Abends am Feuer sitzt, ist es ihm auch möglich, zuzeiten bestimmte Rituale zu erfüllen, die immer auch mit einer meditativen Erregung und anschließenden Beruhigung einhergehen.

Ein Mensch, der die sechste Stufe eines Seelenalters durchlebt, wird sich häufig in Kulturen und Ländern inkarnieren, die eine traditionelle, garantierte Möglichkeit zum besinnlichen Leben bieten, zum Beispiel dort, wo Eskimovölker leben oder auch die großen Städte fern sind, dort, wo viel natürliche Harmonie mit der natürlichen Umgebung, dem Klima und der Ernährung besteht, dort, wo Familien noch in großen, wohlgeordneten Sippen zusammenleben und Konflikte in einer Weise gelöst werden, die nicht alle Verantwortung oder allen Kummer dem Individuum aufbürdet.

Denn Konflikte behagen dem Menschen auf der sechsten Stufe seiner Seelenentwicklung nicht. Er kann sie nicht immer vermeiden, dennoch scheut er sie, denn er hat ihrer genug durchlebt. Er braucht jetzt eine Harmonie, die mehr ist als eine Scheinharmonie. Deshalb wird er es vorziehen, Lebensformen zu wählen, die vergleichsweise wenig Konflikte mit Mitmenschen heraufbeschwören. Oft neigt er dazu, unverheiratet zu bleiben, um sich den Konflikten einer Partnerschaft nicht stellen zu müssen. Das ist in seinem Stadium kein Mangel und kein Zeichen von neurotischem Ausweichverhalten, sondern ein tiefes inneres Bedürfnis. Nichts ist dem Menschen auf der sechsten

Stufe wichtiger als die wahre Harmonie mit sich selbst, die einen Kreislauf bildet mit den Möglichkeiten der Natur. Es bedeutet auch keineswegs, daß ein solcher Mensch ohne Kontakte und ohne menschliche Berührung lebt, doch ist es ihm angenehm, sich nicht vollständig einzulassen oder zu verlieren, da er in dieser Phase kein Interesse daran hat, Probleme zu bearbeiten oder sich erheblichen inneren Anstrengungen zu stellen.

Wenn wir bei dem allumfassenden Bild der Lebens- und Existenzreise verbleiben, dann ist dies die Zeit, in der ein Mensch sich auf eine längere Urlaubsreise begibt, die zuallererst der Erholung gewidmet ist. Es geht nun nicht darum, viel Neues kennenzulernen, viel zu besichtigen, sich anregen zu lassen und Abenteuer zu bestehen. Vielmehr ist das Ziel dieser Urlaubsreise, jene Kräfte wieder zu sammeln und eine seelische Gesundheit wiederzuerlangen, die während der Anstrengung des großen Sprungs ermattet sind oder verloren wurden. Eine solche Urlaubsreise, frei von aller Spannung und den Unbilden, die die Wechselfälle des Lebens auf anderen Entwicklungsstufen so reichlich bescheren, ist ein verdienter Lohn für all die Mühe, die gerade auf der fünften Stufe von der Seele auf sich genommen wurde, als sie mit ihrer gesammelten Kraft zum Sprung ansetzte und über den Abgrund ihres eigenen angstbesetzten Selbst hinwegsprang.

Zu einem Urlaub gehören viele Freuden. Solange eine Partnerschaft in erster Linie solche harmonischen Freuden bietet, wird sie auch keineswegs verschmäht werden. Aber entweder löst sich ein Mensch auf der sechsten Stufe von einem Partner, wenn die Beziehung allzu schwierig wird, oder er sucht sich einen Partner, der ebenfalls Ruhe vor Konflikten braucht, ohne sich aus der Beziehung ganz zurückzuziehen. Der Arbeitsplatz eines Menschen auf der sechsten Stufe, ganz gleich, in welcher Kultur er beheimatet ist, sollte ihm einen entsprechend ruhigen Rahmen bieten, denn er wird sich stets unglücklich und fehl am Platze fühlen, wenn er sich allzuviel Hektik und Streß ausgesetzt sieht.

Natürlich hat die sechste Stufe auch eine schwierige Seite. Der Mensch, der Ruhe und Harmonie sucht und sie auch wirklich braucht, läßt sich oft unter Druck setzen und verliert dann sein Ziel aus den Augen. Er ist auch nicht selten ein vermeintliches Opfer all jener, die etwas von ihm zu wollen scheinen, das er weder anbieten noch erfüllen

371

mag. Dennoch ist es zu beobachten, daß er sich im Zwiespalt befindet zwischen seinem eigentlichen Bedürfnis und dem, was seine Psyche sich an Idealen oder Normen aufgebaut hat.

So kann ein Mensch auf der sechsten Stufe seiner Entfaltung in einem Milieu aufgewachsen sein, das Fleiß und rastlose Bereitschaft, stets tätig zu sein, zu einem hohen Wert erhebt und er sich dadurch gezwungen fühlt, sich und seine Bedürfnisse zu verleugnen, um anderen zu gefallen. Ein Mensch auf dieser sechsten Stufe ist es auch müde, sich den Bedingungen seiner religiösen Erziehung zu unterwerfen. Er sagt genauso gern seine Gebete her, um sich nicht Vorwürfen ausgesetzt zu sehen, wie daß er zu einem lauen Agnostiker wird, dem seine Überzeugungen nicht viel bedeuten.

Der Mensch auf der sechsten Stufe sucht ja nach Ruhe und Harmonie auch in seinem Inneren. Das bedeutet, daß er die Bedingungen für seine Weltanschauung und seinen Glauben stets aufs neue schafft und den Erfordernissen der jeweiligen Situation anpassen muß. Er ist daher ein Mensch, dessen Geist und Psyche sowohl flexibel als auch bisweilen wankelmütig erscheinen. Diese Anpassungsfähigkeit ist eines seiner Mittel, um die stets notwendige innere Ausgeglichenheit zu garantieren.

Wenn es nicht anders möglich ist, diese Ruhe und Harmonie zu erlangen, zeigt sich ein Mensch auf der sechsten Stufe bereit, viel allein zu sein. Die Lebensform des Einsiedlers läßt sich in allen Kulturen und Gesellschaftsformen finden. Sie ist zu beobachten sowohl bei einem Forscher, der ein Gebiet bearbeitet, ohne auf die Anwesenheit und Mitarbeit von Kollegen angewiesen zu sein, als auch bei dem Einhandsegler, der es auf sich nimmt, Wochen und Monate allein auf dem Meer zu sein. Auch ein Köhler in seiner Waldhütte oder eine alte Frau, die nur zum Einkaufen ihre Wohnung verläßt und die Gesellschaft der Menschen nicht vermißt, ist häufig ein Mensch, der sich auf der sechsten Stufe befindet. Der Typus des Einsiedlers ist keineswegs immer religiös bestimmt. Er ist lediglich von dem Wunsch beseelt, allein zu sein, in Ruhe gelassen zu werden, um eine innere Harmonie zu finden, die von anderen nur gestört werden könnte.

Diese ganze Phase, die oft ein wenig länger dauert als andere Stufen, dient dazu, all das zu verarbeiten, zu registrieren, zu verdauen, was die ersten fünf Stufen der Erfahrung und Entfaltung mit ihren starken

Bewegungen ausgelöst und eingebracht haben. Die sechste Stufe steht somit zu der gesamten seelischen Entwicklung in einem Verhältnis wie ein vierwöchiger Urlaub zu elf Monaten angestrengter Arbeit.

Erst wenn diese Erholungsphase mit ihren bearbeitenden und besänftigenden Prozessen vollzogen ist, kann die siebte Stufe in Angriff genommen werden, die Stufe, die eine integrierende Fähigkeit zeigt, all das, was die lange, arbeitsreiche Existenzreise gelehrt hat, anzuwenden aus der Souveränität des Verstandenen, Geübten, Erkannten heraus.

Stufe 7

Motto: Ich wende an, was ich gelernt habe

Die siebte Stufe jedes seelischen Entfaltungszyklus ist wiederum eine Stufe der Arbeit. Nun ist die Zeit gekommen, da die Anwendung des Gelernten nicht mehr als Schwierigkeit, Aufgabe und Herausforderung empfunden wird, sondern als eine Lust, die ehedem erworbenen Fertigkeiten und Fähigkeiten einzusetzen, um damit das zu schaffen, was vorher nur mit Mühe und nur unvollkommen vollzogen werden konnte.

Die siebte Stufe ist eine Periode der Arbeit. Aber diese Arbeit ist nicht die eines Lehrlings oder Gesellen, sondern die eines Meisters. Wer sein Werkzeug beherrscht und das, was er herstellen oder bewirken kann, nicht nur in materiellem Sinne, sondern auch im geistigen durchdrungen hat, geht seine Arbeit anders an, und das Ergebnis ist auch ein anderes.

Der Meister arbeitet mit Gelassenheit und Souveränität, weil er seinen Werkstoff beherrscht, und auch die Instrumente und die Theorie, und weil er darüber hinaus auch eine Idee mit seiner Arbeit verbindet, die ganz eigenständig entwickelt wurde. Sie ist Frucht seiner Ausbildung, seines Bemühens, aber auch die Frucht seiner Erfahrung und der nunmehr gewonnenen Sicherheit. Sicherheit schafft Angstfreiheit.

Es handelt sich hier um eine echte Geborgenheit in dem Schatz der eigenen Erfahrungen, um eine Sicherheit, die auch Unsicherheit zulassen kann, die flexibel bleibt, anstatt starr auf dem Angestrebten zu bestehen, um eine Sicherheit, die lustvoll ist und der Wonne eines Menschen entspricht, der nach anfänglicher Angst vor dem Wasser seine Scheu überwindet, Schwimmunterricht nimmt, langsam Vertrauen zu der tragenden Kraft des Wassers entwickelt, eine weitere Angst überwinden muß, wenn er sich dem Meer oder höheren Wellen anvertraut, dann eine Zeitlang sich vor dem bedrohlichen Element zurückzieht, sich wiederum mit neuem Mut im Schwimmen vervollkommnet, weiteren Unterricht nimmt und endlich über die erworbene Technik hinauswächst und mit dem Element eine solche Freundschaft schließt, daß er sich im Wasser bewegt wie ein Fisch, der sich seiner Schwimmfähigkeit sicher ist und keine Bedenken mehr haben muß, daß er untergeht, es sei denn, es widerfährt ihm etwas, das seine Fähigkeiten naturgemäß außer Kraft setzt.

Anzuwenden, was die Seele gelernt hat, ohne von der Angst begleitet zu sein, die eine ständige Unsicherheit mit sich bringen muß, ist das Merkmal der siebten Stufe. Und die Seele hat in diesem Stadium so viel gelernt, ihr steht so viel zur Verfügung an Inhaltlichem und Strukturellem, daß sie aus einer Fülle, manchmal sogar aus einer Überfülle schöpft und gar nicht weiß, was sie zuerst auswählen soll, um die Lust des Erreichten, die Lust des Beherrschens von Stoff zu erfahren. Der Reichtum an Möglichkeiten wirkt anfangs verwirrend. So viele Talente werden sichtbar, so viele Ausprägungen des eigenen Wesens, daß eine neue Unsicherheit entsteht, die nicht auf der Angst vor dem Nichtkönnen, sondern aus der Vermutung des Alleskönnens entsteht.

Das Leben eines Menschen, der sich auf der siebten Stufe eines seiner Entfaltungszyklen befindet, ist gekennzeichnet durch den Überfluß. Ein solcher Mensch wird seine vielfältigen Begabungen, auch im Bereich der Menschenkenntnis und der Problembewältigung, erst einmal ausloten müssen, bevor er sich entschließt, eine Auswahl zu treffen.

Die Gewißheit, daß ihm mehrere Leben zur Verfügung stehen, um den Reichtum der Möglichkeiten und ihrer Anwendung auszuschöpfen, mag ihm darin ein Trost sein. Und es wäre schade, wenn er vor der Mannigfaltigkeit der vorhandenen Schätze kapitulieren würde, um sich nicht entscheiden zu müssen, welchen Erfahrungsschatz er auswählen und zur Anwendung bringen möchte.

Für den einen wird es eine Verbindung von Musik, Mathematik und Meditation sein, für den anderen die Schauspielkunst verknüpft mit

Menschenführung und der Machtausübung durch das Rollenvorbild. Ein Dritter will nun endlich ein Leben in Muße führen, um sich der Kindererziehung, der Lektüre und dem Schreiben zu widmen, Fähigkeiten, die er bislang nicht miteinander vereinbaren konnte.

Wir haben hier nur jeweils drei Fähigkeiten miteinander verbunden, doch sind es häufig zehn, zwanzig oder mehr. Worauf es uns ankommt, ist folgendes: Es ist für die siebte Stufe bezeichnend, daß eine Synthese, eine Integration angestrebt wird, die die vorher erfahrene konfliktvolle Reibung in eine bereichernde Reibungslosigkeit hinüberführt, die gestattet, ursprünglich Disparates miteinander freudvoll zu kombinieren. Nicht Verzicht, sondern Vereinbarung der zuvor als konfliktgeladenen und widersprüchlich empfundenen Sehnsüchte kennzeichnet diese Stufe.

Nun kann das Bedürfnis, vieles miteinander zu vereinbaren, zu der Haltung eines Tausendsassa führen. Wir meinen damit nicht die Schwäche, die als Verzettelung bezeichnet wird, sondern die Oberflächlichkeit, die mit dem Hochgefühl des Alleskönners oft einhergeht. Von der Notwendigkeit einer Auswahl haben wir bereits gesprochen, aber Auswahl setzt eine Betrachtung der eigenen Möglichkeiten voraus, die nicht geprägt ist von der Angst, verzichten zu müssen oder etwas versäumen zu können.

Wer also von Gier oder Ungeduld geplagt ist, wird es mit der Auswahl aus dem Reichtum seines Potentials schwerer haben als jemand, der starrsinnig ist und ohnehin vor dem allzu Unsicheren zurückschreckt. Selbstverleugnung hingegen macht nicht genug Gebrauch von den angebotenen und vorhandenen Möglichkeiten. Der Hochmütige wiederum verwendet die vorhandenen Fähigkeiten als Waffe gegen andere und gegen sich selbst. Der Märtyrer überarbeitet sich, weil er allen und allem gerecht werden möchte, der Selbstsaboteur tut alles, was er tun kann, aber er vermeidet die Lebendigkeit im Tun und die Freude am Produkt seines Handelns.

So ist deutlich, daß das Hauptmerkmal und das Gewicht der jeweiligen Angst die Fähigkeit, das Gelernte anzuwenden, die auf der Stufe 7 unbedingt und in jedem Fall vorhanden ist, färbt oder eintrübt. Die siebte Stufe schließt einen seelischen Erfahrungszyklus ab, und deshalb geht es nicht nur um Fähigkeiten, Talente und Erfahrungen in der Welt, sondern vor allem auch um die jeweiligen zyklusgemäßen Lernprozesse bei Liebe und Angst. Die siebte Stufe jeweils ist es, die einem Menschen erlaubt, intensiver und gleichzeitig gelassener mit Liebe und Angst umzugehen, sie zuzulassen, sich mit ihnen anzufreunden.

Da die Seele dieses Menschen jetzt um all die Vorteile und Gefahren weiß, die in dem jeweiligen Zyklus bestehen, wenn es um bestimmte Einstellungen und Verhaltensweisen geht, die Liebe und Angst manifestieren, ist er nunmehr zwar nicht frei von den Schwierigkeiten, die sich ihm auch auf dieser Stufe wieder stellen, aber er geht anders damit um, weil er sich in einer Phase befindet, in der er nicht in gleicher Weise verstrickt ist wie zuvor, sondern eine Klarheit und Bewußtheit erlangt hat, die in der darauffolgenden ersten Stufe des neuen Zyklus wieder zerfällt.

Das bedeutet, daß er sich seiner Möglichkeiten und Grenzen besser bewußt ist als diejenigen, die sich auf anderen Stufen bewegen. Der Mensch auf der siebten Stufe wendet an, was er gelernt hat, und findet darin seine Erfüllung. Er weiß, was er weiß, und ist sich mehr oder minder schmerzlich dessen bewußt, was er nicht weiß. Er arbeitet an sich und an der Welt aus der gewonnenen Erfahrung heraus, daß er sich selbst und anderen ein Ruhepol ist – nicht weil er sich zurückzieht wie in den Leben der Stufe 6 und nicht deshalb, weil er stets nur nach Harmonie trachtet, sondern weil er in der Lage ist, das Auf und Ab des Lebens, Schmerz und Freude, Ohnmacht und Macht zu leben, ohne sich an dem einen oder anderen Pol festhalten zu müssen.

Die Gegensätze, die die ersten sechs Zyklen bestimmt hatten, lösen sich mehr und mehr auf. Und Seele und Mensch auf der jeweilig siebten Stufe sind in der Lage, das Verbindende, das Einende im Gegensätzlichen zu erkennen. Deshalb haben Menschen auf der siebten Stufe oft einen Überblick und einen Humor, die zu erreichen den anderen Stufen einfach nicht möglich sind.

Abstand und Einlassen, Nähe und Ferne, Zurückgezogenheit und volle Bereitschaft, sich auf die Erfordernisse eines Lebens in menschlicher Gemeinschaft einzulassen – das kann der Mensch auf der siebten Stufe in sich vereinen und mit Freude empfinden, wie es ihn selbst eint. Er leistet gute Arbeit, und das bedeutet: Alles, was er für sich selbst tut, tut er gleichzeitig für die Gemeinschaft der Menschen und der Seelen. Auch darin gibt es keine Trennung mehr.

Die Stufe 7 schließt den jeweiligen Seelenzyklus ab. Und wenn etwas

abgeschlossen wird, gilt es auch Abschied zu nehmen. Abschied nehmen aber ist immer mit Wehmut und oft mit Trauer verbunden.
Unabhängig davon, welcher Zyklus – der erste, ein mittlerer oder der
letzte – sein Ende findet: Die Seele fühlt sich in Liebe und Dankbarkeit
an das Alte gebunden und strebt doch bereits nach dem Neuen in der
Gewißheit, daß sie weiterziehen muß. Sie kann nicht verweilen. Ihre
Sehnsucht ist unabänderlich auf das Erkunden neuer Dimensionen
gerichtet.

Anhang

Matrixelemente bekannter Persönlichkeiten

Name	Essenz	Hauptmerkmal	Ziel	Modus	Mentalität	Reaktionsmuster	Alter	Formel
Ignaz Semmelweis	Helfer	Selbstsabotage	Unterordnung	Beobachtung	Realist	int./mot.	jung 6	1 2 3 4 7 2 7/j6
Birgit Breuel	Helfer	Starrsinn	Beschleunigung	Ausdauer	Realist	int./mot.	reif 3	1 4 6 3 7 2/r3
Helmut Kohl	Helfer	Starrsinn	Herrschaft	Zurückhaltung	Pragmatiker	sex./mot.	reif 3	1 4 7 1 4 3/7 r3
Joseph Ratzinger	Helfer	Starrsinn	Ablehnen	Macht	Idealist	int./emot.	reif 3	1 4 2 5 5 2/1 r3
Rudolf Nurejew	Helfer	Ungeduld	Ablehnen	Leidenschaftlichkeit	Pragmatiker	mot./inst.	alt 3	1 7 2 6 4 7 4 a3
Mutter Theresa	Helfer	Starrsinn	Unterordnung	Ausdauer	Spiritualist	mot./emot.	alt 3	1 4 3 3 6 7/1 a3

Name	Essenz	Hauptmerkmal	Ziel	Modus	Mentalität	Reaktionsmuster	Alter	Formel
Adolf Hitler	Künstler	Starrsinn	Herrschaft	Leidenschaftlichkeit	Realist	emot./mot.	reif 1	2 4 7 6 7 1 7/r1
Canaletto	Künstler	Selbstverleugnung	Stillstand	Zurückhaltung	Pragmatiker	int./emot.	reif 2	2 1 4 1 4 2/1 r2
Vincent van Gogh	Künstler	Selbstsabotage	Unterordnung	Leidenschaftlichkeit	Skeptiker	emot./mot.	reif 4	2 2 3 6 2 1/7 r4
Joachim Kaiser	Künstler	Selbstverleugnung	Ablehnen	Beobachtung	Idealist	emot./mot.	alt 1	2 1 2 4 5 1/7 a1

Name	Essenz	Hauptmerkmal	Ziel	Modus	Mentalität	Reaktionsmuster	Alter	Formel
Marilyn Monroe	Krieger	Märtyrertum	Beschleunigung	Zurückhaltung	Spiritualist	sex./int.	reif 2	3 3 6 1 6 3/2 r2
Petra Kelly	Krieger	Märtyrertum	Ablehnen	Macht	Spiritualist	int./emot.	reif 3	3 3 2 5 6 2/1 r3
Helmut Schmidt	Krieger	Hochmut	Beschleunigung	Macht	Zyniker	mot./intel.	reif 5	3 6 6 5 3 7/2 r5
Konrad Adenauer	Krieger	Starrsinn	Herrschaft	Ausdauer	Skeptiker	mot./int.	reif 5	3 4 7 3 2 7/2 r5
Mahatma Gandhi	Krieger	Ungeduld	Unterordnung	Leidenschaftlichkeit	Pragmatiker	int./sex.	alt 5	3 7 3 6 4 2/3 a5

Name								
Alexander v. Humboldt	Gelehrter			Beobachtung	Realist	intel./emot.	jung 7	472472/1j7
Federico Fellini	Gelehrter	Gier	Herrschaft	Beobachtung	Skeptiker	emot./mot.	reif 7	457421/7r7
Edward Bach	Gelehrter	Selbstverleugnung	Akzeptieren	Ausdauer	Pragmatiker	emot./int.	alt 4	415341/2a4
Thomas Gottschalk	Weiser	Selbstverleugnung	Akzeptieren	Ausdauer	Zyniker	intel./mot.	jung 7	515332/7j7
Carl Friedr. v. Weizsäcker	Weiser	Selbstverleugnung	Beschleunigung	Beobachtung	Spiritualist	emot./int.	reif 4	516461/2r4
Michail Gorbatschow	Weiser	Starrsinn	Akzeptieren	Macht	Stoiker	int./inst.	reif 7	545512/4r7
Claude Monet	Weiser	Starrsinn	Ablehnen	Beobachtung	Realist	emot./sex.	alt 1	542471/3a1
Eugen Drewermann	Weiser	Selbstsabotage	Beschleunigung	Leidenschaftlichkeit	Realist	emot./int.	alt 3	526671/2a3
Johannes XXIII.	Weiser	Selbstverleugnung	Akzeptieren	Macht	Spiritualist	int./emot.	alt 3	515562/1a3
Alice Schwarzer	Priester	Hochmut	Unterordnung	Ausdauer	Zyniker	emot./int.	jung 3	663331/2j3
Napoleon Buonaparte	Priester	Hochmut	Herrschaft	Ausdauer	Idealist	mot./sex.	reif 1	667357/3r1
Franz Beckenbauer	Priester	Ungeduld	Herrschaft	Ausdauer	Realist	mot./emot.	reif 7	677377/1a1
Albert Schweitzer	Priester	Selbstsabotage	Unterordnung	Vorsicht	Stoiker	emot./int.	alt 4	623211/2a4
John F. Kennedy	König	Gier	Beschleunigung	Macht	Skeptiker	int./sex.	jung 3	756522/3j3
Theodor Heuss	König	Märtyrertum	Verzögerung	Vorsicht	Realist	mot./int.	reif 5	731277/2r5
Anne Frank	König	Ungeduld	Akzeptieren	Beobachtung	Idealist	emot./sex.	alt 2	775451/3a2

GOLDMANN

Die großen Weisheitslehren

Das Lexikon des Buddhismus   12661

Das Lexikon des Hinduismus   12663

Das Lexikon des Taoismus   12664

Das Lexikon des Zen   12666

Goldmann · Der Taschenbuch-Verlag

GOLDMANN

Norman Vincent Peale

Aufforderung zum Glücklichsein   11891

Begeisterung wirkt Wunder   12061

Das Buch der Lebensfreude   12072

Dem Leben vertrauen   12094

Goldmann · Der Taschenbuch-Verlag